HEYNE BÜCHER
SPHINX

Eluan Ghazal
Nach Studien der Slawistik, Anglistik, der bildenden Kunst, Soziologie, Psychologie und Philosophie promovierte sie in Soziologie (mit Slawistik und Philosophie). Sie spricht sieben Sprachen und hat über 20 Sach- und Fachbücher (aus dem Englischen, Französischen und Holländischen) sowie einen Film (aus dem Russischen) übersetzt. Sie ist Autorin der Bücher »Stickstoff und Liebe« (Goldmann Verlag) und »Der heilige Tanz« (Wilhelm Heyne Verlag). In letzterem hat sie sehr eindringlich und hintergründig ihre Erlebnisse und Schlüsse aus ihrer Erfahrung als Bauchtänzerin beschrieben. Eine Rezensentin: »Sie legt den Finger auf die Wunden, bis es schmerzt ... bis auch die letzte Leserin vor Scham, Empörung, verletzter Frauenwürde aufstöhnt!«

Seit 1986 lehrt Eluan Ghazal Tanz und Bewegung, speziell orientalischen Tanz, und hält Vorträge und Seminare zu Themen der weiblichen Kultur. Anfang der 90er Jahre trat sie mit einer Reihe von Soloperformances auf.

Eluan Ghazal

Schlangenkult und Tempelliebe

Sakrale Erotik in archaischen Gesellschaften

WILHELM HEYNE VERLAG
MÜNCHEN

SPHINX BEI HEYNE
Herausgegeben von Michael Görden
13/3050

Umwelthinweis:
Dieses Buch wurde auf
chlor- und säurefreiem Papier gedruckt.

Ungekürzte Taschenbuchausgabe 1999
by Wilhelm Heyne Verlag GmbH & CO. KG, München
http://www.heyne.de
Printed in Germany 1999
Umschlaggestaltung: Atelier Bachmann & Seidel, Reischach
Umschlagillustration: Marion und Doris Arnemann, Hamburg
Innenillustrationen: Eluan Ghazal
Satz: Schaber Satz- und Datentechnik, Wels
Druck und Bindung: Elsnerdruck, Berlin

ISBN 3-453-15500-9

Widmung

Für meine Mutter, die mich schon früh mit der Kunst und Mythologie der Antike vertraut machte und mich gleichzeitig lehrte, der monumentalen Selbstverständlichkeit androzentrischer Ideologie mit Wachsamkeit zu begegnen.

Inhalt

I.

Blicke in fremde Welten und Zeiten

1. Der Blick

Das AUGE ... sieht die Außenwelt.

Doch wohin ist der Blick gerichtet? Was wollen wir sehen?

Gibt es Schleier, Paravents, Scheuklappen, die die Sicht behindern? Vorstellungen, die den Blickwinkel einengen?

Eines ist sicher: Je weiter wir vom Gegenstand der Betrachtung entfernt sind, desto einfacher erscheint er. Ein paar Sätze – oft noch weltanschaulich eingefärbt – genügen, um ihn zu beschreiben.

Aber wehe, wenn wir näherkommen! Da werden plötzlich Schattierungen, Nuancen, Gegensätzlichkeiten sichtbar, die uns verwirren ..., welch ein beunruhigendes Gefühl, wenn wir den Wald nicht mehr sehen, dafür aber Bäume, Sträucher, Schlingpflanzen, Pilze, Moose usw. Unsere allgemeinen Aussagen brechen in sich zusammen, wir müssen Ausnahmen, Widersprüche, Einschränkungen formulieren und bemerken schließlich: Dieser Gegenstand ist komplizierter, als wir dachten. Welch ein Schock! Dieser Schock trifft uns auch dann, wenn wir Fremdes beobachtet haben ... vereinfachend, aus sicherer Entfernung – und dann bemerken müssen: So einfach ist es nicht!

Und dann beginnen wir, über uns selbst nachzudenken: Warum schauen wir? Wie schauen wir? Welche Schleier, Paravents und Scheuklappen behindern unsere Sicht?

Reflexion, Selbstreflexion: Wenn das Auge von der Außenwelt abprallt, wenn der vereinfachende Verstand, überwältigt von der vielfältigen Fülle der Welt, seine Begrenztheit versteht und auf die Definition der Außenwelt verzichtet ..., dann erst beginnen wir uns selbst zu spüren, dann erst wird das Denken und Erkennen lebendig, dann erst können wir uns entwickeln, als Lebewesen ... und als Liebewesen. Das ist Kommunikation.

2. Der Traum

Körper, Geist und Geld getrennt

»Herzchen, mit diesem Traum wirst du lange spazierengehen«, sagte meine uralte Beraterin mit einer Mischung aus ostpreußischem Ernst und kaschubischer Wärme. Uralt war sie, fast neunzig schon, aber sie saß aufrecht mit gekreuzten Beinen auf dem Sofa, die weißen Haare zu Zöpfen geflochten, den klaren unbestechlichen Blick ruhig auf mich gerichtet. Sie hatte noch bei C. G. Jung studiert und war präzise hellsichtig obendrein.

Der Traum

Mächtig und ohnmächtig waren sie, diese Göttinnen, die ich von Kind auf gekannt hatte:

Die Mutter: Mächtig und monumental, geballt verhalten sitzt sie wie auf einem Thron und sieht auf mich herab. Aber ich weiß: Ihre Macht ist prekär, denn sie ist entwurzelt. Beruf, Namen, Heimat hat sie aufgegeben, um Ehefrau und Mutter zu werden.

Die Priesterin: Ernst und gehorsam, bedeutsam beschwert, sitzt sie feierlich, als warte sie auf etwas. Und ich weiß: Sie hätte immer gern studiert, Philosophie, Theologie, aber als Mädchen nahm man sie nicht ernst. Mit ihren spirituellen Interessen war sie irgendwo und nirgendwo.

Die Reiche: In tragischem Triumph und starrem Fatalismus sitzt sie auf dem Thron, lapidar und unzugänglich. Und ich weiß: Nur als erbende Witwe kam sie zu Geld, und als sie selbst Geschäfte machte, zahlte sie mit Einsamkeit, verzweifelt bis zum Irrsinn und als Hyäne verschrien.

Fragmente … falsch geknüpfte Fäden … Was hält sie wohl zusammen, diese drei unglücklichen Göttinnen? Warum reden sie nicht miteinander? Die Segmente ihrer Macht – Hausmacht, Priestermacht und Wirtschaftsmacht – sind voneinander abgetrennt. Ihre Starre ist Bewußtlosigkeit, Entfremdung und Ohnmacht! Wer hat sie in diese Trance versetzt?

Dann sehe ich mich selbst im Traum: Ich stehe unterhalb der drei Throne und will erklären, deuten, beweisen, ich will reden. Aber sie hören nicht auf mich, denn meine Worte sind zu dünn für sie. Da plötzlich greift meine Mutter nach vorne und zertrennt ... ein Band. Die Verbindung ist gerissen, und ich muß auf Wanderschaft gehen ...

»Herzchen, deine Mutter ist eine phantastische Frau!« betonte die alte Dame. Ich bin mit diesem Traum spazierengegangen, und heute, viele Jahre später, ist es soweit: Die Fäden sind geknüpft, die Fragmente vereint: Weiblichkeit, Spiritualität und Ökonomie in ihrem Zusammenhang erkannt, das Denken angereichert, und der Traum nimmt neue Gestalten an. Die Wege meiner Wanderungen führten mich in den »Orient«, aber auch in vergangene Jahrhunderte und Jahrtausende, in eine Geschichte von Erotik und Spiritualität, ein Wechselspiel von Frauen und Männern in Ost und West. Und der silberne Leitfaden war ... der Tanz.

3. Zweideutig schillernde Bauchtanzwelt ...

Ahnung und Sehnsucht: Sakrale Erotik

Die Wanderung begann, als ich (noch immer mit dünnem Denken) an meiner Doktorarbeit saß, einen Krampf im Hirn und eine Starre in den Gliedmaßen, die Stirn zerfurcht. Aber Gegensätze ziehen sich an, und die heimliche, ja unbewußte Sehnsucht schafft sich Befriedigung: Durch Zufall stieß ich auf ein Kursangebot: Bauchtanz, orientalischer Tanz. Unter den leidenschaftlichen Trommelwirbeln, dem brüchigen Hauch der Flöten, dem melodiösen Schwung der Geigen, in hemmungslosem Zittern, Vibrieren und ausladenden Kreisen schmolz die Starre dahin, ich erlebte meinen Körper als einen wundersamen Ort beglückender innerer Erlebnisse. Hier waren Körper und Geist vereint, auch wenn dieser Körper ... weiblich war! Knisternde Erotik, schmelzende Hingabe der Gefühle, aber auch spielerische Koketterie waren plötzlich erlaubt.

Eine echte Erholung nach all den Erlebnissen der Diskriminierung, Marginalisierung und Relativierung des Weiblichen, wie ich es im Alltag, in der esoterischen Szene und in den wissenschaftlichen Institutionen erlebt hatte. Hier mußte Weiblichkeit, Erotik, Dynamik, Intuition nicht zugunsten spiritueller Askese oder dünnen Wissenschaftsdenkens wegmeditiert oder wegabstrahiert werden.

Ich war glücklich, wenn ich durch meinen Tanz oder meinen Unterricht ein vibrierendes, weibliches Energiefeld aufbauen konnte ..., es war für mich eine Verheißung weiblicher Spiritualität, ja sogar ein tänzerisches Symbol des Kundalini-Yoga.

Und mir wurde klar: Dieser Tanz stammt aus einer anderen Zeit, wo er eine wirkliche Funktion und – das ahnte ich – auch eine spirituelle Dimension hatte, eine Zeit, in der das Weibliche und die Frauen nicht so zerstückelt, so fragmentiert lebten wie in unserer Gesellschaft, oder wie ich es in meinem Traum gesehen hatte, wo Erotik zeremoniell und feierlich vollzogen wurde ...

Aber allmählich kamen dann die Schocks ...

Als ich für kurze Zeit tanzend durch die Restaurants streifte, drängte sich quälend und bedrückend wieder auf, was ich schon überwunden glaubte: Weibliches Fleisch als Sexobjekt: Das Oberteil des Tanzkostüms auspolstern, damit der Busen größer scheint, den glitzernden Hüftgürtel eng schnallen, damit das Fleisch wollüstig hervorquillt, näher an die Tische rantanzen, die Gäste wollen ihren Spaß haben! Dauerwellen, Dauerlächeln! Damit der Wein und der Raki fließen und das Geld rollt. So wünschten es die Wirte orientalischer Lokale.

Der weibliche Körper, mein weiblicher Körper als Verkaufsobjekt!? Geilspechtfutter, grelles aufgeklebtes Lächeln, die Tänzerin als Weibchensklavin, knetbar, funktionabel ..., wo verläuft die feine Grenze zwischen Prostitution und Animation? Wohin war ich da geraten? Ich wollte doch nur tanzen!

Meine Erfahrungen in dieser halbseidenen Zwischenwelt habe ich in meinem Buch *Der heilige Tanz* niedergelegt, und eine meiner Rezensentinnen schrieb über meine Schilderungen: »Sie legt den Finger auf die Wunden, bis es schmerzt ... bis auch die letzte Leserin vor Scham, Empörung, verletzter Frauen-Würde aufstöhnt!«

Sexistische Sprüche kamen durchaus auch von Deutschen. Ein Pharmavertreter sagte: »Also Mädchen, das machen Sie ja gut! Tja, Sie arbeiten eben mit dem Körper, ich dagegen ...« Als ich ihm erzählte, daß mich außer den Pailletten auch ein Dr. Phil. und die Kenntnis von acht Sprachen ziert, war er ein wenig betreten. Ich erlebte süffisantes Lächeln, vielsagende Blicke, wenn ich mich als Bauchtänzerin bekannte. Oft waren es Frauen, die mit verständnislosem Kopfschütteln und plötzlicher Trockenheit in der Stimme abwehrten: »Also für mich wäre das ja nichts! Wie kommen Sie denn dazu!? Für Männer tanzen!« Die »Toleranten« unter ihnen beteuerten, daß sie gar nichts gegen Erotik hätten und blinzelten nervös mit den Augenlidern.

Ich lernte mit der Zeit, sexistische Untergriffe elegant abzuwehren und umzupolen, ich erlebte ekstatische und berauschende Trance, funkensprühende Begeisterung, wenn ich für Festgesellschaften tanzte. Im Hier und Jetzt des Tanzes, in der suggestiven Kraft von Klang und Bewegung schmelzen soziale Grenzen hinweg …

Aber im Vorher und Nachher war klar: Bauchtanz ist bedenklich, an der Grenze, die Bauchtänzerin gehört nicht zur »guten« Gesellschaft. Öffentlich inszenierte Erotik wird zwar gern konsumiert, aber die Tänzerin gilt als unseriös … speziell im Orient, wo sie einer Stripteasetänzerin gleichgestellt ist. Und die daraus resultierende Verachtung und Diskriminierung habe ich am eigenen Leib hautnah erlebt.

Diese Nähe des Bauchtanzes zur Prostitution war auch anderen Tänzerinnen ein Dorn im Auge. So setzte ein Prozeß der »Aufwertung« ein: Immer perfektere »Orientshows« wurden kreiert, Hollywoodglamour blinkte aus Plastikpailletten, Frauen aus dem regnerischen Mitteleuropa mutierten zu luxuriösen Haremssklavinnen mit aufgemalten Rosenwangen, üppiger Lockenpracht und perlenübergossenen Bajaderenkostümen, tauchten mit schmachtenden Blicken in die Märchenwelt vergangener Dynastien ein, wo Dörfer für einen Smaragd verkauft, ehebrecherische Frauen gesteinigt und Rebellen geköpft wurden. Solche sozialen und historischen Unbehaglichkeiten werden natürlich übersehen, denn das könnte den exotischen Traum und den Konsumrausch stören. Orient ist das Exotische, das Fremde, und dieses Exotische wird angeeignet … und weiterverkauft.

Für Menschen aus dem orientalischen Kulturkreis ist dies schmerzhaft. Viele orientalische Frauen würden gerne tanzen, tun es aber nicht … eben wegen der strengeren Ehemoral. Und nun sehen sie Europäerinnen mit »orientalischen« Hüftschwüngen, Schlangenarmen und Schleierdrehungen, mit »orientalischem« Make-up, Parfüm und Augenaufschlag und mit »orientalischem« Namen. Sie sehen diese falschen Suleichas, die ein Klischee von Orient vermitteln, das mit der aktuellen, oftmals bitteren sozialen und politischen Wirklichkeit wenig zu tun hat, daraus aber sowohl persönliche Befriedigung wie auch finanziellen Gewinn ziehen. Die Reaktionen sind entsprechend: Araber klatschen manchmal demonstrativ nicht, wenn eine Deutsche tanzt, der Araberin spenden sie Applaus, sie sprechen Europäerinnen pauschal die Berechtigung ab, »ihren« Tanz zu tanzen. Daß westliche Frauen diesen Tanz vermarkten, wird als Kulturkolonialismus angesehen, sozusagen als das letzte I-Tüpfelchen auf der allgemeinen Unterwerfung der orientalischen Länder unter die westliche Machtpolitik. »Kolonialistischen Kulturklau« nennt eine türkische Theaterwissenschaftlerin die Bauchtanzbewegung. Emanzipationsbemühte Frauen und demokratisch eingestellte Männer aus orientalischen Ländern finden es bizarr, daß sich westliche Frauen freiwillig in dieses Stereotyp der Haremssklavin begeben.

Wenn ich die negativen Reaktionen von OrientalInnen auf tanzende Europäerinnen spürte, war es mir, als müßte ich inmitten einer geschmeidigen Schlangenbewegung plötzlich in der Luft erstarren. Hatten wir kein Recht auf diese schönen Bewegungen, weil Großmächte ihre Waffen wetzen und Großkonzerne ihre Profite einstreichen? Zuerst nahm ich es persönlich, empfand Traurigkeit und Verletztheit, aber als ich mitzudenken und mitzufühlen begann, verstand ich diese Bitterkeit. Und so habe ich beispielsweise während des Golfkrieges alle Kurse abgesagt. Mir war nicht nach Tanzen zumute. Nur die monumental traurigen Klänge der Musikgruppe »Nenawah« ...[1]

Ablehnender noch sind die Reaktionen religiöser Kreise auf den Bauchtanz, ganz gleich, ob es sich um deutsche oder orientalische Tänzerinnen handelt. Bauchtanz ist öffentliche Zurschaustellung von weiblichem Fleisch, Striptease, Unzucht, Hurerei und von daher ein Verstoß gegen die Ehemoral. »Bauchtanz? Sehen Sie, es ist keine Todsünde, aber ... Nein, vergessen Sie das schnell! Das ist ganz schlecht!« erklärte mir ein Imam. In Ägypten nennen extrem religiöse Männer den Bauchtanz den »Schandfleck der Nation« und drohen mit Pogromen gegen Tänzerinnen. Selbst im Parlament wurde ein Gesetzesantrag gegen diesen Tanz gestellt. Da war er wieder, der unüberbrückbare Spalt zwischen der Hure und der Heiligen.

»Ist nicht der Schleier der Tänzerin ein Zeichen von Transzendenz, von priesterlicher Feierlichkeit?« fragte ich meine syrische Bauchtanzlehrerin, die mich immer wieder über islamische Grundregeln aufklärte.

»Nein! Schlag dir diese Philosophie aus dem Kopf«, erwiderte sie heftig. »Nein, der Tanz mit dem Schleier, das ist ein erotisches Spiel ...«

»Und wenn beides eins wäre?« dachte ich eigensinnig. Hat es nicht Gesellschaften gegeben, in denen es *sakrale Erotik* gab? Kommt nicht dieser Tanz, der jetzt kommerzialisiert und tabuisiert ist, aus diesen alten Gesellschaften? Und wird da nicht der Gegensatz zwischen Orient und Okzident hinfällig, denn die Quelle – sakrale Erotik – ist ja im Orient ebensowenig existent wie im Westen.

Ich spürte: Dieser Tanz ist heute out of time, out of place. Er ist nur noch unverstandene Dekoration, vielleicht Faszination, aber im wesentlichen ein Anachronismus. Sollte ich damit aufhören?

Aber es gab da etwas, das mich nicht losließ, eine Spur, der ich folgen mußte, eine Spannung, die mich in Atem hielt, ein Rätsel, das mich reizte und verwirrte. Ich ahnte Verschüttetes und Verbotenes, Verdrängtes und Totgeschwiegenes. Welche Schätze wurden uns verheimlicht? Der Bauchtanz wurde für mich zu einem silbernen Faden, der mich ins Innere des Labyrinthes führte, ins Zentrum einer archaischen Weiblichkeit.

Die Bauchtanzszene erschien mir als Miniaturwelt, in der sich die Probleme und Hoffnungen, Strukturen und Entwicklungen der größeren Gesellschaft spiegeln: ein ewiges Tauziehen von Frauenmacht und Männermacht, ein verblüffendes Verwirrspiel von Spiritualität und Kommerz in diesem Niemandsland zwischen Orient und Okzident ....

Meine persönlichen Erfahrungen in der Bauchtanzszene haben mich zu Erkenntnissen geführt, ja gezwungen, die im Bereich der folgenden drei Gegensatzpaare liegen:

Orient-Okzident, Männer-Frauen, Spirituelles-Materielles.

4. »Orient« und »Okzident«

Zerrbilder werden entzerrt

Wie sind die Blicke, mit denen sich »Orient« und »Okzident« heutzutage gegenseitig ausspähen, messen, taxieren, wahr-nehmen oder falsch-nehmen?

Vor kurzem schrieb mir ein Freund aus einem arabischen Land: »Du bist vom Westen zu uns gekommen, vom Westen, der immer wieder unsere Sonne und unsere Träume gestohlen hat, Du kamst in einer Zeit der Niederlagen, als Werte ihre Bedeutung verloren und feste Überzeugungen in sich zusammenbrachen, in einer Zeit der Minderung und schmerzhaften Selbstbezogenheit ... Aber Du hast über Träume gesprochen, die den unsrigen ähnlich sind!«

Die meisten orientalischen Länder haben den westlichen Kolonialismus und Imperialismus erlebt, es wurden und werden Regierungen gefördert, die im Grunde nur Befehlsempfänger sind und die Interessen der eigenen Bevölkerung hintanstellen, wenn es darum geht, westlichen Interessengruppen und Machtformationen freie Bahn zu verschaffen. Daß der »freie« Westen sich als Träger von Demokratie und Menschenrechten ausgibt, wird in den orientalischen Ländern als reine Heuchelei gesehen, denn ganz offensichtlich wenden westliche Wirtschafts- und Militärstrategen zweierlei Maß an, wenn es um wirtschaftliche Vorteile und speziell die Ausbeutung von Bodenschätzen geht. Spätestens seit dem Golfkrieg war klar, wer in dieser Region die Macht hat.

Die Reaktionen sind bekannt: Islamistische Gruppen formieren sich gegen westlich beeinflußte Regierungen, es wird zu Gewalt aufgerufen, aber diese Gewalt wendet sich zuallererst ... gegen die eigenen Frauen! Eine Frau, die allein lebt, keinen Schleier trägt, öffentliche Funktionen ausübt, schreibt und vielleicht gar feministische Standpunkte vertritt, macht sich der »Verwestlichung« (taghrib) schuldig und ist potentielles Opfer. Es trifft auch Intellektuelle, die gegen den religiösen Einheitsstaat argumentieren, andere Religionsgruppen (Christen in Ägypten) und natürlich westliche Touristen.

Der verderbliche Einfluß des Westens kristallisiert sich in den Augen der Islamisten in der Sittenlosigkeit westlicher Frauen. Egoistisch sind sie, Freundschaften und Affairen beginnen und beenden sie nach Belieben, sie verdienen sich selbst ihr Geld, richten sich nicht nach dem Ehemann, kleiden sich aufreizend und sind billig, leicht zu haben und verachtungswürdig. Orientalische Männer blicken manchmal mit Verachtung auf die Allgegenwart von Frauen in der Werbung, auf Pornographie und lassen verlauten: »Eure Frauen sind doch nur zum Verkaufen da!«

Natürlich ist dies ein grobes Stereotyp, das aus einer Einschränkung des freien Blicks entsteht. Eine Mutter, die sich bemüht, durch ihre Erwerbstätigkeit bessere Bildungschancen für ihre Tochter zu erkämpfen, eine Ehefrau, die sich nach jahrelanger Sorge um Mann und Familie allein auf den Weg macht, um Reiseerfahrungen zu sammeln, ein junges Mädchen, das sich herablassendes oder sexistisches Verhalten von Männern jedweder Kultur nicht mehr gefallen läßt, oder eine sensible Wissenschaftlerin, die die Fehlschaltungen eurozentrischen Denkens und politischen Handelns aufdeckt ..., sind diese Frauen billig, leicht zu haben und verachtungswürdig? Natürlich nicht. Sie sind komplexe, bewußte Persönlichkeiten, die ihren Weg gehen. Aber mit Zerrbrillen behaftet, kann man das natürlich nicht sehen.

Auch viele orientalische Frauen glauben an dieses Zerrbild der westlichen Frau und nehmen den Schleier, um gegen den gottlosen Westen zu protestieren. Aber das ist, als ob auf verschiedenen Etagen eines Hauses gekämpft wird: Während der Westen zielstrebig ökonomische, politische und strategische Interessen durchsetzt, zerbrechen sich Islamisten den Kopf über die Länge der Rocksäume! Westlichen Machtformationen kann dies nur recht sein, denn auf diese Weise kann auch das Feindbild vom »Orient« aufrechterhalten werden: fanatisierte Märtyrer, mittelalterliche Dogmatiker, hemmungslos Irrationale, Männer, die nichts lieber tun, als Frauen zu unterdrücken.

Das schürt alte Ängste und Ressentiments: Denn auch Europa hat eine Kolonialisierung durch den Orient erlebt: nicht ökonomisch, aber geistig. Jahrhundertelang galt die Bibel, einschließlich des Alten Testamentes, als Gottes Wort. Aber sie enthielt aggressive, frauenfeindliche Lehren, die von christlichen Machtformationen gegen die naive, heidnische Bevölkerung des damaligen Europa mit Gewalt durchgesetzt wurden. Die grausam-totalitäre Verfolgung von Frauen, die man Hexen nannte, die erstickende Knebelung des Denkens, die Zerstörung von Lust und Liebe, das alles waren Wirkungen dieser Machtübernahme. Europäische Dorfbewohner ersetzten ihre lokalen Märchen durch Geschichten von Abraham, Moses und David, sie nahmen biblische Namen an, begannen zu büßen und zu beten und wurden wirr im Kopf.

Das Licht, das aus dem Osten kam, hat im europäischen Bewußtsein tiefe Traumata eingebrannt, und das europäische Bewußtsein hat diese geistige Kolonialisation nicht verkraftet. Schwelende Rachegelüste arteten immer wieder in wirre Gewalt gegen vermeintliche Feinde aus. Unterdrückte und entfremdete Menschen ließen ihre Wut an Schwächeren aus: den europäischen Juden, die minderprivilegiert ihr Leben in den Ghettos fristeten.

Wenn nun Islamisten hoffen, daß das »Licht des Islam« auch in Europa leuchten möge, kriegen die meisten EuropäerInnen bei diesem Gedanken kalte Schweißausbrüche. Zurück in den Harem? Einem eifersüchtigen Patriarchen unterworfen? Religiöse Dogmen befolgen?

Das gängige Bild, das man sich im Westen von orientalischen Frauen macht: Sie sind sexuell unterdrückt, dürfen vor der Ehe ihre Jungfräulichkeit nicht verlieren, werden in Kaufehen verschachert, müssen Schleier tragen und ihrem Mann gehorchen, sind zum Kindergebären da, zu Hause eingesperrt, in der Öffentlichkeit rechtlos, können sich, weil sie kein Eigenleben haben, auch erotisch nicht entfalten ..., kurzum, sie sind diskriminiert und unterdrückt. Die Armen! Filme wie »Nicht ohne meine Tochter« vertiefen dieses Bild ...

Aber auch dieses Bild ist schematisch und verzerrt, und bei näherem Hinschauen sehen wir: Es gibt im »Orient« auch charismatische Politikerinnen, die mühelos die Fäden der Macht in Händen halten, brillante Schriftstellerinnen und Wissenschaftlerinnen, die es wagen, die eigene Welt zu hinterfragen, Künstlerinnen wie jene Irakerin, die bei einem amerikanischen Revanchebombardement von Bagdad ums Leben kam, erfinderische Technikerinnen wie jene tunesische Ministerin, die erstmals Sonnenenergie-Projekte in ihrem Land eingeführt hat ...

Sind sie so selbstsicher, weil sie »verwestlicht« sind? Das wird ihnen von männlichen Gegnern und Neidern in ihrem eigenen Land vorgeworfen. Aber auch wir im Westen glauben manchmal, daß ihre Stärke, ihre Emanzipation ein Verdienst westlicher Einflüsse sei, und das heißt: Wir vereinnahmen ihre persönliche Leistung und ignorieren, daß weibliche Kompetenz auch außerhalb unserer westlichen Welt eine Tradition hat. Aber davon wird im Laufe dieses Buches noch die Rede sein!

Wir irren uns, wenn wir glauben, daß westlicher Einfluß immer zur Stärkung der Frauen beiträgt. Das zeigt folgendes Beispiel: In den fünfziger Jahren genossen Nomadenfrauen im Translibanon eine geachtete Stellung in ihrem Stamm. Sie versorgten die Kamele, fütterten, molken, putzten, sattelten sie und unterhielten dabei eine intakte Frauengruppe mit Gesprächen, Gesang und gegenseitiger Hilfe. Dann kam der technische Fortschritt: Die Kamele wurden durch Lastwagen ersetzt, und es waren die Männer, die diese Lastwagen warteten, Transportfahrten unternahmen, während die Frauen sich in schnell aufgerichteten Fertigbauhäusern vereinzelten und ihre gesellschaftliche Rolle auf die einer Hausfrau reduziert wurde.

Wo immer »westlicher« Fortschritt neue Erwerbschancen erzeugt, sind es zumeist die Männer, die in den Städten oder in Europa Geld verdienen, und das schmälert nur allzuoft die ökonomische Stellung der Frauen im Dorf oder im Stamm.

Auch unser eigenes Selbstbild unterliegt ideologischen Verzerrungen: Wir halten uns für erotisch befreit, aber diese Freiheit hat durchaus ihre Grenzen. Manchmal scheint mir, daß dieses Wirtschaftssystem mit seiner atemlosen Streßzeit und seinem Profilierungszwang erotische Entfaltung *erfolgreicher* verhindert als die althergebrachte Zwangsmonogamie. Haben wir überhaupt Zeit für Zärtlichkeit, wenn wir von Termin zu Termin hasten, unsere Leistung immer noch mehr ankurbeln, unsere Karrieren und Zeiteinteilungen planen, unsere persönlichen Erfolgsstrategien im Konkurrenzkampf der Wirtschaftswelt ausarbeiten, um als moderne Frau anerkannt zu sein, die »ihren Mann« steht? Erfolgreich um jeden Preis!

Mit dem Kampf um »Gleich«berechtigung unter kapitalistischen Vorzeichen ist auch ein weibliches Kraftfeld zerstört worden. Bauchtanzlehrerinnen wissen es: Verkrampfte, blokkierte und vergessene Körperzonen entstehen aus chronischem Alltagsstreß und behindern das wohlige Fließen weiblicher Energien. Ist nicht unsere »Gleichberechtigung« ein widersprüchlicher Sieg? Nur durch Angleichung, Enterotisierung, Entweiblichung wurden wir respektabel!

Als Clinton sich um das Präsidentenamt bewarb, wurde auch sein privates Vorleben aufgeblättert. Man stieß auf seine langjährige Affäre mit der Nachtclubsängerin Gennifer Flowers. Damit schien der Bewerber erledigt. Regenbogenpresse und politische Gegner stürzten sich auf das gefundene Fressen. Aber Hillary – energisch und politisch qualifiziert – rettete ihren Gatten. Sie argumentierte, es sei schließlich ihre »Privatsache« ...

Im alten Sumer hätte die Sache anders ausgesehen: Wer dort König werden wollte, mußte durch das Schlafgemach der Hohepriesterin. Sie inthronisierte den Bewerber, indem sie mit ihm die Heilige Hochzeit vollzog. Und das war ein Staatsakt. Mit anderen Worten: Erotik war sakral und politisch! In unsere Zeiten übersetzt: Um Präsident zu werden, hätte Clinton von einer Frau ausgewählt und ernannt werden müssen, die beide Gestalten – eine politische Hillary und eine erotische Gennifer – in sich vereinte. Und mit ihr hätte er, umringt von Fernsehkameras und Mikrophonen, erhellt von den Blitzlichtgewittern der Pressefotografen, ein feierliches Liebesspiel inszenieren müssen. So wäre er zum König von Inannas, der Großen Göttin Gnaden, aufgestiegen.

Wie viele Minister – Außen-Innen-Finanz-Verteidigung usw. – sind über Affairen gestolpert, mußten den Hut nehmen, wenn die Fassade des Ehemanns und Familienvaters in sich zusammenbrach! Call-Girls waren der Stein des Anstoßes, die Falle der Verderbnis, wer also würde auf die Idee kommen, sie als »Heilige« zu bezeichnen? Aber so nannte man in Babylon tanzende Erospriesterinnen, die sich im Dienste der Liebesgöttin 'Aschtár[2] fremden Männern hingaben: Qadischtu!

Zumindest im *alten* Orient haben also Frauen als erotische, sinnliche Wesen und nicht als »Gleich«berechtigte eine ganz andere gesellschaftliche Anerkennung genossen als in unserer modernen, aufgeklärten, zivilisierten, westlichen Gesellschaft. Das läßt uns ahnen, daß das gängige Bild des verderbten Westens und des repressiven Orients korrigiert werden muß. In Wirklichkeit haben wir viel mehr gemeinsam, als es nach außen hin scheint.

Ich möchte im Verlauf dieses Buches historische Informationen und soziologische Begriffe präsentieren, die uns helfen, unseren Blick für Komplexität zu schärfen, überflüssige Mißverständnisse und hilflose Ressentiments abzustreiten – anstatt Ost und West wie Postkarten zu vergleichen oder wie Spielkarten gegeneinander auszuspielen.

Und dann können wir auch unsere eigenen Möglichkeiten und Aufgaben in diesen Geflechten aufspüren, dann können wir mit unseren Erkenntnissen auch leben! Dann sind wir kulturell und politisch kreativ!

5. Weibliches, Männliches

Wunden werden doppelt geheilt

Tanzen, tanzen
Eine goldene Brücke in jenseitige Welten:
Welten jenseits von Scham und Verbot,
von spitznasigen Hierophanten und giftgeifernder Gier
jenseits von sinnverbrämten Lügen und klaffendem
    Bewußtsein
wie gespaltenen Hirnschalen
Schlange bin ich, wenn ich tanze, mich drehe,
mich wende und winde ...
Und ich ahne
jenseitige Welten im Dunste des Frühnebels einer fernen
    Vergangenheit,
wo Frau-sein noch heißt: Eins-sein und Selbst-sein
Und dann frage ich mich:
Hat die Göttin Zukunft ... und was ist JETZT?

Fragen an die Geschichte

Woher kommt die Geringschätzung, Vernebensächlichung, Abschiebung, ja selbst Verteufelung unseres Körpers, unserer Sinnlichkeit, dieses »sinnlich *oder* respektabel«, der fundamentale Unterschied zwischen der »Hure« und der »Heiligen«, der noch immer in den Köpfen umhergeistert? Andersherum gefragt: Gab es vorher einen Zustand weiblicher Souveränität und erotischer Liberalität, wo Weiblichkeit kein Hinderungsgrund war? Kann man ihn als »Matriarchat« bezeichnen? War er im Orient zu Hause? War er in der hohen Kulturentwicklung Mesopotamiens und Ägyptens begründet? Waren Frauen maßgeblich an der Schaffung dieser Kulturen beteiligt?

Wodurch konnte ein solcher Zustand zerstört worden sein? Waren es die blonden, struppigen Barbaren, unsere »indoeuropäischen« Vorfahren, die diese Kulturen überrannten und zerstörten oder unterwarfen, war die »blonde Bestie« Vorkämpfer des Patriarchats? Das ist in westlicher Sichtweise ganz unvorstellbar, denn im Westen glaubt man ja, daß der Orient der Hort der Männerherrschaft ist.

Oder: Wo geht's den Frauen besser? In Nomadenstämmen oder in Ackerbausiedlungen? Sind Verstädterung und technologischer Fortschritt schuld daran, daß Frauen ins Private abgeschoben wurden? Welche Wirkung hatten Königsherrschaft und Haremswesen, Militarismus und Sklaverei auf das Leben der Frauen? Und die Religionen? Weshalb kam es dazu, daß junge Mädchen, die vor der Ehe ihre Jungfräulichkeit verloren hatten, umgebracht wurden, daß Frauen die Schuld an der »Erbsünde« aufgebürdet wurde? Welche Rolle spielte der Islam in der Geschichte der Frauen? Wie hängt Religion und Ideologie überhaupt mit gesellschaftlichen Entwicklungen zusammen?

Das Denken irrt verstohlen durch die gewaltigen Räume der Geschichte. Vor zwanzigtausend Jahren krochen wagemutige Menschen in Alteuropa in schwer zugängliche Höhlen, meißelten sexuelle Symbole in den Stein, verzierten sie mit rotem Ocker oder malten scharf beobachtete Tierbilder an kaum beleuchtete Wände.

Vor zehntausend Jahren wurden Menschen (wahrscheinlich) zum ersten Mal längerfristig seßhaft. In den Hügeln von Palästina ernteten sie mit Steinsicheln Wildgetreide, jagten Gazellen und erfanden die Vorratshaltung. Vor siebentausend Jahren gab es im Vorderen Orient, aber auch in Europa, schon bäuerliche Siedlungen ohne Waffen und Befestigungen, aber mit anmutig bemalten Tongefäßen, Statuetten, verziertem Hausrat, mit Wandmalereien und gepflasterten Straßen.

Vor sechstausend Jahren wurden bereits viele dieser Siedlungen durch Invasionen von Steppenvölkern aus Nord- und Mittelasien erschüttert. Die Kulturentwicklung wurde zeitweilig gebremst.

Vor fünftausend Jahren entstanden am Nil, zwischen Euphrat

und Tigris, und am Indus Hochkulturen mit organisiertem Ackerbau, eindrucksvollen Tempeln und prachtvollen Palästen.

Vor viertausend, dreitausend, zweieinhalbtausend Jahren wurden die Invasionen immer zahlreicher und heftiger, und gleichzeitig nahmen auch die Kriege zwischen den Reichen des Südens immer mehr zu.

Vor zweieinhalbtausend Jahren reichte das Reich des Perserkönigs Dareios von den Grenzen Chinas bis nach Ägypten und Griechenland ..., und was dann kommt, kennen wir wieder: Alexander der Große, die Ausbreitung des Hellenismus, des römischen Imperiums, des Christentums, des Islam, Kreuzzüge, Dogmen des Mittelalters, geistige Freiheit der Renaissance, Bürgertum, Kapitalismus und schließlich der europäische Kolonialismus und Imperialismus bis zur Jetztzeit ... In den letzten zwei Jahrtausenden kennen wir uns aus, und daß uns die vielen Jahrtausende davor so leer erscheinen, liegt nur daran, daß unser Wissen darüber so dünn ist.

Visionen: Pferdehufe, die über die Steppen donnern, Streitwagen, die aufeinanderprallen, Verliebte, die sich im Papyrusschilf des Nilufers ein Stelldichein geben, Priesterinnen, die in vollem Ornat auf buntbemalten Fliesen schreiten, gesalbte, geschmückte Tänzerinnen, die unter leidenschaftlichen Trommelwirbeln und im brüchigen Hauch der Flöte erzittern, sich schlangenhaft geschmeidig dehnen und winden ...

Wie kommt man zu Erkenntnissen über ferne Vergangenheiten?

Was ist uns aus den schriftlosen Jahrtausenden, Jahrzehntausenden und Jahrhunderttausenden, in denen sich menschliche Entwicklung vollzog, geblieben?

Es sind die Fundstücke, mit denen sich die Anthropologie und Archäologie befaßt: Skelette von Menschen und Tieren (Jagdwild oder Haustiere), Gräber, Werkzeuge, Schmuck, Bekleidung, Waffen, Überreste von Nahrungspflanzen, Bruchstücke von Hütten, Häusern, Feuerstellen, Hausaltären, von Kultgeräten, Statuetten, Fresken, Tempeln und Stadtanlagen.

Je ferner die Zeit, desto spärlicher sind im allgemeinen die Funde, vieles zerfiel im Laufe der Zeiten, versank im Meer oder im Sand, verweste im Erdreich, wurde durch Feuchtigkeit, Wind oder Sonne aufgelöst, zerstreut und weggewaschen, Tiere trugen es fort, Menschen machten aus Tempeln Steinbrüche, raubten Gräber aus, bauten neue Dörfer auf alten Dörfern ... und zerstörten Zeugnisse früherer Kulturen mit Absicht ..., aus Herrschsucht oder ideologischer Rivalität: »Ihr sollt alle Kultstätten zerstören, an denen die Völker, deren Besitz ihr übernehmt, ihren Göttern gedient haben. Ihr sollt ihre Altäre niederreißen und ihre Steinmale zerschlagen. Ihre Kultpfähle sollt ihr im Feuer verbrennen und die Bilder ihrer Götter umhauen. Ihre Namen sollt ihr an jeder solchen Stätte tilgen!« (Deuteronomium, 12,2 f)

In den letzten Jahrzehnten hat die Archäologie immer raffiniertere Methoden entwickelt, um Funde zu lokalisieren, auszugraben, zu bergen, zu datieren und zu deuten. Während man früher einfach nur grub, eruieren heute interdisziplinäre Teams von Zoologen, Botanikern, Klimatologen, Anthropologen und Paläontologen etc. mit kriminalistischem Scharfsinn Einzelheiten über längst vergangene Kulturen. Die Archäologie lehrt uns Achtung vor den alten Kulturen und verändert unsere Sicht auf die Vorzeit. Sie ist viel reicher, als wir glauben.

Aber die Gefahr einer Fehldeutung ist immer vorhanden: Ist die Mauer eines frühneolithischen Dorfes eine Befestigung gegen feindliche Überfälle oder gegen die Schlammassen eines angrenzenden Wadis? Sind die Verletzungen, die man an einem Skelett erkennt, kultisch, kriegerisch, oder war es ein Jagdunfall? Wer hat die kleinen Göttinstatuetten aus Knochen, Elfenbein und Ton gefertigt? Und wozu? Was bedeutet Nacktheit in archaischen Kulturen? Sind kretische Priesterinnen mit ihren nackten Brüsten mit modernen Penthousemodels vergleichbar? Ist die blonde Frau, die mit kurzem Rock, langen Beinen und langer Mähne auf dem Cadillac sitzt, die Besitzerin des Wagens oder eine Werbesklavin, die leidenschaftliche Begierde für den Cadillac entfesselt?

Wie bequem wäre es, wenn wir schriftliche Zeugnisse über diese alten Zeiten hätten, aber es gibt sie erst seit fünftausend Jahren. Zuerst mit Bildsymbolen, dann mit Keilschrift begann man in Mesopotamien, Buchhaltungsdaten in Tontäfelchen einzudrücken. Wenig später erschienen auch in Ägypten die ersten hieroglyphischen Aufzeichnungen.[3] Wirtschaftsdaten, geschichtliche Berichte, Gesetze, Mythen und Hymnen wurden im Laufe der Zeit in Tontafeln eingeritzt, in Steine eingemeißelt, auf Putz gemalt, auf Papyrus geschrieben, auf Pergament gekritzelt.

Aber auch Texte sind nicht immer zuverlässig, sie können zensiert, neu redigiert, chiffriert, falsch übersetzt oder absichtlich gefälscht sein. Die sumerische Sprache beispielsweise widersetzt sich zäh einer eindeutigen Übersetzung: »Er fegte die Frauen von den Feldern, die Holzstücke sammelten« und »Hin und her auf den Feldern eilten die Frauen, die das Holz hackten« lauten zwei Übersetzungen ein und desselben Textes. Wenn das kein Unterschied ist!

Auch die Bibel wurde immer wieder umgeschrieben, neu redigiert – man könnte auch sagen: gefälscht. Und in welchem Ausmaß und wann genau das geschehen ist, darüber sind sich auch Bibelwissenschaftler keineswegs einig. Das »Heilige« Buch ist also keineswegs uralt, noch wenige Jahrhunderte vor der Zeitwende wurde daran »gearbeitet«.

Viele alte Texte sind überhaupt zerstört worden, wie etwa beim Brand der riesigen Bibliothek von Alexandria. Damals ging der größte Teil der orientalischen und hellenistischen Wissenschaft, Technik, Philosophie und Religion verloren. Ebenso wurde die Bibliothek von Bagdad im zwölften Jahrhundert von den Mongolen zerstört. Der Euphrat, so heißt es, sei von der Tinte der Manuskripte geschwärzt worden. Manche Schriftstücke sind auch auf Nimmerwiedersehen in der Vatikanbibliothek verschwunden ... Und das Ergebnis von alledem: Über den kulturellen Reichtum der frühen Antike wissen wir nur herzlich wenig. Durchaus möglich, daß die Zerstörung von Texten mit Absicht und System erfolgte, um den Zeitgenossen und damit auch der Nachwelt bestimmte Informationen vorzuenthalten. Eine Generation von frauenfeindlichen Mönchen genügte, um für Jahrhunderte und Jahrtausende jede Erinnerung an weibliche Souveränität zu tilgen!

Knebelungen, Entstellungen, Verschleierungen: geraubte Geschichte

Und dennoch gibt es noch genügend direkte und indirekte Hinweise auf glanzvollere und glücklichere Zeiten. In den Göttermythen läßt es sich ablesen wie in einem Bilderbuch. Souveräne Göttinnen werden von jungen Kriegsgöttern getötet, vergewaltigt, geheiratet (!), sie werden verniedlicht, dämonisiert, einer Geschlechtsumwandlung unterzogen oder überhaupt geleugnet.

Aus der babylonischen Liebes- und Fruchtbarkeitsgöttin »'Aschtár« und ihren Priesterinnen, den »'Aschtarát«, wird in der jüdischen Tradition ein Dämonenschwarm weiblichen Geschlechts, die »Aschtaroth« (fem. plur.), der uns im katholischen Religionsunterricht meiner Kindheit als *ein* nächtlich grausiger Dämon männlichen Geschlechts vorgestellt wurde.

Fast ist es vorhersagbar: Was einst »heilig« war, ist nun tabu und böse. Zum Beispiel die Schlange, die in der Schöpfungsgeschichte die Verkörperung des Bösen ist.

Aber meine Erfahrung der »Schlange« war ganz anders. Wenn ich tanzte, wenn ich Wellenbewegungen in Becken, Brust, Armen und Händen zeichnete, fühlte ich ihre Geschmeidigkeit so angenehm und befreiend in meinem Körper! Und als ich die Bibliotheken durchstöberte, entdeckte ich, daß sie in der Antike ein »heiliges« Tier war und immer mit weiblichen Göttinnen assoziiert wurde.[4]

Im Tanzen also durchbrach ich den Asphalt des Alltagsbewußtseins, das uns Dinge als normal erscheinen läßt, die in Wirklichkeit ganz eigenartig sind!

Männlicher Bias in der Wissenschaft

Für normal, unverdächtig und wertfrei hält man im allgemeinen auch die Wissenschaft. Und doch herrscht dort ein unübersehbar »männlicher« Bias. Die Mehrzahl namhafter Wissenschaftler sind heute Männer, und natürlich denken sie, ausgehend von ihrer männlichen Alltagserfahrung, mit einem männlichen Blickwinkel.

Es beginnt bei den *Nomenklaturen:* Warum spricht man immer nur vom Homo sapiens, gibt es denn keine Femina sapiens? Dann kommen die *Vorurteile:* Weil das Grab der Pharaonin Meriet-Nit reicher geschmückt war als das Grab daneben, hielten es die Forscher für das Grab eines Pharaos. Erst später erkannte man den weiblichen Namen. Bei deutlicheren Dokumenten weiblicher Präsenz ist das Mittel der Wahl die *Nichtbeachtung:* Die sumerischen Reformkönige Lugalanda und Urukagina regierten zusammen mit den Königinnen Baranamtarra und Shagshag. Aber die beiden Königinnen werden meist gar nicht erwähnt, obwohl in den Originaldokumenten diese Epoche nach ihnen benannt ist. Und schließlich die *Wertungen:* Archäologen und Theologen winden sich, wenn es um die orgiastischen Zeremonien der Kanaaniter geht, sie nennen es »sakrale Prostitution«. Denn wenn's nicht Ehe ist, muß es eben Prostitution sein. Denn beides kennen sie aus dem Alltagsleben. Daß es Erotik *außerhalb* von Ehe *und* Prostitution geben könnte, kommt ihnen nicht in den Sinn.

Im wirklichen Leben wird's noch deutlicher: Ich besuche die Vorlesung eines Indologen über alte Tantratexte. Ich bin begierig, Genaueres über diesen heutzutage etwas breitgetretenen Begriff zu hören. Der Dozent erwähnt, daß einer dieser Texte tatsächlich verzerrt interpretiert wurde, die eigentliche erotische Bedeutung wurde wegerklärt. »Interessant«, denke ich. »Das kenn ich doch!« Ich melde mich zu Wort, um ein Parallelbeispiel aus Byzanz zu nennen. Aber er unterbricht mich scharf und bekennt klipp und klar, wo seine Loyalitäten liegen: »Ich bin Wissenschaftler! Bei mir gibt's kein allgemeines Gerede! Hier zählt nur das, was wissenschaftlich bewiesen werden kann! Matriarchat? Reiner Quatsch! Ein Matriarchat hat es nie gegeben!« Hatte ich das behauptet? Darf man keine übergreifenden Fragen stellen?

Als ich wieder einmal die heiligen Hallen der Universität betrat, bemerkte ich zwei junge Studentinnen, die gerade einen sumerischen Text lasen, in dem der kriegerische Göttervater Marduk die Urmutter und Schlangengöttin Tiamat auf denkbar brutale Weise mit Keule und Schwert abschlachtet. »Ach, die Arme«, seufzen sie. »Ja«, sage ich. »Klingt wirklich recht frauenfeindlich!« Und schon wispern beide wie aus einem Mund, ängstlich und nervös: »Aber ein Matriarchat kann man daraus nicht ableiten!« Hatte ich das behauptet? Das also bleuen sie den StudienanfängerInnen ein!

»Nein, das kann man daraus nicht ableiten! Nein, dafür haben wir keine Hinweise! Nein. diese Hinweise reichen nicht aus! Dagegen spricht, daß ...«

Im Zweifelsfall also immer gegen die Ahnung, die Hoffnung und die Sehnsucht. Ihre apotropäischen Gemeinplätze[5] äußern die Verwalter des Wissens manchmal mit einem stillen Lächeln der Befriedigung. Sie genießen ihre vermeintliche Macht. Unbefugte lassen sie auflaufen.

Ich suche mich in den Scherben der Vergangenheit ...

Nur: Das zu wissen, hat's mir auch nicht leichter gemacht. Ein fernes Reich weiblicher Souveränität wollte ich suchen, wo Erotik, Spiritualität und Ökonomie nicht voneinander abgeschnitten waren, ein geheimnisvolles Labyrinth, wo die dunkelleuchtenden Schätze der Vorzeit und Frühzeit lagen ..., diese Schätze wollte ich heben: Ich las, exzerpierte, verglich und sammelte, ich sondierte und betrachtete Bildmaterial, und ich bemerkte zusehends: Dieses Labyrinth hat keinen Ausgang! Wo ist der Faden, der mich wieder zu den Lebenden führt?

Immer tiefer verstrickte ich mich in die Fülle historischer Einzelheiten, mußte meine großräumigen Panoramen revidieren, korrigieren, relativieren. Aber ich wollte doch, mußte doch all diese sozialen und historischen Geschehnisse in den Griff kriegen, in einen – *beweisbaren* – Begriffsrahmen einpassen, ich mußte doch zu einem faßbaren Resultat kommen, denn nun hatte ich schon so lange im Scherbenhügel der Frühzeit und Vorzeit umhergegraben ... Sollte ich nach all dieser Schatzgräberei mit diesem Satz zurückkommen: »So einfach ist das alles nicht!«? Und dann befiel mich ein unbehaglicher Verdacht: War ich nicht dabei, mit meiner Beweissucht einen feministischen Fundamentalismus zu betreiben, eine goldene Vergangenheit zu konstruieren, um daraus eine gewünschte Zukunft abzuleiten? Anstatt JETZT intuitiv, spontan, lustvoll und frei zu handeln? Schätze wollte ich heben, und statt dessen schleppte ich Steine, um ein Fundament in der Vorzeit zu bauen!

... und finde???

Aber ich gab nicht auf, sondern tat bewußt, was Wissenschaftler meist nicht tun, wenn sie ihre Hypothesen zu beweisen suchen. Sie grenzen ihre eigenen Gefühle aus, behaupten, rein sachlich-logisch vorzugehen, und bemerken gar nicht, wie ihre gefühlsbeladenen Wertungen dennoch ihr Denken bestimmen. Dadurch versäumen sie auch die Chance, sich selbst lebendig weiterzuentwickeln, sie verlieren den Zusammenhang zu sich, zum JETZT. Ich aber nahm mir vor, meine Gefühle, Motivationen und Interessen zu reflektieren, zu klären und dann erst weiterzudenken ...

Worin besteht die Betroffenheit? Ja, es sind uns Wurzeln zu unserer Vergangenheit abgeschnitten worden, und manche von uns siechen deshalb auch bleich und unterernährt, vom Wind zerzaust vor sich hin. Es gab so etwas wie eine »männliche Machtübernahme«. Aber wie gehen wir damit um? Schmieden wir Vorwürfe? Gegen wen richten wir sie? Konstruieren wir Feindbilder? Die bösen Männer, Kleriker, Gewalttäter usw., die das Goldene Zeitalter des Frauenfriedens durchbrachen?

Wir Frauen sind ja so gut und friedlich, so fürsorglich und sanft, so pazifistisch schon von Natur aus. Die Männer dagegen, also die mit ihrem schrecklichen Y-Chromosom! Die sind an der ganzen Bredouille schuld! Diese patriarchale Gesellschaft ist so hart, so kompetitiv, so hierarchisch und technologisch. Lassen wir doch am weiblichen Wesen die Welt genesen!

Aber Frauen sind keineswegs nur friedlich, auch wenn sie den Ton angeben. In manchen Stämmen waren Frauen mächtig, etwa bei den Tuareg, im alten Arabien, bei den Irokesen, den Wikingern ..., und dennoch sind oder waren solche Stämme durchaus, manchmal sogar besonders – kriegerisch.

Es gab Göttinnen des Krieges mit Löwenkrallen, Göttinnen, die man sich im Blut watend vorstellte, es gab Priesterinnen, die Männer opferten oder kastrierten. So einfach ist es eben nicht!

Manche Frauen sind der Meinung, daß Macht oder Gewalt, die von matriarchalen Priesterinnen gegen Männer ausgeübt wurde, »weise« sei, denn Frauen seien ins zyklische Leben und Weben der Natur eingebunden und könnten deshalb gar nicht böse sein! Also auch wenn wir Gewalt anwenden, ist es gute Gewalt![6]

Andere wollen gar nicht »gut« sein. Sie identifizieren sich gerne mit der »Frauenmacht« vergangener Zeiten, sie bekennen sich dazu, wild, mächtig und mitleidlos zu sein und ziehen mit der kretischen Doppelaxt ins Feld. Die »männliche Machtübernahme« erzeugt in ihnen nur Wut und Verachtung.

Und das wirkt sich auch auf die Forschung aus: Je nach Temperament deuten verschiedene Forscherinnen die kretische Doppelaxt als Opferbeil, Kampfgerät, Mondsymbol oder stilisierten Schmetterling, der die Wandlungsfähigkeit einer friedlichen Göttin darstellen soll.

Beide Positionen, die sanftmütige und die kriegerische, haben ihr Spiegelbild in männlichen Schreckbildern:

»Matriarchat, wie schrecklich!« sagt Er. Herrschaft der Mütter! Sumpfige Fruchtbarkeit, immer nur Nähren und Säugen! Man erstickt ja im Milchdunst oder im Schwefelgeruch der Menstruation! Keifende Matronen, die ihr Fett vor sich hertragen, Mutterglucken, die ihre Söhne festhalten! Matriarchat, ja, vielleicht hat's das mal gegeben! Aber jetzt ist es vorbei, jetzt atmen wir – dem Himmel sei Dank, endlich die klare Luft einer modernen, rationalen Zivilisation.[7]

Anderen Männern fällt das Schreckbild der »Amazone« ein, wenn sie von »Matriarchat« und Frauenmacht hören. Sie sehen sich bereits auf einem Altar dahingeopfert, kastriert oder schlimmer noch: durch eine weibliche Konkurrentin in der Karriere überholt. Sie sehen fühllose Barbarellas vor sich, die mit einem gezielten Kinnhaken jede Erinnerung an männliche Überlegenheit töten oder mit einer ebenso gezielten Argumentation jegliches Gefühl von intellektueller Potenz dahinmorden! Da sei Gott vor, daß es so was jemals gegeben haben sollte ..., und außerdem wird's auch nicht wieder vorkommen! Denn weibliche Macht dieser Art ist widernatürlich, entartet. Wer soll denn da die Kinder kriegen??? Und wozu braucht's noch Männer, wenn die Frauen alles selber machen? Wo bleibt denn da die Romantik, wo bleibt der Sex-Appeal!

Bei alledem wird deutlich: Es sind Konfrontationen, Abgrenzungen, Feindbilder, ein Besser-sein-Wollen oder Stärker-sein-Wollen ... es geht um Macht und Angst.[8]

... und finde dich in mir!

Und genau das muß überwunden werden! Nicht in der Geschichte, denn da sind die »männliche« Machtübernahme und die damit verbundenen Gemeinheiten unleugbar – *aber im Jetzt!*

Wenn wir die ewige Spaltung in Männermacht (notorische Täter) und Frauenschwäche (notorische Opfer) und den damit verbundenen großflächigen Vorwurf aufgeben, wenn wir dieses Denkprogramm kurzerhand löschen, so verlieren wir vielleicht so was wie eine feministische Identität, aber wir gewinnen ungeheuer viel!

Vor allem Freiheit! Jetzt ist es nicht mehr nötig, Beweise aufzulisten, um die Speerspitze des Vorwurfes zu härten, um Verallgemeinerungen zu beweisen. Jetzt ist auf einmal alles möglich! Geschichte wird zu einem Spiel, in dem Überraschungen ausbrechen, in dem der Vorteil sich als Nachteil, der Nachteil sich als Vorteil erweist. Sie wird zu einem Spiel von Berührungen, Fragen und wechselnden Rhythmen von Ignoranz und Erleuchtung, Bindung und Trennung und immer neuer Begegnung.

Und nun ist auf einmal auch Mitgefühl möglich: Natürlich, man wußte, daß auch Männer durch das Patriarchat zu Schaden kamen. Aber jetzt erst werden die Galeerensklaven lebendig, die in römischen oder athenischen Kriegsschiffen litten. Jetzt erst empfinden wir, welche Hölle jene Männer durchlitten, die von nördlichen Steppenkriegern oder osmanischen

Sklavenhändlern kastriert wurden, um dann als Haremswächter oder Arbeitsvieh zu dienen.

Jetzt erst denken wir an jene sanften Männer der frühen Ackerbausiedlungen, die von kriegerischen Nomadenhäuptlingen mit einem einzigen Keulenhieb erschlagen wurden, oder an die Männer, die sich im Mittelalter für »Hexen« einsetzten und ebenfalls zu Tode gefoltert wurden ...

Und wenn der Mythos der Macht einmal gebrochen, der Knebel ausgespuckt, die Augenbinde abgenommen ist, dann sehen wir auch die Hilflosigkeit der Herrscher, die innere Unsicherheit der Übeltäter, das Taumeln der Ideologen.

Geschichte verstehe ich als kollektiven Erfahrungsprozeß von Männern und Frauen, von Trennungen und Begegnungen, von Abschottung und Teilnahme, Ignoranz und Erleuchtung in wechselnden Rhythmen ..., und immer auch in der Zwiesprache, im Streitgespräch mit der Natur, von der wir leben: Wüstenstürme, Steppendürre, liebliche Landschaften mit schwarzer Erde, Katastrophen beeinflussen den Gang der Geschichte. Wir erleben seit etwa 4000 Jahren ein historisches Experiment, ich nenne es den neuen Separatismus der Männer, er äußert sich in den historischen Formen des Dominismus, Violentismus, Possessionismus, Divisionismus, Rassexismus, Reifaktionismus, Dissatisfaktionismus, Substitutionalismus und vor allem Dualismus. Welch eine Ansammlung von Wortungetümen habe ich da geschaffen! Aber sie haben in meiner Analyse alle einen ganz exakten Sinn, und sie beschreiben in der Tat recht eigentümlich-ungetümlich-ungemütliche Dinge, die ich in Kapitel IV und V ausführen werde.

Wir Frauen haben an diesem Experiment durchaus teilgenommen: als Kollaborateurinnen, Nutznießerinnen, Opfer, Gläubige, Ignorante, Enttäuschte, Liebende, Leidende, Geduldige, Apologetinnen.

Jede Wunde ist doppelt: Sie trifft den, der sie erlitten hat, und den, der sie zugefügt hat. Auf jede Wunde kommen also mindestens zwei Heilungen ... mindestens, sage ich: Denn wenn sowohl Täter wie auch Opfer sich heilen, entsteht ein Energiefeld, das etliche andere Doppelwunden auch noch gleich mitheilt! Das ist doch tröstlich!

Was also zunächst wie ein unvereinbarer Spalt erscheint – das Wirken von Frauenmacht und Männermacht in der Geschichte –, erweist sich bei näherem Hinschauen als atemberaubend spannende Begegnung, Berührung und Durchdringung.

Ich suchte mich in den Scherben der Vergangenheit ... und fand dich in mir, in aprikosen-goldenleuchtend-magma-tiefrotglühendem Glück in mir ... tief, ziemlich tief in mir!

6. Spirituelles, Materielles

Das Erlebnis der Schwelle und der Weg zu sakraler Erotik

Und jetzt, wo ich die Lust der historischen Begegnung in mir spüre, kann ich mich auch dem eigentlichen Thema dieses Buches nähern: der »sakralen Erotik«. Was bedeutet »sakral«, »spirituell« oder »heilig« im Gegensatz zu »materiell«, »profan« oder »kommerziell«?

In den letzten Jahren ist es zu einer Inflation von »spirituellen« Bewegungen gekommen, Gurus, BewußtseinstrainerInnen, »ganzheitliche« PsychologInnen, LebensberaterInnen geben sich die Klinke in die Hand, alle versprechen sie tiefes, inneres Glück, Befreiung, persönliche Evolution, Erfolg durch Selbstfindung und Selbstbewußtsein, materielle und geistige Fülle – man kennt mittlerweile die Flut der Werbesprüche.

Aber manchmal entpuppt sich »Heiligkeit« und »Spiritualität« als Scheinheiligkeit oder Selbsttäuschung: In andachtsvoller Stille, mit verzückten Gesichtern lauschen respektable Esoteriker den Klängen eines anerkannten spirituellen Musikers. Aber ich werde das Gefühl nicht los, daß hier irgendwas nicht »stimmt«. In den feinsten Nervenenden tut mir was weh! Einfache Dorfmusiker haben mein Herz und meine Seele mehr beglückt. Und ich spüre: Dieser »geistliche Herr« kennt sich selbst nicht, mit seiner Musik will er herrschen, ohne daß ihm das selbst bewußt ist! Die Esoteriker mit ihren verzückten Gesichtern hören es nicht, sie wiegen sich in dem Glauben, daß sie »spirituell« sind, weil sie einem Guru folgen, den sie für »spirituell« halten. Ihr Gehör folgt nicht dem Klang, sondern dem Glauben.

Woran also erkennt man Spiritualität? Daran, daß jemand zeremonielle Formeln hersagen kann, theologische Spitzfindigkeiten aus fünf Religionen darzulegen weiß oder auf einem »Heiligen Stuhl« sitzt? Liegt es am salbungsvollen Auftreten, an der gnadenvollen Milde positiven Denkens oder am persönlichen Charisma? Erkennt man es daran, daß ein spiritueller Lehrer viele Anhänger hat, und sind die Anhänger schon durchs Dranhängen spirituell?

Oft ist Spiritualität als bewußte Manipulation intendiert. Das Lächeln der Auguren besagt: »Wie leicht läßt sich das Volk betrügen, wenn man ein würdevoll-wissendes Benehmen an den Tag legt!« Religion verleiht Macht: Stellvertreter Gottes auf Erden zu sein, den Schlüssel zum Himmelreich in der Hand zu halten, als Beichtvater die Bilanzen jeder armen Seele zu kontrollieren, mit ewiger Strafe drohen zu können ... ist Macht. Bestimmen zu können, was »gut« oder »böse« ist, erlaubt oder verboten, heilig oder sündig, makellos oder schmutzig ... ist Macht. Im Christentum beispielsweise wurden erotische Freuden als schmutzig verteufelt, und die Folge davon war, daß Millionen von Menschen lebenslänglich von Schuldgefühlen geplagt wurden. Diese Seelenhaltung machte sie unsicher und damit beherrschbar. Sie fanden ihr Glück, ihr Himmelreich nicht mehr in ihrem eigenen Sein, sondern gaben die Schlüsselgewalt an kirchliche Würdenträger ab.

Angesichts solcher Machtstrukturen könnte man geneigt sein, auf das Sakrale, auf Heiligkeit und Spiritualität gleich ganz zu verzichten, um die Zollbeamten und Grenzschützer dieses Jenseitsreiches endgültig arbeitslos zu machen. Aber das hieße, das Kind mit dem Bade auszuschütten. Es wäre ein Verlust.

Denn das Sakrale, wie ich es verstehe, ist lebendig und allgegenwärtig. Es ist weder an Orte noch an Sprachen, Formeln, Bücher oder Rituale gebunden und entzieht sich allen möglichen dogmatischen Definitionen. In jedem Diesseits ist immer auch das Jenseits mitenthalten. Es liegt an den einzelnen Personen, auf welche Art der Schwingung sie sich hier und jetzt einstellen. In tiefer Meditation erlebt das Bewußtsein die Flüssigkeit und Vergänglichkeit scheinbar fester Formen – Gegenstände und Verhaltensweisen, wie wir sie im Alltag wahrnehmen. Und in diesem transzendenten Geisteszustand sind wir kreativ und transformativ, wir kehren gewissermaßen mit frisch gebadeten Sinnen in die Alltagswelt zurück.

Australische Stämme bezeichnen das transzendente, magisch-mythische Bewußtsein als »Traumzeit«. Bei mittelamerikanischen Indianerstämmen gibt es eine Unterscheidung zwischen »Tonal« und »Nagual« – Begriffe für die konkrete Alltagswelt und die geistige Welt. Und die Sprache der Hopi-Indianer verfügt sogar über verschiedene Verbformen, um Vorgänge innerhalb dieser beiden Seelenzustände zu benennen.

Und dieser subtile Übergang vom Diesseits ins »Jenseits« ist immer und überall möglich, selbst in den unwahrscheinlichsten Situationen: Etwa, wenn wir inmitten von nervenaufreibender Hektik auf unseren eigenen Herzschlag hören und auf diese Weise unsere eigene Zeit im Hier und Jetzt erschaffen, oder wenn wir störenden Straßenlärm plötzlich bewußt als faszinierendes Klanggebilde akzeptieren.

Religiöse Formeln können zu blinder, maschineller Alltagsgewohnheit werden, scheinbar alltägliche Tätigkeiten, wie Gehen, Atmen oder Essen, können mit transzendentem Bewußtsein tief und intensiv erlebt werden. Vor allem aber: Gedanken und Tätigkeiten, die von religiösen Systemen als »sündhaft, negativ« oder »unspirituell« betrachtet werden, können wir nun plötzlich mit offenen Sinnen erleben und genießen.

Und so können auch *Tanz* und *Erotik* zur *sakralen Erfahrung* werden. Immer wieder hatte ich es erlebt: »Heilige« Schauer durchrieselten mich, wenn ich im Trommelwirbel Raum und Zeit ertastete. Im Zittern, Kreisen und Schwingen der Hüften, im Schlängeln der Arme bis in die Fingerspitzen, im magisch-anmutenden Seitwärtsgleiten von Hals und Kopf erlebte ich *Diesseits* und *Jenseits* zugleich. Im Körper und über den Körper hinaus, in dieser Welt und doch nicht von dieser Welt, das ist der Zustand der »Trance«, und das bedeutet wörtlich nichts anderes als »Übergang«. Hier kommt auch der Schleier, der im orientalischen Tanz verwendet wird, zu seiner eigentlichen Bedeutung: Es gibt Grenzen für das Sehen, für das Erkennen, und dennoch können sie überschritten werden. Die Tänzerin als Erscheinung der Göttin auf Erden verhüllt und offenbart sich. Das ist der sakrale Sinn der Schleiersymbolik.

Das Wissen um die Durchlässigkeit der Grenzen zwischen Diesseits und Jenseits ist für meinen Begriff der sakralen Erotik wesentlich. Körper und Geist sind eins, auch der erotische Körper!

Es gab in der hellenistisch-orientalischen Antike Tempel, in denen sich tanzende Priesterinnen mit männlichen Besuchern rituell vereinigten. Das galt als sakral, es geschah im Dienste der Liebesgöttin. Aber sakrale Erotik sehe ich auch in vielen anderen Gebräuchen, die lange vor diesen Tempeln entstanden sind. Ich werde sie in den folgenden zwei Kapiteln darlegen. Und immer geht es dabei auch um die Frage: Wer verwaltet den Schlüssel, wer ist die *Hüterin der Schwelle*?

7. Der Blick – befreit

Die Lust der Erkenntnis

Ich hoffe, daß ich vorbereitend einige Paravents, Vorhänge, Schleier, Scheuklappen und Augenbinden entfernen konnte, die uns den Blick auf das »Fremde« verstellen, sei es in der fremden Kultur, im »anderen« Geschlecht oder in der fernen Vorzeit beheimatet.

Wenn wir Offensichtliches nicht wahrhaben wollen, weil es nicht in unsere Theorie paßt, tragen wir Scheuklappen. Aber auch wenn wir unsere eigenen Motive, Emotionen und Hoffnungen, also unser eigenes Erkenntnisinteresse, verdrängen, ist unser Blickfeld schmerzlich eingeschränkt, und unsere Erkenntnisse werden dürr, blutleer und verzerrt. Erst wenn das Ganze der Persönlichkeit miteinbezogen wird, wird Erkenntnis zu lustvoller Evolution. Ich *mußte* die Diskriminierung der erotischen Tänzerin am eigenen Leib erleben, um ein Interesse für »sakrale Erotik« zu entwickeln, ich *mußte* die Verkrampfungen von spirituellen Hierarchien erleben, um den Herrschaftsaspekt der Spiritualität zu erkennen. Ich *mußte* die Schlangenbewegungen in meinem eigenen Körper *sinnlich* erleben, um die sakrale Symbolik des Schlangenprinzips in der Antike zu verstehen. Ich mußte auch mein eigenes Erkenntnisinteresse reflektieren, um mir klarzuwerden, daß ich nichts zu beweisen oder wissenschaftlich zu »erhärten« brauche.

So aber freue ich mich einfach nur über all die tönernen Vorzeitgöttinnen aus Afrika, Asien und Europa, die Vieldeutigkeit des Schleiers, die bezaubernden Liebesgedichte aus Altägypten und Mesopotamien ..., und ich empfinde Verzauberung und sprachlose Dankbarkeit.

Ahnungen, Visionen, das Auge, das durch Räume und Zeiten sieht: Um diese alten Kulturen zum Leben zu erwecken, werde ich meiner Vorstellungskraft keine Zügel anlegen.

Manchmal sehe ich Szenen so luzide, als ob ich die Worte selbst gehört hätte ...

Nehmen Sie das Ganze also nicht als wissenschaftliche Arbeit im üblichen, lebensfremden Sinn, sondern vielmehr als ein Gewebe aus Begriffen, Modellen, Beispielen, Erfahrungen, Vermutungen, Visionen und Perspektiven, in dem auch Subjektives enthalten ist.

Was sieht das Auge, und wohin richten wir den Blick?

II.

Die Hüterin der Schwelle: Diesseits und Jenseits, organisch-kosmische Zyklen

1. Höhlen und Stäbe

Die Urmuttergöttin öffnet den Weg zu Geburt und Genuß

Vorzeitkünstlerinnen geben uns Rätsel auf

Unter den Mauern von Abbruchhäusern, in abgelegenen Hinterhöfen, im freien Feld unter Lehm- und Erdschichten lagen sie jahrtausendelang verborgen: kleine weibliche Figuren aus Knochen, Elfenbein, Stein oder Ton. Von Frankreich über Österreich, Tschechien, Ungarn bis in die Ukraine und Sibirien, in den Balkanländern, den Mittelmeerländern, im gesamten Vorderen Orient, in Nordafrika und Indien hat man sie ausgegraben.

Zehntausende von ihnen liegen nun in Museen und werden von neugierigen Besuchern, von Wissenschaftlern und BewunderInnen begutachtet. Aber was sagen sie uns?

Die frühesten Figuren sind aus Knochen, Elfenbein oder Stein gehauen, geschnitzt, geschabt. Man fand sie vor allem an den Feuerstellen altsteinzeitlicher SammlerInnen-und-Jäger-Stämme (30.000 bis 10.000 v. u. Z.). Meist sind sie beleibt: Bauch, Brüste und Gesäß sind rund und ausladend, in einigen Fällen ist das Gesicht gut erkennbar ausgeführt, aber meistens bleibt der Kopf gesichtslos und läuft häufig in einer spitzen oder stabförmigen Verlängerung aus.[9] Oft ist eine deutlich sichtbare Vulva mit rotem Ocker eingezeichnet.

Aber manchmal sind diese Statuetten so sehr stilisiert, daß nur hinten eine Wulstung – als Gesäß – und vorne eine Wulstung – als Bauch oder Busen – auf die Weiblichkeit hinweist. Man könnte sagen, es sind Stäbe mit weiblichen Erkennungszeichen. Stäbe! Und um die Verwirrung noch größer zu machen: Manchmal sehen diese Figürchen regelrecht phallisch aus, sie liegen gut in der Hand, und was man als weibliche Rundungen deuten könnte, kann man mit demselben Recht auch als männliche Geschlechtsteile – Hoden – deuten. Waren es also steinzeitliche Lüstlinge, die sich da ein Denkmal gesetzt haben? Hordenmänner, die das Weibliche nur als Anhängsel des Phallus sehen konnten?

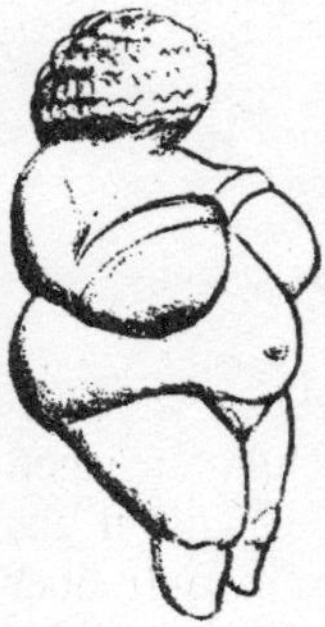

Wer kennt sie nicht? ... Unsere Ururgroßmutter, Frau »Venus« aus dem österreichischen Willendorf! Sie wurde vor 22 (!) Jahrtausenden aus Kalkstein geschliffen. Ist sie beleibt, schwanger oder symbolisch rund?

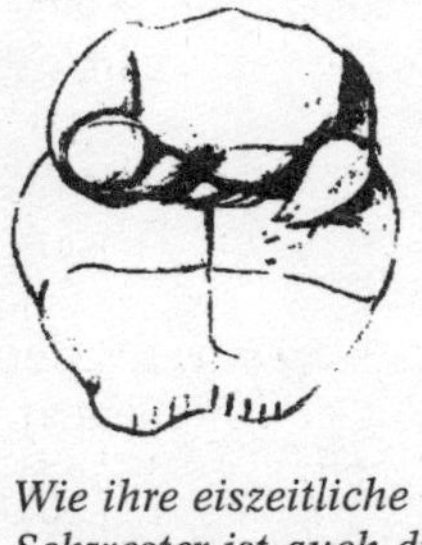

Wie ihre eiszeitliche Schwester ist auch diese neolithische Figur ... rund, rund, rund. Sie ist gestaltgewordene Fülle. (Malta, um 2200 v. u. Z., Terrakotta)

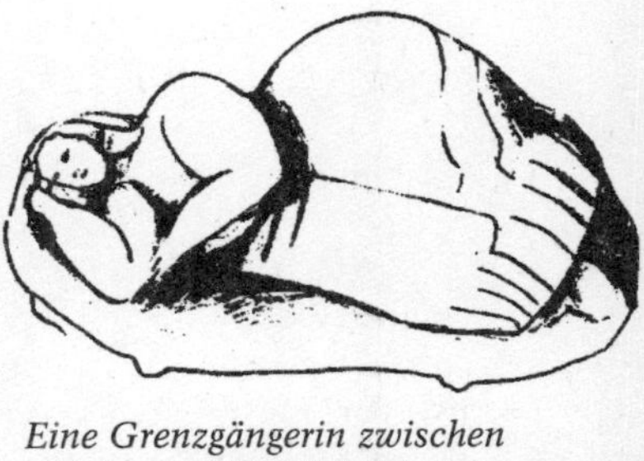

Eine Grenzgängerin zwischen Wachen und Schlaf. Ist sie eine Seherin in Trance oder die Geburtsgöttin als Transitstation zwischen Jenseits und Diesseits? (Malta, um 3.000 v. u. Z., Terrakotta)

Phallische Idole aus der Altsteinzeit

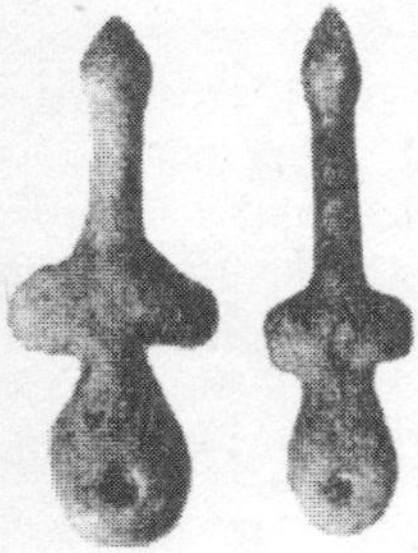

Vor 26.000 Jahren wurden diese Objekte in Sibirien aus Knochen geschnitzt. »Vogelgöttinnen«?

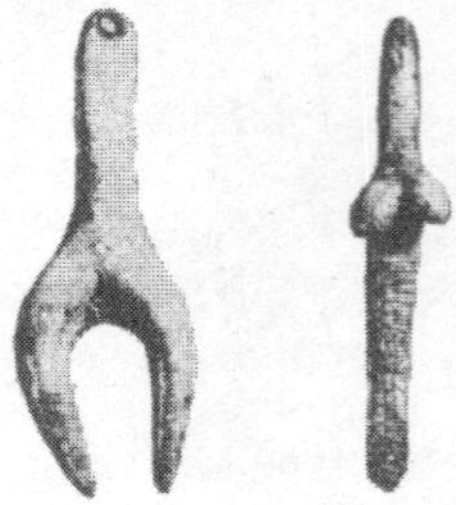

»Stark stilisierte weibliche Figuren. In einem Fall ist der Unterleib, im anderen die Brustpartie stellvertretend für den ganzen Körper dargestellt.« Offenbar hatten unsere Eiszeitgroßmütter eine ausgeprägte Fähigkeit zur Abstraktion. Oder sind mit den Brüsten eigentlich Hoden gemeint? (Mähren, um 15.000 v. u. Z., Mammutelfenbein)

»Schematische Frauendarstellung«. Das Dreieck ist von Indien bis nach Syrien ein gängiges Symbol des Weiblichen, noch bis in die historische Zeit hinein. Aber der Umriß sieht auch hier wieder phallisch aus. (Ukraine, um 12.000 v. u. Z.)

Sie ist eindeutig weiblich rund, aber weshalb ist der Kopf gesichtslos und läuft spitz nach oben zu? Trotz ihrer Weiblichkeit hat diese Gestalt auch etwas Phallisches. Ist sie ein Symbol des Androgynen, der Einheit des Männlichen und Weiblichen? (Italien, Gravettien?, Serpentin, Höhe 22,5 cm)

Phallische Idole aus der Jungsteinzeit

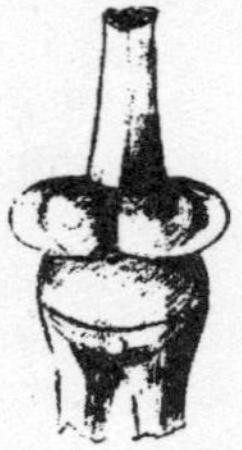

Auch in den neolithischen Ackerbaukulturen taucht sie wieder auf ... als »steife Nackte«. In Europa ... (Rumänien, um 4800 v. u. Z., Terrakotta, Höhe 15 cm)

... und in Asien: (Iraq, Tell-Halaf-Kultur, um 4500 v. u. Z., Terrakotta)

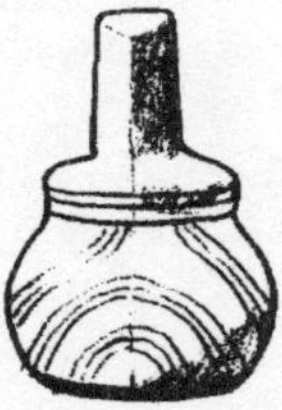

Stark stilisierter runder Körper mit Spitze (Rumänien, um 3000 v. u. Z., Terrakotta)

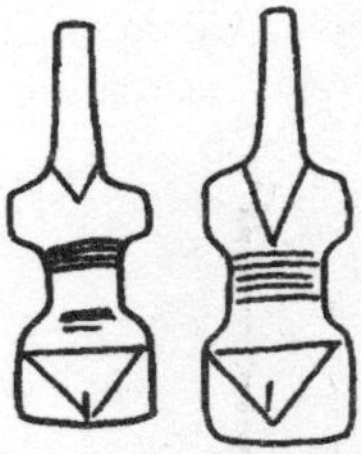

Weitere Frauenkörper mit dem spitzen Ende (Griechische Kykladen, Marmor, 11 cm)

»Augenidol mit zeremonieller Kopfbedeckung« (Syrien, 3000–2000 v. u. Z., Terrakotta)

Kosmische Rundung mit Spitze und Füßchen (Malta, zwischen 2000 und 1450, Terrakotta, Höhe 18 cm

Frauen, die die Steinzeit nur »in der Frau, durch die Frau und mit der Frau« erklären wollen, geraten angesichts solcher Zweideutigkeit in Verlegenheit. Andere Interpretatorinnen sehen in diesen Stäben die synthetische Begabung von Steinzeitkünstlerinnen: das Weibliche auf geniale Weise mit dem Männlichen verschmolzen, ein Symbol des Androgynen! Ich habe eine weit einfachere, praktischere Erklärung – so einfach und naheliegend, daß ich gar nicht begreifen kann, daß von den Hunderten und Tausenden, die sich in jahrzehntelanger Forschung damit befaßten, noch niemand darauf gekommen ist ...

Die frühen Statuetten stammen aus Zeiten, in denen die Stämme noch sammelten und jagten.[10] Zwischen 9000 und 5000 v. u. Z. erfolgte – zuerst im Vorderen Orient, dann auch in Alteuropa – der Übergang zu Seßhaftigkeit und Feld- und Gartenbau.[11] Und auch in diesen Jahrtausenden entstanden große Mengen von solchen Frauenstatuetten. Zuerst kamen sie im Vorderen Orient, Indien und Ägypten ans Tageslicht, später auch in den europäischen Mittelmeerländern, Südosteuropa und Mitteleuropa.

Auch bei diesen späteren, neolithischen Figuren ist des öfteren ein gesichtsloser Kopf überproportional verlängert! Eines fällt auf. Wenn wir das stark stilisierte Idol aus Mal'ta in Sibirien (siehe Abb. S. 50 bzw. S. 53) auf den Kopf stellen, was kommt da zum Vorschein??

Nichts anderes als das vielumrätselte Anch-Zeichen, das man immer wieder auf ägyptischen Malereien findet (siehe auch Abb. S. 74). Es gilt als Zeichen für Lebenskraft, als segenspendendes Symbol ägyptischer Magie. Aber warum es gerade diese Form hat, wird nicht zureichend erklärt.

Rätselhaft ... diese Kontinuität über Jahrtausende und Jahrzehntausende von West nach Ost!

Was stellen all diese Figuren dar? War es das Schönheitsideal der Eiszeitfrau, das die Jäger in ihren Mußestunden verewigten, fragten sich die Forscher betreten, »Fettsteiß und Hängebrüste«? Andere Zeiten, andere Sitten, und wer täglich vom Fett der Rentiere speist, setzt eben Fett an. Und sie nannten diese korpulenten Frauen – ironisch, so scheint es – Venusstatuetten.

Anderen erschien dies frivol. Für sie waren es Schwangere,

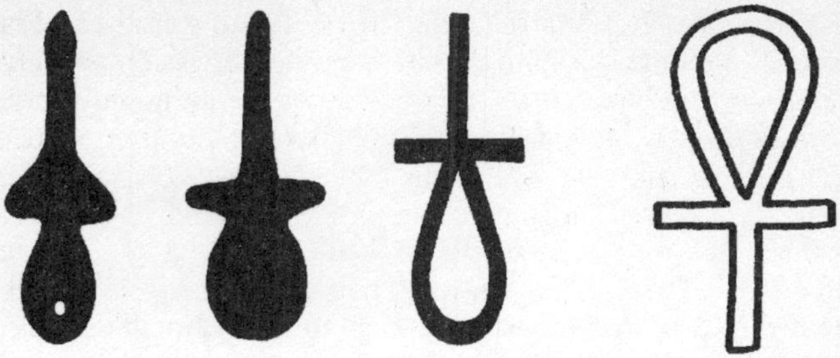

Die Datierung von links nach rechts: Sibirien, um 24.000 v. u. Z., Anatolien, um 3000 v. u. Z., Ägypten bis in die Römerzeit. Welch erhabene Formengleichheit: über Tausende von Jahren und Kilometern! Was bedeutet das Loch in der Rundung? Ist es die Vagina als Seelenschlupfloch und Geburtsweg oder, ganz materialistisch gedacht – trugen unsere Vorfahrinnen das Denkmal ihrer Frauwerdung stolz um Hals oder Hüfte?

Das »Lebenszeichen« Anch. So kennen wir es wieder, um 180 Grad gedreht.

die da abgebildet werden, schwangere Steinzeitfrauen mit rundem Bauch und schweren Brüsten. Magische Votivgaben, um die Kinderzahl zu steigern oder die Geburt zu erleichtern. Dazu paßt auch die rote Vulva oder das eingeritzte »Schamdreieck«. Und sie bezeichneten die Statuetten als »Idole eines steinzeitlichen Fruchtbarkeitskultes«.

Hier ist natürlich eine negative Wertung mitenthalten, denn »Idol« heißt eigentlich »Götzenbild«, und »Kult« klingt auch irgendwie bedenklich. Vollkommen zu Recht erklärt Riane Eisler[12], daß der Ausdruck »Fruchtbarkeitskult« doch wohl fehl am Platze sei. Ebensogut könne man das Christentum als »Todeskult« bezeichnen, da doch allenthalben ein gemarterter, am Kreuz hängender, sterbender Mann zu sehen ist. Warum, so fragt sie, nennt man es nicht »Religion«, die Religion der Göttin.

Ob aus Knochen, Elfenbein, Stein oder Ton – für moderne Forscherinnen sind diese Statuetten ein Abbild *der Göttin.* Sie gilt als Urschöpferin des Lebens, und weil man in den frühen Jahrtausenden und Jahrzehntausenden eine Fülle von Frauenstatuetten, aber fast keine männlichen Abbildungen fand, wird gefolgert, daß jene Zeiten »matriarchal« waren: Dank ihrer magischen und wundersamen Fähigkeit zu gebären, dank ihrer »Fruchtbarkeit«, herrschten die Frauen.

Fruchtbarkeit?

Aber der Begriff Fruchtbarkeit – sei es in göttlicher oder abgöttischer Version – ist recht schwammig und irgendwie auch suspekt! Dreht es sich um die Fruchtbarkeit der Frauen, der Männer, des Jagdwildes, der Herden, der Feldfrüchte? Wer hat ein Interesse daran?

Ging es den Urfrauen darum, möglichst viele Kinder zu gebären, also möglichst fruchtbar zu sein? Kaum, denn Menschenkinder, die sich nicht wie Äffchen mit langen Greifhänden und -füßen im Fell der Mutter festklammern können, müssen getragen werden, sie sind im wahrsten Sinne des Wortes eine »Last«. Eine Überzahl von Säuglingen überforderte die Mütter, Schwestern und Tanten (die in der Mitte der Horde wanderten, während die Männer – zumindest stellt man es sich so vor – die Gruppe nach außen verteidigten). Eiszeitliche Horden, die sich aus vielen einzelnen Familien zusammensetzten und bis auf eine Größe von 120 Personen anwachsen konnten, die in ihrem paradiesisch-freien Wildbeuterzustand von Frankreich bis nach Osteuropa streiften und sich zu großen, gemeinsamen Mammutjagden trafen, waren sicherlich nicht an einer *möglichst großen* Kinderzahl interessiert.

Als Menschen seßhaft wurden, die Lagerhaltung von Wildgetreide erfanden oder Feldfrüchte anbauten, änderte sich die Situation. Nun konnten Frauen in schnellerer Folge mehr Kinder gebären. Denn nun gab es Nahrung zum Zufüttern (z. B. Breis aus gemahlenem Getreide). Die lange Stillzeit von oft bis zu drei Jahren konnte verkürzt werden, und die Seßhaftigkeit erleichterte die Aufzucht. Größere Kinderzahlen waren also zumindest möglich ..., aber nicht notwendigerweise erforderlich!

Woher kommt das biblische »Seid fruchtbar und mehret euch!« oder »Siehe, ich will dich zu einem großen Volk machen!«? Ich meine, daß es bereits eine kriegerische Gesellschaft spiegelt: Je größer ein Nomadenstamm, um so eher konnte er sich gegen andere Stämme durchsetzen, die ihm Weidegründe oder Oasen streitig machten. Die große Zahl des einen »fruchtbaren« Stammes hatte also unmittelbar mit Macht und Durchsetzung zu tun. Die Verlierer mußten das Weite suchen.

Vollends herrschaftsgebunden wurde dieses »möglichst fruchtbar sein« da, wo große Menschenmengen gefordert waren, die man dann als Sklaven, Leibeigene, Arbeiter und Soldaten in Galeeren, auf Plantagen, in Fabrikhallen vernutzte oder auf Schlachtfeldern dahinopferte.

Zum Zwang wird »Fruchtbarkeit« auch da, wo reihenweise Kinder als Altersversorgung produziert werden und so lange geboren werden muß, bis ein Sohn – der ersehnte Stammhalter – zur Welt kommt. Da werden Frauen zu Gebärmaschinen! So gewinnt das Wort »Fruchtbarkeit« seinen beklemmenden Beigeschmack. Wo *Quantität* und *äußerer Zweck* regieren, da kommen tiefere Erfahrungen zu kurz.

Innen und Außen ...
die Purpurpforte

Sehen wir uns also statt Zweck und Quantität lieber *Qualität* und *Erlebnis* an!

Wir alle sind geboren worden: Wie in einer dunkel umfangenden, bergenden Höhle schwammen wir zehn Mondmonate lang in einem Meer, das alle unsere Bewegungen federte, wir wuchsen, entwickelten, differenzierten uns, bis wir schließlich durch die Höhlenöffnung, den Muttermund, ins Freie traten: Luft, Helligkeit, Eigen-Leben. Innen und Außen! Welch ein Gegensatz!

Und doch bin ich dieselbe! Mein Leben in der hellen Luftwelt ist nur Fortführung von Schwimmen-in-Dunkel-Meer-Höhle-Bauch. Als ich mich durch die Purpurpforte des Muttermundes quetschte und gepreßt wurde, trat ich von der Magisch-Vollkommen-Jenseits-Welt in ein erfahrbares, relatives, mehr und mehr aktives Leben im Diesseits ein.

Doch die Erinnerung bleibt! Wenn ich nach hektischem Umherhasten in bleigrau-verschmutzten Straßen oder neonbeleuchteten Bibliotheksräumen einen Ort finde, wo ich, umgeben von Zierpflanzen, in Ruhe Tee trinken kann, wenn ich in fremden Städten die Häuser zunächst nur von außen sehe, dann aber plötzlich ins Innere eingeladen, aufgenommen werde, dann kommt die Erinnerung an diese Purpurpforte zurück. Zurück ins Paradies! Oder umgekehrt: aus wohliger Wärme hinausgestoßen werden in grelle Anonymität – immer drängt sich das Erlebnis der Schwelle auf: Innen und Außen! Ob das nun der Innenraum eines Glaubenssystems, einer Liebesbeziehung oder eines gemütlichen Restaurants ist.[13]

Aber manchmal wird die Außenwelt zum Innenraum, in der Intensität von Liebeserlebnissen zum Beispiel: Wenn im dunklen Duft der Ekstase Nervenschauer den Körper durchdringen, deinen Körper, meinen Körper, wessen Körper? Wandert deine Hand auf meiner Haut und mitten durch mein Herz ... außen, innen ... strömt dein Blut in meinen Adern? Ruht mein Lächeln tief in deinem Haar?

Oder in der Natur: Sonnenwarme Felsen, wie mächtige Tiere aus Urzeiten vor dir ruhend, Bäume rundum mit gefederten, gezackten, gewellten Blättern, und dein Auge schlürft das heitere Grün bis in die Nervenzellen, ein leiser Wind fächelt die Haut wie ein Lächeln im Bauch – und du fühlst die Wonne der Einheit von Innen und Außen in allen deinen Fasern.

Aber solche Erlebnisse sind heute selten: Ego und Außenwelt sind fein säuberlich getrennt, und im Geschäftsalltag ist unser Bewußtsein fragmentiert und verzerrt durch Ziele, Termine, arhythmische Arbeitsmuster und verloren in der symbolisch-unsinnlichen Als-Ob-Welt der Bildschirme. Die Frauen der Urzeit aber schritten barfuß über die Steppe, unter einem weiten Himmel mit Wolken, Gestirnen und Regengüssen, auf einer weiten Erde mit Bäumen und Gräsern. Eschen verleihen Mut und Kraft, Birken stimmen freundlich und liebevoll, Weiden können Trost spenden, Magnolien innere Weisheit. Die Wege der Elefanten führten jahrtausendelang durch dieselben Furten, über dieselben Ebenen. Aus dem Elefantenkot fertigten die heiligen Pillendreherkäfer die Kugeln für ihre Larven. Schluchten und Hügelkuppen, Höhlen, Moore, Teiche, weite

Prärien, die Brandung des Meeres an der Küste, die ruhige Kraft der Bisonherden, die flatternden Mähnen der Pferde, die Majestät eines hochaufragenden Mammuts, die Schreie der Nachtvögel, das Unken von Kröten, das Leben und die Farben der Steine, Schnee, Regen, der Sturm, der über die Steppe peitscht und Bäume mit sich reißt, Feuer aus Vulkan oder Blitzeinschlag. Bestimmte Baumwipfel in der Ferne zeigten an, daß es dort schmackhafte Beeren gab, ein Tierkadaver warnte sie vor einem Raubtier in nächster Nähe, die Wolken weit hinten am Horizont kündeten Regen für den nächsten Tag an ... Und nirgends Grenzen. Diese frühen Menschen erlebten die Natur als einen Körper in vielfältigsten Farben, Formen und vernetzten Zusammenhängen.

Alles lebte, und was starb, wurde alsbald wiedergeboren. Von Wolfsmüttern, Rentiermüttern oder auch Menschenmüttern. Geboren und geborgen zugleich.

Die erste Abstraktion: die Schöpferin

Und hier erfolgte wohl einer der ersten Abstraktionsschritte im Bewußtsein der Menschen: Aus der Beobachtung der äußeren Geburtsakte und dem inneren Erlebnis der eigenen Geburt entwickelten die frühen Menschen den Begriff einer UrMutter-Schöpferin, die alles: Gräser, Rispen, Knospen, Wurzeln, flinke Hufe, scharfe Krallen, bunte Federn, Wind und Wolken erzeugt hatte. Schöpfung war Gebären, kam aus der Mutter, aber nicht einer individuellen Mutter mit zotteligen Haaren und Muschelketten um den Hals, sondern einer All-Mutter, deren Schoßöffnung das Diesseits vom Jenseits schied. Woher kamen die irdischen Wesen, die, gerade geboren oder ausgeschlüpft, über die Erde stolperten, sprangen, taumelten?

Sie kamen aus dem Jenseits, jener dunklen, bergenden Meeres- oder Höhlenwelt, die wir alle als Embryos im Mutterbauch erlebten. Und wohin gingen sie, wenn sie erstarrt, mit leeren Augen auf dem Steppenboden lagen? Etwa in den Himmel, um Halleluja zu singen und zur Rechten von irgendeinem Mächtigen zu sitzen? Nein, sie kehrten in dieses Jenseits, diesen Nicht-Raum, diese Nicht-Zeit, diese »Hölle« im Sinne von

»Höhle« zurück, aus der sie von neuem geboren werden konnten. Das war die Religion der Urzeit. Also nicht um einen Fruchtbarkeitskult geht es bei dieser Gebärgöttin (das ist viel zu materialistisch gedacht), sondern darum, die Geheimnisse des Werdens und Entwerdens, die Erfahrung von Diesseits und Jenseits zu deuten, zu ordnen. Menschenfrauen erlebten sich selbst als Abbilder einer Urschöpferin, einer Allgebärerin, die die Schwelle von Leben und Tod bewachte. Spuren davon finden wir noch in heutigen Sprachen: »Dívka« heißt im Tschechischen »kleines Mädchen«, »devuschka« im Russischen »junges Mädchen«, und beide Wörter sind mit den indoeuropäischen Wörtern »Diva« »Dea« und »Thea« (Göttin) verwandt. Die Kleine Göttin also ..., abgeleitet von der Großen Göttin. Ist nicht diese Geborgenheit der Kleinen Göttin in der Großen Göttin wärmend und beglückend? Im Abbild der Großen Mutter wird das Geburtserlebnis aller einzelnen Menschenmütter zum geheimnisvollen, *sakralen* Akt.

Höhlen als Orte der Verwandlung

Noch in den Sagen heutiger Stämme, wie etwa der Eskimos, amerikanischer Indianer und australischer Ureinwohner kommen schwer erreichbare Höhlen vor, wo die Große Mutter der Tiere wohnt. Sie muß überlistet, überredet oder beschenkt werden, damit sie das Jagdwild neu erschafft. Und wenn Jäger dieser Stämme Tiere bei der Jagd töteten, so beteten sie zu dieser Großen Mutter, um sich zu »entschuldigen« oder zu bedanken. Aus diesem Impuls sind vielleicht auch ornamentale Anordnungen von Tierknochen und die genial skizzierten Tierbilder entstanden, die man in Höhlen fand. Unsere fernen Vorfahren wollten der Urmutter damit vielleicht sagen: »Schau, ich habe diese Bisons und Pferde getötet, ihr Fleisch hat uns genährt. Wir danken dir dafür und bitten dich darum, sie aus deinem Bauch neu zu erschaffen. Denn du bist die Schöpferin!«

Die Höhle, der Bauch der Erdmutter, ist auch der geeignete Ort, um den Vorgang einer menschlichen Geburt kosmisch zu zelebrieren. Tatsächlich haben in vielen Stämmen Frauen ihre Kinder in Höhlen geboren. Hans Peter Duerr zeigt das Foto eines alten australischen Mannes, der in seiner Geburtshöhle sitzt. Die Ruhe und Wärme, das Vertrauen, das davon ausgeht, berühren mich tief![14]

In altsteinzeitlichen Höhlen hat man auch vulvaartige Einkerbungen gefunden, die mit rotem Ocker bemalt waren, Abdrücke von Kinder- und Erwachsenenhänden, ebenfalls mit rotem Ocker sowie Abdrücke von vielen Kinderfüßen und einigen Erwachsenenfüßen auf dem Höhlenboden. In den viel späteren unterirdischen Kulträumen der Megalithkultur von Malta aber fand man auch verkrustete Überreste von Blut. Waren es Fruchtbarkeitsopfer, die da von grausamen Priesterinnen vollzogen wurden? Oder Menstruationsblut von Menarcheritualen, wie Luisa Francia vermutet? Oder das Blut, das Geburten begleitete? Was wurde in diesen Höhlen vollzogen?

Ich habe eine Vision, die all diese Phänomene, das Blut, die Abdrücke von Kinderfüßen und jene runden Mutteridole mit stabförmig verlängertem Kopf in einen sinnvollen Zusammenhang bringen ...

Die Öffnung der dunkelroten Blüte

(Südfrankreich, ca. 20.000 v. u. Z.)

Der emailglänzend weiße Himmel überzog sich mit schweren, grauen Wolkenballen. Bald würde es zu regnen beginnen. Arwa erhob sich, reckte sich zu ihrer ganzen Größe auf, stampfte ärgerlich auf den Boden und schlug sich mit der geballten Faust auf die Leber:

»Drei Tage sind wir jetzt schon hier. Wir, Dunkel-Rentier-Stamm-Frauen, sind da, und ihr, Weit-Gelb-Steppen-Stamm-Frauen, seid auch alle da ...« Eine andere Frau, ebenfalls in Fellkleidung, saß am Boden und rieb sich resigniert das Schienbein: »Aber Schnelle-Vögel sind schon wieder zu spät! Vielleicht finden sie nicht Zauber-Mutter-Bauch-Berg ...« Arwa winkte ab: »Schnelle-Vögel-Stamm-Frauen kennen sehr gut Zauber-Mutter-Bauch-Berg!« Die sitzende Frau gab zu bedenken: »Vielleicht ist Zeit nicht klar! Ander-Mond!« Arwa verneinte abermals: »Schnelle-Vögel zählen gut, wissen ganz genau! Großes Jahr, guter Mond: Spinnen-Herbst-

Fein-Glitzer-Mond!« Und mit neu aufkeimender Wut: »Aber Schnelle-Vögel kommen nicht! Mond ist fast rund und Ebereschenbeeren sind schon voll in Frucht! Aber Schnelle-Vögel kommen nicht!«

Bizarr geformte Felsen, vom Wasser ausgehöhlt, von der Witterung zerklüftet, umgaben eine mit Erika und wilden Gräsern spärlich bewachsene Talsohle. Einer der Felsen erhob sich über die anderen, er war rund, auf seiner Kuppe wuchsen Distelgebüsch, Hartblatteichen und Ebereschenbäumchen, und seine Ausläufer verlängerten sich unbestimmbar weit ins Hinterland. Aber auf seiner Innenseite, dem Tal zugewandt, klaffte eine große, runde Öffnung wie ein schwarzer Kanal in eine geheimnisvolle Innenwelt.

Die Frauen und Mädchen beider Stämme, mit dichten, zotteligen, dunkelgraubraunen Haaren, mit Ziernarben an den Armen und im Gesicht, mit Fellröcken bekleidet und Ketten aus Fuchszähnen um Hals und Hüften geschmückt, saßen im Kreis um die beiden Anführerinnen und flüsterten miteinander. Jedes Wort schien in diesem Felsental widerzuhallen, und die Ehrfurcht vor dem Zauber und der Macht der Uralt-Mutter gebot Zurückhaltung. Die Männer mußten draußen warten, und jetzt schrie einer vor dem Tal: »Schnelle-Vögel kommen endlich!«

Arwa und ihre Schwestern blickten sich vielsagend an und begaben sich in angemessener Würde auf die Ebene hinaus, um die Eintreffenden zu empfangen. Mit eiligen Schritten näherte sich eine Gruppe von Frauen verschiedenster Altersstufen, sie trugen wippende Federkränze auf dem Kopf, klappernde Ketten aus Muschelschalen um den Hals und feine Tätowierungen am ganzen Körper. Alle waren sie zierlich, dunkelhäutig, schwarzhaarig, nur eine unter ihnen war groß, grobknochig und hatte dicke Wülste über den Augen. Schnelle-Vögel sprangen und winkten schon von weitem, stießen grelle Schreie aus, und hinter sich zogen sie mehrere Gefährte: geschickt gebogene, glatt geschabte, mit Fellen bespannte Zweige, die wie Schlitten über den Steppenboden rutschten.

»Schnelle-Vögel sind gekommen wie im Flug!«

»Spät gekommen!« knurrte Arwa streng. »Warum spät?«

Die Stammespriesterin der Schnellen-Vögel, Niriwo, wandte

den Kopf zur Seite, lächelte verlegen und erwiderte nichts. Die kleinen Mädchen hinter ihr aber begannen vergnügt zu kichern und hielten sich, anmutig-schelmisch glucksend und lachend, aneinander fest. Niriwo drehte sich um und schalt: »Was wißt ihr denn, ihr frechen Knospen-Kinder! Ihr Noch-Nicht-Frauen!«

Arwa runzelte die Stirn und brach plötzlich in schallendes Gelächter aus: »Aha! Schnelle-Vögel waren auf Liebesjagd, jagen Wurzel-und-Knollen fremder Stämme und reiben sich daran. Stimmt?«

Zum Zeichen der Versöhnung tätschelten sich die Frauen des Dunkel-Rentier-, des Weit-Gelb-Steppen- und des Schnellen-Vögel-Stammes gegenseitig Hüften, Brüste und Schoß und zogen gemeinsam die Erdschlitten ins Tal.

Schnelle-Vögel konnten es sich leisten, auf dem Weg zu verweilen und Wurzel-Knollen anderer Stämme lustvoll anzuknabbern. Sie waren es nämlich, die den roten Ocker und alle möglichen Schmuckstücke aus exotischen Muscheln brachten. Die anderen Frauen stürzten sich auf die Schätze, die aus den genähten Felltaschen zum Vorschein kamen, rieben sie in der hohlen Hand, drehten, wendeten sie mit den Fingerspitzen ..., aber nun begann bereits der Regen niederzuprasseln, und die Frauen bargen sich unter den Felsvorsprüngen. Allmählich kehrte Ernst und innere Ruhe ein. Das große Ritual stand bevor, der Weg ins schwarze Jenseits und die geheimnisvolle Öffnung der Blütenblätter. Als der Regen aussetzte, wurden die halbwüchsigen Mädchen entkleidet, Fellröcke und Schmuck wurden ihnen abgenommen, so daß sie bis auf die Tätowierungen nackt im Herbstlicht standen. Mütter, Tanten, Schwestern mischten eine dicke Masse aus rotem Ocker und Wasser und bestrichen damit die jungen Mädchen, von denen sich eines an die Mutter drängte. Aber es gab kein Zurück. Unter dem gleichmäßigen Klacken und Pochen von ausgehöhlten Hölzern und Knochen setzte sich die Gruppe in Bewegung. Es führten eine alte Frau und zwei Begleiterinnen mit Schlaginstrumenten und Zauberutensilien, und die roten Noch-Nicht-Frauen folgten ihnen – die einen furchtsam-zögernd, die anderen lebendig, neugierig, trippelnd – zu der großen, schwarzen Öffnung im Mutterfel-

sen hinüber. Die beiden kräftigeren Frauen hoben die Alte, dann nacheinander die Mädchen hinein, kletterten selbst hinterdrein und waren verschwunden, wie verschluckt.

Es war heller Nachmittag, die Männer lagen und saßen noch immer wartend außerhalb des Tales. Schweigend warteten auch die zurückgebliebenen Frauen. Irwu, die Große, Grobknochige mit den Stirnwülsten, hielt ein kleines Mädchen fest, das immer wieder quer über das Tal zum Felsenloch laufen wollte, in dem Mutter und Schwester verschwunden waren. »Du bist klein, kleines Kind, noch viel zu klein!« schalt sie gutmütig. Irwu hatte sich nach einer Katastrophe von ihrem Stamm getrennt. Die Mammuts hatten Ernst gemacht, sie hatten sich auf die Menschen gestürzt, und etliche Stammesbrüder waren dabei ums Leben gekommen. Aber warum? Stamm hat nicht gebetet, nicht verehrt die Uralt-Mutter. Stamm hat nicht gefragt: »Jagd auf Mammut erlaubt?« Und so hatte sie sich nach langen Diskussionen von ihren Schwestern und Brüdern getrennt, sie war überzeugt, daß es eine böses Ende nehmen würde. Denn der Kontakt ihres Stammes zu Große-Tier-Mutter war gebrochen. Schnelle-Vögel hatten sie aufgenommen. Körperlich war sie stark, und Schnelle-Vögel flink behende, das glich sich aus.

Irwu sprach mit Tieren. Sie hatte eine untrügliche Ahnung, brauchte nur ihre kleinen Augen, die hinter den Stirnwülsten fast verschwanden, zu schließen, und konnte Tiere sehen, lange bevor sie wirklich auftauchten. Und nun spürte sie ein Frösteln auf der Rückenhaut. Sie zuckte nervös mit den Stirnwülsten, richtete den Blick nach innen und sah ... die Bärin, die mit schweren Tatzen um die Felsen strich und mit verhüllter Kraft Schritt um Schritt auf die zerklüfteten Steine setzte. Lautlos. Nicht ein Brocken löste sich. Die anderen Frauen ahnten nichts.

In der Höhle herrschte Nacht, in die kein Lichtstrahl eindrang: die Jenseitswelt. Kinderhände tasteten sich an Kalksteinwänden entlang, Mädchenkörper drängten sich aneinander, kein Wort wurde gesprochen, nur die alte Frau summte und sang leise von der Uralt-Mutter, die die Stämme der Steppe, der Ebenen, der Berge und Teiche, die Mammuts,

Rentiere, Vögel und Gräser geschaffen hatte. Kinderfüße tasteten den Grund in stehenden Wasserlachen, und nach vielen blindverlorenen, zögernden Schritten war es soweit: Die Alte hielt in ihrem Singsang inne, eine der Frauen zündete ein Talglicht an, und in einer weit-gebuchteten Höhle erblickten die Mädchen die große Einkerbung im Stein, auf das Generationen von Frau-Gewordenen das rote Blut ihrer geöffneten Vagina gestrichen hatten.

Der Schein des Talglichtes irrte über die Höhlenwände. Eine der Frauen zerrieb schwarzgetrocknete Blätter zwischen den Händen und gab allen davon zu essen – die Blicke der Mädchen wurden träumerisch. Undeutlich nur, zerflossen im Jenseitsschatten, sahen sie aus weit geöffneten Augen die Silhouetten ihrer schlanken, rotbemalten Körper, ihre zotteligen Haare. Sie begannen sich zu wiegen. Das helle Klacken der Knochen, der Singsang der Alten setzten wieder ein, und wie betäubt und traumwandlerisch fanden sie den Weg in ihre Tänze. Weich und geschmeidig, behend auf den Füßen, kunstvoll das Gleichgewicht wahrend, ließen sie sich mit Hüftspiralen zur Erde nieder, kreisten nach oben und unten, wiesen bedauernd auf ihre Vagina und sprachen dazu den rituellen Text:

»Wir sind noch klein, noch klein, versperrt ist der Weg. Wir wissen nicht von Kind-Geburt-Heraus. Wir sind noch klein, noch klein! Versperrt ist der Weg!« Die Alte fragte in die plötzliche Stille: »Seelenvögel warten schon im Jenseits-Reich, Seelen warten, flattern, fliegen. Seid ihr bereit, ihr Noch-Nicht-Mütter, seid ihr bereit, die Seelen aufzufangen? In eurem Bauch sie aufzunehmen und wachsen zu lassen? Kleine Noch-Nicht-Mütter, seid ihr bereit für Kind-Geburt-Heraus? Kleine Noch-Nicht-Frauen, wollt ihr sein wie Göttin-Uralt-Mutter?« Die Mädchen hauchten nacheinander: »Ja, bereit ...«

Nur Nuo von den Schnellen-Vögeln fragte listig:

»Was für Seelen? Sind das auch Seelen von denen mit den dicken Augenwülsten oder Seelen von Bergziegen?«

»Oh, kleine Noch-Nicht-Frau, was fragst du da! Willst du der Uralt-Mutter befehlen?«

»Aber Sie hat doch so viele verschiedene Kinder ...«, ver-

teidigte sich Nuo. »Wie soll man da wissen? Ich ...«

Die Alte winkte kategorisch ab und wiederholte: »Kleine Noch-Nicht-Frauen, wollt ihr sein wie Göttin-Uralt-Mutter?«

Die Mädchen erschauerten und nickten, Nuo schwieg und nickte schließlich auch. Die Höhle schien riesig zu werden, sie wurde zur ungeheuren Gebärmutter aller Zeiten und Landschaften, aus der alles kam-kommt-kommen-wird, und diese rotbemalten Eiszeitmädchen mit weit geöffneten Augen und stockendem Atem waren mitten darunter.

Sie drehten sich taumelnd mit erhobenen Armen, berührten mit schwebenden Händen das schmelzende Fluidum von Raum und Urzeit, das durch die Höhle geisterte, ihre Sinne waren verwirrt, Innen-Außen, die Höhle ihr Bauch? Sie selbst groß wie die Göttin oder winzig? Sie taumelten, tauchten ihre Hände in den roten Ocker und drückten sie dann an die Wände, um der Ur-Mutter zu bezeugen, daß auch sie wie ihre Mütter und Großmütter zum Kanal werden wollten, durch den das Jenseits ins Diesseits fließen würde.

Und nun zeigte die Alte den Noch-Nicht-Frauen ... die Göttin! Eine elfenbeinerne Statuette, die im trüben Schein des Talglichtes schimmerte. Die Kinder staunten, wollten die Figur befühlen: das stabförmig auslaufende Kopfende, die Rundungen ...

»Warum hat Uralt-Mutter Männer geschaffen?« fragte die Alte. »Um den Weg für Jenseits-Seelen anzuzeigen!« gab sie selbst zur Antwort. »Männer geben viel Kraft, Reibung, wie Feuer-Zunderstab! Kraft zieht Seelen an! Wurzel-Knollen sind gut dafür! Macht viel Glück und Lachen, große Freude.« Trotz ihrer Runzeln lächelte sie verzückt und strich sich über das ausgebleichte Zottelhaar. Sie steckte den Stab in den Boden, die Mädchen sahen sich bange an, näherten sich mit spiralförmigen Hüftbewegungen dem Göttin-Phallos und ließen sich dann vorsichtig auf dem zugespitzten Ende nieder. Eine der Begleiterinnen half mit leichtem Druck auf die Schultern nach, die andere fing das Blut in einem Rentierschulterknochen auf, und als alle Mädchen geöffnet waren, bestrich die Alte mit dem gesammelten Blut die große, vulvaförmige Öffnung im Felsen. Scheu blickten die Mädchen sich an, Frauen waren sie geworden ... im

Ebenbild der Göttin!
Irwu erhob sich so leise und unauffällig, daß die anderen Frauen es gar nicht bemerkten. Sie hangelte sich an einem Felsen empor, durchquerte eine Senke mit verstreuten Felsblöcken, sie ging der Bärin entgegen und traf sie ... Aug in Aug. Die Bärin erhob sich drohend, riesenhaft! Menschenwichte! Was wollen die hier!? Irwu senkte den Blick und ließ aus ihrer Felltasche Geschenke rollen – süße Wurzeln, blaue Beeren, getrocknete Fischchen – und entfernte sich eilends. Über den Felsen zurückspähend, sah sie, daß die Bärin die Geschenke beschnupperte. Die Gefahr war gebannt. Sie kehrte ins Tal zurück. Von dort ertönte inzwischen johlendes Freudengeschrei: Die Rot-Bemalten, Frau-Gewordenen sprangen aus dem tiefen Dunkel der Jenseitswelt ins Freie. Als es dämmerte, wurde ein großes Feuer im Tal entzündet. Und nun stapften auch die Männer herein.

Die Göttin-Eingeweihten, Frau-Gewordenen bewegten langsam und würdevoll die Hüften im Tanz. Die kleine Wunde zwischen den Beinen brannte noch ein wenig. Sie lagen einander in den Armen, strichen sich gegenseitig über das Haar, behängten sich mit Muscheln.

Und die jungen Männer beider Stämme sahen sehnsuchtsvoll zu ... aus respektvoller Entfernung. Irio wußte, daß er den Dunkel-Rentier-Stamm verlassen, den Spuren der Schnellen-Vögel folgen würde, denn es durchliefen ihn alle Feuer, als er Nuo tanzen sah.

Muschelbehängt, ockerrot glühend – wie von einem fernen Geheimnis umgeben. Nuo hatte etwas Besonderes an sich. Und er wollte es ergründen!

So also könnten unsere eiszeitlichen Ahnfrauen ihre Sprößlinge initiiert haben. Während der Eiszeit war viel Wasser im dichten Eisschild gebunden, der sich über Nordeuropa und Nordasien breitete, und deshalb gab es auch Landbrücken von Afrika nach Europa. Und immer wieder sind kulturtragende Stämme von Afrika nach Spanien und Frankreich eingewandert ... schnelle Vögel! Aber eine Szene dieser Art könnte genausogut auch im Kaukasus, in Indien oder Afrika stattgefunden haben.

Des Rätsels Lösung: Entjungferung im Kraftfeld der Göttin: die Schöpferin-Göttin liebt die Liebe, Erotik ist sakral!

In Höhlen, dem Bauch der Erdmutter, und mit einem Bild der Urmutter werden Mädchen entjungfert und in das Frausein eingeführt, damit sie an ihrer Schöpfungskraft teilhaben.

Als alte Frau wird die Göttin abgebildet, weil sie ja die Älteste aller Mütter ist, aus der alles kam.

Rund wird die Göttin abgebildet, weil sie das Gefäß für die Seelen im Jenseits ist und alles beinhaltet, was noch geboren werden soll. Blut fand man im Hypogäum[15], weil dort Entjungferungsrituale als Öffnung der Pforte vom jenseits zum Diesseits vollzogen wurden.

Gesichtslos ist die Göttin, weil sie die Gebärkraft *aller* Frauen darstellt.

Aber zugleich ersetzt und simuliert die stabförmige Verlängerung des Kopfes den Phallus, damit das Mädchen sowohl symbolisch wie auch praktisch auf spätere Liebesspiele vorbereitet wird.

Wer sagt, daß Steinzeitfrauen unerotisch waren? Vielleicht hat die Priesterin den Mädchen bei der Entjungferung

»Geburtsgöttin« oder Darstellung einer erotischen Position?
Die »Krötengöttin«.
(Anatolien, Hacitar, um 6000 v. u. Z., Terrakotta)

auch eine erotische Einweihung gegeben? Erklärt, ob von hinten, von vorne, wie lange, wie heftig, wann, ob überhaupt ... und unter welchen Bedingungen der Eiszeitmann die Schwelle übertreten durfte. Denn die Frau war ja die »Hüterin der Schwelle«[16]. Sie hatte den Schlüssel zur Anderswelt, zum Jenseits, aus dem die Seelen geboren wurden. Die Vagina wurde geöffnet, aber gerade weil dies zeremoniell geschah, wurde die Bedeutung der Grenzüberschreitung, die Kostbarkeit des Innenraumes betont. Wehe dem, der eine junge Frau so einfach mit Gewalt oder ohne Ehrfurcht nehmen wollte! Rituelle Entjungferung also macht die Frau souverän ... und erotisch! Ich glaube, daß von frühesten Zeiten an Erotik im Kraftfeld einer großen Mutter-Göttin stattgefunden hat: »So, jetzt dürft ihr, ihr kleinen Lustvögelchen, dürft euch mit Wurzeln-und-Knollen vergnügen. Ihr glaubt gar nicht, wie göttlich-genüßlich das ist, wenn so Wurzeln in Feucht-Sumpf-Öffnung reinschlupfen!« Das bedeutet, daß die »Göttin« den Aspekt der Mutter und der Liebenden widerspruchslos in sich vereinte. Die SchöpferIn-Göttin liebt die Liebe. Erotik ist sakral!

Dieser Gedanke ist mir wichtig! Denn auch im heutigen Feminismus, wo »die Göttin« ja allgegenwärtig ist ..., wird gespalten! Erotik wird mitunter als bedenklich und kompromißlerisch angesehen und von der ontologischen Würde der mit sich selbst Eins seienden Göttin abgespalten! Alles dreht sich ums Welt-Gebären, um *ihre* »Schöpfungsvollmacht«, aber diese Fruchtbarkeit ist irgendwie so steril, so lustlos, so farblos, so fundamentalistisch monoman.

Als ich einmal Bauchtanzkurse in einem Frauenzentrum abhalten wollte, mußte ich genauestens begründen, warum ich das täte, und ob sich das denn nicht gegen Frauen richte, ob da nicht wieder Männer davon profitieren würden, das Mißtrauen war überwältigend.

Meine Argumentation: »Wenn ein Mann erregt und voll Verlangen ist, dann kommt das doch auch der Frau zugute!« wurde nicht akzeptiert. Erotik ist zwielichtig! Und weshalb sollte man einem Mann eine Freude machen!? Ich argumentierte weiter: »Wir Frauen sind im Laufe der patriarchalen Geschichte unserer erotischen Souveränität beraubt worden, also ist es in unserem Sinne, wenn wir uns diese Kompetenz – zum Beispiel durch Tanz – wiedererobern.« Das wurde akzeptiert. Eigentlich sei da was dran, befand eine der Jurorinnen.

Auch in der Bauchtanzszene wird das erotisch erregende Element des Tanzes des öfteren wegerklärt. Mit Fruchtbarkeit! Nein, heißt es da, Bauchtanz ist kein erotischer Aufrißtanz, nein, darüber sind wir erhaben! Bauchtanz ist ein jahrtausendealter »Fruchtbarkeitstanz«, auch als Geburtsvorbereitung eingesetzt, von Frauen für Frauen, alles andere ist patriarchale oder kolonialistische Verwässerung.

Aber wäre es nicht sinnvoller, die Deformation der Erotik in dieser vermarkteten, zerstreuten post-patriarchalen Gesellschaft oder auch in traditionell-patriarchalischen Gesellschaften aufs Korn zu nehmen?

Und das heißt auch: *die ökonomischen, politischen und sozialen Bedingungen, unter denen Erotik stattfindet, von Grund auf zu hinterfragen!*

Spuren ritueller Entjungferung

Beim Thema Defloration kommt aber auch Unbehagen auf. Eine palästinensische Freundin von mir klagte: »Auf den Dörfern kommt das noch vor, daß bei der Hochzeitsnacht alle vor der Tür warten, bis das blutige Leintuch gezeigt wird ... als Zeichen, daß die Frau noch Jungfrau war. Ist das nicht entwürdigend?« Und dann gibt es Böllerschüsse und allgemeines Freudengeschrei. Wenn kein Beweis für die Jungfräulichkeit vorhanden ist, dann kann das düstere Konsequenzen haben, nicht wenige Mädchen wurden deshalb schon umgebracht. (Ganz wie es im fünften Buch Moses, im Deuteronomium, 22, 21 steht). Deshalb füllt man Hühnerblasen mit Blut und läßt sie platzen, die Reicheren lassen sich ein durchbrochenes Hymen operativ wiederherstellen.

Und trotzdem habe ich das Gefühl, daß unter dem Firnis der unter Todesdrohung erzwungenen Jungfräulichkeit eine ganz andere Schicht zum Vorschein kommt. Die Freudenausbrüche über die gelungene Entjungferung könnten wir nämlich auch als Freude darüber deuten, daß jetzt das Rot der Erotik aufblühen kann, daß die beiden Partner endlich der Liebesgöttin huldigen können. Und das ist etwas durchaus Archaisches – nur eben massiv überlagert durch die patriarchale Gefängnisehe (siehe Kapitel IV und V).

Das Rot der aufblühenden Sexualität hat Tradition: Im alten Arabien trugen die Frauen rotgefärbte Hochzeitskleider (auch Aischa, die Lieblingsfrau des Propheten Mohammed, färbte ihre Kleidung so). Noch heute färben Frauen in arabischen Ländern ihre Hände und Füße mit Henna, wenn sie heiraten. In der Türkei werden Kopftücher mit selbstgehäkelten Borten, den sogenannten Oyas, verziert: *Rot* bedeutet Freude oder die *Geburt einer Tochter.* In Rom trugen Bräute rote Schleier (und nicht das jungfräuliche Unschuldsweiß heutiger Hochzeitskleider!).

Noch heute gibt es in afrikanischen und asiatischen Stämmen den Brauch, die Defloration vor dem gesamten Stamm mit Hilfe eines phallischen Objektes zu vollziehen. Und das Mädchen kann auf diese Weise eine unbelastete Beziehung zu dem von ihr gewählten Mann aufbauen. Er hat sie nicht ver-

Explizite Darstellung eines Entjungferungsobjekts. (Rajastan, 18. Jahrhundert u. Z., Miniatur)

Idol zur Verehrung der kosmischen Einheit von Lingam und Yoni? ... oder Entjungferungsphallus mit einer Schale für das Deflorationsblut? Die Samen der Daturapflanze dienen der Empfängnisverhütung. Drückt die dargestellte Blüte die Verfügung der Frau über ihren Körper aus, oder ist sie »Symbol kosmischer Verzückung«?

letzt! Diese Art der Defloration ist also im Prinzip positiv und freudvoll besetzt.

Und so deute ich auch die kleinen Figürchen, die immer als Lingam und Yoni[17] ausgegeben werden. Sind sie nicht vielmehr Kopien eines Entjungferungsphallus mit einer Schale darunter, die das Blut auffängt? Die Blüte, die dabeiliegt, stammt von der Daturapflanze, und deren Samen wurden im alten Indien zur Geburtenkontrolle verwendet.

Ob bei alteuropäischen Jägern und SammlerInnen oder frühen seßhaften AckerbauerInnen - deren Siedlungsplätze sich nach der Eiszeit sowohl über Nordafrika und den Vorderen Orient wie auch über Teile von Europa erstreckten –, die Deflorationssymbolik ist diesselbe. »Orient« und »Okzident« waren in frühen Zeiten ein übergreifender Kulturraum, in dem weibliche (und damit auch männliche) Lebenskraft und Liebeskraft sich frei entfalten konnte.

2. Matrilinearität

Die Gemeinschaft der Mutterkinder
... und Männer werden aufgenommen

Die Perlenkette

Die Mutter gebiert eine Tochter
Die Tochter wird Mutter, gebiert eine Tochter
Wie Perlen am Faden der Lebenskraft.
Und die Männer in uns:
Die Gäste, die Kurzweil, der Hauch
Sind willkommen!

Wußten sie von der Vaterschaft?

Uns erscheint diese Frage merkwürdig, denn wir haben im Biologieunterricht von Chromosomen, Genen und Doppelhelix gehört, wir wissen, daß beide Partner genetisch beteiligt sind. Und wenn wir schwanger sind, der Zweite im Bund sich aber aus der Affäre ziehen will, dann schleppen wir ihn ins Labor, und dort wird biochemisch objektiv unwiderruflich beinhart bewiesen, daß er der Vater ist und Alimente zahlen muß!

Und trotzdem ist der Prozeß der Fortpflanzung keineswegs klar durchschaubar. Weshalb können manche Partner monatelang ausdauernd miteinander schlafen ... ohne Schwangerschaft, während es mit jeweils anderen Partnern sofort zu einer Befruchtung kommt? Bleibt ein Paar kinderlos, dann rätselt man: Liegt es an ihm oder an ihr? An Hormonen, Organen, Genen, Blutgruppen, an den Sternen, am Zeitpunkt, an der Psyche?

Erst in diesem Jahrhundert haben Watson und Crick ihre Erkenntnisse über die Doppelhelix von einer Wissenschaftlerin geklaut, die's schon vorher wußte; erst im letzten Jahrhundert hat der Pfarrer Mendel mit Pflanzen seine Vererbungslehre formuliert, und noch im siebzehnten Jahrhundert tobte ein hitziger Streit zwischen »Ovisten« und »Spermisten«. Mit fein geschaffenen Mikroskoplinsen hatte man zum ersten Mal Eier und Samenfäden erspäht. Der Ovist Spallanzani wollte beweisen, daß das Ei auch ohne Sperma neues Leben erzeugen könne und zog zu diesem Zweck männlichen Fröschen gewachste Höschen an. Er hoffte, daß das Weibchen trotzdem schwanger würde ... – ohne Erfolg. Die Spermisten behaupteten, daß ein Ei nur passiv auf den echten Lebensimpuls des Spermatozoons reagiere. Aber auch sie kriegten keinen Beweis zustande.

Frühe Völker ahnten: Irgend etwas haben Männer mit der Fortpflanzung zu tun. Sie besuchen ja immer wieder die Öffnung, aus der ein Kind hervorkommt, und spritzen dabei ihren eigenen Saft hinein. Aber wie sollte daraus ein Kind werden?

Australische Ureinwohner waren noch in unserem Jahrhundert überzeugt, daß der Mann nur insofern beteiligt ist, als er durch den Koitus einen Weg für die Seele schafft, die dann in den Körper der Frau eintritt. Schwangerschaft und Gebärakt der Frau sind ja viel eindrucksvoller. Und wer die Mutter eines Kindes ist, weiß man immer, ein Kind kann nicht gleichzeitig aus zwei Schößen hervorkommen. Aber einen Vater zu bestimmen, ist manchmal – ohne Biochemie – unmöglich!

Die matrilineare Gemeinschaft

Die Linie, die das Kind mit der Mutter verbindet, ist also fester als die Nabelschnur – und davon leitet sich das soziale Verwandtschaftssystem der Matrilinearität ab, in dem die Familien sich um Mütter gruppieren. Eine Frau kann Männer zu sich rufen, mit ihnen sexuell verkehren kurzfristig, langfristig, ohne sie als Väter anzuerkennen. Die Kinder tragen den Namen der Mutter, empfangen, falls vorhanden, das Erbe der Mutter, und deshalb ist das Band zwischen den Kindern *einer* Mutter, also auch zwischen Brüdern und Schwestern, fester, als zwischen der Liebespartnerin/Mutter und ihrem Liebhaber. So hat in manchen Stämmen der Bruder der Mutter eine »männliche« Autorität in der Erziehung der Kinder, während der Liebhaber (und mutmaßliche Vater) nur mit ihnen spielt. In Zeiten und Regionen, wo das Mutterrecht bzw. die matrilineare Familie galt, hätte eine Ahnenforschung nur die weibliche Seite verfolgt. Denn einen erblichen Namen des Ehegatten gab es nicht. Die Abstammungslinie verlief über die Mutter der Mutter der Mutter bis hin zur Urmutter, der Ersten Frau, der Großen Göttin, in deren »Matrix« (Kopiermuster) alle Menschenfrauen geschaffen wurden.

Die Idee von der Mutter in der Mutter in der Mutter begegnet uns auch in den ineinandergeschachtelten russischen Matuschka-Puppen. Selbst die furchterregenden Schädelketten, die die schwarze Göttin Kali um den Hals trägt, sind viel harmloser, als es scheint: Sie erinnern mich an den bayrisch-keltischen Brauch, daß die Tochter den Schädel der verstorbenen Mutter aus dem Beinhaus holte, ihn mit roten Rosen bemalte und in ihrer Schlafkammer aufstellte – um ihre Wiedergeburt in der von der Tochter geborenen Enkelin zu sichern. So sind die Schädelketten der Kali meiner Meinung nach einfach nur ein Symbol von Generationenketten und kein Hinweis auf die Grausamkeit der dunklen, vernichtenden Göttin. Schwarz ist sie, weil sie der vor-arischen Bevölkerung angehört, die von den sanskritischen Einwanderern unterworfen wurde. Das matrilineare Verwandtschaftssystem war das ursprünglichste, weil praktischste und plausibelste, und es war überall verbreitet, wo es Menschen gab.[18] Und selbst da, wo man den genetischen Einfluß von Vätern ahnte, beobachtete, vermutete oder gar erkannte und zur Basis der Familie erhob, blieben viele alte Gewohnheiten der matrilinearen Familie erhalten. Diese Prozesse sind in verschiedenen Regionen verschieden schnell verlaufen, und sie sind heute noch keineswegs abgeschlossen.

Beispiele

Die Erbfolge der Pharaonen verlief zeitweise nach der mütterlichen Linie (Merlin Stone, S. 70). Um Pharao zu werden, mußten Brüder offiziell ihre Schwestern heiraten. (Geschwisterehen in den herrschenden Dynastien gab es auch im bergigen Elam, das im Osten an das sumerische Reich angrenzte). Die Göttin Au Set oder Isis hatte den Beinamen »Der Thron« und wurde mitunter mit einem Thron auf dem Kopf dargestellt. Sie war auch die Stirnschlange der Pharaonen und ist symbolisch mit der frühdynastischen Göttin-Schlange Ouadschet verwandt, die auch als göttliche Ahnfrau und Urschöpferin galt. Eine Tempelinschrift lautete: »Ich bin

Isis mit dem Anch-Zeichen als Schutzgottheit. Nicht mit im Bild: König Ptolemäus Philodelphus, der von ihr gesegnet wird – »philodelphus« heißt auf griechisch »Der die Gebärmutter liebt«. (Ägypten, Steinrelief, 285 v. u. Z.)

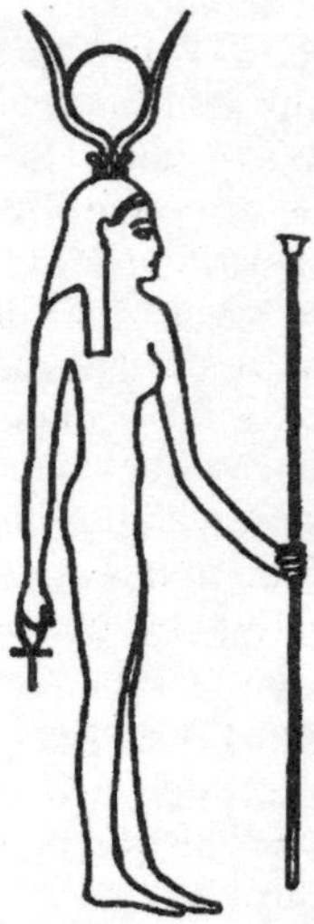

Eine verstorbene Sängerin mit Anch-Zeichen. (Ägypten, Mittleres Reich, Wandmalerei)

Isis, die Älteste, die das Entstehen begann.« Die dynastische Linie wird also durch weibliche Gottheiten garantiert und beschützt. Göttinnen und Priesterinnen werden häufig mit einem Anch-Symbol in den Händen dargestellt. Wenn meine Deutung des Anch als Entjungferungsstab zutrifft, dann vertreten auch diese Gestalten eine uralte, matrilineare Tradition der Einweihung von Mädchen, die im Kraftfeld einer Schöpferin-Göttin stattfindet.[19]

In Ägypten hielten sich die matrilinearen Gepflogenheiten noch bis in die nachchristliche Zeit. In den griechisch verfaßten »Zauberpapyri« werden Liebesbeschwörungen formuliert: »Brenne sein Herz, laß es schmelzen, laß sein Blut vertrocknen aus Liebe, Verlangen und Schmerz um meinetwillen!« Und sowohl TäterInnnen wie auch die männlichen und weiblichen Opfer werden mit ihrem Mutternamen genannt.

Um 450 v. u. Z. besucht der griechische Geschichtsschreiber Herodot den Staat der Lykier in Anatolien und wundert sich: »Fragst du einen Lykier nach seinem Namen, so wird er dir den Namen seiner Mutter nennen.« In Sparta, das entgegen aller Erwartung mutterrechtlich organisiert (und gleichzeitig höchst militaristisch) war, wie auch im vorchristlichen Äthiopien waren uneheliche Kinder gern gesehen. Im Süden Äthiopiens, beim Stamm der Wulaita, gibt es noch heute den Brauch, daß bei der Ankunft von fremden Männern ein großes Gastmahl veranstaltet wird, und dann treffen sich Frauen aus dem Stamm mit ihnen und gewähren ihnen erotische Freuden. Sie werden dazu nicht von den Männern gezwungen, sie sind auch keine Prostituierten, es wird ihnen von den Männern auch nicht verboten.

Und wenn man nachdenkt, ist es ein recht sinnvoller Brauch. Erstens ist eine erotische Begegnung mit Fremden interessant, und zweitens ist es auch ein Mittel, um sie zu integrieren und zu Freunden zu machen. In Saudiarabien und einigen anderen orientalischen Ländern würden Frauen noch heute dafür gesteinigt, geköpft oder erstochen. Denn dort ist die absolute eheliche Treue verbindlich. Früher aber war es dort nicht so. Gerade in der arabischen Halbinsel gibt es viele Spuren der Matrilinearität: »Butn«, also »Bauch«, hieß gleichzeitig auch »Stamm«. Zwei Beduinen verschiedener Stämme, die sich an einer Oase trafen, fragten also: »Aus welchem Bauch kommst du?«

Der moslemische Begriff »Umma« für die Gesamtheit der Gläubigen leitet sich von »umm« ab, also »Mutter«. Auch die Vereinten Nationen »al-ummam el mutahidah« sind eigentlich »Vereinte Mutterländer«. (»Nationen« heißt wörtlich ja auch »Geborenheiten«). Noch bis zur Zeit Mohammeds, also viel länger als in anderen orientalischen und europäischen Ländern, gab es auf der Halbinsel erotische Freiheit für Frauen: Eine Frau konnte bis zu zehn Männer haben, wurde sie schwanger, so rief sie alle zusammen und bestimmte den rechtlichen Vater ... – und er mußte einwilligen. Konnte eine Frau mit ihrem angetrauten Mann nicht schwanger werden, so mußte er einen anderen Mann *ihrer* Wahl damit beauftragen.

In Mekka hatte sich die Situation der Frauen schon vor Mohammeds Zeit verschlechtert. Bei der Flucht nach Medina wunderten sich seine Anhänger, daß die Frauen sich dort nach Belieben mit Liebhabern trafen, und daß nicht die Ehemänner, sondern die Brüder bei den Frauen lebten und die Kinder beaufsichtigten. Damit war es dann bald vorbei. Mohammed ließ außereheliche »Unzucht« von Frauen und Männern mit Peitschenhieben bestrafen, und in manchen moslemischen Ländern geht es heute noch viel härter zu – ganz nach der Art der jüdischen Gesetze im »Leviticus«, dem dritten Buch Moses.

Erotische Freiheiten aber gab es auch während der islamischen Zeit. Im zwölften Jahrhundert wundert sich der Schriftsteller Ibn Hazm Al-Andalusi über die Freizügigkeit von Beduinenfrauen: »Einmal las ich in einer Beduinengeschichte, daß die Beduinenfrauen nicht zufrieden sind, und daß sie nicht an das Liebesfeuer ihres Liebhabers glauben, wenn er nicht seine Liebe öffentlich verkündet und ihren Namen bekanntmacht und rühmend hervorhebt. Ich weiß nicht, wie sich dies mit der Tatsache vereinbaren läßt, daß sie für ihre Keuschheit berühmt sind. Wie kann eine Frau keusch sein, wenn es ihr größter Wunsch ist, auf diese Weise bekannt zu sein?« Die Erklärung für dieses Paradox liegt wahrscheinlich darin, daß es verschiedene Stämme mit jeweils matrilinearen und patrilinearen Bräuchen waren, von denen er gehört hatte.

Selbst heute noch gibt es in arabischen Ländern deutliche

Spuren der archaischen Matrilinearität: So unterscheidet die arabische Sprache zwischen dem Bruder der Mutter und dem des Vaters, Heiraten werden meist durch Mütter angezettelt (»Schick deine Mutter zu meiner Mutter!«). Auch die noch immer kursierende Vorstellung, daß das Kind dem Mann ähnelt, an den die Frau während der Empfängnis gedacht hat, stammt aus dieser »vaterlosen« Zeit.[20]

In den dreißiger Jahren berichtet der deutsche Musikologe Hans Helfritz von den südarabischen Stämmen der Beni Garui und der Beni Abd: »Ihre Frauen sind nicht so strenger Klausur unterworfen, wie es bei mohammedanischen Völkern sonst die Regel ist. Ich konnte oftmals in ihren Häusern mit den Familienmitgliedern beiderlei Geschlechts zusammensitzen, was in anderen Teilen Arabiens ausgeschlossen wäre.«[21] Und aufgrund ihres etwas andersartigen Aussehens äußert er die Vermutung, daß sie späte Nachkommen der rätselhaften Hochkultur der alten Sabäer waren.

Auf Entdeckungsreise ging auch die italienische Arabistin Vittoria Alliata. In den siebziger Jahren unseres Jahrhunderts traf sie in der unzugänglichen Steinwüste »Rub'al-Chali« einen Stamm, der noch nach mutterrechtlichen (*und* matrilokalen) Prinzipien lebte. Die Tochter und auch ihr »Ehemann« blieb bei der jeweiligen Mutterfamilie, beide Familien lebten Hunderte von Kilometern voneinander entfernt. So sahen sich die beiden Ehepartner oft monatelang nicht. Hin und wieder kamen andere Beduinen vorbei, und die junge Frau konnte sich in aller Freiheit mit ihnen vergnügen. Wurde sie schwanger, so war es *ihr* Kind. Kam ihr »Ehemann« überraschend zurück, so wartete er eben solange. Männliche Eifersucht scheint also nicht naturnotwendig zu sein. Von den umliegenden Moslems wurde dieser Stamm als die »Kinder der Sünde« bezeichnet.

Mutterrechtliche Sippen gibt es heute noch in Mexiko, im bergigen Yünan[22] in Südchina sowie in Zentral- und Südindien. Bei dem zentralindischen Stamm der Murias etwa können junge Mädchen immer wieder andere Liebhaber wählen, wie es ja auch bei uns im Westen heute ist, und erst wenn sie sich für einen entscheiden, werden auch Kinder geboren. In einer matrilinearen Gemeinschaft können also Liebschaften nach individuellem Belieben stattfinden. Die Beziehung hängt nicht von ökonomischen oder moralischen Zwängen ab und muß auch nicht in eine feste Beziehung einmünden. Das heißt nicht, daß Frauen oder Männer fanatisch auf Partnerwechsel aus sind. Es bedeutet nicht, daß Frauen Männer als Sexobjekte behandeln. Es bedeutet nicht, daß Kinder unversorgt und heimatlos bleiben – es ist vielmehr eine stabile und unverkrampfte Art, Familien zu organisieren.

Die damit verbundene erotische Freiheit liegt jenseits aller Nationalitäten. Und wenn heute islamistische Gruppen die Lockerung der sexuellen Normen als »Verwestlichung« anprangern, so ist das ganz einfach ein Irrtum. In Wirklichkeit wenden sie sich damit gegen frühe Traditionen, die es auf der ganzen Welt und eben auch im »Orient« gab und noch immer gibt.

Im vorislamischen Arabien konnte eine Frau eine Liebschaft beenden, wenn sie die Habseligkeiten des Verflossenen vor ihr Zelt legte und den Zelteingang in eine andere Himmelsrichtung verlegte. Traurig für den Mann ... – aber was vor der Trennung lag, war süßer als süß, davon zeugen die arabischen Liebesgedichte, die vor dem Islam entstanden. Sie schildern romantische Begegnungen »an Regentagen«, und dieses Bild ist noch heute präsent. Vor kurzem schrieb mir ein Freund aus Arabien: »Die Finger des Regens berühren die Erde ... so sanft!«

3. Mysterien des Mondes

Gold, Rubin und Neumondblut,
Vollmondorgien und Seelenempfängnis

Mondwandlung

Unberechenbar, launisch und weise
Wandelst du dich
Wandelt er sich
Wächst, wird voll und rund und groß
und
Magert ab, wird bleich und dünn …
… und stirbt
… in dir
Das Blut fließt aus: Erneuerung
Weise Wandlung, Steuerung
Präzise hormonale Steuerung

Neumondblut und Fruchtbarkeit

Offensichtlich ist das »Neumondblut« eine Vorbedingung der Fruchtbarkeit: Vor der ersten Blutung wurde noch kein Mädchen schwanger (ob intakt oder geöffnet), und nach der letzten Blutung wird keine alte Frau mehr schwanger. Die reife Frau hat ihre monatlichen Blutungen, eines Tages bleibt das Blut aus, und ihr Bauch wird rund und runder, und alsbald preßt sie ein neues Lebewesen aus sich heraus. Es ist, als hätte sie's aus ihrem Blut geschaffen. Dieser Meinung waren noch manche der griechischen Naturwissenschaftler. Nach heutiger Meinung ist das Blut nur Begleiterscheinung beim Ausstoß des unbefruchteten Eies und der Schleimhautfetzen. Australische Stämme glauben, daß der rote Ocker, den sie für sakrale Zeremonien verwenden, vor langer Zeit einmal aus einer Riesengebärmutter hervorgekommen sei, und freudiges Rot ist auch die Farbe, in der unsere Ostereier leuchten.

Das Neumondblut ist also Symbol und Vorbedingung weiblicher Fruchtbarkeit, und deshalb ist in archaischen Gesellschaften nicht die Hochzeit eines Mädchens das große Fest, sondern ihre erste Blutung!

Noch heute finden wir Rituale, die uns einen Eindruck von der Kraft des Mondes in den mutterrechtlichen Kulturen vermitteln können: Bei den Tamilen in Südindien halten ältere Frauen ein Sieb über den Kopf des jungen Mädchens, in dem Gold, Blumen, Rubine oder andere rote Steine liegen, so rot wie das Menstruationsblut. Der Bruder der Mutter gießt dann Wasser durch das Sieb, so daß die junge Frau durch das Wasser – auch ein Symbol der Fruchtbarkeit – mit den kostbaren Geschenken in Berührung kommt.

In indisch beeinflußten Teilen von Ostafrika (aber nicht sanskritisch-brahmanisch, sondern tamilisch) tanzen junge Mädchen, die zum ersten Mal menstruieren, auf einem silbernen Teller. Silber ist das Mondmetall! Welch ein Fest, verglichen mit unserer verschämten Tampaxhygiene!

Menstruationstanz

Bauchtanz wird oft als »Geburtstanz« oder als »uralter Fruchtbarkeitstanz« gefeiert, aber daß das etwas mit Menstruation zu tun haben könnte, gerät leicht in Vergessenheit. Die sanften Wellenbewegungen des Beckens sind krampflösend, also schmerzlindernd, und unterstützen den Abgang des unbefruchteten Eies. Die freundliche Aufmerksamkeit, die dabei dem Becken gewidmet wird, läßt auch psychische Blockaden, wie etwa mangelnde Selbstakzeptanz als Frau, hinwegschmelzen.

In einem Bauchtanzseminar habe ich einmal die flachliegende Achterfigur (von hinten nach vorne) vorgeführt, und plötzlich glaubte ich, in meinem Becken eine tiefrote handtellergroße Zirbelnuß zu sehen und zu fühlen ... sanft gewiegt, umrundet und beschützt durch diese Wellenbewegungen. Und noch in derselben Nacht kam meine Blutung: Ich hatte meine Gebärmutter gesehen!

Natürlich ist die Heilwirkung von Bauchtanz bei Menstruationsschmerzen bekannt, aber trotzdem wird das Magisch-Ekstatische, das Dunkel, Transzendente der Menstruation eher verdrängt. Menstruation ist noch immer ein Tabuthema! Vielleicht sollten wir Bauchtanzrituale für Mädchen entwerfen, die zum ersten Mal bluten. Das könnte diesem Ereignis viel von der Peinlichkeit nehmen und eine Aura von Feierlichkeit, Stolz und Glück verleihen!

Normalerweise fällt die Blutung auf den Neumond, aber diese Prozesse sind durch die widernatürlichen Beleuchtungsverhältnisse dieser Gesellschaft chaotisiert worden. Manche Frauen konnten ihren Zyklus mit den Mondphasen koordinieren, indem sie durch ein »Nachtlicht« das Licht des Vollmondes simulierten. Als ich selbst einige Jahre nur mit Kerzenlicht lebte, kam meine Menstruation regelmäßig bei Neumond, ein angenehmes, »heimatliches« Gefühl.

Auch wenn Frauen längere Zeit zusammenleben, schwingen sie sich auf einen gemeinsamen Rhythmus ein. In afrikanischen und asiatischen Stämmen treffen sich die Frauen noch heute in Menstruationshütten, die außerhalb des Dorfes liegen. Dort singen, tanzen, meditieren sie gemeinsam. Bekanntlich ist in dieser Zeit das Bewußtsein in einem Trancezustand, in dem gewohnte, rationale Normen außer Kraft treten. Ich bemerke es an mir selbst: An solchen Tagen nehme ich mir bedenkenlos die Freiheit, mit der U-Bahn schwarzzufahren. Ich bin überall zu Gast. Es ist meine U-Bahn, mein Unter-Grund. Kontrolleure? Hier wird nicht kontrolliert! (Vielleicht sollte ich mich an diesen Tagen doch besser zurückziehen??) Umgekehrt sehe ich in der Frauenbewegung aber auch die Tendenz, alles und jedes von der Menstruation abzuleiten, während das Tabu der Defloration eigenartigerweise noch nicht gelüftet ist. Angst vor dem mystischen Erlebnis des Übergangs? Angst vor Erotik?

Bauchtanz Ritual für Mädchen die bluten

Mondopfer

Das Weibliche kann schrecklich sein! Im alten Griechenland feierten die Mänaden, rasende, wahnsinnige Frauen, rauschhafte Neumondfeste und zerrissen jeden Mann, der dabei in ihre Nähe kam. Die Griechen haben sogar ein eigenes Wort für das Töten und Verspeisen von Männern durch rasende, berauschte Frauen. Es heißt sparagmós.

Wie kam es dazu? War es nur üble Nachrede, oder wenn es stimmte, war es die Rache entmachteter Matriarchinnen, die das Männerfleisch für Frauen schmackhaft machte? War es Sanktion gegen männliche Voyeure, die das »Sakrale« an weiblichen Festen entweihten, den heiligen Rauschzustand durch ihre profane Neugier störten?

Warum wurden Männer geopfert? Der Grund ist mythisch: Jeden Monat stirbt der Mond und verbringt drei Tage im Totenreich. Und zur selben Zeit haben Frauen ihre Menstruation, die Voraussetzung ihrer Fruchtbarkeit. Durch das Opfer des Mondes also sind sie fruchtbar. Doch was wäre, wenn er im Totenreich bliebe? Alle Fortpflanzung käme zum Stillstand. Das menschliche Leben würde ausgelöscht. Damit das nicht geschieht, damit der Mond wieder von den Toten aufersteht, bringt man ihm Opfer. Durch geopferte Männer wird der Mond sozusagen »ausgelöst«, befreit.

Das ist natürlich nicht logisch, sondern mytho-logisch, und diese Mytho-Logik erscheint auch in den Mythen der Mittelmeerwelt: Der kretische Mino-Tauros (Min ist der ägyptische Mondgott und Tauros heißt Stier) fordert alle neun Jahre sein Opfer, am liebsten patriarchalische Athener. Nun sind neun Jahre genau die Halbzeit eines Mondknotenumlaufes, des sogenannten saronischen Zyklus, der das Erscheinen von Mondfinsternissen beschreibt. Der Schock der Mondfinsternis führte zum Mondopfer, und das Labyrinth ist also der Ort dafür.

Auch in der Zahlensymbolik erscheint der Mond: Der ägyptische Osiris wird von Seth in vierzehn Stücke zerrissen. Sie entsprechen den vierzehn Tagen vom Vollmond bis zum Neumond. Aber Isis sammelt die zerstreuten Stücke ihres Geliebten und fügt sie zusammen: Vom Neumond also zum Vollmond. Auf einem ägyptischen Wandbild führt eine vierzehnstufige Treppe zu einer Terrasse. Die Geister jeder Stufe haben die Aufgabe, das »Auge des Horus« zu heilen. Auf der Terrasse ruht dann der Vollmond in einem Boot aus Papyrus. Der Mond ist das Auge der Nacht. Noch heute kehrt in arabischen Liedern der Ausruf wieder: »Ja 'aini, ja leilii« (Mein Auge, meine Nacht).

Der bekannteste Mondmythos ist der von Jesus Christus: Vierzehn Stationen umfaßt sein Kreuzweg, wie der Mond verbringt er drei Tage im Reich des Todes.

Als ich einem Freund von diesem Mythos der Mondopfer erzählte, versetzte er sofort: »Der Mond kommt auch ohne Opfer wieder!« Und das mit einer Heftigkeit, die mich aufhorchen ließ. Offenbar ist Angst vor Opferungen tief im männlichen Unterbewußtsein verankert. Unkontrollierbare mondsüchtige Weiber, rasende Tänzerinnen ... – das mußte diagnostiziert, d. h. entschärft werden. So entstanden die Begriffe »Manie« (von griechisch: mainein = rasen, und Mänaden = Mondtänzerin-

Eine lustige Mondtänzerin mit Schleier ... Haben die Mänaden wirklich Männer geopfert? Sie sieht gar nicht so aus! (Griechenland, um 400 v. u. Z., Vasenmalerei)

Eine versonnene Mondtänzerin mit Thyrsosstab. (Griechenland, um 400 v. u. Z., Vasenmalerei)

nen) und »Hysterie« (»Gebärmutterisches«). So schleudert der akademische Psychiater im weißen Mantel ganz wissenschaftlich-objektiv seinen letztlich doch mythologischen Abwehrzauber gegen das unberechenbare Weib. Aber dabei ging auch was verloren, denn vom lateinischen Wort »menses« (Monat) leitet sich auch »mens« (Sinn, Verstand, Mentalität) und »mensura« (Maß) ab. Der Mond war auch der erste Zeitmesser, und als sich Primatenfrauen vor vielen Hunderttausenden von Jahren organismisch nach dem Mond zu richten begannen, ihre Empfänglichkeit also vom Jahresrhythmus lösten, konnte die nun freibewegliche Kraft der Libido der mentalen Entwicklung zugeleitet werden. Und ich nehme an, daß damit überhaupt erst die Entwicklung der »Men-schen« begann.

Neumondtrance ...
Alteuropa, um 5000 v. u. Z.

Die Frauen berauschten sich mit vergorenem Holundersaft, tanzten und tanzten bis zur Erschöpfung, schrien und lallten »Mond, Mond, komm zurück!« Dann wälzte sich die ganze Schar dieser Frauen taumelnd, benommen zu einer Hütte, die in einer Lichtung weit außerhalb des Dorfes lag. Plötzlich schrie eine unter ihnen: »Im Dickicht ist ein Wild, ich rieche den Vogel, ich rieche das Schwein, ich rieche den Dachshund, ich rieche das Wild. Kommt, laßt uns dieses Tier fangen, kommt, laßt uns dieses Tier opfern, damit der Mond, der tote Mond uns wieder leuchtet!« Und einige aus der Schar durchkämmten das Dickicht. »Nein, nicht hier«, schrie Nigiri, um sie vom Versteck ihres Geliebten abzulenken, »nicht hier, dort ist der Weg!« Aber schon gellten laute Schreie auf, und zwei der Frauen zerrten den verwundeten Mann aus seinem Versteck. »Hier ist das Wild, wir werden sein Blut vergießen ...«

»Nein«, schrie Nigiri. »Er gehört mir!« – »Aber es ist Brauch!« – »Nein! Ich will ihn, er gehört mir!« Und blitzschnell überlegte sie und schrie dann noch lauter: »Seht ihr denn nicht! Seht ihr denn nicht seine Schulter! Ganz zerfetzt! Er hat geblutet. Für mich hat er geblutet! Er ist wie der Mond, ja, seht ihr nicht, er hat schon Blut verloren, er ist

— Oase der Lust. — Garten der Lust Eden —

schon gestorben wie der Mond, der uns durch seinen Tod das Blut schenkt! Rührt ihn nicht an, zerstört das neue Leben nicht!« Nigiri führte ihren Geliebten beiseite, und als sie außer Reichweite waren, drückte sie ihn gegen einen Baumstamm und bedeckte seine Brust und seine Arme mit Küssen. »Du gehörst mir«, flüsterte sie. Er nickte. Er nickte und streichelte ihre schwarzbraunen Haare, ihre ockerrote Haut und preßte sie mit seinem gesunden Arm fest an sich.

Vollmondglück

Der Vollmond schenkt eine andere Körperempfindung. Die erotische Spannung steigt, vom Bauch steigt glitzerndes Wohlgefühl bis über die Augen auf. Man sucht nach Partnern, die Gedanken streunen katzenhaft läufig in Paradiesgärten der Lust.

Auf der ganzen Welt wurden bei Vollmond Orgien gefeiert, bei denen jede mit jedem in Berührung kommen konnte. Der Mond sah zu und schickte seinen leuchtenden Segen herab. Und Frauen, die in solchen Nächten, vor allem dem ersten Vollmond nach Frühjahrsbeginn, schwanger wurden, waren besonders beglückt. Erst spät wurde das Osterfest »entmondet«, nämlich vom ersten Frühlingsvollmond auf den Sonntag (!) danach verlegt. (Siehe Kapitel IV,1). Der Gehörnte, der Mond, war das Fruchtbarkeitssymbol.[23] Wir kennen es aus den »Hexen«tänzen des europäischen Mittelalters, die blutig verfolgt wurden, wir kennen es auch aus der Bibel: Während Moses den Berg Sinai ersteigt, tanzen die Israeliten losgelassen und orgiastisch um den goldenen Mondstier, aber Moses kehrt zurück, zerschlägt das Bild und läßt 3000 von ihnen in einer Nacht hinmeucheln.

Das Wort »Sinai« leitet sich vom semitischen Mondgott »Sin« ab, dessen Verehrung im ganzen fruchtbaren Halbmond verbreitet war. Mondtänze in Ost und West: Auch der Mond leuchtet weise lächelnd über Ost und West, er kennt keine Unterschiede.

Aber während die Mondsymbolik im Westen eher in Vergessenheit geriet, ist sie in der arabischen Welt noch heute verbreitet: Der Mond leuchtet auf den Flaggen arabischer Länder und der Türkei, mit dem Mond sehnt man sich nach der

Geliebten, ihr Gesicht ist »wie der Mond«, also besonders schön; eine bestimmte Aprikosenart, die während der Fastenzeit gegessen wird, heißt »Mond der Religion« und übergießt selbst diese strenge Zeit mit einem Mondschimmer der Erotik. Wenn Wolken das Erscheinen der Neumondsichel zu Beginn des Ramadan verdunkeln, muß man den Fastenbeginn aus den vorausgegangenen Neumondtagen berechnen. Sonst aber wendet sich der Islam gegen die Berechnung der Mondbahn, der Mond bleibt geheimnisvoll und unerreichbar.

Der Mondmann! Er ist das Sinnbild des physischen Mannes, der für die Frau lebt, nicht das des Staatenlenkers, Wissenschaftlers oder Kriegers. In alten semitischen Texten und in der arabischen Folklore ist der Mond der »Himmlische Liebhaber« der Frauen. *Der* Mond! Grammatikalisch männlich, im Arabischen wie im Deutschen. Deutet dieses *er* nun auf Patriarchalisches hin? Muß *der* Mond feminisiert werden und fortan mit *die* Mond*in* angerufen werden, wie es frauenbewegte Frauen gerne tun? Aber das ist linear gedacht! Das Weibliche braucht den Mond gar nicht weiblich zu besetzen, denn auch männlich besetzt ist er dem Weiblichen hold. Dem Mond traute man zu, die Frauen zu befruchten. Sterbliche Männer sind nur seine Stellvertreter auf Erden.

Dieses mondhaft-romantisch-verspielte Element haben europäische Frauen bei arabischen Männern erlebt und schätzen gelernt. Erotik ist nicht Feierabendroutine, sondern ernstgenommene Kulturtätigkeit. Die Frau hat ein Recht auf Befriedigung, und die Wonnen des Körpers sind ein inniges Geschenk. Vielleicht wurde vom Mondgott Min das Wort »Minnah« abgeleitet. Auf arabisch bedeutet es »Gefälligkeiten«, »Liebesbeweise«, »Liebkosungen«. Und daher kommt auch unser »deutsches« Wort Minne (im mittelalterlichen »Minnesang«). Es ist eigentlich ein Lehnwort aus dem Arabischen.

Vollmondorgien in Alteuropa
um 5000 v. u. Z.

Nigiri bekam ihren Willen. Ihr Geliebter überlebte den Angriff einer Luchsmutter, die Krallen einer neumondsüchtigen

Frauenhorde, er überlebte den Herbst und den Winter, seine Schulter verheilte, er erlernte die Sprache und die Gebräuche seines neuen Stammes.

Dann nahte der erste Frühlingsvollmond. Das ganze Dorf, alle Männer und Frauen versammelten sich. Schnelle Wechselgesänge machten die Runde, Stöhnen und Lachen, heftiges Atmen, das bunte Gift der Pilze ließ die Formen verschwimmen. Welcher Fuß zu welchem Körper gehörte, wessen Arm wen von hinten umklammerte, das verschwamm in der heiteren Fülle des Mondlichtes.

Der Mond beleuchtete ein Durcheinander von nackten Körpern von Männern und Frauen, Alte und Junge, Füllige und Schlanke, die sich übereinander wälzten, rollten, sich liebkosten, sich in wilden Zuckungen wanden.

Nigiri und ihr Geliebter hatten sich aus den Augen verloren. Sie spürte, wie ein Mann in sie eindrang, verdrehte die Augen, gluckste, sah zum Mond und wisperte: »Alles für dich, alles für dich!« Doch kurze Zeit später wanderte ihr Blick nach innen, und sie sah in riesenhafter Vergrößerung, wie etwas Rundes, etwas überwältigend Rundes sich öffnete und das WinzigKleine köpfte und verschlang. Sie öffnete ihre verquollenen Lider, sah wieder zum Mond empor, und es war ihr, als spinne sich ein feiner silberner Faden aus der Weite des schwarzen Himmels herab und verankere sich in ihrem Schoß. Sie krabbelte durch das Gewühl der sich bäumenden Körper an den Rand und fand dort an einen Baum gelehnt ihren Geliebten. Sie kroch zu ihm, lehnte sich zwischen seinen geöffneten Beinen mit dem Rücken an seine Brust, ließ den Kopf nach hinten an seine vernarbte Schulter fallen, knabberte an seinem Ohrläppchen, küßte ihn zärtlich und flüsterte: »Wenn der Faden jetzt gesponnen wird, und die Ahnfrau mich jetzt segnet, dann ...« Jede Faser ihres Seelenkörpers verflocht sie innigst mit dem seinen. Dichter und dichter knüpfte sie das Netz ihrer Durchdringung, und sie wußte, wenn der Mond sie mit einem Kind segnen würde, so würde dieses Kind seine grünen Augen haben. Davon war sie fest überzeugt.

4. Die Botschaft der Schlange

Auf jeden Tod folgt Neugeburt

Schlangenweisheit

Was du zwingst, entgleitet dir
Laß es entgleiten
Löse den Griff
Innen und Außen
Ist EINS
Und flutend
Und Deins
Und tanzend
Und flutend
Und ALLES und EINS

Schlangenbegegnungen

Wie denken Sie über Schlangen? Starre Augen, lidloser Blick, der Inbegriff des Bösen, Versucherin schon seit Urzeiten, Würgen, Biß, Verschlingen ...

Im Bauchtanz gibt es geschmeidige, wellenförmige Bewegungen. Sie ähneln den fast unmerklichen, gleitenden Wellenbewegungen, mit denen Schlangen sich am Boden fortbewegen oder, wenn sie sich aufgerichtet haben, wiegend in Balance halten. Ich fühlte diese Wellen in meinem Körper, und es fühlte sich gut an. War ich nun Schlange ... und böse? Ich empfand mich eher als weich und anmutig in diesen Bewegungen. In der Türkei hatte ich gelernt, wie man den sogenannten Ciftetelli-Rhythmus[24] mit Kombinationen von Schritten und

Körperwellen verbindet. War es nicht erstaunlich, daß das Schlängeln gewissermaßen eine offizielle Form hatte? Konnte dies nicht auf einen uralten Kulttanz hinweisen, bei dem Frauen sich in Schlangenbewegungen wanden oder vielleicht sogar mit echten Schlangen tanzten?

Ich begann mich für Schlangen zu interessieren und bemerkte, daß ich nicht viel über sie wußte. Natürlich hatte ich auch Angst. Im Traum wich ich Schlangen aus, versuchte mich mit ihnen gut zu stellen. Wenn ich sie hinter Glas beobachtete, spürte ich manchmal ein leichtes Schaudern, gleichzeitig aber eine ungeahnte Faszination. Die Eleganz, mit der sie sich bewegten, der feine, seidige Schimmer auf ihren Schuppen! Sie lagen spiralig zusammengerollt oder glitten anmutig, wellenförmig über den Boden, wanden sich um Äste, hingen mit dem Kopf nach unten oder richteten sich drohend auf. Ich ahnte, wie sie blitzschnell zum Biß vorschnellen konnten.

Ich ließ mir eine (ungiftige) schwarze Natter auf den Arm legen. Sie glitt geschmeidig zum Hals hinauf. Ich war noch Stunden später wie euphorisch. Ich war sinnlich berührt von ihrer ätherischen Ausstrahlung. Andere, die ich hinter Glas sah, flößten mir heimliches Grauen ein: die geballte Kraft der Klapperschlangen, die schwere gedrungene Gestalt der Gabunvipern ... Wir sehen Schlangen und denken an Tod – Tod durch Gift und Tod durch Würgen. Und der Gedanke an den Tod schickt die Angst voraus. Ist das der Grund, weshalb die Schlange so negativ besetzt ist?

In kunsthistorischen Büchern, die ich nun durchsah, entdeckte ich sie wieder – aber durchaus positiv besetzt: Ich fand sie auf Göttinstatuen, Krügen, Platten, Altären, Reliefs aus Terrakotta, Elfenbein, Holz oder Kalkstein ..., und die Schlangen ringelten sich um Hals und Handgelenk von Göttinnen und Priesterinnen, zierten Altäre und Opferschalen, erhoben sich in steinerner Würde als riesenhaft aufgerichtete Kobras in Monumentalplastiken oder als kleine goldene Beschützerinnen über der Stirn von Pharaonen. Diese Kultobjekte stammten aus Indien, Elam, Mesopotamien, Kleinasien, Griechenland, Kreta, Zypern, Kanaan, Ägypten. Ihr Alter schwankte zwischen 5000 und 2000 Jahren.

Totenmaske eines Pharao mit der Kobra als Stirnschmuck. Die Kobragöttin war das Wahrzeichen von Unterägypten.
(Ägypten, 21. Dynastie, Gold)

Die Kobragöttin als Ohrgehänge: Theben, Tal der Königinnen.
(Grab der Nefertari, 19. Dynastie, Malerei auf Gipsgrundierung.)

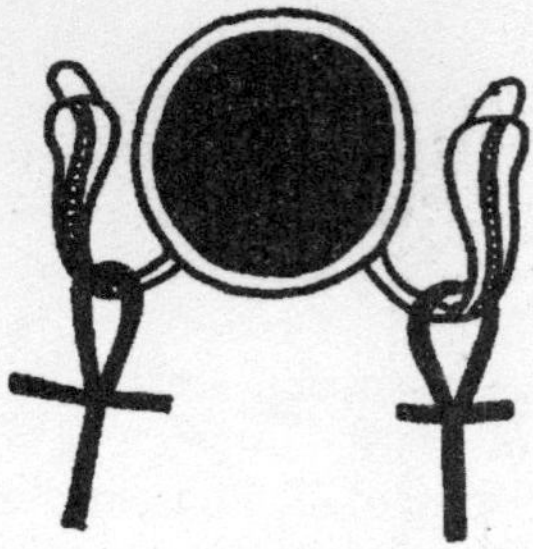

Hier sind gleich zwei Objekte der sakralen Erotik vereint: die Kobra (wörtlich: die »Größte«) und das Anch-Zeichen. Beide symbolisieren die dynastische Macht des Pharao: Er leitet sich von der Göttin ab. (Schmuckobjekt an einem Sakralkästchen)

Schmuckobjekt aus Elam – dem Bergreich im Osten von Sumer und Babylon, später das Kernland des persischen Reiches. (Um 2200 v. u. Z.)

Klug und heiter, eine indische Kundaliniverwandte. (Rajastan, 19. Jahrhundert, Miniatur)

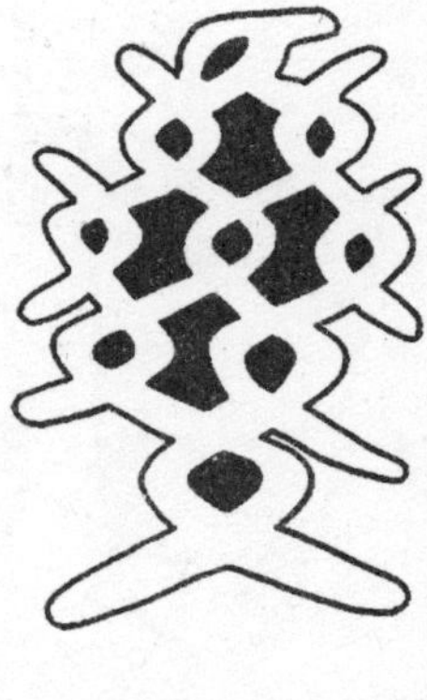

Ewige Verflochtenheit! Dasselbe Motiv wie oben, 4000 Jahre später. (Holzskulptur aus Südindien, 18. Jh.)

Und ich ahnte: Die Schlange mußte einstmals ein heiliges Tier gewesen sein. Der Name einer bestimmten Schlangenart heißt »saraf«, und davon leiten sich die himmlischen Wesen der »seraphim« ab! Mose (!) trug eine Kupferschlange vor den Israeliten her, jahrhundertelang stand sie im Tempel von Jerusalem und wurde erst von Hiskia (2. Könige, 18, 4) entfernt. In Ägypten war die Hieroglyphe einer aufgerichteten Kobra das Zeichen für Göttin überhaupt. Und was wir heute als den Äskulapstab der Ärzte und Apotheker kennen, hielt bereits die babylonische Göttin 'Aschtár, feierlich auf dem Thron sitzend, in der Hand.[25] Die Schlange hatte offensichtlich eine leuchtende Vergangenheit. Warum?

Häutung: Leben, Tod und Wiedergeburt

Die Schlange häutet sich, sie windet sich aus ihrer alten Haut, läßt das alte Kleid hinter sich, sie verjüngt und erneuert sich. Auf der ganzen Welt wurde die *Häutung* der Schlange aus diesem Grund zum Symbol für Geburt, Tod und Wiedergeburt. In Schlangengeheimbünden Ostafrikas legen die jungen Männer bei ihrer Initiation die alten Kleider ab (eine Häutung) und nehmen den Namen einer Schlange an (das neue Leben).

Mit Schlangensujet bemalter Tonbecher. Symbolisiert die Schlange langes Leben oder schnellen Tod? Oder wurde daraus hochverdünntes Gift als Trancemittel getrunken? (Elam, 3500 v. u. Z.)

Frauengestalt oder aufgerichtete Kobra? Vielleicht wurde auch in Elam eine Kobragöttin verehrt wie Isis in Ägypten.

Wendy Buonaventura erwähnt einen Tanz zu Ehren der Schlangengöttin im Maghreb, wo Frauen am Boden kriechen und nacheinander ihre Kleidungsstücke abstreifen, bis sie nackt sind. Hier erscheint das Thema des Schleiers und der Entschleierung in ganz anderem Lichte: Jeder Schleier, der fällt, kündet von neuem Leben, von einem neuen Erleben des Seins. In der melanesischen Sprache bedeutet das Wort für »Häutung« gleichzeitig auch »ewiges Leben«. Von dem griechischen Wort »geras« für »Schlangenhaut« leitet sich unsere »Gerontologie«, die Altersheilkunde oder Verjüngungslehre ab.

Wie ist es nur möglich, haben die Menschen sich immer wieder gefragt, daß wir sterben müssen, die Schlangen aber durch ihre Häutungen ewig leben?! Das mußte ein dummes Mißgeschick gewesen sein. Die Götter wollten den Menschen das Kraut der Unsterblichkeit geben, heißt es in Sagen aus aller Welt, aber während der Bote schlief, ringelte sich die Schlange heran und fraß es auf. Deshalb sind nicht wir, sondern die Schlangen unsterblich.

»Ich bin die Schlange Sata (oder Seth), ich sterbe und werde wiedergeboren«, lautete eine ägyptische Inschrift[26]. Um neugeboren zu werden, mußte man sterben, der Tod war nur die andere Seite des Lebens, die Unterwelt der Verweilplatz der Seelen. In Ägypten verehrte man noch in unserem Jahrhundert Schlangen, die in Berghöhlen lebten, man glaubte, daß sich in ihnen die Seelen von berühmten Scheichs und Heiligen verkörpern.

Auch den Zyklus von Tag und Nacht haben die alten ÄgypterInnen durch das Schlangengleichnis dargestellt: Jeden Abend wird die Sonne im Westen von der Schlange Apophis gefressen und jeden Morgen im Osten wiedergeboren. Dasselbe Bild gilt auch auf der psychischen Ebene: Wenn der zukünftige Prophet Jonas vom »Walfisch«, einem ozeanischen Schlangenwesen, gefressen wird, heißt das, daß er in dem dunklen Bauch des Seeungeheuers eine Phase der Verinnerlichung durchlebt: Er taucht in das Dunkel des Unbewußten hinab, erst dann kann er als Prophet im Lichte der Welt neu geboren werden.

Auf jeden Tod folgt eine Neugeburt, auf jede Krise eine Heilung, das Dunkle erzeugt das Helle, und das Helle erzeugt das Dunkle, Leben mündet in den Tod, und aus dem Tod entspringt neues Leben. Dieser ewige Zyklus, in dem es nichts Böses, keine Verführung und keine Bestrafung gibt, sondern nur die ewige Wandlung, wird durch den Ouroboros dargestellt, die Schlange, die das eigene Schwanzende im Maul hält. Die Häutung der Schlange also wurde für die Menschen der Antike zu einem Symbol der Hoffnung. Wir können das Alte abstreifen, wir können ein neues Jetzt schaffen. Wenn wir uns geschmeidig wie die Schlangen bewegen, sind wir immer neu.

Die weitgeöffneten Augen der Schlangenpriesterinnen ... ihre seherische Kraft. (Kreta, 1600–1500 v. u. Z., Fayence)

Menstruation, Geburt und Erotik

Menstruation, Empfängnis, Schwangerschaft und Geburt werden in vielen Kulturen der Welt mit Schlangen assoziiert. Noch in unserem Jahrhundert gingen junge Mädchen in Rumänien bei ihrer ersten Blutung aus dem Dorf zu einem Schlangenloch, legten ihre Hand hinein und ließen die Schlangen am Unterarm hinaufgleiten. Ist es nicht merkwürdig, daß in Siedlungen der rumänischen Cucuteni-Kultur (um 5000 v. u. Z.!) Tonstatuetten gefunden wurden, die die für den Bauchtanz typischen Schlangenbewegungen des Beckens zeigen (siehe Abbildung Kap. III., S. 166). Auch kretische Priesterinnenstatuetten aus bemaltem Ton, rekonstruierbare Fragmente einer elamitischen (vorpersischen) Priesterin aus Silber und eine griechische Aphrodite aus Fayence tragen Schlangen ums Handgelenk geringelt.

Und eine ägyptische Inschrift lautet: »Stecke ich nicht meine Hand in das Loch, in dem eine große Schlange ist? Da seht ihr die Zauberkraft des Amenophis, wie er Wunder wirkt für sein Volk.« Die Bedeutung dieser Inschrift ist ungeklärt. War es eine Mutprobe, der sich der Pharao unterzog? Oder nur eine Redewendung, mit der er sich über die todbringende Macht der Schlangen erhaben erklärte? (Das griechische Wort für »Schlange« lautet im übrigen »ophis«, ich nehme an, daß es ein Lehnwort aus dem Ägyptischen ist).

Durch Schlangenbiß, so sagt der Volksmund auch in Portugal, ist die Menstruation in die Welt gekommen. Die ägyptische Göttin Isis (Ouadschet, Au Set), die immer wieder als Schlange dargestellt wurde, ist die Beschützerin der Frauen bei der Menstruation: »Dein ist dein heiliges Blut, Isis«, lautet eine Inschrift, und der Blutjaspis, zuweilen auch Heliotrop genannt, war der heilige Stein der Isis. Er ist dunkelgrün mit roten, eisenhaltigen Einschlüssen und stärkt den Eisengehalt im Blut! Was hat die Schlange mit Menstruation zu tun?

Zunächst eine symbolische Ähnlichkeit, eine Analogie: Die Ablösung der Schleimhautfetzen, die mit dem unbefruchteten Ei ausgestoßen werden, ist ja eine Art von innerer Häutung. Auch wenn die Frauen der Antike nicht über anatomische Darstellungen verfügten, so haben sie das trotzdem vielleicht in visionärer Innenschau wahrgenommen. Diese innere Häutung findet regelmäßig statt, es ist die Zeit, in der das Alte stirbt und der weibliche Organismus verjüngt und regeneriert wird. In Indien heißt es manchmal, daß eine Frau nach ihrer Menstruation wieder in den Zustand der Jungfräulichkeit eintritt ... bis zum Eisprung.

Und außerdem gibt es auch die reale Ebene der Begründung: Wenn junge Mädchen zum ersten Mal ihr Monatsblut entdecken, so ist dies die Ankündigung der Fruchtbarkeit. Sie sind nun bereit, den Strom des Lebens weiterzugehen. Menstruation ist also mit der Neuschöpfung des Lebens innig verbunden.

Herodot berichtet, daß Frauen bei Vollmond zum Schlangenheiligtum von Par Uto (»Haus der Schlange«) in Unterägypten pilgerten und dort um Schwangerschaft beteten. Im hellenistischen Sabazioskult, der in Ägypten und Kleinasien verbreitet war, legten sich Frauen, wenn sie schwanger werden wollten, lebende Schlangen oder Nachbildungen aus Metall auf den Bauch. Und zur Schlangengöttin Isis beteten schwangere Frauen um eine sanfte Geburt.

In Indien stiften kinderlose Ehepaare einen sogenannten Nagakal, einen Schlangenstein (siehe Abbildung links), der unter einem Feigenbaum aufgestellt wird. Dazu kommt ein kompliziertes Ritual, das unter anderem vorschreibt, daß die Frau diesen Stein viele Male umkreist. Es gibt auch eine einfachere Variante: Frauen reiben sich einfach nur an den Bäumen und Steinen.

Und das gab's auch noch in unserem Jahrhundert in der Bretagne: Bei Vollmond gingen Frauen nachts zum Menhir von Manion, umkreisten ihn und rieben sich an ihm. Und in der Nähe dieses Menhirs wurde eine Skulptur entdeckt, die fünf auf ihrem Schwanz aufgerichtete Schlangen darstellt. (André van Lysebeth, S. 63) Auch die

Nagakal. Diese Schlangensteine wurden gestiftet, damit eine kinderlose Ehe fruchtbar werde! Dies erforderte darüber hinaus noch einen beträchtlichen zeremoniellen Aufwand.

Schlangensymbolik kennt offenbar keine Grenzen zwischen Ost und West.

Ist das nun alles nur Einbildung, oder wirkt das *Sinn*feld der Schlange wirklich auf Empfängnis ein? Offenbar haben Schlangen in sich chemische Verbindungen, die das erotische Erleben stimulieren. Homöopathische Schlangengifte helfen bei Eifersucht, sind also mit Untreue und Verlassen-Werden verbunden. Diese Erlebnisse wurzeln aber nicht unbedingt im männlichen Partner, sondern eher in der eigenen Unfähigkeit, sich als erotisches Wesen, als Frau zu akzeptieren und zu behaupten. Wenn die erotische Anziehung der anderen Frau stärker ist, so heißt das nur, daß die eigene erotische Anziehung schwächer ist. Und diese Schwäche wird durch die Schlangengifte geheilt. Sie stärken die Weiblichkeit, den Willen zur Erotik ... und beugen dadurch der Eifersucht vor. Durch die Stimulierung der rechten Gehirnhälfte können die Schlangengifte vielleicht auch rationale Blockaden im Bereich der Sexualität »wegschwemmen«, so daß wir uns der Erotik vertrauensvoll hingeben können.

Indem eine Frau sich rituell in das *Sinn*feld der Schlange begibt, öffnet sie sich für Erotik und gegebenenfalls auch für eine Empfängnis. Die Emanation der Schlange wirkt sowohl chemisch als auch ätherisch. Auch der *Feigenbaum,* unter den die Nagakals gestellt werden, wirkt aphrodisiakisch: Feigen regen den weiblichen Hormonfluß an, und der Feigenbaum war in Ägypten der heilige Baum der Isis.

Die Darstellung der beiden umeinander geringelten Schlangen auf diesen Votivsteinen verweist erst recht auf Erotik: Wenn Kobras sich zur Brunftzeit miteinander vereinigen, so richten sie sich auf und schlängeln sich umeinander. Die Nagakals zeigen also deutlich genug die Vereinigung des Männlichen mit dem Weiblichen.

So ist also die Schlange, die durch ihre Verbindung mit Menstruation, Geburt und Wiedergeburt zum *Sinn*feld des Weiblichen gehört, andererseits auch ein Symbol für die Vereinigung von Männlichem und Weiblichem. Aus Zwei wird Eins, und die Einheit von Mann und Frau im Schlangensymbol wird von Isis folgendermaßen ausgedrückt: »Ich bin Isis. Habe ich nicht die Rolle des Mannes und der Frau gespielt?!«

Schlangentanz für sanfte Geburt

Wenn die Befruchtung dann eintritt, verhilft die Schlangengöttin den Frauen auch zu einer harmonischen Schwangerschaft und sanften Geburt. Die Schlangenbewegungen, so erklärte mir eine Hebamme, ähneln auch den Wehenbewegungen. Und in diesem Zusammenhang steht auch das Erlebnis der amerikanischen Tanzethnologin Morocco:

»Die Frauen formten um die werdende Mutter herum mehrere Kreise. Sie sangen mit leisen, sanften Stimmen und machten wellenförmige Bewegungen mit ihrem Bauch. Dann zogen sie ihn mehrere Male ruckartig nach innen. Nach einigen Minuten erhob sich die Schwangere und machte die Bewegungen mit. Dann ließ sie sich wieder nieder. So ging das mehrere Stunden. Dann plötzlich ein kurzes, heftiges Keuchen, ein leiser, dumpfer Aufprall. Sie hob ihr Gewand, und da lag ein Baby im Loch, das eigens für die Aufnahme des Neugeborenen hergerichtet worden war ... Eine Anwesende klärte die Besucherin auf. ›Wir imitieren die natürlichen Bewegungen. In gewisser Weise haben wir die Gebärende hypnotisiert, so daß sie gar nicht anders konnte als mitzutanzen.‹« (Karkutli, S. 45)

Schlangenkraft löst Liebe, Leib und Leidenschaft
um 4000 v. u. Z.

Züngelnd, mit lidlos starren, weitgeöffneten Augen schiebt sich ein geschmeidiger Körper mit leisem, schabendem Geräusch über den gestampften Lehmboden, gleitet über den Holzrahmen des niedrigen Flechtbettes.

Graugrünbraun gefleckte Musterflecken dehnen sich, verengen sich, während die Schlange langsam vorangleitet und nun den Bauch der Träumerin erreicht. Geschmeidig windet sich der Python auf den Bauch der Träumerin und rollt sich dort zusammen ...

Die Träumerin lächelte. Ihre Augäpfel wanderten hinter geschlossenen Lidern, ihre breiten Lippen öffneten sich, als wollten sie etwas flüstern, ihre Hand glitt über die Haut des jungen Mannes, der neben ihr lag. Sie drängte sich an ihn, so daß sich ihre gedrehten, schwarzen Haarsträhnen mit den seinen mischten. Sie waren vom selben Stamm, eine indigoblaue Schlangenlinie zog sich vom Scheitel über Stirn, Nasenrücken, Lippen und Kinn bis zum Halsansatz.

»Ouakiti!« Eine ältere Frau hob den dichtgewebten Vorhang beiseite, so daß das Licht der Morgensonne in die Lehmhütte drang. Auch sie trug die indigoblaue Schlangenlinie auf Gesicht und Hals. Lange, dunkle Haarsträhnen fielen ihr bis auf die Hüften, um die sie ein blaues Tuch geschlungen hatte. »Ouakiti«, sagte sie leise, und als ihre Tochter weiter tief und regelmäßig atmete, wiederholte sie lauter: »Ouakiti!« Ihre Tochter öffnete die Augen. »Mutter, eine Schlange auf meinem Bauch ...«

»Du hast geträumt, mein Kind! Hier ist keine Schlange!« versetzte die Mutter mit einem kurzen Blick in die Runde. Inzwischen war auch der junge Mann an ihrer Seite erwacht, er rieb sich die Augen und streckte sich. »Ein glücklicher Traum! Er bedeutet, daß du bald schwanger wirst, die Schlange bringt uns neues Leben, und du, Nurege, bist gut an der Seite meiner Tochter.« – »Aber da war noch etwas in meinem Traum: Rote Leopardenflecken, Krallen ...«, sagte Ouakiti unruhig. Die Mutter überlegte: »Laß uns noch ein paar Tage warten, ob das Blut kommt. Dann pilgern wir zum Schlangenheiligtum nach Par Ouadsch zur Prophetin: Sie wird auch deine Träume richtig deuten.«

Der Mond war noch nicht voll. Sein gleitendes Licht flutete über eine langgezogene weiße Mauer aus Lehm, die einen großen quadratischen Hof einschloß. Inmitten des Hofes erhob sich ein hufeisenförmiges Gebäude, dessen überlappendes Strohdach von gegabelten Akazienstämmen getragen wurde – das Schlangenheiligtum Par Ouadsch. Einsam, verstohlen, hastig um sich blickend, erklomm eine Frau im Blätterschatten den knorrigen Stamm einer Terebinthe. Ihre Hände krallten sich in die Rinde, sie spähte zum Heiligtum hinüber. »Ich fürchte mich«, hauchte Ruboto, mit sich selbst sprechend. Ihre Nasenlöcher zitterten. Unwillkürlich klammerte sie sich am Baumstamm fest, das Blattwerk ließ den Glanz des Mondes auf ihre kupferbraune Haut fallen und beleuchtete die flammendroten, eintätowierten Flecken, die ihren Brustkorb und ihre Schultern bedeckten. Um den Hals baumelte eine Lederschnur mit Raubtierkrallen, in die Hüften schnitt sich eine Bastschnur, an der gelblich-schwarzgefleckte Fellappen hingen – das Fell des Leoparden. Ruboto verbrachte die Nacht unter den Bäumen, vom Dickicht geschützt. Als die Morgensonne heraufzog und der blasse Mond im Westen versank, richtete sie sich auf. Noch hörte sie keinen menschlichen Laut aus dem Heiligtum. Es hieß, daß die Geister der Toten dort wohnten. Im Körper der Schlangen. Und auch die Schlangen brachten Tod mit ihrem Gift. Aber was war ihr Leben denn noch wert!

Obwohl sie noch immer kräftig und schön war, fühlte sie sich im Inneren wie ausgebrannt, versengt, leer, totgetrieben wie das Wild, das die Jäger ihres Stammes in die Fallen trieben. Dunkle Schatten lagen unter ihren Augen, sie setzte sich wieder, vergrub das Gesicht in der Hand. Als die Sonne höher stieg, wurden Lebenszeichen hörbar: Lachen, Zurufe, schnelle, lebendige Lieder, die in den Morgenhimmel stiegen. Ruboto stand auf und ging mit gesenktem Blick zur Mauer. Und in der Gemeinsprache, die alle Völker der nordafrikanischen Steppe und des Nillandes verstanden, rief sie laut: »Ich segne euren Morgen. Ich will Gutes für euch!« Es dauerte nicht lange, bis das dichtgeflochtene, fest verschnürte Tor aus Schilfrohr nach oben gezogen wurde. Zwei junge Mädchen ließen ihre Blicke lange und eingehend auf Ruboto ruhen.

»Tritt ein«, sagte die eine sanft, und die andere befahl mit unwiderstehlichem Lächeln: »Leg deine Waffen ab!« Zögernd lehnte Ruboto ihren Stock an die Lehmwand und ließ das Elfenbeinmesser zu Boden fallen. Sie gehorchte, aber der Stolz fraß ihr Herz. Diese beiden jungen Mädchen waren zusammen vielleicht gerade so alt wie sie selbst. Sie begleiteten sie durch den Hof und verschwanden dann im Innern des Lehmhauses. Ruboto wartete. »Ich vertraue den Zauberinnen des Schlangenstammes«, suggerierte sie sich mit verzweifelter Hoffnung. Soweit hatte ihre Leidenschaft sie nun getrieben: Entkräftet und ausgeliefert stand sie hier, fern von ihrem Stamm, und wartete. An den Akazienstämmen, die

das Strohdach des Lehmgebäudes stützten, hingen ungiftige Schlangen mit rundlichen Köpfen, die sich gelegentlich träge wanden und schlängelten.

Nun trat eine grauhaarige Frau aus dem Lehmgebäude und sah sie fragend an: »Ich will Gutes für dich«, sagte Ruboto. »Ich brauche deinen Rat, denn ich bin sehr, sehr krank.« Nefer-Zit, die Priesterin, streckte Ruboto die Hände entgegen, um ihren Hals ringelte sich eine Kobra, den Kopf leicht erhoben. Wie in Trance, widerstandslos, trat Ruboto näher und legte ihre Hände in die der Priesterin. Ihr Kopf näherte sich dem Kopf der Kobra, ihre Augen weiteten sich, als sie in die der Kobra blickte. Nefer-Zit streichelte die Schlange und drehte sich um. »Komm mit mir!«

Ruboto setzte einen Fuß vor den anderen. Vorbei an den Akazienstämmen, in denen sich die Pythons wiegten, durch eine Schilftür ins Innere des Gebäudes, in einen runden Raum, über dem sich eine Kuppel aus Lehmquadern wölbte, in deren Mitte ein kreisförmiges Stück blauen Himmels sichtbar wurde. Rings um einen Thron in der Mitte des Raumes krochen, ringelten sich und züngelten grau-braune, rötlich-orange und sandgelb gefleckte Schlangen, und als Nefer-Zit sich auf den Quader setzte, krochen einige zu ihren Füßen, wanden sich an den Beinen empor, schlangen sich um ihre Taille und ringelten sich um ihre Handgelenke. Ruboto konnte den Blick nicht von der heiteren Miene der Priesterin wenden.

In den Niederungen des Nilbeckens gab es viele Schlangen, aber in der Weite des Steppe, aus der sie kam, viele Tagesmärsche im Westen des Nils, waren sie seltener. Auch die Jäger fürchteten sie. Entweder war der Jäger schneller und erschlug sie, oder er erstarrte, rührte sich nicht vom Fleck, bis sie sich fortgewunden hatte. Aber Ruboto erstarrte nicht, verkrampfte sich nicht, sie atmete sanfter, leiser. Ihr Körper fühlte sich leicht an, sie nahm die Umgebung wie im Traum war. Während alles um sie transparent wurde, verdichtete sich in ihrem Inneren ihr einziger, tiefer Wunsch: Nureges Liebe wiederzugewinnen. Und leise erzählte sie ihre Geschichte.

»Ein Reisender von eurem Volk hat unseren Stamm be-

sucht. Er war jung, schön und geschmeidig wie der Leopard auf den Bäumen, sein Blick fest und heiter. Blaue Schlangenlinien im Gesicht, die schwarzen Haare eng geflochten. Er sah mich, ich sah ihn, und die Tamarisken wissen, wie sehr wir uns liebten. In der Abenddämmerung, im Schein des Mondes, zwischen Zweigen, im Schilf, beim Morgengrauen liebten wir uns. Dann zogen die Männer meines Stammes weiter nach Süden, wo die großen Büffelherden weiden. Mein Geliebter wollte zurück zum Dorf seiner Mutter. Ich schrie: NEIN, niemals, willst du, daß ich sterbe? Aber er verließ mich, und ich grämte mich. Meine Töchter sind längst erwachsen und fragten mich nach dem Grund meines Leidens. Ich war traurig und ausgezehrt. Sie gaben mir Datteln und getrocknetes Gazellenfleisch auf den Weg. Ich folgte ausgetrockneten Flußtälern, schritt tagelang im sengenden Sonnenlicht durch die Savannen. Ich traf auf Hirtenstämme, die mich nährten, als ich hungerte ... und schließlich fand ich eure Dörfer. Immer wieder sah ich die blauen Linien im Gesicht der Männer. Mein Herz pochte schneller, ich war wie im Fieber. Schließlich fand ich ihn, heimlich, im Dämmerlicht des Abends zeigte ich mich ihm. Meine Brüste sind noch immer fest, meine Hüften noch immer schlank. Ist mein Schmuck häßlich, sind meine Augen trübe? Er blieb kalt, er wandte sich ab. Wie konnte er vergessen?«

»Und was ist jetzt dein Wunsch?« Die Steppenfrau biß sich auf die Lippen, starrte auf den Boden und sagte dann leise: »Gibt es ein Mittel der Kraft, das seine Liebe zu mir neu erweckt?«

Die Zauberpriesterin schien nachdenklich. »Wie heißt er? Nurege? Wohnt er weit von hier?« – »In einem Dorf, ungefähr zwei Tagesreisen von hier. Er trägt wie du die blauen Linien im Gesicht.« Die Priesterin schloß die Augen und murmelte: »Sein Herz ist nicht frei für dich.«

Kalte Verzweiflung sprang aus Rubotos Augen ... »Du hast den Tod gewagt«, sagte die Priesterin, »denn du wußtest nicht, wie ungefährlich diese Schlangen hier sind. Deine Kraft ist geknickt, deine innere Schlange gefesselt. Du kommst vom Volk der Leoparden, aber du bist unter die Schlangen gegangen. Das kommt selten vor. Wir haben dich erwartet.« Und dann mit Entschiedenheit: »Ja, es gibt ein Mittel der Kraft. Dein Name?« – »Ruboto«, hauchte sie. Die Priesterin flüsterte die Namen Nurege und Ruboto in ihre Handflächen und rieb die Hände dann eine Weile blitzschnell aneinander. »Er wird dich hier aufsuchen. Warte zwei Tage draußen bis zum Vollmond, dann triffst du ihn. Zum Vollmond kommen viele Frauen hier zusammen.«

Ruboto lächelte ungläubig und dankbar zugleich: »Zum Vollmond, ja.«

Ouakiti erzählte der Priesterin Nefer-Zit ihren Schlangentraum. Die jungen Zauberpriesterinnen brachten eine Tonschale mit Weizen- und eine Schale mit Gerstenkeimen. »So, du mußt jetzt viel trinken, und sobald du kannst, läßt du dein Wasser über die Körner fließen. In die eine und in die andere Schale. Dann warten wir einen Tag und wissen Genaueres.« – »Aber da war noch etwas in meinem Traum!« flüsterte Ouakiti. »Der Leopardengeist, der sich hinter Akazienbäumen versteckte, gefleckt, schwarz-rot-weiß gefleckt. Ich hatte Angst. Was bedeutet das?« – »Bleibe jetzt im Heiligtum mit den anderen Frauen. Fürchte nichts. Wir sprechen uns später.« Die Weizenkörner begannen alsbald zu keimen, die Gerstenkörner blieben unverändert. Ouakiti war schwanger.

»Wann geht denn endlich die Zeremonie los?« – »Wenn der Mond noch höher steigt.« Eine Schar von Frauen – Mütter, Töchter, Schwestern, Tanten – hatte sich im Vorhof versammelt. Sie plauderten leise, tauschten Neuigkeiten aus. Zwei junge Frauen, die um Empfängnis beten wollten, hielten ihren Blick schweigend auf den Boden gesenkt. Als der Mond rotgolden emporstieg, erklangen bronzene Sistren, Rasseln aus Knochen und Kieselsteinen, anhaltendes Trommelgrollen und angeregte, sich überschlagende Flötenmelodien. Die versammelten Frauen legten ihre gewebten Leinenröcke ab und ihren Schmuck aus Kupfer, Bronze, Muscheln, Leder, Holz und Elfenbein. Nackt traten sie in das Heiligtum, ganz zum Schluß auch die fremde Frau mit den roten Flecken des Leopardenstammes. Talglichter verbreiteten trübes Licht, den Mond konnte man nur ahnen, die Frauen

bewegten sich langsam und behutsam, und Ruboto wunderte sich, wie gewandt und unbekümmert sie alle mit den Schlangen umgingen. Die Instrumente waren verstummt, bis auf eine Trommel, die in gleichmäßigen Rhythmen dumpf dahinrollte. Alle schwiegen, dann begann Nefer-Zit zu sprechen: »Ouadschet ist die Große, sie gibt Leben und Tod, von ihr stammen unsere Mütter und Großmütter, Urgroßmütter und Urahnen. Sie gibt das Leben, und sie nimmt es.« Und sie sprach Gebetsformeln, Segenssprüche und Zauberworte, und die versammelten Frauen murmelten mit ihr. Das gleichmäßige Murmeln versetzte den Geist in Trance. Hin und wieder richtete sich eine der Schlangen auf, wiegte sich in Achterschleifen, um sich dann wieder herabzulassen und zusammenzuringeln. Die Frauen wiegten sanft den Oberkörper, auch sie in Achterschleifen, während sie ihre Gebetsformeln murmelten. Die Trommeln wurden schneller, Nefer-Zit hob die Arme zum Himmel, und die Frauen begannen in sanften Wellen Becken, Oberkörper und Kopf zu bewegen. Schattenhaft von Sand bedeckt, weich wogend und doch immer intensiver bewegten sich die Körper, und je länger sie sich bewegten, um so dichter, zum Schneiden, zum Explodieren dicht wurde der halbdunkle Raum, in dem sie sich Haut an Haut im immer selben Rhythmus schlängelten und wanden. Und dann geschah es. Ein schmales Oval einer großen, nur geahnten leuchtenden Scheibe schob sich unendlich langsam in die runde Himmelsöffnung der Lehmkuppel. Der Mond begann ins Schlangenhaus zu leuchten, und als er halb, dreiviertel und schließlich ganz in der Öffnung stand, traten die zwei Frauen, die schwanger werden wollten, in die Mitte des Raumes, legten sich auf den Rücken und stemmten sich zu Brücken nach oben. Der Mond beleuchtete ihre Brüste, ihren Bauch, und die Priesterinnen legten ihnen schwere Schlangen auf den Schoß, die den Seelen den Weg zeigen sollten. Dann begannen sie mit schlängelnden Bewegungen und Schlangen in den Händen um die beiden Frauen im Kreis zu tanzen. Und plötzlich erstarrten die Schlangen in ihren Händen zu Stöcken. Sie glichen nun überlangen Phalli, gegen die sich das Schlängeln der Hüften noch weicher absetzte. Wie war das möglich, fragte sich Ruboto ent-

setzt, aber im nächsten Augenblick lösten die Priesterinnen durch einen Druck auf das Schwanzende der Schlangen die Starre und erweckten sie wieder zum Leben. Ruboto spürte Traurigkeit in sich aufsteigen, sie spürte mit schmerzhafter Schärfe, wie fremd sie war.

Als der Mond langsam aus der Kuppelöffnung entschwand, zog Nefer-Zit mit gestreckten Armen gleichsam die Kraft des Mondes zu sich herab, um sie dann mit offenen Händen den Frauen weiterzugehen. »Im Namen der Großen Göttin. Gesegnet sei eure Schwangerschaft. Nichts, was euch und euren Kindern schadet, soll euch erreichen.«

Rubotos Herz zog sich zusammen. Sie ahnte mittlerweile, daß unter den versammelten Frauen auch Ouakiti, die echte Frau ihres Geliebten war. War sie nun das Böse, Schädliche, das von der zukünftigen Mutter ferngehalten werden mußte?

Doch Nefer-Zit trat auf sie zu, nahm sie bei der Hand, führte sie zu Ouakiti und ergriff deren Handgelenk mit der anderen Hand. Ouakiti blickte unverwandt vor sich zu Boden. Ruboto sah ihr starr ins Gesicht, ihre Hände hingen schlaff zu Boden. »Heb deine Augen vom Boden, schau mich an«, sagte Nefer-Zit zu Ouakiti, »und schau sie an: Diese Frau stirbt, wenn sie ihre Liebe mit Nurege nicht erneuern kann. Diese Frau hat ihr Leben aufs Spiel gesetzt, um Nurege zu erreichen.« – »Er ist mein Lebensfreund, mir hat er die Schlange gebracht«, versetzte Ouakiti trotzig. Nefer-Zit schüttelte den Kopf. »Niemand gibt das Leben außer der Göttin selbst. Wir sind ein Spiel in ihren Händen. Willst du nicht spielen? Du kannst deinem Kind das Leben geben, und du kannst auch dieser Frau ein neues Leben geben.« – »Ich habe Angst.« Nefer-Zit nahm Ouakitis Hand und strich damit über Rubotos Stirn, Arme, Brüste, Bauch bis zu ihrem Schoß. Ouakiti erschauerte, begann zu schluchzen und umklammerte dann den Körper der Frau, die sie eben noch als bedrohliche Nebenbuhlerin abgelehnt hatte. Nefer-Zit wandte sich an Ruboto: »Willst du Ouakiti und ihrem Kind, ihrer Mutter und Nurege Freude und Lachen schenken? Bier brauen, Getreide mahlen?« Ruboto strahlte silbrig lächelnd wie ein Kind, ihr Stolz war ein dunkler Schatten, der weit, weit in der Ferne der Steppen und Savannen schwebte. Sie nickte, und Nefer-Zit hob wieder an: »Dein Glück, Ouakiti, mit Nurege ist eines ... ihr Feuer mit Nurege etwas anderes. Bringt ihn herein.«

Während die anderen Frauen den Raum verließen, goß Nefer-Zit Flüssigkeit aus einem Tonkrug in eine Trinkschale und reichte sie Ruboto. Ein süßlicher Geschmack ... – und Ruboto sah grünliche, lilabläuliche und rosa Lichtfelder durch sich hindurchwandern, sie fühlte sich plötzlich leicht und heiter. Sie sah, wie Nurege zögernd auf sie zutrat, die Augen angstvoll auf sie geheftet.

Sie entspannte sich inmitten all der Schlangen, die Brandwunden in ihrer Seele waren wie weggewaschen, tiefe Ruhe breitete sich in ihr aus. Sie war hier, das genügte, sie war hier mit den Tamarisken, dem Elefantengras, dem Schilf, den Krokodilen, den Nattern ... und dem fein verdünnten Kobragift in ihrem Blut. Die Schlange hatte nach ihr gerufen, sie war ihrem Ruf gefolgt. Sie ließ sich neben Nurege zu Boden gleiten, nahm seine Hand, er rollte sich auf und über sie, und kühle, farbige Feuer wanderten durch ihre Körper.

Und dann spürte sie, wie sie in ein Feld der Kraft hineinglitt, das sich immer mehr ausdehnte. Sie empfand innige Einheit ... womit? Mit sich selbst! Es war das Feld ihrer eigenen Kraft. Wie seltsam, war es Wirklichkeit? Ruboto fühlte, undeutlich zuerst, dann immer intensiver: Ja, befreit, befreit war sie von ihrer Leidenschaft. Innerlich mit sich vereint ... Oh, ja, sie würde Nurege nicht mehr brauchen, um glücklich zu sein. Sie spürte Energien in sich und um sich tanzen und wirbeln, die Schlangenkraft war tief in ihr, bei vollem Bewußtsein war sie selbst zum Spiel geworden.

Urschöpfung und Regierungszyklus

Schlangensteine, Schlangensagen, Schlangenbräuche ... in Indien, Kleinasien, Ägypten und Westeuropa, vor Jahrtausenden und noch in unserer Zeit! Es ging um die Fruchtbarkeit, die Neuschöpfung des Lebens bei jeder neuen Geburt ...

Und hier setzen auch die Schöpfungsmythen ein: Die Urmutter-Göttinnen werden oft als Schlangen dargestellt, so die

Urmutter-Schlange Tiamat, die Herrin des Ur-Ozeanes im sumerischen Mesopotamien. Vor allem aber Isis oder Ouadschet in Ägypten. Auf einer Inschrift heißt es: »Worte werden gesprochen von Isis: Ich wache, ich wache. Ich bin ja Isis, ich bin ja die feurige Schlange.« (Eingang zur Osiriskapelle im Sethostempel von Abydos) Und: »Ich bin Isis, die Älteste, die das Entstehen begann.« Und: »Ich bin Isis, die Herrin der Ewigkeit.« Die Hieroglyphe der Schlange wird schließlich zum Sinnbild für »Göttin« überhaupt.

So sind wir also von Menstruationsriten bis zur Urschöpfung gelangt. Die Menstruation ist der Tod des alten Zyklus und der Beginn eines neuen Zyklus. Achtundzwanzig Tage währt dieser Zyklus, die Zeit eines Mondumlaufes um die Erde. Aber achtundzwanzig Jahre dauert es, bis der äußerste der mit freiem Auge sichtbaren Planeten, Saturn, seinen Zyklus vollendet. Eine merkwürdige kosmische Koinzidenz: Ein Tag des Mondzyklus entspricht einem Jahr des Saturnzyklus.[27] Und achtundzwanzig Jahre regierten PharaonInnen in der frühen dynastischen Zeit Ägyptens. Dann wurden sie durch den Biß einer Kobra getötet, damit ein neuer Zyklus beginnen konnte. Der Regierungszyklus wurde also dem Menstruationszyklus angeglichen, *die Politik* dem *weiblichen Körper!*

Die letzte Pharaonin, Kleopatra, jedenfalls starb der Überlieferung nach ebenfalls durch den Biß der Kobra. Den militaristischen Römern war es nicht vergönnt, sie als Besiegte im Triumphzug nach Rom zu bringen. Sie unterwarf sich nur der Schlange, der Göttin.

Ouadschet ist der Thron

Ägypten, um 2800 v. u. Z.

»Schön ist es, den gesalbten Körper der Geliebten zu liebkosen, das Herz jauchzt beim Hören ihrer Stimme, schön ist es, ihren Befehlen zu folgen, wenn es an Dienern fehlt, so bin ich der Diener.« Leise sprach Chnum, der Sohn einer Wäscherin, die Verszeilen, während seine Fingerspitzen behutsam über Stirn, Nasenrücken, Lippen und Kinn der Pharaonin Meriet-Neit wanderten. Still und wachsam lauschte sie

seiner Berührung, die wie ein sanfter, lauer Frühlingswind ihren Körper fächelte. Seine Hand glitt weiter nach unten auf ihrer bronzefarbenen Haut, zwischen den Brüsten weiter nach unten, über ihren Bauch, langsam, eingehend, bis sie schließlich die Öffnung ihres Schoßes, den Palast der Fruchtbarkeit, die Heimat der ewigen Schönheit erreichte. Und als er in sie drang, sie ihre Arme um ihn legte und sein Gesicht, umrahmt von schwarzgedrehten Zöpfen, in ihre Augen hinabtauchte, da ahnte sie, daß sie wieder gebären würde.

Ihr erstes Kind war bereits zwölf Jahre alt, ein stiller Junge, der sich bemühte, die Astrologie zu erlernen, Gedichte niederzuschreiben und Gesänge zu komponieren. »Zur Kriegsführung wird er nicht taugen!« hatte ihr die Sterndeuterin des Neit-Tempels mitgeteilt. Meriet-Neit nahm es gelassen hin, denn die Verwaltungsaufgaben – Koordinierung von Priesterfunktionen, Bearbeitung von Bittgesuchen, Planung von Staatsbauten – liefen ohnehin in ihrer Hand zusammen. Nun aber hoffte sie inständig, daß sie eine Tochter und Thronfolgerin gebären würde.

Ihr Wunsch wurde Wirklichkeit. Umringt von Priesterinnen und Dienerinnen, von Trommlerinnen und Flötenspielerinnen, betäubt von den schwülen Düften, die ihr die Wehen erleichterten, brachte sie eine kleine Pharaonin zur Welt, genau als die Sonne im Zenit stand und von den Plejaden freundlich umringt wurde. Die Sonne im Zenit, das war die zukünftige Herrscherin! Im fackelnden Kerzenmeer leuchteten dunkel und tanzten sanft die grüngoldbraunen und bläulichen Schatten derer, die sich in der gold- und türkisgeschmückten Halle des Geburtspalastes versammelt hatten. Die Pharaonin hob das Mädchen in die Höhe, und alle jauchzten, klatschten in die Hände, lachten und sangen. »Das ist die zukünftige Herrin Meropis.«

Meriet-Neit ließ die »Beamtin der Königlichen Bauten« kommen, um den Tochterpalast zu bauen. Als er fertiggestellt war, wurden Freudenfeste gefeiert. Die Bäuerinnen des Niltales kamen und brachten geflochtene Körbe, Obst und Blumen, und sie erhielten Geschenke: Augenpulver und Schminkstifte aus gemahlenem Malachit, heilkräftige Öle und Salben, Streifen von feinem Königsleinen wurden aus-

geteilt, und drei Tage lang gaukelten Musiker und Musikerinnen, Tänzer und Tänzerinnen in der Hauptstadt umher, Gerstenbier wurde in rauhen Mengen getrunken.

»Siebenmal ist der Nil über seine Ufer getreten, seit deine Schwester Meropis geboren wurde. Nun ist sie reif, die Ehe einzugehen. Nun wirst du Pharao!« Meriet-Neit saß in einem schulterfreien, korallenrot gefärbten, mit Borten reich verzierten Kleid aus reinem Königsleinen auf einem vergoldeten und mit Edelsteinen eingelegten Thron, auf dem Kopf trug sie ein goldenes Diadem, aus dem sich die Stirnschlange goldgehämmert aufbäumte. Ihr gegenüber saß ihr Sohn in einfach weißem Königsleinen. »Die Göttin hat es gegeben, daß unser Blut nicht versiegt. Ich habe eine Tochter geboren, und die Schlange, die Herrin der Ewigkeit, gab uns den Thron. Willst du teilhaben an der Ewigkeit des Blutes, an der Erbschaft der Großen Schlange? Willst du Pharao werden?« Pharao werden, das hieß: Zeremonielle Heirat mit der Thronfolgerin, der zukünftigen Pharaonin, eine Regierungsdauer, die die Zahl der Tage eines Mondumlaufes in Jahren betragen würde, und nach achtundzwanzig Regierungsjahren der Tod durch den Biß einer Kobra. Durch den Kobrabiß gelangten Stoffe in den Blutkreislauf, die die Verwesung des Körpers verhinderten und damit die Einbalsamierung förderten.

»Überlaß deinen Körper der Schlange, wenn der Nil achtundzwanzigmal über die Ufer getreten ist. Deine Seele gewinnt Flügel, und dein Körper bleibt erhalten.«

Nach achtundzwanzig Tagen entschied sich Anch-Set, die Aufgaben des Pharao zu übernehmen und seine kleine Schwester zu heiraten. Meriet-Neit legte ihrer siebenjährigen Tochter einen Halsschmuck um und erklärte: »Die Koralle, das ist die Kraft unseres Blutes, das Blut, das dich mit deinen Müttern und Großmüttern und mit deinen Töchtern und Enkelinnen verbindet. Die Koralle schenkt dir Fruchtbarkeit und Lebenskraft. Und die Türkise, schau, sie lassen alle deine Unternehmungen glücken. Aber bei allem, was du in deinem zukünftigen Leben als Pharaonin tun wirst, mußt du auch Verantwortung und Ernst üben. Dabei wird dir der tiefdunkle Lapislazuli helfen. Tiefes Verständnis für die Nöte und Sehnsüchte deines Volkes.« – »Und das Gold, Mama?« – »Das Gold erkläre ich dir später. Wenn ich in die Unterwelt zu meinen Ahnen gehe, wenn das Seelenboot mich durch die dunklen Gewässer der Unterwelt trägt, wird auch mein goldenes Diadem, die Stirnschlange der Pharaoninnen, deinen Kopf schmücken. Du wirst die Göttin tragen.«

Meropis hatte ihr mit großen Augen zugehört und nahm es ganz natürlich hin, daß ihr Bruder einige Wochen später mit ihr vermählt wurde. Während er reglos auf seinem Thron saß und den Schlangentänzerinnen zusah, die mit windenden Bewegungen des ganzen Körpers einen immer engeren Kordon um ihn zogen, und dann aufstand und seinen Eid sprach, rutschte Meropis auf ihrem Sitz hin und her, ließ ihre lebhaften Augen über die versammelten Priesterinnen und Priester wandern und sah vertrauensvoll zu ihrem Bruder auf, als sie sich die Hand reichten und feierlich getraut wurden.

Die Trauung hatte für sie kaum Konsequenzen. Sie lernte, spielte, tobte und lachte in der Palastanlage, sie wuchs heran, erlebte ihre ersten Liebschaften, während ihre Mutter weiterhin die Regierungsgeschäfte führte.

Auch der junge Pharao, ihr formeller Gatte und Bruder, unterhielt enge Freundschaften mit Priesterinnen und Tänzerinnen. Außerdem überwachte er die Magier und entwarf zeremonielle Abläufe von Prozessionen und Weihehandlungen; wenn der Nil über die Ufer stieg, war es seine Aufgabe, inmitten von Magiern vor den Tempelanlagen der Hauptstadt und einer Reihe der wichtigeren Städte und Dörfer öffentlich zu verkünden: »Der Nil ist zurückgekommen, das Land ist fruchtbar, der Segen der Götter ruht auf unserem Volk.« Als eine Invasion der südlichen Hirtenstämme Nubiens drohte, wollte seine Mutter ihn zum Oberbefehlshaber der Verteidigungstruppen machen, aber die sternenkundige Himmelspriesterin riet ihr ab: »Er ist zum Krieg nicht geeignet. So wie das Volk ihn liebt, werden auch seine Feinde ihn lieben, fürchten werden sie ihn nicht. Nein, ich rate dir, gib den Oberbefehl an Renenutet, sie ist ungemein erfahren in jeder Art von Organisation, entschlossen, und sie hat ein strenges Temperament.« Die Beamtin, von der sie sprach, kam mit raschen Schritten, leicht vornübergebeugt in den Beratungssaal. Ihre Haare waren stellenweise schon ergraut, ihr Gewand war einfach, mit einem breiten Gürtel um die Taille gerafft. Zusammen mit der Pharaonin und den Hauptleuten der Truppen arbeitete sie den Verteidigungsplan aus und errang mit geringen Verlusten den Sieg.

Vierundzwanzigmal war der Nil seit der Inthronisierung des Pharao, seit der Heirat seiner Schwester über die Ufer getreten, fünfundzwanzigmal, sechsundzwanzigmal, siebenundzwanzigmal ... und dann nahte die Zeit seines Todes.

Die Totenpriester, zwei Männer und zwei Frauen, schilderten ihm, der in vollem Ornat auf dem Thron saß, die Stationen seiner Jenseitsreise, warnten ihn vor den Trugbildern und Illusionen, denen er ausweichen müsse, beschrieben ihm die Seelenzustände, die er erleben und überwinden müsse. Der Thronsaal war dicht gesättigt mit schweren moschusartigen Düften, und seine Schwester und Gattin, die bereits zwei Mädchen geboren hatte, saß abseits im Dunkeln und stand auf, ging mit gesenktem Kopf quer durch die Halle, um sich dann mit Kuß und Umarmung von ihm zu verabschieden. Seine Mutter Meriet-Neit, vom Alter bereits gebeugt, trat von hinten an ihn heran, küßte ihn auf die Mitte des Kopfes, dann trat sie nach vorne vor den Thron, legte ihm die rechte Hand auf das Herz, hielt die Linke ausgestreckt nach oben und sprach: »Möge deine Seele Flügel bekommen, ewiges Leben sei dir gewiß. Von mir wurdest du geboren. Nun wirst du von neuem geboren, um ein neues Leben zu leben.« Sie umarmte ihn heftig, drückte ihm Küsse auf das ganze Gesicht, auf die Hände, dann trat sie zurück und gab den Trommlerinnen den Einsatz. Wie in der Stunde seiner Inthronisation, so näherten sich auch jetzt im dumpfen Trommelschlag die Schlangentänzerinnen. Sie wiegten und wanden sich in Hüften, Oberkörper und Armen, ihr Kopf glitt auf den Schultern hin und her, ihre Augen waren hypnotisch auf den Pharao gerichtet. Eine von ihnen hielt einen Tonkrug in den Armen, langsam zog sich der Kordon zusammen, Meropis, seine Schwester blickte angespannt, mit bebendem Kinn zu ihrem Bruder hinüber, ihre Kehle schnürte sich zu, als sie sah, wie er seinen Arm tief in den

Tonkrug streckte, in dem die königliche Kobra wartete. Sie preßte die Lippen zusammen und krampfte die Finger ineinander, um ihr Schluchzen zurückzuhalten. Ihre Mutter trat in einem goldenen Gewand hinter ihren sterbenden Sohn, auf ihrer Stirn leuchtete das Gold der aufgebäumten Kobra, ihre Augen waren groß und dunkel umrahmt, ihre Haut dunkel, ihre Lippen noch immer voll. Sie stand hinter ihrem Sohn, hob die Arme und hielt sie lange nach oben ausgebreitet ... eine goldene Statue, der Göttin gleich.

Die Trommeln und Sistren verstummten.

Wenige Monate später übergab Meriet-Nit ihrer Tochter das Schlangendiadem, und Meropis widmete sich mit Entschlossenheit und Tatkraft ihren Regierungsaufgaben. »Koralle, Türkis und Lapislazuli, was sie bedeuten, hast du mir erklärt ... aber das Gold?« – »Das Gold ist das Geheimnis, das wir niemals lösen werden. Nicht, solange wir in dieser Welt leben«, sagte Meriet-Neit, bevor sie starb.

III.

Erotik der Felder und Tempel: Sakrale Erotik und Ökonomie

1. Vom Sammeln und Jagen zum Pflanzen

Wilde Rispen … volles Korn in Alteuropa, Afrika und Asien – Weibliche Empfindungen

Nun sieht der Traum schon anders aus, die Starre weicht, Bewegung kommt ins Bild: Es ist, als hätte sich die *Priesterin* zur *Mutter* hinübergebeugt und in beredten Worten über Diesseits und Jenseits gesprochen. Und die Mutter wird vergnügt, sie fühlt sich verstanden: Natürlich! *Erotik, Empfängnis und Gebären* haben etwas *Sakrales* an sich, das in der geheimnisvollen Aura der Großen Mutter begründet liegt.[28]

Aber die *Reiche?* Was ist mit der *Ökonomie?* Wie ist das Verhältnis der Frauen zur Wirtschaftsmacht? Wenn Frauen heute und immer schon nichts anderes getan hätten, als Kinder zu gebären und zu füttern, dann wäre dieses Kapitel schnell erledigt. Dann wären die heutigen Versuche von Frauen, in Wirtschaft, Administration, Politik, Medien und Wissenschaft zu arbeiten und Karriere zu machen, ein kurzfristiges, widernatürliches Zwischenspiel.

Warum sind Frauen ärmer als Männer? Weltweit! Warum besitzen sie nur einen Bruchteil des Geldes, des Landes, der übrigen Produktivkräfte, des wirtschaftlichen und technischen Know-how, arbeiten aber wesentlich mehr als Männer? Welche Rolle haben Frauen früher in der Wirtschaft gespielt?

Gehen wir zurück zu den Anfängen!

Wie können sich Menschen überhaupt ernähren, wenn sie der Mutterbrust entwachsen sind?

Die frühesten Menschen waren Wildbeuter, das heißt, sie lebten von pflanzlicher und tierischer Nahrung, die sie auf ihren Wanderungen aus der freien, unbearbeiteten Natur gewannen: Wurzeln, Knollen, Stengel, Blätter und Früchte von Pflanzen, Kleintiere wie Schnecken, Muscheln, Fischchen, Raupen, Insekten, Eier, die sie ohne Mühe erreichen und »ernten« konnten.

Die Jagd auf größere Tiere erforderte bereits eine gewisse Methodik und Technologie: sei es in der Organisation von Kollektivjagden auf Großwild oder in der Fortentwicklung von Fang- und Tötungswerkzeugen wie Gruben, Schlingen, Keulen, Steinklingen, Speeren, Pfeilen usw., alles zunächst noch aus Stein, Leder, Zweigen oder Holz.

Der Mann als Jäger und Töter! Das ist der Mythos! Keulenschwingend und seine verschreckte Stammesgenossin in die Höhle schleifend, um sie dort zu vergewaltigen! Und Mann glaubt, daß der technologische Fortschritt damals wie heute aus Jagd und Krieg entstanden ist, also von Urbeginn eine Domäne der Männer war! »Na, machen Sie sich nichts draus, so ist es eben, diese Erde ist kein Paradies!« sagt Er tröstend und legt mir beruhigend die Hand auf die Schulter. Und er scheint recht zu haben ... heute jedenfalls: Denn der größte Teil der Wissenschaftler arbeitet heute direkt oder indirekt für die Kriegsindustrie.

Aber ich glaube, daß unsere UrUrUrUrGroßmütter ihre Freunde mehr als Liebesgenossen genossen, als magische Befruchtungshelfer bewunderten und als Beschützer schätzten. Denn Vergleiche mit heutigen Wildbeutern, etwa den Pygmäen oder den Buschmännern der Kalahari, zeigen: Der größere Teil der Nahrung wird von Frauen gesammelt. Die Jagdbeute ist oftmals eher unsicheres »Zubrot«, dessen Wichtigkeit überschätzt wird. Wahrscheinlich war das in unserer frühen Vergangenheit nicht anders.

Ferner: Wer sagt, daß Frauen nicht auch gejagt haben? (Das Tier in die Grube gelockt?) Die Ethnologie jedenfalls kennt Stämme, wo auch Frauen an der (Kollektiv)Jagd teilnehmen, und in der Mythologie kommen Gestalten vor wie die griechische Göttin Artemis, die »Herrin der Tiere«, die auch als Jägerin dargestellt wird.

Und ferner: Gibt es außer Jagdwaffen etwa keine anderen technischen Erfindungen? Was ist mit dem Feuer? Sind nicht Frauen von jeher die Hüterinnen des Herdfeuers und des Tempelfeuers gewesen? Hat nicht das Kochen der Nahrung die menschliche Entwicklung heftigst vorangetrieben?

Was ist mit Hütten aus geflochtenen Zweigen, mit Zelten aus Stämmen und Fellen, mit Felshöhlen, die mit aufgeschichteten Steinen oder Lehmbrocken erweitert werden? Entspricht nicht der Innenraum, gar der sakrale Innenraum dem Archetypus des Weiblichen? Bei den Indianern haben oftmals die Frauen Zelte errichtet oder Pueblos gebaut.

Wer erfand Trage- und Speichermethoden wie Fellbeutel oder Tonkrüge? Wer erfand wärmende Kleidung aus Fellen, zusammengeknüpft, mit Knochennadeln genäht, aus Wollfäden gewebt? Wer hat zum ersten Mal ein Tier gezähmt? Männer, die ein Kalb oder Füllen aus der Herde fingen? Oder Frauen, die ein mutterloses Wolfskind fanden und an die eigene Brust nahmen?

Ich will hier keinen unedlen Wettstreit inszenieren, aber ich möchte dieses freud- und hoffnungslose Bild von männlichen Waffentechnikern und inkompetenten Weibchen korrigieren. Ich glaube, daß Frauen und Männer einander in den frühen Zeiten ganz einfach brauchten und schätzten: fraglos und voller Vertrauen. Der keulenschwingende Höhlenmacho ist ein Mythos, für den es in Anthropologie, Ethnologie und Mythologie keine Beweise gibt!

Aber daß es Frauen waren, die eine der größten Revolutionen in der Geschichte der Technik eingeleitet haben, wird selten bezweifelt. Es geht um die sogenannte neolithische Revolution. Dieser Ausdruck bezeichnet den Übergang vom nomadischen Umherschweifen zu einer seßhaften Lebensweise, vom Sammeln und Jagen (der »Wildbeuterei«) zur Kultivierung von Gärten und Feldern, verbunden mit Kleintierzucht.

Natürlich gibt es bei diesem Übergang alle möglichen Zwischenstadien, Kombinationen und Variationen, je nachdem, ob das Klima rauh oder mild, der Boden fruchtbar oder karg ist usw.: WildbeuternomadInnen können nebenher Wanderfeldbau betreiben, also Feldfrüchte anpflanzen, sie ihrem natürlichen Wachstum überlassen und zur Reifezeit wieder zu diesen

Feldern zurückkehren. Seßhafte AckerbauerInnen können nebenher auch jagen oder von ViehnomadInnen Milch, Fleisch und Felle gegen Getreide und Gemüse eintauschen.

Im Vorderen Orient begann dieser Übergang (soweit man weiß) um ca. 9000 v. u. Z. Die Ausläufer der vorderasiatischen Impulse pflanzten sich dann sowohl in Richtung des Donaubeckens, Süd- und Mitteleuropa, wie auch in Richtung Osten zum Industal fort. Aus den archäologischen Befunden geht hervor: Menschen mit zierlichem, mediterranem Körper- und Schädelbau mischten sich in Indien friedlich mit der australoiden Urbevölkerung und in Europa mit einer Bevölkerung, die zumeist dem Cro-Magnon-Typus[30] angehörte und stellenweise auch bereits einen Übergang zu Seßhaftigkeit und Ackerbau vollzogen hatte.[31]

Wie war die ökonomische und rechtliche Position der Frauen in der Dorfkultur der »Jungsteinzeit« (Neolithikum) und der darauffolgenden Kupferzeit (Chalkolithikum), und was hat sich davon bis in die hochdifferenzierten Bewässerungskulturen von Mesopotamien, Ägypten, dem Industal und den übrigen mediterranen Stadtstaaten erhalten? War Weiblichkeit ein Hinderungsgrund – wie heutzutage in Politik, Wissenschaft, Wirtschaft und Religion –, oder war es ihnen erlaubt, in der Öffentlichkeit zu agieren?

Aber schon die Frage ist falsch gestellt! Frauen *waren* ja die Gemeinschaft (was nicht heißt, daß die Männer davon ausgeschlossen waren). Eine Unterscheidung von Öffentlichkeit und Privatheit, wie wir sie heute kennen, gab es damals noch gar nicht! Natürlich haben sich Liebende zusammen in die Büsche geschlagen, um unbeobachtet zu sein, natürlich haben Menschen ihre Träume, Eingebungen, Gedanken still mit sich herumgetragen (nie kann alles öffentlich sein), aber es gab nicht diese grundsätzlich getrennten Bereiche. Frauen konnten gar nicht ins Private abgeschoben, geschweige denn dort eingesperrt werden, denn sie verwalteten ja den physischen Reichtum ihrer Dörfer und Stämme. In ihren Händen lag die Aufzucht der Nahrungspflanzen. In Zehntausenden und Hunderttausenden von Jahren, in denen sie wilde Pflanzen gesammelt hatten, hatten sie ein umfassendes Wissen und eine innige Beziehung zur Pflanzenwelt erworben.

2. Fruchtbarkeit der Felder:

Die Magie der Heiligen Hochzeit

Heilige Hochzeit

Mit dir
Durch dich
In mir
In Liebreiz und Glut
Wachsen und Sprossen
Knospen und Gräser und Kraut
Und Blüten und Früchte und Korn
In Liebreiz und Glut
Das Kostbarste stirbt durch mich, das Kostbarste: Du
Und wird in Liebreiz auferstehen

Analogmagie oder elektromagnetische Wirkungen?

SammlerInnen nehmen nur, was die Erde ihnen gibt, FeldbauerInnen dagegen wirken auf die Erde ein, ringen ihr ein Mehr ab. Allerdings sind sie durch ihre Seßhaftigkeit auch mehr von den Launen der Natur abhängig. Sicher kannten die frühen Bäuerinnen schon Fruchtwechsel und Brachfeld, um die Erde nicht zu erschöpfen. Dennoch war die Fruchtbarkeit der Felder eine unsichere Sache. Einfach nur zu säen und zu hoffen, daß daraus genügend Nahrung entstehen würde, genügt nun nicht mehr.

So, wie man früher Rituale in Höhlen vollzog, um der Herrin der Tiere zu danken und sie um die Regenerierung der Herden zu bitten, so dankte man jetzt der Göttin, daß sie jedes Jahr von neuem die Feldfrüchte wachsen ließ, und betete auch für die Zukunft um die Fruchtbarkeit der Felder. In Catal Hüyük[32] fand man eine der Göttinstatuetten mitten in einem Getreidelager. Schöpfung und Gebären als weibliche Urerfahrung wurden nun auch auf die Erschaffung der Feldfrüchte übertragen. Auch die Ökonomie war also vom Sakralen durchdrungen. Und um das Pflanzenwachstum anzuregen, feierte man das Ritual der »Heiligen Hochzeit«.

Dieses Ritual war von Irland bis nach Indien und von Norddeutschland bis nach Afrika verbreitet. Die Priesterin[33] eines Stammes oder Dorfes wurde zur Verkörperung der Göttin, wählte einen jungen Mann zum »König« und vereinigte sich mit ihm, und manchmal nahmen auch alle Dorfbewohner daran teil, um durch ihre kollektiven Orgasmen die Fruchtbarkeit der Felder, das Wachsen und Sprießen der Pflanzen magisch anzuregen.

Diese »Große Göttin« oder »Leopardengöttin« (sie sitzt auf Leoparden) wurde in einem Kornbehälter gefunden. Sollte sie die Getreideernte magisch vermehren? Eine wunderbare Brotvermehrung schon damals? (Anatolien, Catal Hüyük, um 6000 v. u. Z.)

»Löwe laß mich dich liebkosen!« Das ist nicht Bill mit Hillary, auch nicht Bill mit Gennifer, sondern wahrscheinlich eine Priesterin der Inanna mit dem von ihr erwählten und inthronisierten König bei der Heiligen Hochzeit. (Elam, um 2000 v. u. Z., Terrakottarelief als Nachbildung eines flachliegenden Bettes)

Das Weibliche vereinigte sich mit dem Männlichen, damit Fruchtbarkeit entstehen konnte. Das Ritual wurde (in Europa auch noch lange nach der Christianisierung) am ersten Frühlingsvollmond, dem ursprünglichen Osterfest, begangen, das nach der alteuropäischen Fruchtbarkeitsgöttin Ostara benannt war, deren Name vielleicht mit dem der Göttin 'Aschtár und der kanaanitischen Göttin Astarte verwandt ist. Je tiefer, leidenschaftlicher und intensiver die sexuellen Begegnungen zwischen der Hohenpriesterin und dem König vor allem zum Frühlingsanfang waren, um so üppiger und fruchtbarer würden die Feldfrüchte gedeihen!

Und so abwegig ist der Gedanke gar nicht! Denn Pflanzen können die Gefühle und Körperempfindungen von Menschen durchaus wahrnehmen! Bei einem wissenschaftlichen Experiment über Pflanzenwahrnehmung wurden nacheinander mehrere Themen besprochen, ohne daß die Pflanzen reagierten. Aber als jemand vorschlug, über Sexualität zu reden, wurden die Pflanzen plötzlich aktiv. »... die Schreibfeder hüpfte wie wild auf dem Papierstreifen hin und her. Diese Beobachtung ließ einige vermuten, daß ein Gespräch über Sex in der Atmosphäre eine Art sexuelle Energie freisetzt ... und daß die Fruchtbarkeitsriten, bei denen auf frisch gesäten Feldern Geschlechtsverkehr ausgeübt wurde, tatsächlich die Pflanzen zum Wachstum angeregt haben könnten.« (Christopher Bird »Das geheime Leben der Pflanzen«, S. 51).

Dann wäre die Heilige Hochzeit eine geheime Zwiesprache, ein funkensprühendes Flüstern zwischen braungebrannten, zierlich gewachsenen Menschen und Gerstenkeimen, Zwiebelsprossen, Kleewurzeln und Haselnußtrieben gewesen! Die erotische Hochspannung zwischen Priesterin und ihrem männlichen Partner erzeugte ein elektromagnetisches Feld, in dem die Pflanzen mit voller Lust sprossen und gediehen! Es gibt auf der Erde geomagnetische Orte, die die Energie all dessen, was auf ihnen gedacht oder vollzogen wird, vervielfachen.

Das sind zumeist Schnittpunkte von zwei oder mehr geomagnetischen Kraftlinien, sogenannten Adern. Noch in christlicher Zeit haben sich junge Frauen und Männer dort vereinigt, um so die Eheschließung zu besiegeln.

Sollten die frühen AckerbauerInnen, die ihre Siedlungen in fruchtbaren Tälern anmutig in die Landschaft einpaßten, die durch Sammeln und Feldbau Pflanzen und Erde genauestens kannten, solche Orte nicht gekannt haben?

Mein Traum ist also lebendig geworden: Alle drei Elemente, das Erotisch-Körperliche, das Sakrale und die Ökonomie sind nun miteinander verflochten, Frauen sind in jedem dieser drei Bereiche souverän gewesen. Das *Erotisch-Körperliche* hatte *sakrale Aspekte* wie etwa die Einweihung junger Mädchen im Kraftfeld der Göttin, den Zauber der Mondkultur und die numinose Symbolik der Schlange.

Die Mondhörner in Verbindung mit einem Ährenfeld, das Getreidekörner abwirft. (Algerien, um 6000 v. u. Z., Felszeichnung)

Aber auch die *Ökonomie* – die Deckung des Nahrungsbedürfnisses aus der Natur – hatte *sakrale Aspekte,* denn die Natur wurde als belebt und »göttlich« wahrgenommen. Durch Erotik (die Vereinigung von weiblicher und männlicher Energie) traten unsere VorfahrInnen mit ihr in Kontakt.

Die Heilige Hochzeit als Inthronisation

Als die Dörfer zu Städten und Stadtstaaten wurden, entwickelte sich diese »Heilige Hochzeit« zu einem politischen Ritual: Durch die sexuelle Vereinigung setzte die Hohepriesterin einen von ihr gewählten König mit beschränkter Regierungszeit ein. Die eigentliche Fruchtbarkeitsmagie ist dabei im Laufe der Zeit in den Hintergrund getreten.

Bei der Heiligen Hochzeit des sumerischen Königs Schu-Sin spricht die Priesterin: »Bräutigam, laß mich dich liebkosen! Meine kostbare Liebkosung ist wohlschmeckender als Honig, laß uns im Schlafgemach deine anmutige Schönheit genießen.« (Merlin Stone, S. 193, Samuel Noah Kramer, Mesopotamien, S. 138).

Auch wenn die Priesterin ihn nicht inthronisierte, vollzog sie zumindest die Zeremonie der Heiligen Vereinigung mit ihm. In einem sumerischen Hymnos[34] heißt es: »Daß sie das Schicksal der Länder entscheide, daß sie am guten ersten Tag aufleuchte am Schwarzmondtag die göttliche Ordnung vollende, bereitete man am Neujahrstag, dem Tag der Kultfeiern, meiner Herrin das Lager, reinigte es mit Zweigen von Zedern, machte es meiner Herrin zum Lager, legte ihr als Geschenk ein ... -Kleid zurecht. Daß sie sich in dem ... -Kleid von Herzen freue, das Lager genieße, badet man meine Herrin für den heiligen Schoß, badet sie für den Schoß des Königs, badet sie für den Schoß Iddindagans, wäscht man die heilige Inanna, besprengt den Boden mit duftendem Zedernharz. Der König geht stolz erhobenen Hauptes zum heiligen Schoß, geht stolz erhobenen Hauptes zum Schoß Inannas, Ama'uschumgalanna liegt bei ihr, kost ihren heiligen Leib. Nachdem die Herrin sich im heiligen Schoß des Lagers gesättigt, spricht sie an der Stätte des Lagers zu ihm: ›... bin ich‹. Beste Opfergaben aufzuschütten, die Reinigungsriten zu vollführen, Weihrauch aufzuschütten, Wacholderscheite zu verbrennen, reichliche Speiseopfer zu bringen, die Schüsseln zu füllen, tritt man zu ihr in den ›Hohen Palast‹.«

In einem anderen Text heißt es: »Wenn er mit mir auf dem Bett die Liebe vollzogen hat, werde ich auch meinerseits meine Liebe für den Herrn zeigen, ich werde für ihn ein gutes Schicksal machen, ich werde ihn zum Schafhirten[35] des Landes machen.« (Merlin Stone, S. 194). Als einmal ein junger König im Kampf gegen einen anderen König verlor, mußte er zugeben: »Du bist der Geliebte Inannas, du allein bist erhaben. Inanna hat dich wirklich für ihren Heiligen Schoß erwählt.« (Merlin Stone, S. 193).

Auch im fernsten Westen Europas, in Irland, verleiht die erotische Begegnung mit der Priesterin/Königin magische

Kraft: »... die Königin Medbh von Connaught verfährt mit ihrem Körper mehr als großzügig: Immer wenn es um das Interesse ihres Tuath geht, zögert sie nicht, demjenigen, der von Nutzen sein kann, die ›Freundschaft ihrer Lenden‹ anzubieten. Ihren Gemahl, den König Ailill, schockiert das keineswegs; er begnügt sich mit der Erklärung. ›Es mußte sein, um dem Unternehmen zu Erfolg zu verhelfen.‹« (Jean Markale, Die keltische Frau, S. 121)

Ob Osten oder Westen, Priesterinnen setzten ihren »Heiligen Körper« ein, um die Gemeinschaft zu lenken. Heute ist es anders. Welche Frau – in West und Ost – würde das schaffen! Lady Di mußte ihre Seitensprünge peinlichst geheimhalten, und dann kam's doch raus, und der Thron ging flöten.

Das Fruchtbarkeitsopfer ... der sterbende König

Die GöttinMutterPriesterin ist die Schöpferin, der junge GottSohnKönig das Geschaffene. Sie läßt das Getreide wachsen, er *ist* das Getreide.[36]

Sie läßt keimen und sprießen, er keimt und sprießt ... im Frühjahr und Sommer, wenn die Vegetation sich entfaltet. Und wenn im Herbst die Blätter fallen, wenn sich das Leben unter die Erde zurückzieht, muß auch der junge König sterben. Das Spiel wird Wirklichkeit. Junge Männer sind geopfert worden, damit die Fruchtbarkeit sich regeneriert. Die Erde hatte gegeben, also mußte auch ihr gegeben werden.

In manchen Stämmen machte man die Opferung und Ablösung des »Königs« durch einen neuen König von seiner sexuellen Potenz abhängig. Wie konnte er das Pflanzenwachstum stimulieren, wenn er Schwäche zeigte? Das Mutter-Sohn-Paar hatte verschiedene Namen: in Indien Danu (oder Diti) und Vrtra, in Sumer Inanna und Dumuzi, in Babylon 'Aschtár und Tammuz, in Kanaan Ascharah und Baal, in Zypern, Phönizien und Griechenland »Aphrodite« und Adonis, in Anatolien Kybele und Attis ... und natürlich Mariam (eigentlich Mari Amm = große Mutter) und Jesus. Er sagt zwar: »Weib, was habe ich mit dir zu schaffen!«, aber seinen Tod und seine

Auferstehung hat die Kirche auf Ostern gelegt! »Jesus lebt! ... Tod, wo sind nun deine Schrecken?« Das Getreide sprießt wieder! Der Göttin Ostara sei Dank!

Was sollen wir von Menschenopfern halten? Es hat sie gegeben, auch junge Mädchen wurden geopfert, in Mexiko und in Indonesien.[37] Können wir auch jetzt noch umstandslos von diesen »wunderschönen Fruchtbarkeitsriten« schwärmen?

Diese bäuerlichen Gesellschaften konnten den Tod nicht verdrängen, zu deutlich erlebten die Menschen Wachstum und Verfall in der Natur. Aber es waren Zyklen, die immer wiederkehrten, kein Tod war endgültig, nur die Gestalten wandelten sich. Und so ist auch das Opfer zu verstehen: Durch die Hingabe an den Tod wird Form aufgegeben und Energie freigesetzt. Das Opfer ist Brennstoff im Kreislauf der Verwandlungen. Aber wie sah es für die einzelnen Menschen aus, die geopfert wurden? Manchmal war ihr Tod grausam, und manchmal war es auch ein sanftes Hinübergleiten ins Jenseitsreich. Designierte Opfer wurden verwöhnt und geehrt, denn sie starben ja für die Gemeinschaft – nicht in einer Stammesfehde, nicht in der Materialschlacht eines imperialistischen Krieges, sondern in enger Verbundenheit mit den Lebensprozessen ihrer Gemeinschaft.

Die Könige wurden auch nicht aus Männerhaß oder -verachtung geopfert, denn Frauen erlebten Männer ja nicht als Unterdrücker, sie waren weder ökonomisch abhängig noch ideologisch unterlegen. Ich glaube nicht, daß es den Priesterinnen leichtgefallen ist, ihre Liebhaber zu töten. Sie waren Geliebte, Söhne, Brüder ihrer Schwestern und Tanten, und deshalb wurde ihr Tod mit leidenschaftlichem Wehklagen betrauert. Man opfert nur das, was man liebt. Bei den Schiiten betrauern noch heute Frauen mit lautem Wehklagen den Tod Huseins, der im Krieg gegen die Heere der Sunniten sein Leben lassen mußte. Brunnenwasser wird rot gefärbt, um sein vergessenes Blut darzustellen ... ein spätes Echo der einstigen bäuerlichen Fruchtbarkeitsriten.

Das Königsopfer hat sicherlich Spuren im kollektiven Unterbewußten der Männer hinterlassen: Vielleicht kommt daher die übertriebene männliche Angst vor sexuellem »Versagen«. Und die Männer haben auch dagegen revoltiert: Marodierende

Viehzüchternomanden konnten diese zyklische Denkweise schon gleich gar nicht verstehen. Unter ihrem Einfluß machte sich ein weniger sanftes Männerideal breit. Im Laufe der Zeit wurden die Könige nicht mehr getötet, sondern nur noch abgesetzt, bis sie schließlich die Throne ganz besetzten. Und um dem archaischen Ritus zu genügen, schlachtete man kurzerhand ein Tier oder einen Sklaven.

Die endgültige Überwindung aber blieb der Moderne vorenthalten: Wie Freud die Mondekstase durch die diagnostische Waffe der »Manie« bannte, so bannte der Chemiker Justus von Liebig das »Sacre du Printemps« durch seinen Nitratdünger, der dem Boden als Pflanzennahrung zugeführt wird. Aber das hat auch negative Folgen: Die Pflanzen leiden am sogenannten Geilwachstum (sie sind wäßrig, aufgeblasen), der Boden wird verödet und das Trinkwasser verseucht. Nitrat ist schlecht für die Nieren! Vielleicht wäre bio-organische Landwirtschaft ein Kompromiß?!

Der liebende König, der sterbende König

Sumer, um 3000 v. u. Z.

Mit dumpfem Trommelschlag traten die Priesterinnen heraus und ließen langsam die Bahre, auf der der tote König lag, auf dem Vorhof nieder. Das Trommeln wurde schneller, lauter, und die versammelten Frauen stiegen hinauf und begannen zu wehklagen, zu heulen, zu schreien, sich auf die Brust zu klopfen, ihre Haare zu zerwühlen. Sie drängten sich an die Bahre, legten Blumenkränze nieder, überschütteten die Leiche mit Früchten, Samen, Blüten, Zirbelnüssen. Seine gelockten Haare ringelten sich wie ein schwarzes Vlies hinter seinem Kopf, flossen auf die geflochtene Bahre, auf der er ruhte. Die Lider geschlossen, die Haut glänzend gesalbt, duftend, betäubend duftend, wie in Opium gewiegt, so entspannt lagen seine Schenkel auf dem Geflecht. Gesalbt, geölt, bemalt, geschmückt und betäubt ... so hatte er seinen frühen Tod getroffen. Unter seiner linken Brust klaffte der Einstich, am Rande verkrustetes Blut.

Naß und kalt brach der Winter herein, und als Monate

später der Lauf der Sonne höher und höher stieg, milde Frühlingswinde den Duft des neuen Lebens herbeitrugen, trieben die ersten Schößlinge aus dem Boden, blaßgrüne Spitzen hoben sich, entfalteten sich. Aus Nässe, Kälte und Dunkelheit kam neues zartes Leben: »Schau, der König ist wiederauferstanden, schau, aus dem Tod kommt das Leben, schau, die Welt hat sich erneuert!«

Der Frühling wurde dichter und wärmer. Die Getreidevorräte aus der Ernte des letzten Herbstes lichteten sich.

»Wieviel Gerste hat Ninsikils Familie von den Äckern am Rande des Distelfelds gebracht?« fragte die Verwalterin. »Zehn Tonkrüge voll«, antwortete die Getreidepriesterin. »Und Schegunus Familie, die die Felder rings um den zweiten Lehmhügel bebaut?« – »Viel mehr, insgesamt achtundzwanzig Krüge. Weshalb fragst du?« – »Weil beide Familien den Antrag gestellt haben, jeweils zwei zusätzliche Krüge abholen zu dürfen. Ihnen sind die Vorräte ausgegangen, denn sie haben mehrere Monate lang Verwandte aus Uruk bei sich beherbergt.« Die Getreidepriesterin warf einen prüfenden Blick auf die restlichen mit Gerste gefüllten Tonkrüge, die noch im Lagerraum des Tempels aufgereiht waren. »Bald haben wir gar kein Getreide mehr, um Edelhölzer, Perlen, Obsidian und Rohkupfer dafür einzutauschen. Die Perlenfischer am Golf sind an unseren Schnitzereien interessiert. Gerade gestern kam ein Handelsbote zu uns. Jetzt wohnt er in der fünften Straße bei Nig-Si-Sa-Nabsa und läßt sich bewirten.« – »Kann ich also den beiden Familien sagen, daß ihre Bitte erfüllt wird?« – »Ja, für diesmal ist es gut, aber ich muß es aufzeichnen.«

Die Getreidepriesterin öffnete ein eingeschlagenes Leinentuch, in dem mehrere feuchte Tonfladen lagen. Sie nahm einen davon und ritzte sorgsam mehrere Namen und Ziffern in den feuchten, fetten Ton. Die Verwalterin verließ den Lagersaal und begegnete der Hohepriesterin. Sie verneigte sich flüchtig und sagte: »Gesegnet seien deine Schritte, mein Herz freut sich, dich zu sehen.« Die Hohepriesterin verneigte sich ebenfalls und gab die Formel zurück: »Mein Herz freut sich, dich zu sehen, in deinen Augen wohnt das Glück.« Sie trug ein langes weißes Kleid aus Wolle gewebt, das bis unter die Achseln reichte, die Schultern freiließ und vom oberen Saum her mit feinen, schuppenartigen Goldplättchen bis zur Taille herab verziert war. Ihre schwarzen Haare waren im Nacken zusammengefaßt und fielen gebündelt auf den Rücken. Im Halbdunkel waren ihre großen, schwarz umrandeten Augen und ihr feines elegantes Lächeln erkennbar. Nun kam ihr auch die Getreidepriesterin, die ganz ähnlich gekleidet war, entgegen, und die beiden Frauen schlenderten Seite an Seite zum Tempelvorplatz.

»Hast du schon den neuen König gewählt?« – »Unter denen, die bereit sind, habe ich Lugal-Inni entdeckt, er hat den guten Blick. Beim Fest der jungen Männer wirst du ihn sehen. Übrigens, sind die Ölpressen für die Distelsamen schon repariert?« – »Ich habe Pazuzu damit beauftragt, aber er sagt, er würde es nur tun, wenn er dafür zehn perlengeschmückte Halsketten bekommt.« – »Das ist zuviel, was bildet er sich ein!« bemerkte die Hohepriesterin mit Nachdruck. »Du mußt einen anderen finden.«

Sie waren auf dem Tempelvorplatz angelangt, der von Pfirsich- und Pistazienbäumchen gesäumt war. Handwerker kauerten dort, die an Schmuckstücken und Weihegegenständen arbeiteten. Einer von ihnen schliff an einer dunkelgrauen, schimmernden Steinplatte, einem Spiegel aus Obsidian, jenem Feuerstein, der in den Gebirgen südlich des Kaukasus geschlagen wurde. Andere feilten und hämmerten an Stirngehängen aus feinem Blattgold und Armreifen, die mit Korallen oder Perlen besetzt waren. »Siehst du den Mann dort in der Ecke? Er behauptet, daß es in dem weiten Land im Süden am Ufer des Golfes eine Methode gibt, Kupfer so zu härten, daß die daraus gefertigten Schwerter fast unzerstörbar sind. Und er kennt das Geheimnis dieses Metalls.«

»Möge die Göttin verhüten, daß wir dieses Geheimnis jemals brauchen!« antwortete die Hohepriesterin.

»Das Wasser steht schon hoch, der Schnee in den nördlichen Bergen ist geschmolzen. Bald kommt der Frühling und das Fest der jungen Männer.«

Von allen Seiten strömten die Feiernden herbei, drängten sich auf den Tempelvorplatz, plauderten, scherzten, begrüßten oder betranken sich. Das Lärmen wurde durch einen lauten Gong unterbrochen, drei Priesterinnen kamen aus dem Tempel, zwei von ihnen trugen eine Fackel, die dritte den Gong. Während sie sich seitlich bewegten und Platz machten, traten weitere neun Priesterinnen mit Harfen, Flöten und Trommeln aus dem Dunkel des Tempels hervor und stellten sich in einer Reihe auf der Plattform vor dem Tempel auf. Die Sängerin in der Mitte ging nach vorne und begann das Lied der Schöpfung zu singen. Sie beschrieb, wie die Erde aus dem Urmeer aufgestiegen war, wie durch wundersames Gebären und Fortgebären im Wasser und auf dem Land, im Wald und auf den Steppen alle verschiedenen Formen des Lebens entstanden seien. Feierlich gewunden, würdevoll schreitend, klangen nun die Trommeln und Leiern auf, die Flöten hauchten und plauderten weise Fragen und Antworten dazwischen. Dann folgte das Lied, das die Schönheit der jungen Männer beschrieb, ihre Kraft und ihr mutiger Kampf für die ganze Stadt in Zeiten der Gefahr. Die Trommeln wurden heftig, schnell, die Leiern sirrten aggressiv, bis dann das dritte Lied folgte, das die Schönheit, Fruchtbarkeit und Weisheit der Frauen beschrieb, dann kam das Preislied für die Göttin und ein Drohgesang gegen übelwollende Dämonen, in den sämtliche Musikerinnen, aber auch alle versammelten Zuschauer miteinstimmten.

Die Wettkämpfe begannen: Im Fackelschein beim ersten Frühlingssichelmond führten junge Männer Handstände, Räder, Überschläge, Balanceakte und Fackeltänze vor, einige maßen sich im Ringkampf. Gelb-rot-weiß geschminkte Gesichter spannten sich an, schwitzende Körper verkeilten sich ineinander, stießen sich, wirbelten den Gegner zu Boden, schoben ihn zur Seite. Bewundernde Zurufe, Schreie der Empörung, Laute der Enttäuschung begleiteten die Kampfspiele.

Dann ertönte wieder der Gong. Es gab keinen Sieger ... Die Spannung wuchs. Der Gong steigerte sich zu einem irrwitzigen Sirren, Sausen und Hämmern, ein schriller Schrei zerriß die darauffolgende Stille, wurde von allen Versammelten mit geltenden Schreien und Pfiffen beantwortet. Der Vorhof bebte in der Ekstase freudiger Erwartung, die Trommeln dröhnten, und im Fackelschein sah man nun, wie von sechs weißschimmernden Silhouetten eine Sänfte zum Altar in der Mitte des Vorhofes getragen wurde. Auf dieser Sänfte ruhte ein Zelt, so sah es aus. Die Menge schrie und jubelte. Das Zelt begann sich zu bewegen. Ein weiter, steifer Rock, über und über mit Goldplättchen und bunten Edelsteinen geschmückt, darüber ein weiter, bunter Umhang aus feiner, bunter Wolle, der ebenfalls mit Goldplättchen geschmückt war. Das Gesicht blieb vom Umhang verdeckt.

Dann enthüllte die Gestalt auf der Sänfte langsam ein buntbemaltes Gesicht, aus dem große schwarzumrandete Augen, überirdisch geöffnet, hervorstrahlten. Die Hohepriesterin ließ den Umhang von den Schultern gleiten, sie breitete die Arme aus, erhob sie zum Himmel, so daß ihre festen, rundlichen Brüste unter dem goldenen Halsschmuck sichtbar wurden. Die Sänfte wurde auf den Altar hinabgelassen, die Priesterin wandelte in ihrem steifen Rock im Kreis über den Vorplatz und rief bekümmert und besorgt in die Runde: »Wo ist er, der Geliebte meines Herzens, der Trost meiner Seele, er, der Regen herbeiruft und Fruchtbarkeit, er, der seinen Leib opfert der Göttin, wo ist er, ich sehe ihn nicht! Ausgetrocknet, verdorrt sind meine Felder. Wo ist er?«

Sie lief immer schneller, vornübergebeugt, händeringend, steigerte ihren Ausdruck bis zur Verzweiflung, sank wie ohnmächtig in der Mitte des Platzes nieder, vergrub ihr Gesicht in Trauer, bis der Chor der Musikerinnen voller Jauchzen schrie und sang: »Seht her, da kommt er, die Göttin zu erfreuen, da kommt der junge Held, der sich opfert für sein Volk. Seht, er kommt, er ist der Göttin nahe.«

Die sechs Sänftenträgerinnen eilten herbei, die Priesterin stellte sich auf die Sänfte, und der junge Geliebte legte sich auf der Sänfte zu ihren Füßen nieder und kroch unter ihren weiten, steifen Rock, unter dem er dann eingerollt wie ein Embryo verschwand.

»Von einer weiten Reise ist der Held zurückgekehrt, der Held ist heimgekehrt«, sangen die Musikerinnen, und die sechs weißen Silhouetten trugen das Paar eilends über die Stufen in das dunkle Innere des Tempels. Mädchen flüsterten mit ihren Geliebten, die Musikerinnen verstummten, und langsam zerstreute sich die Menge.

Eine Woche lang wurde der Auserwählte nun verwöhnt, gesalbt, gebadet, mit Flötenmusik unterhalten, mit ausgesuchten Speisen gesättigt, und alles das – Speisen, Getränke, Düfte, Melodien, Berührungen – hatte nur den einen Sinn: Lust und Begierde in ihm bis zum Bersten zu steigern. Dann nahte die große Vollmondnacht.

Wieder versammelten sich die Bewohner der Stadt, sie standen dichtgedrängt bis in die ersten Häuserzeilen rings um den Tempel. Das göttliche Paar erschien vor dem Tempel, er trug den weiten, bunten Mantel, sie ihren weiten, steifen, bunten Rock. Beide waren geölt, maskenhaft geschminkt und über und über mit Gold- und Kupferringen, Gürteln und Diademen geschmückt. In der Mitte des Platzes war ein Altar aus Lehmziegeln erbaut worden, den die Hohepriesterin nun bestieg. Der junge Liebhaber stand mit gesenktem Haupt vor ihr. »Im Namen der Göttin, die Himmel und Erde erschuf, im Namen der Göttin, die uns gebärt und ernährt, im Namen der Göttin, die Fruchtbarkeit schenkt den Pflanzen, Tieren und Menschen, ich frage dich, bist du bereit, deine männliche Kraft zu weihen den Pflanzen, den Tieren und den Menschen, damit sie gedeihen? Bist du bereit, mit deiner männlichen Kraft Samen und Keime, Knospen und Sprossen, Blattwerk und Zweige, Blüte und Frucht zu beleben? Bist zu bereit, die Schafe zu schützen vor der Gier der Schakale, der Herrschaft des Löwen?«

Der junge Geliebte hob seinen Kopf, schaute in die Runde der Versammelten, drehte sich einmal im Kreis, so daß alle ihn sehen konnten, breitete die Arme ein wenig zur Seite, als wollte er sagen: »Schaut her, schaut mich an, ich bin es tatsächlich!« Dann tief er dreimal: »Ich bin bereit!« – »Bist du bereit, dein Leben zu geben für deine Schafe?« – »Ich bin bereit.« – »Bist du bereit, dein Szepter der Göttin zu leihen bis in den Tod?« – »Ich bin bereit.« – »Dann gebe ich dir den Krummstab des göttlichen Hirten, mache dich zum Geliebten meiner Seele, zur Freude meines Schoßes. Ein gutes Schicksal, Glück und Segen sind dir gewiß.«

Nun stieg die Priesterin vom Altar herab, umarmte und küßte ihn, und dann begannen beide sich mit äußerster Genauigkeit um die eigene Achse zu drehen, so daß sich ihre

Gewänder, ihr Rock und sein Umhang, kreiselförmig ausbreiteten. Sie drehte sich nach rechts, die rechte Hand zum Himmel erhoben, die linke der Erde zugekehrt, er drehte sich ebenfalls nach rechts, die linke Hand zum Himmel erhoben, die rechte der Erde zugekehrt, sie drehten und drehten sich, bis sie schließlich halb ohnmächtig ineinanderfielen, sich aus ihren Gewändern wanden, rissen und die Hände ineinander verklammerten. Die Priesterinnen trugen das Paar zum Altar, und dort vollzog der junge Mann als Verkörperung des liebenden und sterbenden Gottes mit der Hohepriesterin als Verkörperung der ewig gebärenden Natur die Heilige Hochzeit. Atemlose Stille. Sie umschlangen, durchdrangen sich, ihre Körper waren wie aufgepeitscht, wanden sich aneinander, als wollten sie ineinander verschwinden. Spannung und Anziehung wuchsen und wuchsen, der Rhythmus des jungen Liebhabers wurde schneller und schneller, die Spannung zerriß, er zerfloß im Schoß der Priesterin, und im Augenblick der Ekstase sprühten die Funken, hörten und fühlten die Gräser und Rispen, die Wurzeln und Samen der entferntesten Äcker »Segen und Gedeihen, Lebenskraft und Fruchtbarkeit«, die Worte, die aus dem Mund der Priesterin in die Runde tanzten. Die Welt war rund und eins, ein Geist wirbelte in den Körpern, eine Energie tanzte und lachte zwischen den Hügeln.

»Kannst du dir vorstellen, daß der König, der sich jetzt so schön in ihr bewegt, in wenigen Jahren leblos, tot und still ist?« wisperte ein Mädchen ihrer Freundin zu. »Oh, wenn er doch nicht sterben müßte!«

3. Tempel als Gemeindezentren

Vielseitigkeit im Kraftfeld der Göttin

Entwicklung von Zivilisation

Oft heißt es: »Na ja, damals, da hatten die Frauen vielleicht noch was zu sagen, aber sobald die Gemeinwesen eine höhere Arbeitsteiligkeit und ein höheres technisches Niveau erreichen, müssen natürlich Männer die Führung übernehmen!« Mit anderen Worten: Nur auf dem Dorf sind Frauen kompetent, alles, was jenseits ihres Bauernhofes liegt, liegt auch jenseits ihres Horizontes. Stimmt das?

Wie ging es den Frauen in den differenzierteren, entwickelteren Kulturen Indiens, Vorderasiens und der Mittelmeerländer? (Mit dem alten Europa brauchen wir uns vorläufig nicht zu befassen, da es nun für lange Zeit auf der Kulturstufe der neolithischen Dorfgemeinschaften verharrte.) Als im Laufe der Zeit immer mehr Nahrungsüberschüsse produziert wurden, konnten Arbeitskräfte von der unmittelbaren Nahrungsproduktion freigestellt werden; die Siedlungen wurden größer, sie wurden zu ganzen Städten mit zentraler Verwaltung, funktionierender Infrastruktur und einem differenzierten Netz verschiedener gesellschaftlicher Funktionen und Berufe. In den Stromkulturen des Indusgebietes, Mesopotamiens und Ägyptens wurde die Bewässerung der Felder von Priestern und Priesterinnen nach astronomischen Beobachtungen berechnet und organisiert. Man begann, Pyramiden, Tempel, Zikkurats und Paläste zu errichten und prächtig auszuschmücken. Die Bevölkerung der Stadtstaaten wuchs sprunghaft an. Und der Lebensstil ihrer BewohnerInnen war elegant und zivilisiert:

Schon um 5000 v. u. Z. gab es in Catal Hüyük Fresken, Eßgeschirr, Schalen, Teller, Becher aus Ton, Holzlöffel und Gabeln, Schminkkästchen, Ketten, Fingerringe und Spiegel aus geschaffenem Obsidian. Um 2000 v. u. Z. hatten die Städte der Induskultur viele Brunnen, eine funktionierende Kanalisation, Privatbäder, große Schwimmbecken, in Lothal gab es sogar eine Hafenanlage mit Schleusen, in Mohenjo-Daro wohnten damals schon 40.000 Menschen.

Der Glanz der ägyptischen Zivilisation erstreckte sich bis nach Kanaan und Syrien, und die anmutige Eleganz Kretas ist ja wohlbekannt.

War diese Entwicklung nun für oder gegen Frauen, geschah sie durch Frauen oder unter Ausschluß von Frauen?

Übergriffe auf Matrilinearität und erotische Freiheit muß es schon früh gegeben haben. Denn sumerische und akkadische Hymnen zwischen 2500 und 1500 stellen Göttinnen immer wieder als »Tochter meines Vaters« und später dann auch als »Gattinnen von ...« vor. Und um 2300 leitete die sumerische Königin Shagshag zusammen mit dem König Urukagina eine Gesetzesreform ein, die Amardschi, zu deutsch: »Rückkehr zur Mutter« genannt wurde. »In alter Zeit hatten Frauen gewöhnlich zwei Männer«, heißt es dort. »Heute würden sie dafür gesteinigt.«[38] Es wird dort auch die Aneignung von Gemeineigentum durch eine Priesterclique kritisiert. Wenn die sumerische Göttin Inanna um 2000 in einem Hymnos verkündet: »Die Starken vertreibe ich, die Schwachen lade ich in mein Haus ... wer Schätze sammelt, dem stehe ich im Weg!« so klingt dies mächtig und entschlossen, und trotzdem scheint es, als müßte sie eine bereits bedrohte Freiheit schützen.

Weibliche Öffentlichkeit im alten Orient

All diese Prozesse fluktuierten im Laufe der Jahrhunderte und Jahrtausende, sie fanden in verschiedenen Gegenden ungleichzeitig statt, es gab Rückschritte, Umschichtungen und Reformen, aber trotz mancher Einbrüche waren Frauen in der Öffentlichkeit im alten »Orient« ein gewohntes Bild:

In Ägypten gab es Pharaoninnen, und am königlichen Hof wirkten und werkten Schreiberinnen, Handwerkerinnen und Beamtinnen, wie etwa die »Vorsteherin der Weberinnen«, die die königlichen Manufakturbetriebe leiteten, die »Leiterin der Speisehalle«, die »Vorsteherin der Perückenwerkstätten«, die »Aufseherin des königlichen Eigentums«, die »Vorsteherin der Ärztinnen«, die »Aufseherin aller Totenpriester der Königsmutter«, die »Vorsteherin der Tänzerinnen und Musikerinnen« sowie Priesterinnen verschiedener Gottheiten und Mumifiziererinnen. Im städtischen Bereich gab es Schmuckhandwerkerinnen, Parfümherstellerinnen, Friseurinnen, Gärtnerinnen, Müllerinnen, in der Bauernschaft, die den Großteil der ägyptischen Bevölkerung ausmachte, arbeiteten Frauen und Männer Seite an Seite. Frauen waren berechtigt, sich ihre Ehepartner auszusuchen, Eheverträge auszuhandeln und Eigentum zu erben und zu vererben. Die Frau galt als »Herrin des Hauses«, war aber auch außer Haus gern gesehen und gehört: »O Göttin, schön ist es, deine Stimme zu hören«, lautet eine Inschrift aus dem alten Ägypten.

Auch die alten Araberinnen konnten sich sehen lassen: Königinnen wie die sagenhafte Bilqis von Saba leiteten die Stadtstaaten im fruchtbaren Südarabien, wo Getreide, Oliven, Wein und Granatäpfel und Weihrauchbäume gediehen. Es gab dort Staudämme und Bewässerungsanlagen, weite Tempelanlagen, Schiffe stachen in See, luden Gold, Edelsteine und feine Baumwolle in Indien und erreichten in Afrika Gebiete bis ins heutige Tansania. In Saba ging die Macht erst um 500 v. u. Z. an die »Mukarribs« – männliche Priesterkönige – über.

Auch die Nomadenstämme Zentral- und Nordarabiens wurden oftmals von Priesterinnen geleitet. Um 730 führte die Stammesfürstin Schamsi die Stämme der Hayappa, Mes'a, Teima, Badana im Krieg gegen die Assyrer an, ihr folgten sogar Truppen aus dem südlichen Saba. Auch die Königinnen Yati'e, Teelchunu und Zabiba kämpften gegen Assur.

Unter den sumerischen und akkadisch-babylonischen Tempelfrauen gab es Schreiberinnen, Buchhalterinnen und Verwalterinnen, die Land kauften, verkauften oder verpachteten, aus diesen Verwaltungsnotizen entstand auch die sumerische Keilschrift.

Auf einer akkadischen Tontafel wird 'Aschtár als oberste Richterin dargestellt: »Wenn bei Gerichtsverhandlungen eine etwas von der Sache versteht, so bin es ich, 'Aschtár«, heißt es auf einer Keilschrift-Tontafel. Aus Assyrien gibt es Dokumente über amtierende Richterinnen um 800 v. u. Z., in der Bibel ist von einer Richterin »Deborah« die Rede.

Auch im klassischen Griechenland und den hellenistischen Reichen gab es gebildete Frauen – Mathematikerinnen, Astronominnen und Philosophinnen. Auch viele Hetären – erotisch gebildete Frauen – wie etwa die berühmte Aspasia gehörten dazu. Die Astronomin Aglaonike von Thessalien berechnete um 400 v. u. Z. Sonnen- und Mondfinsternisse und behauptete schalkhafterweise, daß sie diese Himmelskörper verschwinden lassen könne – von der Bevölkerung wurde sie deshalb als große Magierin bewundert und gefürchtet. Weniger glücklich war die berühmte hellenistische Mathematikerin und Philosophin Hypatia von Alexandria. Sie wurde von christlichen Mönchen in eine Kirche gezerrt, mit Muscheln zerfleischt und gevierteilt. Wäre die Bibliothek von Alexandria nicht abgebrannt, so hätten wir vielleicht noch viele Zeugnisse weiblicher Gelehrsamkeit.

Zur Zeit des römischen Reiches nahmen Frauen in Anatolien politische und ökonomische Funktionen ein. In voller Gleichberechtigung mit männlichen Kollegen trugen sie als »Stephanophoren«[39] die Verantwortung für Stadtstaaten in dieser Region. Und die Amtszeiten sind nach ihrem Namen benannt. »Zur Amtszeit der Attalis ...« Im Stadtstaat Selge wird von einer Motoxaris berichtet, die als großzügige Bauherrin Tempel und Gemeindehäuser stiftete. Die Urkunden lassen nicht darauf schließen, daß dies von Männern für widernatürlich oder bedrohlich gehalten wurde.[40]

Ob als Heerführerinnen, Priesterinnen, Ökonominnen oder Wissenschaftlerinnen: auch in den differenzierten, zum Teil hierarchisch gegliederten oder zentralistisch verwalteten Gesellschaften des alten Orients waren Frauen durchaus präsent. Frauen in der Öffentlichkeit: ein gewohntes Bild.

Tempel

Ein Großteil des öffentlichen Lebens spielte sich in den Tempeln ab. In den frühesten Siedlungen waren die sakralen Räume noch in die profanen Wohn- und Arbeitsräume integriert: So fand man zum Beispiel in Jericho Hausaltäre mit Kultfiguren in den Wohnräumen, auch im puebloartigen Catal Hüyük und in den Städten der Induskultur gruppierten sich mehrere profane Räume wabenartig um einen Sakralraum.

Erst wenn ein alleinstehender Bau zum (sakralen) Gemeindezentrum wird, kann man von »Tempel« (von griech. »temnein« = abschneiden) als einem Sakralbereich sprechen, der vom Profanen abgeschnitten ist.

Trotzdem traf dies lange Zeit nur in architektonischer Hinsicht zu, denn in einer Zeit, als der Mythos das alltägliche Leben durchdrang, gab es nicht die scharfe Trennung von *Ökonomie* und *Religion/Ideologie,* blieb eine Verbundenheit zwischen dem alltäglichen Leben und dem sakralen Erleben erhalten. Die Tempel waren Zentren des ökonomischen und spirituellen Lebens.

Dort fanden die elementaren Kulturtätigkeiten des Backens und Webens statt, Feldfrüchte wurden gelagert oder verteilt,

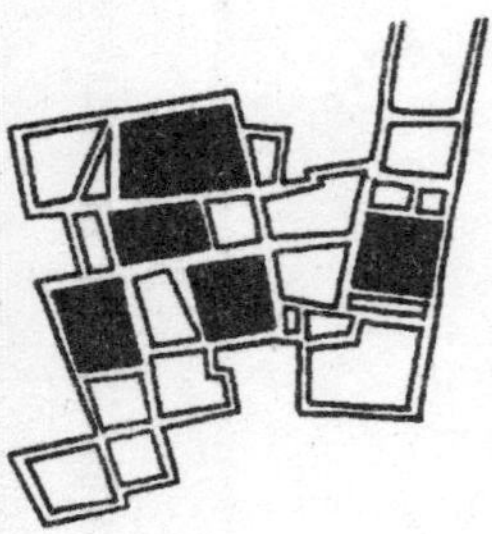

Ausschnitt aus dem Grundriß von Catal Hüyük. Die dunkel gekennzeichneten Räume sind Sakralräume, sie sind in die Wohnräume integriert.

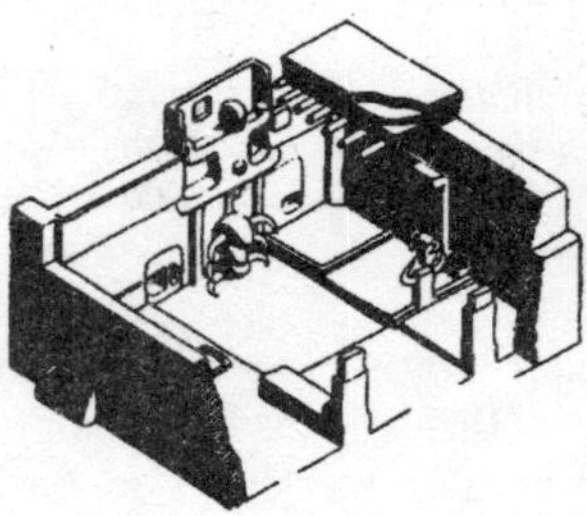

Modell eines Sakralraumes in Catal Hüyük. An der Stirnwand eine Frauenfigur mit geöffneten Beinen, darunter Stierköpfe. (Anatolien, 6000 v.u.Z)

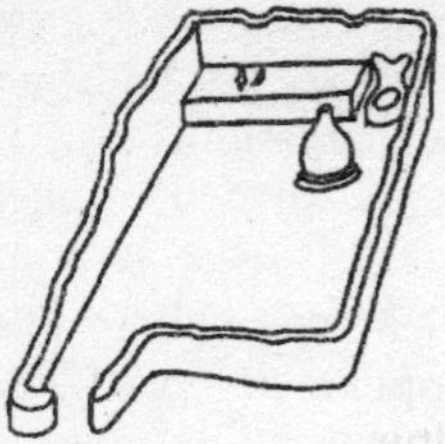

Siebzig Quadratmeter großer Tempel mit Ofen, Sessel und einer langen Bank, auf der 32 kleine Göttinfiguren aus Lehm lagen. (Moldawien, erste Hälfte des 5. Jahrtausends)

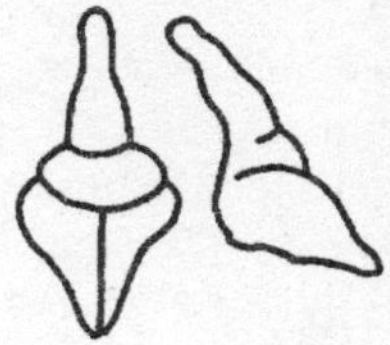

Exakt dieselben Figürchen wurden auch in Mohenjo Daro in der hochentwickelten Industalkultur gefunden, um 3500 v. u. Z.

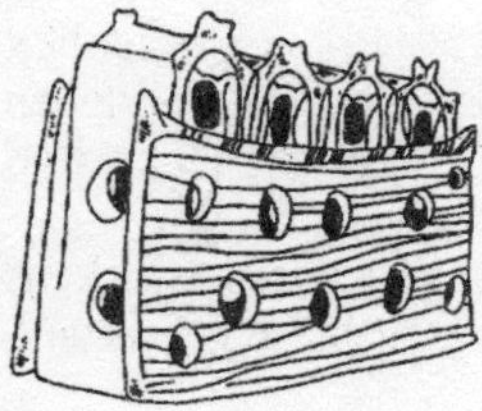

Tonmodell eines Tempels, 24 cm x 51 cm. Eine andere Deutung besagt, daß diese Tonhäuschen zur Bestattung von Knochen gedacht waren. (Südrumänien, um 4500 v. u. Z.)

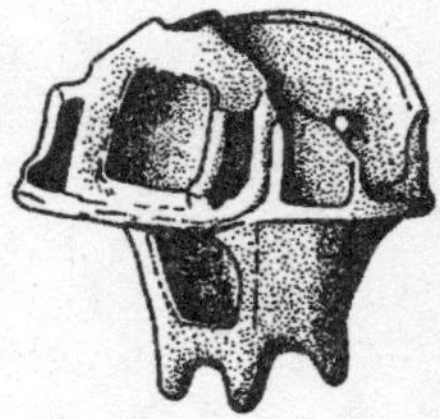

Tonmodell eines zweistöckigen Tempels, Höhe 30 cm. Wirkliche zweistöckige Tempel wurden in den neolithischen Kulturen von Cucuteni, Petresti und Karanovo ausgegraben. Sie ähneln diesem Modell. Ukraine um Kiew, zwischen 4300 und 4000 v. u. Z.)

Herden herangetrieben und gezählt, der gemeinsame Feldbau organisiert, Land getauscht oder verkauft, Rechtsstreitigkeiten geschlichtet.

In vielen Tempeln spendeten Seherinnen Politikern oder Privatleuten Orakel, und oftmals war diese Orakelpraxis mit einer Schlangensymbolik verbunden: So wird die babylonische

'Aschtár, die einen »Äskulapstab« in der Hand hält, auch »Herrin der Vision« genannt, Athene, die Göttin der Weisheit, wurde mit einer aufgebäumten Schlange dargestellt, und in Delphi ringelte sich die Schlange »Python« um den heiligen Dreifuß, auf dem die Priesterin »Pythia« saß.[41] Aber auch im fernen Nordwesten, in Irland, warnt ein heiliger Patrick tausend Jahre später vor den »Pythonesses, die aus ihrem eigenen Kopf weissagen«. Das heutige englische Wort »pythoness« bedeutet »Hexe«, »Zauberin«.

Worauf beruhte die enge Verbindung der Schlange mit der prophetischen Vision? Menschen, die von Schlangen gebissen

Schlangenpriesterin. (Kreta, um 1500 v. u. Z., Elfenbein)

Könnten diese Fragmente aus Elam ebenfalls der Statue einer Schlangenpriesterin entstammen? Dann hätten wir hier einen Hinweis auf die Existenz von Schlangenpriesterinnen von Kreta bis zur persischen Hochebene. Das Material ist dasselbe, der Fundort ebenfalls, allerdings ist die Schlange in der Proportion zum Gesicht wesentlich größer als die Schlangen der kretischen Priesterinnen. (Neu-elamitische Periode um 800 v. u. Z., Höhe des Kopfes ca. 6 cm, Höhe des Schlangenfragments ca. 15 cm, Silber).

wurden, dem Tod aber entkamen, haben von Zuständen der Euphorie, von glasklaren luziden Wahrnehmungen, von rauschenden Halluzinationen, einem Stimmengewirr und phantastischen Farben und Formen gesprochen.

»Plötzlich begann er, sich angenehm leicht und merkwürdig heiter, fast ausgelassen zu fühlen, als ob er ein wenig berauscht sei ... Er hatte ein scharfes, fast schmerzhaft scharfes Gehör entwickelt. Die Luft um ihn war wie Katzenmusik, ein richtiger Dschungel disharmonischer Geräusche. Es war, als sei er unter dem Einfluß eines merkwürdigen Narkotikums ... Er hatte eine unerklärliche Empfindung. Es war eine besondere emotionale Reaktion, die er nicht kontrollieren konnte. Als er mit unfreiwillig geschlossenen Augen dalag, konnte er ›sehen‹. Er hatte Visionen.« (Merlin Stone, S. 299)

Könnte es sein, daß die alten Priesterinnen für ihre Trancezustände Schlangengift als heilige Droge verwendeten? Das könnte erklären, warum Herodot im Schlangenheiligtum Buto unzählige Schlangenskelette liegen sah. Das waren vielleicht all die Schlangen, die zu Lebzeiten ihr Gift für die Wahrsagungen der Prophetinnen gegeben hatten.

Ein Äskulapheiligtum stand früher auch dort, wo jetzt die Hagia Sophia steht (in Istanbul). Die christliche Basilika, die seit der osmanischen Eroberung in eine islamische Moschee verwandelt wurde, ruht also auf dem Fundament eines Schlangentempels, und ihr Name paßt dazu: Hagia Sophia heißt »Heilige Weisheit«: Die Schlange galt in der Antike als Hüterin der Weisheit.

Nach Jahrhunderten und Jahrtausenden des Sammelns in der Wildnis verfügten die Frauen auch über ein vielfältiges Erfahrungswissen von den Heilkräften der Natur, und so wurden in diesen Tempeln auch Kranke geheilt, in einem ägyptischen Tempel fand man die Inschrift: »Dann ging ich von Heliopolis zur Universität von Sais, wo die Heiligen Mütter mich Medizin lehrten.« Sowohl in Ägypten wie auch in Sumer gibt es Dokumente, die den hohen Entwicklungsstand der Medizin bezeugen: Es wurden Knochenbrüche geheilt, Tumore operiert, Fruchtbarkeits- und Schwangerschaftsdiagnosen erstellt, Geburtshilfe geleistet, pflanzliche Heilmittel in Form von Tees, Würzmitteln und Duftessenzen verwendet (schon um

2600 v. u. Z., siehe »Hypatias Töchter«). Noch in hellenistischer Zeit wird vom sogenannten Tempelschlaf berichtet, bei dem PriesterInnen die PatientInnen in Trance versetzten, um dann aus ihren Träumen Diagnosen abzuleiten, etwa im Schlangenheiligtum des Äskulap von Epidauros, einem berühmten antiken Wallfahrtsort.

4. Erotische Kultur und Frauenmedizin

Dienst an der Gemeinschaft

Erotische Kultur geschützt

Die Entwicklung des Sakralraumes führte also von Höhlen und Kraftplätzen in der Natur über einfache Hausaltäre und heilige Herdfeuer bis zu Sakralräumen, die von mehreren Wohneinheiten umgeben waren, und zu mehr oder weniger prächtig ausgestatteten Tempelbauten, die aber noch immer Gemeindezentren waren.

Das heißt, sie standen für alle offen und vereinten verschiedene soziale Funktionen wie Wirtschaftsorganisation und »Buch«haltung, Lagerung von Gütern, kultisches Handwerk, Rechtsprechung, Heilkunde und speziell Frauenheilkunde, aber auch Fruchtbarkeitsmagie und sonstige Riten und Zeremonien unter einem Dach.

Warum betone ich diese Vielfalt der Funktionen so sehr?

Einerseits um zu zeigen, daß weibliche Öffentlichkeit im sakralen, politischen und ökonomischen Sinn seit alters her im Osten, Norden, Westen und Süden, in »primitiven« wie in differenzierten Gesellschaften vollkommen selbstverständlich war und keinesfalls eine Erfindung des imperialistischen Westens ist. Es gab immer und überall Priesterinnen, Politikerinnen und »Ökonominnen«. Das ist das eine.

Aber es muß auch eine andere Sichtverzerrung korrigiert werden:

Es gab in den vorchristlichen Jahrtausenden (und noch einige Jahrhunderte darüber hinaus) in Vorderasien und den Mittelmeerländern Erostempel, die je nach Region der Aphrodite, Artemis, Mu'allit oder 'Aschtár geweiht waren.[42] In diesen Tempeln wurde sakrale Erotik zelebriert, und Theologen, Archäologen und Historiker, die sich damit befaßt haben, nennen dieses Phänomen »Tempelprostitution« oder »sakrale Prostitution«. Die Frauen, die dieses »Gewerbe« ausübten, nennen sie mit peinlich gewundenem Lächeln »Hierodoulen«[43], zu deutsch »heilige Dirnen«. Die biblischen Propheten sind da weniger zurückhaltend: Für sie ist die antike Tempelerotik »Greuel« und gibt zu blutigen Pogromphantasien Anlaß.[44]

Mir geht es nun – aufgrund meiner eigenen traumatischen Erfahrungen mit dem prostitutionsnahen Gewerbe des Bauchtanzes – darum zu zeigen, daß die Bezeichnung »Prostitution« vollkommen fehl am Platz ist und nur die völlige Verständnislosigkeit androzentrischer Denkweise gegenüber gynozentrischen Bräuchen ausdrückt.

Denn diese *sakrale Erotik* hat sich aus dem *Gesamt der Diesseits- und Jenseits-Geheimnisse* herausentwickelt, die ich im zweiten Kapitel entfaltet habe, und ruhte gleichzeitig auf der *ökonomisch-politischen Autonomie der Frauen,* die einen ganz natürlichen Zugang zu den Quellen des Reichtums immer schon hatten: Im Gegensatz zu heutigen Prostituierten mußten sie sich nicht »prostituieren«, weil sie in Geldnöten waren, keine andere Ausbildung hatten oder weil sie durch raffinierte Zuhälter in diese Branche hineinmanövriert wurden. Vielmehr vollzogen sie Erotik als kultische Praxis.

Tempel als erotisches Gemeindezentrum

Wir können uns vorstellen, daß Entjungferungsrituale nicht nur in Höhlen, sondern später auch in Sakralräumen und Tempeln vollzogen wurden. Stellen wir uns vor: Priesterinnen erklären jungen Mädchen im Tempel, wie kostbar ihr Körper ist, und wie sie die Begegnungen der Liebe gestalten können, um Glück und Befriedigung für beide Partner zu erreichen. Mütter wandern feierlich und schön geschmückt mit ihren

Töchtern zum Tempel, damit dort die Defloration vollzogen wurde. Sicherlich fanden dort auch Rituale für junge Mädchen statt, die zum erstenmal bluteten[45], und natürlich sind auch empfängnisverhütende Mittel nicht erst seit Erfindung der Pille bekannt, vielmehr wußten die Frauen aus Jahrtausenden des Sammelns und Pflanzens, welche Gewächse eine Befruchtung verhindern, wie etwa Daturasamen. Im Jemen wurde Frauen bei der Hochzeit ein glückbringendes Kraut auf die Schwelle gelegt, aber nur wenige wissen noch, daß es auch Abtreibungen verursachen kann. Auch Cervixkappen aus Opiumbällchen oder halbierten Zitronenschalen waren seit alters bekannt (die Säure der Zitronen hat zudem eine samenabtötende Wirkung). Die Tempel waren der Ort, an dem junge Mädchen in die Kultur der Erotik eingeführt wurden.

Und die jungen Männer? Aus der Ethnologie kennen wir die verschiedensten »rites de passage«, Übergangsrituale vom Leben des Jugendlichen zu dem des Erwachsenen. Es sind Beschneidungen der Vorhaut, Mutproben und Erprobungen der Schmerzgrenze, Einführungen in die Mythen der Ahnen, in die Rolle, die ein Mann im jeweiligen Stamm einzunehmen hat usw., und sie finden oft unter Ausschluß von Frauen in der Wildnis statt.

Aber was ist mit der erotischen Initiation? Die kann letztlich nur von einer Frau erteilt werden. Wie für das Mädchen, so ist auch für den jungen Mann »das erste Mal« eine tiefe Erfahrung: Ist es ein peinlicher Kampf um die Erektion, voller Angst zu versagen oder dem vielleicht noch jungfräulichen Mädchen wehzutun? Oder eine feierliche Zeremonie, die in ihm Dimensionen von Vertrauen und Verehrung erweckt? Stellen wir uns vor: Eine Priesterin mit ziselierten Armreifen, wohlwollend, ruhig, erfahren, lehnt sich anmutig zurück und gewährt dem jungen Mann den Eintritt in eine dunkle Innenwelt, die ihm bisher verschlossen war ... in einem von Duft erfüllten, halbdunklen Tempelraum. Vielleicht haben Mütter ihre Söhne zur Initiation in den Tempel geschickt ... zur Tempelhure! Aber das war eine kultivierte und erfahrene Priesterin.

Vielleicht haben sich zukünftige Paare auch im Tempel kennengelernt, Duftwolken, Musik, bunte Fliesen, Kupfer, Gold und Schleier. Hier folgten die Blicke eines jungen Mädchens einem jungen Mann, der ihr gefiel. Ein Fremder, ungeeignet als

Ehemann vielleicht, schon gebunden vielleicht, aber schön! Sie schmückte sich für ihn und empfing ein Kind von ihm ... im Tempel. So war es geplant, so sollte es sein.

Bekannt ist jedenfalls, daß Frauen in Ägypten zu Herodots Zeiten (500 v. u. Z.) bei Vollmond in Göttintempel pilgerten, um dort um Empfängnis zu beten. Der Gedanke liegt also nicht fern, daß junge Paare sich dort auch vereinigten, um neues Leben in diese Welt zu rufen. Tatsächlich »rufen«, durch Gebete herbeirufen aus dem formlos-fluiden Jenseits. Und die Gebete und die Vereinigung fanden in einer feierlichen Atmosphäre, an einem geomagnetischen Kraftplatz statt. Welch eine Empfängnis!

Bekannt ist, daß in babylonischen und ägyptischen Tempeln Schwangerschaftsdiagnosen erstellt wurden, und wahrscheinlich haben Frauen unter der Begleitung erfahrener Ärztinnen dort auch entbunden ... Der akkadische Name der Liebesgöttin »Mu'allit«, den Herodot mit Mylitta wiedergibt, bedeutet eigentlich: die bei der Geburt hilft.

Und die Männer? Vielleicht lehrten die Priesterinnen die Männer die Kontrolle über ihren Orgasmus, flößten ihnen potenzstärkende Mittel ein, heilten sie von Impotenz oder vorschneller Ejakulation – sehr zur Freude ihrer Ehefrauen. Vielleicht schickten diese Ehefrauen ihre Männer selbst in den Tempel, damit sie dort »was lernen« konnten, vielleicht auch, wenn sie selbst nicht mit ihnen verkehren wollten oder konnten, wenn sie krank, schwanger oder lustlos waren.

Vielleicht gingen die Ehefrauen selbst für einige Zeit in den Tempel, um sich weiterzubilden oder andere Männer zu treffen, Musik zu hören, Tänze zu sehen oder selbst zu tanzen und zu lieben ... Dann wären diese Tempelpriesterinnen die besten Freundinnen der Ehefrauen gewesen, ganz im Gegensatz zu der Fremdheit, die die »anständige« Frau heute gegenüber der Prostituierten empfindet.

Erotik als Kunst und Kultus

Viele der ätherischen Öle, die heute in Reformhäusern und Esoterikläden verkauft werden und in Duftlampen herumgeistern, wurden schon vor mehreren tausend Jahren im Vorderen

Orient und den Mittelmeerländern in Tempeln verwendet. Weihrauch und Myrrhe stammten aus Arabia Felix, dem fruchtbaren Südarabien, Sandelholz und Patschuli aus Indien, Galbanum und Rose aus Persien und Mesopotamien, und viele von diesen Düften haben außer den medizinischen auch aphrodisiakische *und* mystische Wirkungen, also finden wir auch hier im chemischen Bereich die Einheit von Erotik und Spiritualität!

Welchen anderen Ort hätte es gegeben, um die Wissenschaft der Erotik zu pflegen und zu bewahren, als die Tempel der Artemis, 'Aschtár, Aphrodite, Isis usw.? Dieser »neue Körper der Liebe, der unsere Knochen umhüllt«[46] trägt zahllose Geheimnisse von Lust und Liebe, Lockung und Erfüllung, Enthüllung und Erleuchtung in sich ... Dieser immer neue Körper der Liebe ist unermeßlich reich, reicher als irgendeine Münze ihn bezahlen könnte.

Wie man durch Düfte, Getränke, Klänge und rituelle Worte eine aphrodisische Atmosphäre schafft, wie man die erotische Leidenschaft der Männer erregt, steigert, hinauszögert, abdämpft, beruhigt, auflodern läßt, befriedigt – Kontraktionen der Vaginalmuskeln im richtigen Augenblick und auf der richtigen Höhe am Phallus, Küssen, Kratzen, Beißen, Strei-

Viele Yogapositionen sind offensichtlich erotische Positionen ... und wahrscheinlich aus erotischer Kunst entstanden. Überdehnen Sie sich also nicht, lassen Sie lieber Ihre Phantasie spielen.

Für fortgeschrittenere Praktiker. (Indische Miniatur)

cheln, sanfte Berührungen an sensiblen Punkten im Netz der erogenen Zonen, Massage, Atemtechniken und eine Vielfalt von erotischen Stellungen –, alles das, was später in den Lehrbüchern der Liebe wie etwa dem Kamasutra kodifiziert wurde, ist (mit großer Wahrscheinlichkeit) früher in diesen erotischen Tempeln praktiziert worden.

Der Körper, auch der erotische Körper, ist das Gefäß der Heiligkeit. Geist und Materie werden im kultivierten erotischen Spiel in ihrer innigen Verbundenheit erlebt.

Und irgendwie läßt mich der Gedanke nicht los, daß auch die spirituelle Disziplin des Hatha Yoga ursprünglich aus tief empfundenen und kunstvoll zelebrierten erotischen Stellungen entwickelt wurde. Warum erzählt uns in den Yogabüchern niemand davon?

5. Waren sie Huren? Nein!

Erotik im Kraftfeld der Göttin

Epiphanie

Jetzt und Hier
Lebendiges Kupfer
Heilige Lust, in mir und in dir
In meiner Tiefe wohnt die Göttin
Komm zu ihr
Komm
Jetzt und Hier

Jungfräulichkeit und Promiskuität

Sakrale Promiskuität war also in diesen Erostempeln durchaus üblich, und das hat die Gegner auf den Plan gebracht. Die Propheten Jahwes schleuderten Brandreden gegen die Erospriesterinnen Kanaans, des Landes, in dem ihre nomadischen Vorfahren auf Befehl ihres Gottes einen umfassenden Genozid verübt hatten. Sakrale Erotik ist für sie »Greuel«. Und dieses säuerlich-verquaste Denkschema hat fast drei Jahrtausende überdauert: Als ich einmal eine Zeugin Jehovas fragte, warum denn im Judentum und Christentum keine weiblichen Priesterinnen zugelassen seien, erwiderte sie indigniert: »Die Frauen sind doch unrein, wenn sie ihre Menstruation haben! Nein, die Frau ist für solche Aufgaben nicht geschaffen!« – »Aber es hat doch Kulturen gegeben, wo weibliche Priesterinnen tätig waren!« –

»Wo soll es die gegeben haben ...« Sie lachte verächtlich. »In den Tempeln von Mesopotamien und Kanaan!« antwortete ich. »Was!« schrie sie mich an und blitzte kalt und bitterböse mit den Augen, »das waren keine Priesterinnen, das waren Huren, gemeine, billige Huren waren das!« Sie sah so gehorsam und frustriert aus bei ihrem Zeugnis für den strengen Jehova.

»Maria breit den Mantel aus!« (Kath. Kirchenlied). »Wenn eine Frau vor Lust leuchtet und strahlt, so bin ich bei ihr!« (Babyl. Ischtarhymnus) Diese Statue der Ischtar wurde geköpft (die »Hure Babylon«), die Heilige Mutter Maria ist auf christlichen Darstellungen des Mittelalters unverletzt, dafür aber muß sie auf Schlangen treten.

Liebespaar auf einem geflochtenen Bett. Sakrale Erotik in verschiedenen Variationen. Vielleicht hat ein ausländischer Besucher eines elamitischen Erostempels dieses Tonrelief in Auftrag gegeben, um seine Zelebration zu verewigen. (Elam um 1800 v. u. Z.)

»Der König geht stolz erhobenen Hauptes zum heiligen Schoß, geht stolz erhobenen Hauptes zum Schoß Inannas ..., liegt bei ihr, kost ihren heiligen Leib.« Eine Darstellung der Heiligen Hochzeit. (Elam, um 2000? v. u. Z., Terrakotta)

Eine Statue der Ischtar oder einer Priesterin der Ischtar. Diese Priesterin ist im »Kraftfeld der Göttin« geborgen. Der Gürtel entspricht dem eines heutigen Bauchtanzkostüms. Äußerlich blieb die Form erhalten, auch wenn wir längst aus dem Kraftfeld der Göttin heraustreten mußten. (Elam, um 1800 v. u. Z., Terrakotta)

Die doppelte Rundung erinnert auch an die achterförmige Figur daneben. »Objet énigmatique«, so wird es von Archäologen bezeichnet. (Rätselhaftes Objekt.) Vielleicht stellt es die beiden Pole der gebärenden und nährenden Weiblichkeit in ihrer Fülle dar. Vielleicht auch eine von unten nach oben verlaufende Achterbewegung von Unter- und Oberkörper, die noch heute im Bauchtanz als optischer Fokus in den Tanz eingefügt wird. (Elam, um 2000, Terrakotta)

Die Erospriesterinnen Vorderasiens galten als »Jungfrauen«, und doch verkehrten sie mit Männern, und doch hatten sie Kinder.[47] Des Rätsels Lösung: Die »Jungfräulichkeit« war nicht ein intaktes Hymen, sondern die Abwesenheit eines festen Ehepartners.

Allerdings war der Erostempel auch keine Einbahnstraße wie etwa die katholischen Klöster, aus denen man nicht rauskam, ohne exkommuniziert zu werden. Dem lateinischen Schriftsteller Strabo zufolge waren Frauen, die im Tempel gelebt hatten, besonders begehrte Ehefrauen. Warum? War ihre erotische Kompetenz so beglückend, daß ihr Ehemann gerne akzeptierte, daß sie vor ihm schon viele, viele andere genossen hatte (mit denen sie ihre Kompetenz ja verfeinert hatte)? War er vielleicht sogar stolz, daß sie gerade ihn auserwählt hatte? Oder lag es an ihrer Bildung in Astronomie, Philosophie, Rhetorik, Heilkunst usw., die sie dann auch den gemeinsamen Kindern vermitteln konnte, oder an ihrem Überblick über die Probleme des Gemeinwesens, den sie im Tempel gewinnen konnte, wie Buchhaltung, Kauf und Verkauf – Fähigkeiten, mit denen sie den ehelichen Besitz verwalten und vergrößern konnte? Alles das ist denkbar.

Jedenfalls galten die »Tempeljungfrauen« in der Antike als geistige Elite. Männern, die man besonders bewunderte, schrieb man in der Antike eine solche »Jungfrauengeburt« zu. Zum Beispiel wurden Platons philosophische Leistungen auf diese Weise erklärt. Denn die Tempelfrauen waren gebildet und kultiviert, und davon profitierten ihre Kinder schon im frühesten Alter. Es war die Weisheit, die sie schon mit der Muttermilch in sich einsogen.

Auch Jesus Christus wurde dem Mythos nach von einer »Jungfrau« geboren, der Jungfrau Maria. »Mari Amm« heißt im aramäischen »Herrin-Mutter« oder »Große Mutter«.[48] Der Hinweis auf die Göttin ist also unübersehbar. Vielleicht war Maria wirklich eine syrisch-aramäische Tempelfrau mit Goldschmuck und Purpurgewändern, mit üppig geringeltem schwarzen Haar und glühenden schwarzen Augen, die sich in kunstvollen Positionen mit ehrerbietigen Männern vereinigte und schließlich ein Kind empfing und gebar, das sich als besonders intelligent erwies, dem schon früh alle möglichen magischen Techniken (zum Wunderwirken) beigebracht wurden, ein Kind, das immer wieder zu ihr in den Tempel zurückkehrte?

Ein junger Mann, den sie vielleicht auch in den Kampf gegen die fanatisch-patriarchalen Pharisäer (von »farsí« = »persisch beeinflußt«) schickte, damit er die Zerstörung der Göttintempel noch einmal aufhalten könnte?

Nehmen wir einmal an, daß es so gewesen ist. Dann hätte Jesus eine Art Kompromiß zwischen den Wünschen seiner Mutter und einem allgemein-patriarchalischen Weltbild gefunden (einerseits die Nicht-Verurteilung der »Ehebrecherin«, die von den Pharisäern gesteinigt werden soll, andererseits der »Vater im Himmel«). Allerdings ist auch möglich, daß sein ganzes Wirken gefälscht wurde.

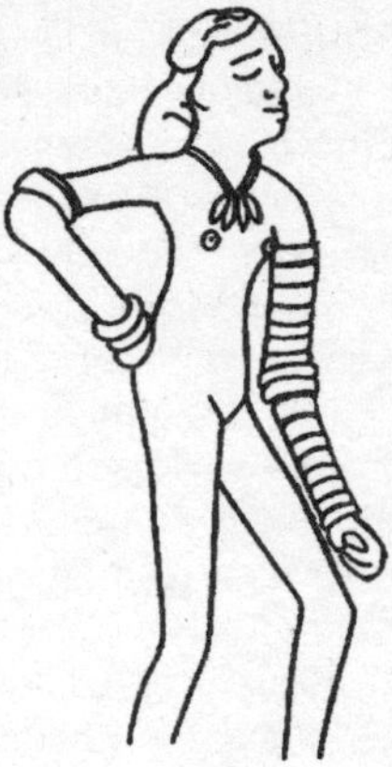

»Honigsüß sind deine Lippen, Leben ist dein Mund.« (Ischtarhymnus aus Babylon). Eine syrische Ischtarstatue aus Alabaster mit Rubinaugen und -nabel. Die Haltung ist der indischen Statue (unten) ähnlich, obwohl fast drei Jahrtausende dazwischenliegen. (Syrien, um 1000 v. u. Z.)

Gehört auch diese Mädchenfigur in die Reihe der tanzenden Erospriesterinnen? Aber der Schmuck des linken Armes, der eine Schlange andeutet, könnte auch auf ein Menarcheritual hindeuten. (Mohenjo Daro, Industal, um 2000 v. u. Z., Bronze)

Tänzerin und Yogini in der Einweihungshaltung. Sie lädt zur Entschleierung ihrer Geheimnisse ein. Glückliches Indien: Noch im 18. Jahrhundert u. Z. durften solche Figuren entstehen, während im Nahen Osten der Niedergang schon vor der Zeitwende begann. (Indien, Orissa, 18. Jh., Holz)

Nehmen wir einmal an, daß machtgierige und verwirrte Anhänger die Evangelien gefälscht haben: Dann mußte Marias Einfluß auf ihren Sohn geleugnet werden: »Weib, was habe ich mit dir zu schaffen!?« sagt er bei einem Gastmahl. Dann mußte Jesus einen Vater bekommen: den heiligen Josef, der »sein« Weib nicht berührte, da er ja dem »Heiligen Geist« und dem »Himmlischen Vater« den Vortritt lassen wollte. Dann mußte die »Jungfräulichkeit« den Anschein der Promiskuität verlieren. Prompt verfügten die Bischöfe, daß Marias Jungfräulichkeit nicht sozial, sondern physisch gewesen sei, selbst nach Jesu Geburt sei das Hymen noch intakt gewesen. Und wie ist er rausgekommen? Eben ein Wunder, »Geheimnis des Glaubens«. Und europäische Christenkinder, die keinen Zugang zum alten Orient hatten, haben es jahrhundertelang geglaubt.

Die geographischen Orte der erotischen Tradition

Von der Verachtung, die heutzutage Prostituierten zuteil wird, also keine Spur. Tempelerotikerinnen wurden respektiert und verehrt. Sie waren sakral. Sie waren gewissermaßen die Vertreterinnen der Liebesgöttin auf Erden, ihre »Epi-phanie«.

Die babylonische Liebesgöttin 'Aschtár wird in akkadischen Hymnen auch als »Herrin der Farben« angerufen:

> »Eine Göttin besingt, besonders ehrfurchtgebietend unter den Göttinnen; gerühmt werde die Herrin der Menschen, die Größte der Igigu!
> Die 'Aschtár besingt, besonders ehrfurchtgebietend unter den Göttinnen; gerühmt werde die Herrin der Frauen, die Größte der Igigu!
> Sie, mit schwellender Kraft und Liebreiz gekleidet, hat Fruchtbarkeit in Fülle, verführerischen Reiz und Üppigkeit.
> Honigsüß ist sie an ihren Lippen, Leben ist ihr Mund; wenn sie erscheint, wird voll das Lachen.
> Prächtig ist sie, ... (Textlücke) sind über ihr Haupt gelegt.
> Schön sind ihre Farben, bunt ihre Augen und schillernd.

Bei dieser Göttin ist Rat zu finden, die Geschicke von allem faßt sie in ihrer Hand. Wo sie hinsieht, ist Heiterkeit geschaffen, Lebenskraft, Pracht, Fortpflanzungskraft von Mann und Frau. Sie liebt Erhörung, Liebeserweisungen, Freundlichkeit; auch das einander Gewähren hat sie in der Hand.«

Und 'Aschtár antwortet:

»Ich führe die Frau zum Mann, den Mann zur Frau,
Ich schmücke den Mann für die Frau, die Frau für den Mann.
Wenn eine Frau vor Lust leuchtet und strahlt, so bin ich bei ihr,
Wenn eine Frau das Trauergewand trägt, so bin ich bei ihr.«

In Sumer hießen die Tempelerotikerinnen »nu-gig« (die »Reinen«, »Unbefleckten«), im späteren akkadischen Babylon dann »qadischtu«, die »Heiligen« oder einfach »'Aschtaritu«, die »Frauen der 'Aschtár«. In einer mythischen Erzählung von Inanna und Enki kommt Tempelerotik als Geschenk der Göttin vor, die babylonische 'Aschtár sagt von sich: »Bin ich nicht Hure voll Mitgefühl?«

»Tempelhure, die nach Männern ausspäht ...« nennt ein Archäologe dieses Sujet. Tatsächlich sehen sie nicht wie eingesperrte Ehefrauen aus, eher fühlt man sich an die Hohepriesterin Jezebel von Sidan erinnert, die durch den Jahwekrieger Jehu vom Turm gestürzt wurde. Persien und Assyrien, um 800 v. u. Z., aber der Stil gilt als phönizisch.

In hellenistischer Zeit gab es Erostempel in Baalbek und Aphaka, in Korinth, Kalykon, Abydos, Komana, Ephesos, in Aigina, Kythera, Zypern, Kos und Eryx auf Sizilien. Strabo besuchte den des Berges Eryx um 30 v. u. Z. und stellte mit Bedauern fest, daß er weniger »heilige Körper« enthielt als in früheren Zeiten. Aus Ägypten ist davon wenig erhalten (aber das muß nichts bedeuten, weil vieles zerstört wurde), außer einer Inschrift über Tempelpriesterinnen: »... die sich mit dem Gott vereinigt, die ein Leib wird mit dem Gott, die das Heiligtum erfüllt mit dem Duft ihres Wohlgeruches ...«

Können Sie sich vorstellen, daß es diese Tempel noch bis weit in die christliche Ära gab, daß sie erst geschlossen wurden, als das Christentum unter Konstantin zur Staatsreligion wurde? Warum haben wir in der Schule nie etwas davon gehört?

In Indien aber gab es die Dienerinnen Gottes noch bis in unser Jahrhundert: Manche Familien ließen ihre Töchter »dem Gott« weihen, sie wurden rituelle Tänzerinnen, die auch frei mit Männern erotische Beziehungen haben konnten, und jeder Mann, der sie besuchte, konnte eine Verkörperung »des Gottes« sein, wie auch sie eine Verkörperung der Shakti, der weiblichen Lebensenergie, der Göttin waren. Bei den Devadasis wurde das Erbe in der mütterlichen Linie weitergegeben, sie heirateten nicht und wurden als Glücksbringerinnen angesehen.

Gandhi, der trotz eines höchst sensuellen und leidenschaftlichen Geburtshoroskopes keusch und asketisch lebte, selbst in seiner wohletablierten Ehe – konnte den Devadasis nicht viel abgewinnen: »Gandhi ... scheute sich nicht, den Devadasis zuzureden, ihren entwürdigenden Beruf aufzugeben. Er war ... zutiefst entsetzt, als eine Gruppe von Devadasis, die seine puritanisch-patriarchalische Moral nicht verstanden, ihm das Angebot machte, ihre Dienste den Kongreßmitgliedern zur Verfügung zu stellen. Vergeblich versuchte er, ihnen klarzumachen, daß ihr Leben ein Leben der Schande sei und daß sie ihren Lebensunterhalt mit Spinnen und Weben verdienen sollten.« (Maria Mies, S. 55)

Der Schleier verhüllt und enthüllt die Göttin

Aber mit Geweben haben diese Tempelerotikerinnen schon seit langem zu tun: In der Bibel – der Geschichte von Tamar – wird erwähnt, daß die Tempelpriesterinnen verschleiert waren. Ich skizziere den Hergang der Geschichte. Als junge, kinderlose Witwe hätte Tamar das Recht, vom Bruder ihres verstorbenen Mannes schwanger zu werden. Doch Onan – und dann auch dessen Vater Juda – verweigerte sich. »Da zog sie ihre Witwenkleider aus, legte einen Schleier über und verhüllte sich. Dann setzte sie sich an den Ortseingang von Ennajim ... Juda, ihr Schwiegervater sah sie und hielt sie für eine Tempelhure, sie hatte nämlich ihr *Gesicht verhüllt.*« (Genesis, 38: 6–26) In der Verkleidung der Tempelhure gelingt es ihr, doch noch von ihrem Schwiegervater schwanger zu werden.

Was bedeutete der Schleier? Schämten sich die Tempelfrauen? Mußten sie sich schützen?

Ich sehe andere Aspekte: Zunächst einmal ist der Begriff der Scham relativ. Ein europäischer Reisender aus dem neunzehnten Jahrhundert wunderte sich, daß eine Frau im osmanischen Reich, beim Baden ertappt, die Hände nicht auf ihr »Scham«dreieck legte, sondern vors Gesicht schlug. Europäischen Ärzten des neunzehnten Jahrhunderts, die im osmanischen Reich Frauen behandelten, fiel die »Schamlosigkeit« dieser Frauen auf. Sie entblößtem ohne Umstände ihren Körper, nur ihr Gesicht blieb verhüllt. In Europa war lange Zeit der Körper das Hauptschamobjekt. (Meine Großmutter mußte ihr Hemd sogar in der Badewanne anbehalten, als sie in ihren Mädchenjahren in einem katholischen Nonneninternat ausgebildet wurde.)

Wenn nun das Gesicht verhüllt, der Körper aber entblößt wird, so muß das nichts mit »Scham« zu tun haben, was ja ein negatives Gefühl ist, sondern es kann ganz einfach um *Anonymität* gehen. Das ist etwas ganz anderes: Ausgelöscht wird die individuelle Zurechenbarkeit, eine gesichtslose Frau ist Frau *schlechthin.* Und das erinnert wieder an die zahlreichen Tonstatuetten der Göttin: Der Körper ist plastisch ausmodelliert, aber der Kopf bleibt gesichtslos, hat keinen individuellen Charakter. Wenn eine erotische Tempelpriesterin ihr Gesicht verschleierte, so konnte sie damit ins Kraftfeld der Göttin eintreten, wo es auf persönliche Schönheit und Eitelkeit nicht ankommt. Jede *Tempelpriesterin* ist die *Göttin,* jeder *Mann,* der zu ihr kommt, der junge *Gott.*

Das Weben war eine magische Erfindung, es war Schöpfung. Frauen nannten die Göttin oft auch die »Große Weberin«. Kette und Schuß war das Gleichnis für Männliches und Weibliches, Grableintücher wurden nicht eingesäumt, damit die große Weberin weiterweben konnte ... ein neues Gewand!

Weben war Schöpfung: Aus ein paar Fäden wurde plötzlich ein Gewand, das den ganzen Körper verbergen konnte, das aus einer Person eine bunt akzentuierte, überpersönliche Gestalt machen konnte. Das Kleid schafft ein Innen und Außen, ein Geheimnis mehr. Verkleidung und Entkleidung wird möglich.

In den Tempeln von Indien und Vorderasien webten Tanzpriesterinnen Gewänder für die Göttinstatuen (lange vor Gandhis guten Ratschlägen). Die Bibelgeschichte der »Hure« Rahab von Jericho, die die israelitischen Späher einließ und versteckte, beschreibt eigentlich einen Vorgang religiöser Unterwerfung. »Sie versteckte sie unter dem Holz und der Baumwolle«. Erst vor kurzem entdeckten Bibelforscherinnen, daß in Kanaan damit hochaufgerichtete Statuen mit herabhängendem Kleid gemeint sind, und daß das Verschwinden unter diesem Kleid ein Ausdruck der Verehrung der Göttin war. Denken wir an das katholische Lied: »Maria breit den Mantel aus, mach Schutz und Schirm für uns daraus!« In einer Bibelstelle wird erwähnt, daß Frauen im Tempel von Jerusalem Schleier für die 'Aschtár webten.

Sicherlich waren Schleier, vor allem, wenn sie kunstvoll gewebt und verziert waren, in der Antike eine Kostbarkeit. Je feiner die Gewebe wurden, um so mehr Arbeit war vonnöten, um einen Schleier herzustellen. So dünn ein Wollfaden auch sein mochte, Baumwolle war feiner, und Seide war noch zarter als Baumwolle. Nur der Byssosfaden konnte sich mit der Seide messen: Er wurde aus den langgezogenen Eiweißfäden gewonnen, mit denen sich Muscheln am Meeresgrund verankerten. Taucher mußten also bis in eine Tiefe von fünf bis sieben Metern unter den Wasserspiegel vordringen, um die geschätzten

Fasern zu pflücken. Sie kamen im ganzen Mittelmeer vor, Baumwolle stammte hauptsächlich aus Indien, in Ägypten beschränkte man sich auf Leinen (selbst bei Königsgewändern), Seide aber ist in China seit dem dritten Jahrtausend v. u. Z. bezeugt. Die feinen Fäden wurden gewoben und gefärbt, und in Hetärentexten, die in hellenistischer Zeit, um 200 v. u. Z. entstanden sind, ist die Rede von »feinen farbigen Tüchern aus Tarent«.

Die babylonische Göttin 'Aschtár, nach der die Tempelfrauen, die »'Aschtáritu«, benannt waren, wird als »Herrin der Farben« angerufen, und noch heute gilt die Bezeichnung »Farben« in einer bestimmten Gegend von Syrien als Synonym für ... käufliche Erotik!

Wie Schmuck und Räucherwerk waren auch Schleier kostbar. Und da oftmals die Tempel die Orte waren, wo Schätze gesammelt wurden, liegt die Vermutung nahe, daß Tempelfrauen kostbare Schleier verwendeten, je zarter, desto kostbarer. Es war eine Ehre, sie zu tragen.

Sie verhüllten und enthüllten die Göttin. Und die tanzende Priesterin, die den Schleier zu immer neuen ephemeren Luftskulpturen gestaltet, die ihren geschmückten Körper umspielen, verschwinden lassen und freigeben ... Sie ist die Stellvertreterin der Liebesgöttin auf Erden, ihre Epiphanie.[49]

6. Sakrale Erotik und Tanz

Jetzt sind wir also beim Tanz angelangt, an dem Punkt, von dem aus ich meine Spaziergänge in frühere Welten begann. Wenn in den Göttintempeln getanzt und Erotik praktisch vollzogen wurde, dann war Tanz ohne Zweifel das Vorspiel zur sexuellen Vereinigung. Tänzerinnen wußten, wie man Männer verzaubern, erregen, in Trance versetzen konnte, wie man sie ins Kraftfeld der Liebesgöttin einführen konnte ... in aller Würde:

»Diese Devadasi strahlte mit jeder Bewegung ihrer roten Lippen, mit den Gebärden ihrer Hände, den Bewegungen des Kopfes, dem Stampfen ihrer Füße und dem Drehen ihrer Augen Sexualität aus. Das Öffnen und Schließen ihrer Nüstern, die lasziven Biegungen ihres festen, aber elastischen Körpers war ein Anblick, der mich begeisterte. Ich konnte die elektrischen Entladungen der erotischen Magie dieser Frau fühlen, und es sah ganz so aus, als ob sie nur einen Bruchteil ihres Könnens anwendete. Ihr langsamer und ekstatischer Tanz war symbolisch und drückte verschiedene Stimmungen aus, von Erregung über Verführung bis zu Gewalt und Leidenschaft. Es muß Stunden gedauert haben, und ich war vollkommen in ihrem Bann. Dann vereinigte ich mich mit ihr. Es war kein vulgärer Striptease. Sie glitt anmutig aus ihren Kleidern und zeigte einen geschmeidigen Körper, der die Farbe von wildem Zimt hatte. Sie befahl mir, mich auf die Matte zu legen. Dann waren es nur noch ihre Yoni und mein Lingam in kosmischer Vereinigung. Ihre Intimität verschlang mich. Ich wurde verschlungen. Sie war, was die Hindus eine ›Nußknackerfrau‹ nennen ... wegen der verblüffenden Kraft ihrer Vaginalmuskeln. Ich geriet fast außer mich. Die ganze Zeit machte sie summende, näselnde Geräusche, die mich in Trance brachten. Plötzlich explodierte mein Gehirn, und ich war in einer anderen Dimension. Ich sah wunderbare Lichter und phantastische Farben. Die Mauern schienen zu schmelzen, und ich fühlte Ekstase in jeder Zelle meines Körpers.« (Nigel Douglas & Penny Slinger, S. 175)

Was heute als sakraler indischer Tempeltanz verkauft wird, ist manchmal nichts weiter als eine disziplinierte und faszinierend verbrämte Inszenierung patriarchalischer oder gar rassistischer Geschichten wie etwa dem Ramayana.[50] Was aber umgekehrt als Aufriß in Nachtlokalen und exotische Dekoration vermarktet wird, nämlich Bauchtanz, läßt noch die Kultiviertheit der einstigen sakralen Tempelerotik ahnen.

Daß die Tänzerin in der Antike die Funktionen einer erotischen Priesterin erfüllte, darauf weisen noch folgende Tanzerlebnisse aus unserer Zeit hin: Die Bauchtänzerin Ulaya Gadalla schreibt, daß die Frauen einer arabischen Familie sie einmal schalkhaft baten, doch ihren jüngsten, noch unschuldigen Sohn und Bruder zu becircen, um ihn in anmutige Verlegenheit zu bringen. Ist dies nicht ein Echo aus einer Zeit, wo Erospriesterinnen junge Männer in die Erotik eingeweiht haben ... mit dem vollen Einverständnis der Mütter!

Noch deutlicher wird diese Einweihungsfunktion bei dem ägyptischen »Stuhltanz«. Bei traditionellen Hochzeitsfesten kommt es heute noch vor, daß die Tänzerin die junge Frau öffentlich (!) »einweiht« oder animiert: Wenn die lärmenden, quietschvergnügten Kinder endlich zu Bett gegangen sind, nimmt sie eine Stuhllehne und zeigt daran pantomimisch und ein wenig komödiantisch verschiedene Arten, sich sexuell zu vereinigen. In Ägypten kommt es auch vor, daß die Bauchtänzerin die Hände des Brautpaars nimmt und zusammen an ihr Herz legt – ein Thema zum Träumen! Bei türkischen Hochzeitsfeiern habe ich bemerkt, daß gerade die Frauen die Tänzerin an ihren Tisch baten, um darauf zu tanzen. Die Tänzerin war *ihr* Star, ihre »Amtsperson«, sie gehörte ihnen! Sie war mit ihnen in einem einzigen Kraftfeld der Weiblichkeit vereint. Auch einzelne Elemente des klassischen Bauchtanzes weisen auf einen einstmals sakralen, erotischen Tempeltanz hin: Wenn tanzende Priesterinnen die Göttin verkörperten, so war ihre Verschleierung Geheimnis, Ferne und Unzugänglichkeit (die verschleierte Isis von Sais), aber wenn sie mit den Schleiern spielten, sie drapierten, entfalteten, drehten, öffneten oder um einen geschmeidig sich windenden Körper wirbelten, so war dies ein Symbol für die Epiphanie, das Erscheinen der Göttin auf Erden. Tatsächlich sprechen die Schriftsteller dieser Zeit von den »heiligen Körpern« der Erospriesterinnen. Die Quelle, aus der sich der Schleiertanz, der zum Repertoire des Bauchtanzes gehört, herleitet, ist also sakral.

Und nun wird auch klar, was die Bodentanzfiguren im Bauchtanz andeuten. Zum Teil ist es ein Sich-Wälzen, Sich-Anschmiegen an den Boden, das der Schlange nachempfunden ist (siehe *Der heilige* Tanz, Seite 74 ff.), andererseits sind es ganz einfach erotische Koituspositionen. Die geöffnete Vulva der Frau ist der Weg zur Unendlichkeit, der Weg zum machtvollen Emporströmen sexueller Energie. Wenn Phallus und Vulva sich begegnen, kann das Ich mit dem Göttlichen verschmelzen. Die Vereinigung des Männlichen mit dem Weiblichen ist auch der Sinn des »Äskulap«-Stabes mit den beiden verschlungenen Schlangen, den die Göttin 'Aschtár in der Hand hält: »Ich führe den Mann zur Frau, die Frau zum Mann«, sagt die Göttin im Hymnos.

Diese erotischen Bodentanzfiguren haben auch Ähnlichkeit mit Yogapositionen wie etwa dem Halbmond, der Taube, dem Diamant usw. Was folgt daraus für das Yoga? Daß es keineswegs nur als Askese auf dem Weg zur Erleuchtung oder als einsame Gesundheitstechnik gemeint ist, sondern auch eine erotische Praxis enthält und eigentlich immer zu zweit geübt werden sollte ... Und das ist durchaus spirituell!

War wirklich die asketische Seite des Yoga, die »Meisterschaft über den Körper«, die ursprüngliche? Ich glaube nicht! Wahrscheinlicher ist, daß Yoga aus der Tempelerotik entsprungen ist und erst später ent-sexualisiert wurde.

Warum erzählt uns in all den Yogabüchern niemand von dieser Möglichkeit? Offensichtlich gibt es Verheimlichung, Prüderie und Mystifikation nicht nur in den monotheistischen Religionen, sondern auch im buddhistischen und hinduisti-

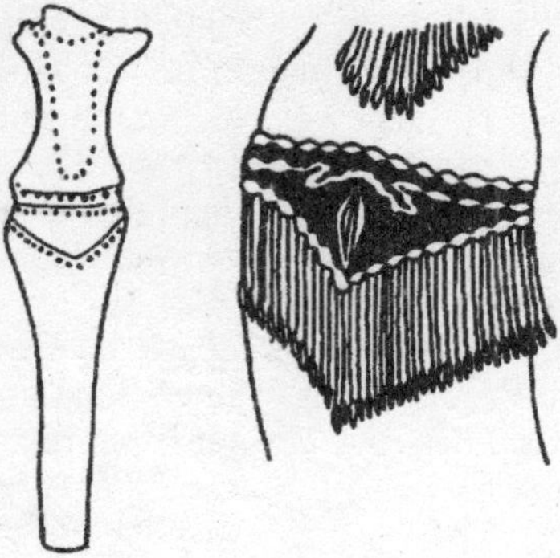

Wie in Asien, so auch in Europa: Der Hüftschmuck der Ischtarpriesterin entspricht dem Hüftschmuck dieser weiblichen Statuette aus der Westukraine, links (Cucuteni-Kultur, um 4000 v. u. Z., Terrakotta) ... und der Form des heutigen Bauchtanzgürtels, rechts.

Was das Yogapaar aus Indien inszeniert – die Vereinigung in der Position des Rades (S. 145) –, zeigt die ägyptische Akrobatin im Tanz (vielleicht sogar noch mit Salto)

Einige Bodentanzfiguren, die auch im Hatha Yoga vorkommen, und die jede Bauchtänzerin beherrschen muß. Die erotischen Positionen sind ohne weiteres erkennbar. Und dazu dann die wellenförmigen und kreisenden Beckenbewegungen!
Was kam zuerst? Erotischer Bodentanz oder die bewegungslosen Yogapositionen? Ist Yoga erstarrter Bodentanz?

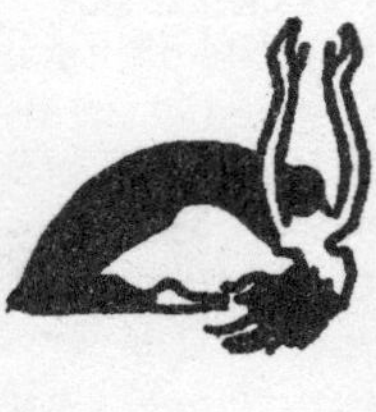

schen Kulturkreis. Tatsächlich ist manchen – eindeutig erotisch gemeinten – Tantratexten Ähnliches widerfahren wie dem »Hohelied der Liebe des Salomon«, das in der heute gültigen Einheitsbibel als Beschreibung der Liebe zwischen Jesus Christus und der Kirche interpretiert wird (!!!). Wenn man den Text mit diesem Hintergedanken durchliest, wird man wohl kaum um ein belustigtes Schmunzeln herumkommen.

In Wirklichkeit beschreibt dieses wunderbar poetische Gedicht nichts anderes als sakrale Erotik, ja sogar einen Tanz im Kraftfeld der sakralen Erotik. Und das geht aus der Interpretation der nun folgenden Strophen hervor:

»Wende dich, wende dich, Shulamit
Wende dich, wende dich,
Damit wir dich betrachten.
Was wollt ihr an Shulamit sehen?
Den Lagertanz![51]
Wie schön sind deine Schritte in den Sandalen,
Du Edelgeborene, deiner Hüften Rund ist wie
Geschmeide,
Gefertigt von Künstlerhand, dein Schoß ist ein
rundes Becken,
Würzwein mangle ihm nicht.
Dein Leib ist ein Weizenhügel, mit Lilien umstellt«

Wendy Buonaventura schreibt dazu: »Dem Anschein nach wird nur noch einmal das orientalische Ideal der weiblichen Formen betont: ein voller, runder Bauch und ausladende Hüften. Schaut man jedoch mit Hilfe von Suarés über diese dürftige Übersetzung aus dem Hebräischen hinaus, entdeckt man etwas ganz anderes. Er hat das Hohelied nach den Regeln der Kabbala, einem Zweig der jüdischen Mystik, entschlüsselt ... Er bemerkt, daß das hebräische yerekh sowohl Hüfte als auch Schenkel bedeutet, und daß die Übersetzung von hhalaeem als Geschmeide in der orthodoxen Bibel unkorrekt ist. Die Wurzel von hhalaeem, sagt er, ist hhal, was ›fallen, tanzen, sich winden oder zittern‹ bedeutet. So heißt es nach Suarés nicht: ›Deiner Hüften Rund ist wie Geschmeide‹, sondern ›Die Kurven deiner Hüften scheinen sich zu verdrehen‹. Nehmen wir die ›Kurven‹ als ›kreisende Bewegungen‹ – eine sinnvollere Übersetzung, da es ja um Tanzbewegungen geht –, ergibt sich ein Bild der Shulamit, wie sie kunstvolle, kreisende Hüftdrehungen macht, die auch Zittern und Sich-Winden einschließen können; Bewegungen, die für einen Bauchtanz grundlegend sind.« (Wendy Buonaventura, Schlange und Sphinx, S. 27)

Wir sehen also: So stark ist die Erbschaft der sakralen Erotik, daß ihre Spuren selbst in den offiziellen Kirchentexten auftauchen, mißverstanden und fehlinterpretiert.

7. Die Sublimation der Erotik

Transzendenz des Schlangentanzes:
Kundalini und Erleuchtung

Wenn die Kraft der Erotik nicht anerkannt und bewältigt wird, kommt es zu Verdrängung, Sexualfeindschaft und/oder Projektion. Dann wird das eigene erotische Verlangen auf die »bösen Verführerinnen« projiziert ..., und was dabei rauskommt, wissen wir!

Ganz anderes aber geschieht, wenn Erotik nicht verdrängt, sondern geweckt ... und sublimiert wird. Damit meine ich nicht die abendländischen Kulturleistungen, die Sigmund Freud zufolge durch die Sublimierung sexueller Triebe möglich wurden, ich meine nicht den Befriedigungsaufschub zugunsten von Ich-Funktionen. Ich meine nicht den Professor, der die Liebessehnsucht seiner Ehefrau ungestillt läßt und statt dessen Nächte damit verbringt, um skurrile Theorien (z. B. über den »Physiologischen Schwachsinn des Weibes«) zu produzieren, die ihn in seinem Fachbereich bekannt machen.

Zu deutlich ist die Deformation der Menschlichkeit in solchen Fällen, zu unkritisch wird »Kultur« von Freud vorausgesetzt. Welche Kultur? Wie sind die Rollen von Männern und Frauen hier definiert? Natürlich stimmt es, daß unsere kapitalistisch-technologische Selbstmordzivilisation mit ihrer Verdinglichung des Menschlichen und der Natur ohne Erotikverdrängung nicht funktionieren würde. Aber Verdrängung ist eben nicht Sublimation. Und wirkliche Sublimation hat Freud nirgends beschrieben. Um die Verwandlung und Verfeinerung

(Sublimation) erotischer Kraft, um die Alchemie der Erleuchtung aber dreht es sich bei der Erweckung der »Kundalinienergie«.

Die Schlange der Schlangen, die Kundalinikraft, offenbart sich im Tanz!

Wenn erotische Energie im Becken geweckt wird, ungehindert durch die Chakren nach oben fließt und den Körper in der Schädelmitte verläßt, so hat diese Person Erleuchtung erreicht. (»Kunda« ist im Sanskrit das heißglühende Metall aus dem Inneren des Erdkerns). Und genau dieses Aufwärtsfließen der Energie wird im Bauchtanz durch Wellen- und Vibrationsbewegungen begünstigt. Körperblockaden werden durch subtile, binnenkörperliche, voneinander isolierte Bewegungen gelockert und aufgelöst.[52] Auch symbolisch wird dieser Prozeß im klassischen orientalischen Tanz dargestellt: Während das Becken in heftigen Zuckungen oder Wellen umhergeworfen wird, balanciert die Tänzerin eine brennende Kerze auf dem Kopf ... Sie verwandelt die »grobe« Energie des Irdischen über alle Stadien psychischer Evolution bis zur Ruhe eines vollkommen klaren Bewußtseins. Und das ist der eigentliche Sinn des Yoga: Die dinglich-manifeste Welt verschmilzt mit der transparenten Welt des Geistes. Das ist wirkliche Sublimation: Verfeinerung, Verwandlung!

Hier treffen wir auch auf die Vereinigung der polaren, »mann-weiblichen« Kräfte, aber in *einer* Person. Es ist die alchemische Hochzeit, die Unio Mystica, die durch den Stab mit den beiden symmetrisch gewundenen Schlangen dargestellt wird. Im indischen Yoga sind es die Kreuzungspunkte feinstofflicher Energiebahnen auf einer mittleren Energiebahn: »Drei Nerven, die im Gehirn in der Gegend des Dritten Auges zusammentreffen (in der Mitte und etwas oberhalb der Augenbrauen), sind verantwortlich für das Fließen von drei Arten von Energie: Pingala Nadi, Ira Nadi und Shushumna Nadi ..., elektrische, magnetische und neutrale Energie.« (Harish Johari, Lila, Das kosmische Spiel, Sphinx 1976, S. 96 ff.).

Die Schlangenbewegung der Hüfte (in Bauchtanzführern fälschlich als »Kamelgang« apostrophiert) in Afrika (Vordynastische Negadekultur, um 4000 v. u. Z., Terrakotta) ...

... in Asien (Tonscherbe aus der Tell-Halaf-Kultur im Nordiraq, um 5000 v. u. Z.) ...

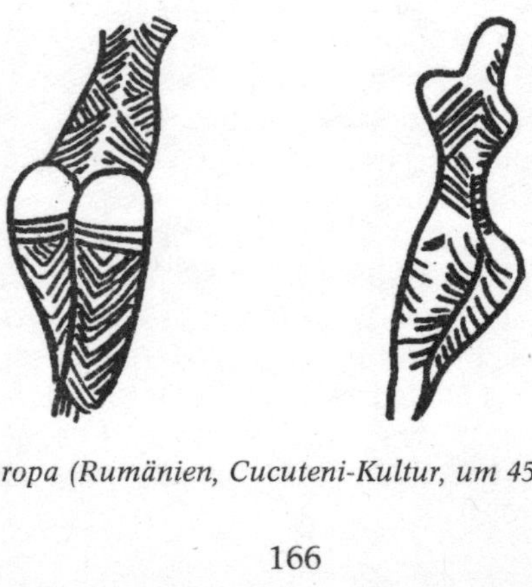

... und in Europa (Rumänien, Cucuteni-Kultur, um 4500 v. u. Z.)

Genau diese feinstofflichen Energiebahnen werden formuliert, wenn die thronende Liebesgöttin 'Aschtár einen Stab mit zwei verschlungenen Schlangen vor sich präsentiert: Unten und Oben sind eins, Rechts und Links sind eins. Yoga ist wörtlich »Vereinigung« der Polarität, und Wellenbewegungen, die vom Becken durch den ganzen Körper nach oben aufsteigen, sind nichts anderes als Yoga in Bewegung.

Ein System von Schlangenbewegungen, das im Bauchtanz nur noch bruchstückhaft erscheint, war in orientalischen Mysterien-Tempeln der geradeste Weg zum überirdischen Sehen. Durch die qualifizierte Stimulierung von Energiebahnen verschwindet die Illusion der festen Form. Das Auge sieht die Energien, immer feinere Energien. Der Körper ist zur Welle geworden, der Quader lebt! So sind wir also über den Tanz wieder zur visionären Orakelberatung zurückgekommen, die in den antiken Tempeln praktiziert wurde.[53] Dieselben Schlangenbewegungen, die im Bereich der Hüften das Becken für die Geburt lockern, können, wenn sie im Bereich des Halses vollzogen werden, übersinnliche Fähigkeiten erzeugen.

Ob durch ihr schillerndes Gift (in feiner Dosierung!) oder durch ihre Bewegungsweise – die Schlange ist die Meisterin der Transzendenz!

8. Tempel als letzte Bastion erotischer Freiheit

Die erste Nacht promiskuitiv: ein Tribut der Gattin an die Göttin

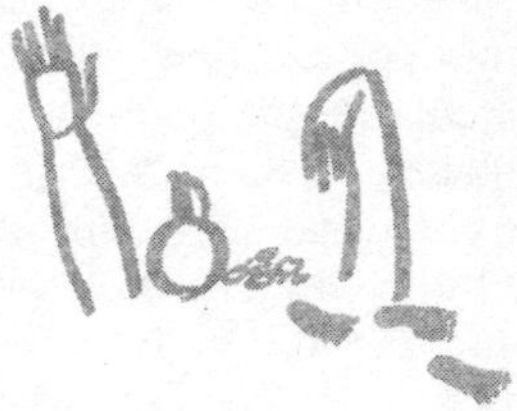

Übergangsformen: Die alte Freiheit schwindet ...

Das matrilineare Verwandtschaftssystem der alten Zeiten, verbunden mit dem unmittelbaren Zugang zu den Quellen der Nahrung und des natürlichen Reichtums, den die Frauen in den anmutigen Dorfkulturen des Neolithikums mit ihren Rispen, Früchten und Knollen und mit ihren bemalten Tongefäße und Göttinfiguren noch hatten, garantierte persönliche und erotische Souveränität.

Im Laufe der Zeit aber und aus Gründen, die ich im nächsten Kapitel darlegen werde, wurden Frauen ihrer Öffentlichkeit, ihrer selbstverständlichen Teilnahme am Gemeinschaftsprozeß beraubt und in die Privatheit der Ehe gedrängt. Diese Prozesse verliefen asynchron, in manchen Gegenden hielt sich die weibliche Souveränität ungebrochen, in anderen Gegenden ging sie verloren, wurde wiedergewonnen und ging von neuem verloren. In Babylon bespielsweise durften Frauen seit 1200 v. u. Z. ohne Vormundschaft ihres Ehegatten keine Verträge mehr abschließen. Männer, die trotzdem mit Frauen Geschäfte trieben, wurden kriminalisiert und bestraft. Aber auch dies war wahrscheinlich nur eine Phase in der Entwicklung Babylons.

Diese *ökonomische Entmachtung* hatte zur Folge, daß Frauen als einzige öffentliche Funktion »nur« noch die Tempelerotik blieb. Der Tempel wurde jetzt zu einer letzten Bastion weiblicher Freiheit, *Erotik* wurde zum *Gewerbe* (jetzt erst!), und die einstmals sakrale Entjungferung wurde zu einem anonymen Akt in einem Niemandsland zwischen Heiligtum und Straße.

»Einmal im Leben muß sich jede einheimische Frau im Tempelbezirk der Aphrodite niedersetzen und sich einem Fremden zur Verfügung stellen. Die stolzen, reichen Frauen, die sonst nichts mit der Masse gemein haben wollen, fahren in geschlossenen Wagen mit verdeckten Fenstern, gefolgt von ihren Sklavinnen, ins Heiligtum. Dort aber machen sie es wie die Armen, die da schon mit einem Kranz aus Stricken auf dem Kopf herumsitzen ... Wenn eine Frau sich einmal hingesetzt hat, dann steht sie nicht mehr auf, bis einer der Fremden ihr zum Zeichen seiner Wahl eine Münze in den Schoß geworfen hat, so daß sie sich mit ihm *außerhalb des Heiligtums* vereinige. Dabei spricht er nichts anderes als die Worte: ›Ich fordere dich auf im Namen der Mylitta.‹ Mylitta nennen sie die Liebesgöttin in Assyrien ... Das Geld gehört nicht der Frau, sondern der Gottheit ... Wenn sie sich dem Fremden hingegeben und dadurch die heilige Pflicht gegenüber der Göttin erfüllt hat, kehrt sie nach Hause zurück und ist nie wieder käuflich, einerlei, wieviel man ihr auch bieten mag.« (Herodot I, 199, zitiert in Bornemann »Das Patriarchat«, S. 267)

Diese Art der Entjungferung findet also nicht mehr im sakralen Bereich einer heiligen Höhle oder eines Tempels statt, sondern *vor* dem Tempel, außerhalb des sakralen Bereiches. Insofern war der Ausdruck »Pro-stitution« nicht ganz unangebracht, denn »pro-stituere« heißt auf Lateinisch »davor-stellen«. Diese »prostitutive« Defloration war im ganzen Vorderen Orient verbreitet und reichte Strabo und Lukian zufolge noch bis ins zweite Jahrhundert nach Christus.

Liebreiz ihr Gesetz, Freiheit ihr Gebot

Kappadokien, um 150 v. u. Z.[54]

Grünbemaltes Laubwerk, in Stein gemeißelt, rankte sich am Kopf der goldbemalten Säulenschäfte, die das Dach des Tempels in Komana in Kappadokien trugen. Der Mann, der ge-

rade aus dem Thermengewölbe hervorkam und sich nun anschickte, die Stufen zum Vorhof emporzusteigen, war untersetzt, sein Gesicht war von der Sonne gegerbt, seine Schultern waren breit und muskulös. Aus dem Schatten der Vorhalle trat ihm eine Frau in schimmernden Byssosgewändern entgegen. Ihre lächelnden Augen ruhten eine Weile auf ihm, dann fragte sie: »Woher kommst du?« – »Von dem Dorf Eithya, am Rande der Provinz, an der Grenze nach Kibkien!« – »Dann bist du weit gereist!« – »Ja, acht Tage zu Fuß.« – »Was führt dich her?« – »Meine Wünsche und meine Hoffnungen ...« Die Priesterin lächelte. »Sie werden erfüllt werden. Was bringst du der Göttin?« Der Mann kramte in einer geflochtenen Schultertasche, zog Oliven und Gerstenfladen hervor, dazu ein Gläschen Salz, kandierte Pfirsiche, getrocknete Apfelscheiben und kratzte sich dann verlegen hinter den Ohren. »Bist du die Oberpriesterin?« fragte er. »Ja«, erwiderte die Dame in den reichen Gewändern. »Ich bin Tanit-Chryseis, ich trage die Verantwortung für diesen Tempel.« Sie beugte sich ein wenig vor und fragte behutsam: »Das sind die Geschenke?« Es war offensichtlich alles, was er geben konnte. »... und meine Verehrung, die habe ich mitgebracht«, fügte er hastig hinzu. Tanit-Chryseis ließ ihre lächelnden Augen wohlgefällig auf ihm ruhen. »... und ein Gedicht! Mein Bruder hat es mir mitgegeben, er ist begabt für solche Dinge.« – »Ein Gedicht«, sagte Tanit-Chryseis lächelnd. »Welch eine Idee! Wir werden es später hören!« Und sie führte ihn bis zu einem Gemach im Inneren des Tempels, wo auf einem niedrigen elegant modellierten Steinsockel Wolldecken und Leintücher lagen. »Leg dich hin«, sagte sie und ließ einen nach dem anderen ihre bunten Schleier zu Boden sinken, so daß die glatte Haut ihrer Brüste und Taille sichtbar wurde. »Bist du wirklich die Oberpriesterin?« fragte der Mann ungläubig und starrte auf ihre goldenen Ketten und Armreife, die mit funkelnden Steinen verziert waren. Welch ein Gegensatz zu seinem schäbigen verstaubten Umhang und seinen abgetragenen Ledersandalen.

»Ich bin Tanit-Chryseis, ich trage die Verantwortung.« – »Heilige Mutter!« stieß der kappadokische Bauer hervor und schloß die Augen.

»Vor der Göttin sind alle Menschen gleich,« sagte Tanit-Chryseis zärtlich. Sie berührte sachte seine Oberschenkel, und schon stieg das Blut in seinen Phallus auf. »Was sind deine Wünsche?« – »Deinen Segen ... für meine Frau, für meine beiden Töchter, für unsere Obstbäume und Weizenfelder«, zählte er hastig auf, »und daß wir verschont werden vor neuer Steuerlast!« Er packte sie am Handgelenk und zog sie zu sich: »Deinen Segen!« Tanit-Chryseis folgte seiner Bewegung, kniete sich über ihn, ließ seinen Phallus langsam in ihren Schoß gleiten und ließ ihn die Kraft ihrer inneren Muskeln spüren, bis bunte Lichter der Freude um seine zerfurchte Stirn zu tanzen schienen und er sich mit ungläubigem Lächeln der Göttin hingab. Sie erhob sich und flüsterte ihm zu: »Du hast den Segen. Alles gedeiht. Sei stark und bring deiner Gattin den Segen der Göttin.«

Tanit-Chryseis ging behutsam durch die hinteren Hallen des Tempels, schob hin und wieder den Vorhang zu einem der Gemächer des Tempels beiseite und spähte hinein. Gesprächsfetzen, Lachen, Flötentöne, Gurren, Stöhnen, wohliges Röcheln erfüllten das Gebäude. Als sie wieder zum Vorhof kam, sah sie die junge Tänzerin Doris, die von einem Fuß auf den anderen tretend vor einem bärtigen, stattlichen Mann mit goldgesäumter, indigoblauer Toga stand, der sich in einen der aus Stein gehauenen Sessel mit den Handlehnen in Form von Löwenpranken niedergelassen hatte. Kaum hatte sie Tanit-Chryseis gesehen, eilte sie ihr entgegen und sagte so schnell, daß ihre Sätze sich überschlugen: »Aristoboulos will, daß ich für ihn tanze und spiele, er will, daß ich ihm die Göttin zeige. Er will die Göttin als Löwin, mit Beißen und Kratzen ... Aber Tanit-Chryseis, ich trau mich nicht. Vielleicht ist es besser, wenn du ... wenn du, ich meine, nicht daß ich ..., vielleicht mache ich was falsch ..., und vielleicht wird er erzürnt, und wer weiß, er sitzt doch im höchsten Rat der Provinz, und wenn er nicht zufrieden ist ...« Doris hatte die Beine eng nebeneinandergestellt, den Oberkörper leicht nach vorne gebeugt, die Augenbrauen hilfesuchend nach oben gezogen. Tanit-Chryseis beruhigte sie: »Aristoboulus ist nichts Besonderes. Niemand ist etwas Besonderes, ob er im höchsten Rat oder im tiefsten Unrat sitzt. Komm!«

Sie nahm Doris bei der Hand und zog sie mit schnellen Schritten wieder nach draußen, wo Aristoboulus schon ungeduldig mit den Fingern auf den Armlehnen trommelte. »Aristoboulos!« Sie breitete die Arme aus und sagte mit warmer freudiger Begeisterung: »Willkommen, die Göttin sei dir gnädig!« Aristoboulos' Miene hellte sich auf. »Ich höre, du möchtest mit Doris feiern. Sie ist, wie ihr Name schon sagt, ein Geschenk. Sie ist eine unserer begabtesten Tänzerinnen. Und nicht nur das: O ja, die Göttin hat viele Farben.« – »Und viele Klänge«, warf Doris nun zuversichtlicher dazwischen. »Sie spielt auch die Leier«, erklärte Tanit-Chryseis. »Aristoboulus, was hast du uns gebracht?« – »Ich habe ein bronzenes Weihwasserbecken anfertigen lassen, du kannst es dir am Eingang anschauen, und außerdem zweihundertvierzig Seleukidendrachmen, für Doris ein ägyptisches Halsband, Gold und Lapis.« Tanit-Chryseis nahm Doris in den Arm, küßte sie auf die Stirn, schlang den anderen Arm um Aristoboulus' Schulter und sagte leise: »Geht schon, geht hinein. Aristoboulus, nimm dir Zeit, soviel du willst. Und wenn du fertig bist, werde ich hier auf dich warten, und wir werden ein wenig plaudern.« Als sie im Inneren des Tempels verschwunden waren, schickte Tanit-Chryseis noch zwei weitere Tänzerinnen zu Aristoboulos und setzte sich dann in den Steinsessel und überlegte. Die Sonne sank langsam unter den Horizont. Dort drüben an der Tempelmauer, gleich neben der Pforte, saßen seit Tagen – einige schon seit Wochen – jene Frauen, die sich für die Göttin »prostituierten«. Nackt und fast reglos saßen sie auf ihren Bastmatten, einige hatten das Gesicht vollkommen verschleiert oder mit Netzen verhängt, so daß ihre Gesichter unkenntlich blieben. Es waren die zukünftigen Ehefrauen, die, um die Göttin zu entschädigen und die alten Bräuche zu wahren, nun auf einen fremden Mann warten mußten, der sie entjungfern und auf diese Weise auf die Ehe vorbereiten würde. Die Dämmerung ließ die Umrisse der Säule, das Gemäuer und den Eingang zu den Thermen in weichen Grautönen verschwimmen, immer wieder schlenderten Männer zur Pforte herein, lenkten ihre Schritte zu den wartenden Frauen, die sich meist nicht rührten, ließen ihre Blicke über sie gleiten, sprachen miteinander. Am Abend zuvor waren zwei von diesen zukünftigen Ehefrauen von ihrem Warten befreit worden. Kaum hatten sie das Gemach der Aphrodite verlassen, eilten sie schon über den Vorhof zur Pforte und wurden in einer Sänfte davongetragen.

Aristoboulos ließ sich wirklich Zeit, wahrscheinlich war er schon vom Samoswein und anderen sinnlichen Lüsten selig und berauscht. Gerade wollte sie sich erheben, als ein junger Bursche mit langen Schritten zu den Tempelstufen strebte. Ein Adonis, dachte sie. Der wird nie an Einsamkeit leiden ... Und der junge Mann sprudelte sogleich hervor: »Wo ist Doris?« – »Wieso gerade Doris?« fragte Tanit-Chryseis zurück. »Doris hat mir versprochen ...«

Wie er sich so eitel unbekümmert vor ihr aufbaute, ihr mit seinen blitzenden blauen Augen gerade ins Gesicht sah! »Übrigens«, warf sie ihm mit einem Unterton des Spottes entgegen, »die Göttin heißt dich willkommen!« – »Ich grüße die Göttin«, murmelte er abwesend und mechanisch. »Wo ist Doris?« – »Sie ist beschäftigt.« – »Dann warte ich eben«, sagte er trotzig, wandte ihr den Rücken zu und setzte sich auf die Tempelstufen. »Könntest du nicht deinen schönen Körper und deine Liebesglut für eine von diesen Frauen opfern, die da vorne warten?« warf ihm Tanit-Chryseis von hinten zu. »Einige warten schon lange«, sagte sie mit leiser Drohung in der Stimme. »Das sind noch Jungfrauen, die wissen nichts! Doris ist unvergleichlich!« begann er zu schwärmen. »Ich kenne sie unter Tausenden an ihrem Gang, wie sie ihre Hände, ihre Hüften bewegt.« – »Leider ist sie beschäftigt ..., doch ... nein, warte, ich glaube, ich täusche mich ... na, warte hier einen Augenblick, ich komme gleich zurück.« Sie trat in eines der Gemächer, wo eine der jungen Tänzerinnen auf einer Liege saß und im Schein einer Öllampe einen goldschimmernden Schleier bestickte. »Napirasu«, sagte sie leise. »Napirasu, verhülle dich sorgfältig, vor allem das Gesicht, du hast doch oft zusammen mit Doris geübt. Kennst du ihre Bewegungen?« Napirasu blickte auf und nickte. »Warum?« – »Napirasu, die Göttin kennt keinen Unterschied. Du bist die Göttin genauso wie Doris die Göttin ist, wenn sie tanzt. Aber der Junge da draußen will nur Doris und sagt, er kennt sie unter Tausenden. Du wirst jetzt für ihn tanzen, ihm seine Wünsche erfüllen, aber sprich dabei kein einziges Wort, weil er sonst deinen persischen Akzent erkennt, und vor allem, laß das Gesicht verhüllt.« Napirasu nickte eifrig und lachte verschwörerisch. Tanit-Chryseis eilte zurück zum Eingang, und der Junge blickte ihr erwartungsvoll entgegen. »Leg deine Geschenke dort am Eingang nieder! Ja, gut, du kannst sie auch Doris persönlich geben. Ich habe mich tatsächlich getäuscht, verzeih mir, Doris wartet drinnen auf dich. Ich bringe dich zu ihr.« Napirasu hatte den Schein der Öllampe gedämpft, sie war tief verschleiert, breitete ihre Arme aus und drückte den Jungen heftig an sich. »Doris, du bist heute aber ... Doris!« Die falsche Doris legte einen Zeigefinger auf den Mund und begann tanzend einen Schleier nach dem anderen zu lösen. Nur den Gesichtsschleier behielt sie an. Sie hatte die Öllampe gedämpft, erotische Energie knisterte und glühte in dem kleinen Raum, während die Rubine und das Gold der Armreife im trüben Licht funkelten. Tanit-Chryseis trat von hinten an ihn heran und rieb ihm Sandelholzpaste auf den Nacken. Der Junge achtete nicht darauf. »Doris«, flüsterte er. Seine Schenkel waren gespannt, Begierde trieb ihn zu ihr, er stand auf, drückte seinen harten Phallus zwischen ihre Schenkel: »Laß mich ein ...« Gleichzeitig legte er ihr die Hand auf die Schulter und drückte sie auf das Lager. Er legte sich auf sie, drang tief in sie ein: »Ah, Doris, Doris!« Seine Finger schoben sich bebend über ihr Schlüsselbein an ihrem Hals empor, fanden ihren Haaransatz. »Oh, du hast das Feuer. So wie du, so ist keine! Doris«, flüsterte er, »küß mich!« Die falsche Doris zog langsam ihren Gesichtsschleier nach oben, Napirasu kam zum Vorschein. Verblüfft blickte er auf, entgeistert wanderte sein Blick von Napirasus maskenhaft reglosem Gesicht zu Tanit-Chryseis hinüber, die noch an den Türsturz gelehnt stand und ihn freundlich anlächelte. Und als plötzlich Napirasus sanfte Stimme mit persischem Akzent erklang, zuckte er zusammen. »Die Göttin heißt dich willkommen«, sagte sie zärtlich. »Ich grüße die Göttin«, wiederholte er mechanisch, richtete sich auf und ging dann einen Schritt drohend auf Tanit-Chryseis zu. »Hat es dir nicht gefallen?« fragte Napirasu hinter ihm. Er hielt inne, und Tanit-

Chryseis fuhr fort: »Du bist ein wunderbarer Liebhaber, ich habe es gesehen, du hast einen starken, eleganten Körper, Alexius. So wie du ist keiner! Alexius, du bewegst dich so kräftig, so elegant. Auch Dorís hat mir davon erzählt. Alexius«, schloß sie schließlich vorwurfsvoll, »wenn du morgen abend eine dieser Frauen an der Tempelmauer von ihrem Warten befreist und sie mit deinem göttlichen Körper erfreust, dann wird diese Frau wenigstens wissen, was ihr entgeht, wenn sie sich auf die Ehe einläßt.« Der junge Held ließ sich ächzend auf der Kante des Lagers nieder, stützte sich mit den Ellenbogen auf die Knie und ließ den Kopf hängen. Napirasu setzte sich mit einem kleinen Abstand neben ihn, sah ihn aufmunternd von der Seite an: »Du bist ein guter Liebhaber, Alexius, du gefällst mir. Wann kommst du wieder?«

Tanit-Chryseis aber war nun in das Gemach eingetreten, wo Aristoboulos in seliger Weinlaune, Arme und Beine weit von sich gestreckt, auf schafwollgefüllten Polstern lag. Eine der Tänzerinnen entfachte Myrrhe und Weihrauch, eine zweite ölte und massierte ihm Hände und Füße mit Sandelholzpaste aus Indien, und neben ihm lag Dorís und summte schwermütig-süße Lieder. Aristoboulos' Hand lag auf ihrem Schenkel, und Tanit-Chryseis setzte sich dicht neben ihn. Sie strich ihm über sein schlaffes Glied und sprach dabei: »Weißt du, manchmal wundere ich mich über dich. Du bist sehr freigebig. Die Göttin wird all deinen Unternehmungen gnädig sein.« – »Ach«, sagte Aristoboulos achselzuckend, »mir genügt es schon, wenn ihre Dienerinnen mir gnädig sind. Was meine Unternehmungen betrifft ...«, er setzte sich auf, »ich bin sehr am Zweifeln. Du weißt, als Vizestatthalter dieser Provinz habe ich gewisse Vollmachten, dennoch ist meine Stellung nicht unumstritten. Um die Schar meiner Anhänger zu vergrößern und die Fraktion der Aristokraten kleinzuhalten, müßte ich irgend etwas Spektakuläres unternehmen, also zum Beispiel ein Theater bauen oder einen neuen Tempel oder eine Expedition gegen die Parther organisieren. Aber dazu brauche ich mehr Geld, und das heißt, ich muß mehr Steuern abschöpfen, und das wiederum heißt, daß sich Unzufriedene gegen mich sammeln. Das heißt, um Anhänger zu gewinnen, werde ich Anhänger verlieren. Ich weiß nicht, wie ich mich entscheiden soll, aber irgend etwas muß ich tun.« Tanit-Chryseis überlegte längere Zeit. »Aristoboulos«, sagte sie leise, »von mir hörst du keinen vorschnellen und leichtfertigen Rat. Du selbst mußt prüfen, was das richtige ist. Erlaube mir nur, dir eine Frage zu stellen: Ist es denn sicher, daß dich ein solches Unternehmen Geld kosten wird? Könntest du deinen Ruf und deine Beliebtheit nicht auch festigen und schmücken, ohne dafür auch nur eine einzige Seleukidendrachme zu opfern?« Als Aristoboulos angespannt hinhörte, sagte sie: »Laß doch das Volk selbst dein Lob singen. Warum, Aristoboulos, organisierst du keinen Dichterwettbewerb, befreist die kleinen Leute von weiteren Steuererhöhungen und läßt dich als Retter des Volkes feiern? Aristoboulos, das würde uns allen Spaß machen, wir wissen, wie man Feste feiert. Du könntest es mit unseren Adonisfeiern zusammenlegen. Das alles kann im alten Theater gespielt werden, du brauchst kein neues dafür bauen lassen.« Je länger sie sprach, um so stetiger wurde Aristoboulos' Nicken. »Die Frauen sind schlau, bei Kypris, ihr seid schlau!«

Aristoboulos war mehr als zufrieden. Er versprach, am nächsten Tag noch zusätzlich zehn Unzen Gold zu schicken, und war von der Idee so begeistert und von den süßlichschwülen Düften so erfüllt, daß sein Phallus von neuem aufstand. Tanit-Chryseis kehrte wieder zur Vorhalle zurück, ließ sich in den Steinsessel sinken und überlegte. Sie rief eine der jungen Priesterinnen herbei: »Chryseis, bring dem Aristoboulos eine Schale mit kandierten Rosenblättern und Dattelgebäck aus Syrien, und dem Alexius, er ist bei Napirasu, dem bringe einen Krug mit Wein aus Samos, das wird ihn trösten, und ist der Bauer aus dem Dorf Eithya an der Grenze noch da?« – »Ich weiß nur, daß er beim Gasthaus vor den Thermen um ein Nachtlager angesucht hat.« – »Chryseis, bitte, lauf, hol ihn und sag ihm, er soll sein Gedicht mitbringen!«

Während Chryseis über den Tempelvorhof lief, bemerkte Tanit-Chryseis, daß unter den wartenden Frauen an der Tempelmauer Bewegung entstand. Ein älterer Mann nahm ein junges Mädchen bei der Hand und führte sie etwas abseits zu den Akanthusstauden. Kurze Zeit später teilte sich das Blattwerk, der Mann wandte sich zum Gehen, die junge, nackte Frau verbeugte sich, blieb noch eine Weile bei den Stauden sitzen, betastete ihren Körper, dann nahm sie ihren Gesichtsschleier ab, legte ihn um die Hüften und ging mit festen, energischen Schritten zur Tempelvorhalle. Sie verbeugte sich kurz und korrekt vor Tanit-Chiyseis, reichte ihr eine Tetradrachme, offenbar das Liebesgeld, das sie empfangen hatte, und sagte dann mit Worten, stechend wie Nadelspitzen: »Eigentlich müßte diese Tetradrachme mir gehören, denn ich habe meinen Körper dargeboten!« – »Ach so?« erwiderte Tanit-Chryseis fragend. »Ja, ihr gebt nicht nur euren eigenen Körper für Geld, sondern ihr zwingt sogar die Ehefrauen, daß sie sich irgendwelchen fremden ungewaschenen Männern hingeben, nur, damit eure Tempelkasse sich immer mehr füllt.«

»Setz dich, mein Kind. Sag mir, wovon du bisher gelebt hast!« – »Mein Vater hat für mich gesorgt.« – »Und sag mir, wovon du in Zukunft leben wirst.« – »Mein Mann wird für mich sorgen«, sagte sie. »Na bitte«, folgerte Tanit-Chryseis. »Dann brauchst du ja diese halbe Drachme nicht, oder?« Das Mädchen war verblüfft. »Aber ...« – »Du wolltest sagen, du hast es dir verdient, nicht?« Das Mädchen nickte. »Und ich sage dir, daß du es nie hättest verdienen können, wenn es nicht den Tempel gäbe. Und damit der Tempel existieren kann, braucht der Tempel Geld.« Das Mädchen sah sie mit großen Augen an.

»Aber ...« – »Kein Aber«, verfügte Tanit-Chryseis apodiktisch und betonte jedes einzelne Wort. »Mein Kind, sie haben dir weisgemacht, daß wir schlechte Frauen sind. Nicht?« Das Mädchen nickte schüchtern. »Und daß wir die Ehemänner zur Treulosigkeit verführen. Nicht?« Wieder nickte das Mädchen.

»Und nun hör mir gut zu. Wir sind es, die die Kunst der Liebe aus alten Zeiten bis jetzt bewahrt haben. Was früher alle Frauen wußten, was die Mutter der Tochter erklärte, das müssen die Frauen, auch die Ehefrauen, heute von uns lernen. Ohne uns gibt es weder Glück noch Interesse unter den Menschen. Wir heilen den Mann von der Impotenz, die Frauen von Unfruchtbarkeit, wir lehren sie zu tanzen, um

seine Sinne zu erregen, wir schlichten den Streit, wenn sie sich zerfleischen, wir lehren die jungen Männer, wie sie sich den Frauen zu nähern haben, wir weihen das Mädchen, das die Mutter zu uns schickt, in die Liebe ein. Und wie oft, glaubst du, kommt es vor, daß die Ehefrau eines Mannes seine Lüste nicht befriedigen will oder kann: Sie ist krank, sie ist schwanger, sie blutet, sie liebt – heimlich natürlich – einen anderen. Seine Begierde wendet sich in Zorn, er beginnt sie zu mißhandeln ... Ist es denn nicht besser, wenn er zu uns seine Zuflucht nimmt und wir ihm die Göttin zeigen? Und dann bedenke mal: Reisende, fremde Männer kommen hierher. Was hindert sie daran, List und Gewalt auszuhecken gegen unsere Gemeinschaft? Wir, wir bezaubern sie mit unseren Künsten, nehmen sie auf in unseren weichen Schoß, und ihr, ihr Ehefrauen, profitiert davon.« – »Nein«, protestierte das Mädchen mit unsicherer Stimme, »nicht wir, unsere Männer, oder?« – »Was liebst du eigentlich an deinem zukünftigen Mann?« fragte Tanit-Chryseis. »Ich weiß nicht«, erwiderte das Mädchen, »was soll ich an ihm lieben? Meine Eltern haben ihn für mich ausgesucht, er hat den Brautpreis bezahlt, wie es heute Sitte ist.« – »So, und was bekommst du davon?« – »Nichts.« – »Und wenn dein Mann dich verstößt?« – »Nichts.« – »Und wohin gehst du, wenn er dich verstößt?« – »Ins Haus meines Vaters«, erwiderte das Mädchen. – »Und wenn er dich nicht aufnimmt?« – »Ich weiß nicht, vielleicht, vielleicht zu ... euch!« – »Und wenn dein Vater stirbt, was erbst du?« – »Nichts.« – »Und wenn deine Mutter stirbt, was erbst du?« – »Nichts, sie hat ja selbst nichts geerbt außer ein bißchen Schmuck.« – »So, und jetzt hör mir noch einmal gut zu: Wir sind die einzigen, die ihr Eigentum selbst erwerben, selbst verwalten und an unsere Töchter und Söhne weitergeben. Deshalb braucht der Tempel Geld, damit wir weiterhin Kypris, die Göttin, hier vertreten können.«

In diesem Augenblick kam Alexius leicht gebeugt mit unregelmäßigen Schritten zur Vorhalle heraus. Das Mädchen sah ihn mit großen Augen an. »Dieser junge Mann ist ein wunderbarer Liebhaber. Schade, daß nicht er dich vom Warten befreit hat. Was wirst du nun tun?« – »Ich werde im

Gasthaus übernachten, und morgen früh muß ich mit meinem Mann mitgehen, er kommt jeden Tag, um zu sehen, ob ich schon bereit bin. Aber«, setzte sie mit plötzlich aufkeimender Widerspenstigkeit hinzu, »aber ich will ihn gar nicht!« – »Aha«, sagte Tanit-Chryseis. »Warum wartest du nicht mit dem Heiraten, bis zu etwas älter bist?« – »Aber das Brautgeld ist schon bezahlt! Der Vertrag ist schon besiegelt.« – »Wie hoch war denn das Brautgeld?« – »Es war sehr hoch: zweihundertvierzig Drachmen.« – »Eine Kleinigkeit«, sagte Tanit-Chryseis. »Du kannst bei uns im Tempel bleiben, wenn du willst. Tempelrecht geht über Eherecht. Ich kann dich loskaufen.« Das Mädchen saß zusammengekauert und hielt sich an den Steinstufen fest. Ein paar Schritte von ihr entfernt stand Alexius auf den Stufen. Der Fackelschein beleuchtete seine ebenmäßigen Gesichtszüge. Das Mädchen bekannte scheu: »Seit Tagen habe ich gesehen, wie bei euch interessante Männer ein und aus gegangen sind. Dann kam ein Mann und wollte mich vom Warten befreien, aber ich habe ihm gesagt: Nein, es ist noch zu früh. Da hat er von mir abgelassen. Ich habe eine schwangere Frau gesehen, die mit ihrer Mutter zum Tempel kam. Sie hat ihr Kind bei euch im Tempel geboren. Und dann habe ich gesehen, wie einige von euch getanzt haben. Das möchte ich auch lernen. Ich will bei euch im Tempel bleiben«, sagte sie plötzlich kühn entschlossen, sprang auf und schüttelte ihre schwarzen Locken.

»Und schon hast du deine Tetradrachme zurück«, sagte Tanit-Chryseis und drückte ihr die Münze in die Hand. »Du kannst heute im Tempel übernachten. Überleg es dir noch mal! Alexius, kannst du die Nacht bei ihr verbringen, nicht in ihr, bei ihr! Sie wärmen, zudecken, in deinen Armen wiegen?«

Schufra blieb im Tempel und erlernte die Kunst des Tanzes, der Erotik, der Geburtshilfe und der Beratung.

9. Hetärismus

Bildung und Liebreiz auf Wanderschaft

Hetäre heißt auf griechisch »Gefährtin«, ein Wort, das Intimität *und* Freiheit, aber keinen Rangunterschied beinhaltet. Hetären waren unverheiratete Frauen, die im klassischen und nachklassischen Griechenland das öffentliche Leben bestimmten.

Sie wurden zu Festen, Gastmählern und Orgien eingeladen, um zu singen, zu tanzen, den Männern erotische Erlebnisse zu gewähren, manche wurden ständig von Liebhabern finanziert, manche waren reich, führten ein großes Haus und unterstützten mit dem Geld, das sie von reichen Männern bekamen, junge Dichter, Künstler und stifteten manchmal sogar Denkmäler. Es war eine Art käuflicher Erotik, und dennoch bewegten auch sie sich noch im Kraftfeld der sakralen Erotik, denn viele von ihnen waren in Göttintempeln in Griechenland und Asien ausgebildet worden oder kehrten später als Priesterinnen in diese Tempel zurück, wie etwa die Hetäre Milto, die im Kriegsgewirr von Kyros über Artaxerxes zu Dareios kam, nach dessen Tod eine Priesterin der Göttin Anaitis wurde. Manche Hetären wurden auch zu Vorbildern für Göttinstatuen, die dann in Tempeln aufgestellt wurden, wie etwa Phryne für Phidias' Aphrodite oder Kampaste, die dem Maler Apelles Modell stand. Für manche Hetären wurden sogar Obelisken, Denkmäler und Mausoleen errichtet.

Am berühmtesten war Aspasia. Sie hatte ihre philosophische, politische und ästhetische Bildung nicht in Athen, sondern im liberaleren Milet in Kleinasien erworben. In Athen bildete sie einen Philosophenzirkel, wo auch Sokrates unter ihren

Hörern war. In ihrer Ehe mit Perikles gewann sie großen Einfluß auf die athenische Politik. Das wurde ihr verübelt. Als Philosophin und Erotikerin wurde sie wegen Gotteslästerung, Hochverrat und Kuppelei angeklagt, und Sokrates übernahm die Verteidigung. Auch Leontion, die Geliebte des Epikur, war Schriftstellerin, Lais von Korinth wurde sowohl von Kynikern wie auch von Epikuräern anerkannt, und die Hetäre Elephantis hat ein Lehrbuch der Liebe geschrieben. Es ist verlorengegangen, war aber vielleicht das Vorbild späterer Liebeslehren, die von Männern verfaßt wurden.

Durch ihre philosophische Freigeistigkeit stellten die Hetären den konservativen, patriarchalen Götterglauben (mit Zeus an der Spitze) in Frage, sie verkehrten mit weltoffenen Kaufleuten, Politikern, Rednern, Künstlern und Intellektuellen, deren Denken liberaler und flexibler war als das der konservativen Adeligen und Großgrundbesitzer, deren Familien oft noch aus der Zeit der achäischen Invasionen stammten.

Nicht die griechische Ehemoral war durch den Hetärismus bedroht: Solange die Ehefrau sittsam oder deprimiert zu Hause saß, konnte der griechische Mann seinen außerhäuslichen Vergnügungen mit Hetären (oder Lustknaben) nachgehen.

Aber Hetären beanspruchten Öffentlichkeit, Macht und Reichtum. Sie waren faszinierende Frauen: Sie waren gebildet, pflegten ihre Schönheit, trugen kostbare Kleidung (die »feinsten buntschillernden Schleier aus Tarent«), griffen in die Politik ein, ließen sich Denkmäler errichten, traten in den Harem eines ägyptischen Pharaos oder Perserkönigs ein, wanderten zwischen verfeindeten Städten und gehörten letztlich keinem außer der Aphrodite. »Bei unserer Herrin Aphrodite«, sagt die Hetäre Megara in einem Brief an Bakchis. Liebreiz auf Wanderschaft, aber die Liebesgöttin ist zugegen.

Für die männerbündlerischen Griechen waren diese Frauen, die noch einer anderen Kultur entstammten, eine Herausforderung, und deshalb kam es zu Vorwürfen und gerichtlichen Klagen.

Es wurde ihnen vorgehalten, daß sie geldgierig seien und enorm hohe Zahlungen, manchmal ganze Schiffsladungen für eine einzige Nacht empfingen. Die Hetäre Petale nennt den Grund. »Wir brauchen schöne Kleider, Gold, Schmuck und

Dienerinnen; das sind wir einfach unserem Stand schuldig. Leider besitze ich kein ererbtes Landgut, auch habe ich keinen Anteil an Silberbergwerken. Ich bin von meinen geringen Verdiensten abhängig, von den oft beseufzten Gaben meiner Liebhaber.«

Aber Menekleides schreibt über seine verstorbene Geliebte: »... Die schöne Bakchis ist fort, ganz fort ... Wie lieb sie mich hatte! Sie hat durch ihr Beispiel bewiesen, daß die bösen Reden der Allgemeinheit, die Hetären seien schlecht, treulos, nur auf Gewinn erpicht, immer nur für den, der eine volle Börse hat ... ein ungerechter Vorwurf sind ... Erinnerst du dich des Meders, der mit großem Pomp aus Syrien dahergerauscht kam und ihr Schmuck von echt persischer Pracht versprach? Doch sie wies seinen Antrag ab und wollte lieber unter meiner dünnen Wolldecke schlafen ... Nun ist sie tot! ... Ich aber muß weiterleben, essen, mich mit Freunden unterhalten, sie aber wird mich nicht mehr mit ihren heiteren Augen anlachen ... Dahin sind nun ihre Lieder im Gelage, zerschellt die Leier, die sie mit ihren Elfenbeinfingerchen schlug ...« (Klassiker der Erotik, Prisma-Verlag, S. 659)

Im zweiten Jahrhundert unserer Zeitrechnung fühlt sich ein athenischer Dichter veranlaßt, eine Hetärenapologie zu schrei-

Als Kontrast zur Ischtarpriesterin eine Aphroditedarstellung aus Griechenland. Aphrodite und Ischtar sind beide Liebesgöttinnen, und in den Tempeln beider Gottheiten wurde sakrale Erotik vollzogen. Diese Aphrodite ist heiter, jugendlich, hübsch, aber es fehlt ihr die Erhabenheit des Sakralen, die die Ischtarpriesterin noch ausstrahlt. Die Frauen, die den Bildhauern Modell standen, waren Hetären. Eine »anständige« Ehefrau hätte sich dafür ja nicht hergeben dürfen. (Griechenland, um 300 v. u. Z., Marmor)

ben: »Was andern schändlich und des Tadels wert erscheint, daß du schamlos bist und verwegen und leichtsinnig, das liebe ich am meisten an dir. Wir bewundern auch Rosse, die stolz sind, und Vögel, die nicht das Haupt zur Erde senken. Und du tust nichts Unerhörtes damit, wenn du als Weib, durch blühende Schönheit mächtig, die Stirn hoch trägst und erhaben einherschreitest, da doch die Burg der Schönheit viel stärker ist als königliche Reiche. Du nimmst Geld – wie Danae das Gold; du läßt dir Kränze schenken, wie die jungfräuliche Artemis. Du gewährst deinen Leib auch Bauern – wie Helena Hirten und Zitherspielern. Selbst Sklaven verschmähst du nicht – denn durch dich erscheinen sie wie Freie – Kein Feuer ist so heiß wie dein Hauch, keine Flöte so süß zu hören wie deine Reden.« (Philostratos, 2. Jh. u. Z., zit. in »Antike Erotik«, Prisma-Verlag, S. 672)

Die Hetäre muß offenbar verteidigt werden. Schön, daß es einen Verteidiger gibt – Philostratos!

Gratwanderungen zwischen Bewunderung und Verachtung, sakraler Tradition und kommerzieller Entheiligung sind uns auch aus Indien bekannt:

»Die Klasse der Kurtisanen hatte trotz der Verachtung, die ihnen von der herrschenden brahmanischen Moral entgegengebracht wurde, eine beachtliche soziale Position als Hüterinnen der schönen Künste, der Musik, des Tanzes, des Gesangs und der Schauspielkunst an den Höfen der Prinzen und Könige. Sie waren die einzigen Frauen im mittelalterlichen Indien, die eine säkulare Bildung bekamen. Abgesehen von der Ausbildung im Tanz und in den anderen Künsten waren manche von ihnen in den Sprachen und den Wissenschaften ausgebildet ... Die Hauptkurtisane von Vaishali, Ambapalli, die wegen ihrer Schönheit, ihres Reichtums und ihrer Bildung berühmt war, führte einen großen Hof, und sogar Gautama Buddha fand es nicht unter seiner Würde, sich von ihr zum Essen einladen und mit einem Mangohain für seinen Orden beschenken zu lassen.« (Maria Mies, S. 52)

Und vor einigen Jahren erzählte uns ein alter indischer Professor und Tantraspezialist, daß sein Vater ihn als zwölfjähriges Kind in einen Tempel geschickt habe, um eine »Prostituierte« auf sein Fest zu laden. Sie sollte die alten Lieder für seine Gäste singen. Der Junge trat schüchtern über die Schwelle und prallte zurück ... die Sängerin war gerade mit einem Mann beschäftigt! Sie rief ihn herein, aber er wagte kaum, sie anzusehen und kauerte sich in einer Ecke nieder. Sie ließ ihren Blick auf ihm ruhen und sagte dann: »Ich gäbe etwas darum, wenn dieses Kind mein Sohn wäre!« Später kam sie mit ihm zur Abendgesellschaft und sang die ganze Nacht. »Ihnen haben wir es zu verdanken, daß die tantrischen Traditionen nicht verlorengegangen sind«, sagte der Professor und fügte hinzu: »*Their names should be written in golden letters!*«

Als ich dieses persönliche Bekenntnis eines anerkannten Wissenschaftlers hörte, weinte ich vor Glück! Die Verachtung und Diskriminierung des Erotischen, die ich in der Bauchtanzwelt so schmerzhaft erlebt hatte, wich aus meinem Bewußtsein. Nicht nur nicht verachtet sollten sie sein, die Erotikerinnen, nein, ihre Namen sollten in goldenen Buchstaben verewigt werden! Es war ein Trost.

Im islamischen Imperium gab es zwar durchaus gebildete Frauen, Tänzerinnen und Musikerinnen, aber sie lebten entweder als Konkubinen und Künstlerinnen in den Harems mächtiger und reicher Männer oder schlugen sich als Freigelassene mit ihren Künsten durchs Leben. Sie genossen nicht die Achtung der Hetären oder Devadasis.

Das führt uns zu der Einrichtung des Harems. Was bedeutet er? Ist er eine voll und ganz frauenfeindliche Einrichtung, ein sadistisches Gefängnis zur Demütigung entrechteter Mädchen?

10. Der Tempel wird zum Harem

Männer heiraten sich an die Macht,
Erotik wird zum Kunstgenuß

»Harem? Ja, bin ganz dafür ...«, sagte der Manager mit süffisantem Lächeln und dachte an einen Pascha, der nach Belieben unter Dutzenden williger Schönheiten wählen kann, die an seiner Herrlichkeit niemals rütteln würden! Schwellendes Fleisch, verschleierte Blicke, betörende Düfte, geschickte, eilfertige Hände, und ein »Rammbock, der fünfzehnmal in die Bresche stößt«.

Was er jedoch verschweigt: Seine Frau hat eben die Scheidung eingereicht, sie hat es satt, immer nur auf ihn zu warten, während er im Rhönrad der Karriere strampelt. Sie will noch was vom Leben haben! Der Schock saß tief! Nach all den Jahren!

»Harem? Das wäre die Lösung!« sagt er, während seine Hand den Griff des Aktenkoffers mit dem Zahlenschloß umklammert. Das ist sein »Serail«. Angebotskurven, Bilanzen, Steuererklärungen, Unternehmensstrategien, Corporate Identity, Projektentwürfe, Terminpläne in drei Dringlichkeitsstufen ...

Im Herrscherharem verflacht die Magie der Erotik zum Kunstgenuß

Im Westen gilt der Harem als Inbegriff orientalischer Männerherrschaft. Man denkt an die Harems der Omayaden, der Abbasiden, der Mogulherrscher in Indien und Pakistan, der Osmanen in Konstantinopel, die manchmal bis zu tausend Odalisken[55] und Konkubinen im Serail »hielten«.

Aber Harems hat es schon Jahrtausende früher gegeben. Es hat sie gegeben, seit es Herrscher gab. Wir haben gehört, daß in archaischen Zeiten Könige noch von Priesterinnen gewählt und durch sexuelle Begegnung inthronisiert wurden, bis sie von einem neuen König abgelöst wurden.[56] Manchmal war es auch ein Gremium[57] von Priesterinnen, die aus alteingesessenen Familien bestanden, gemeinsam verwalteten oder Magie betrieben. Der junge König hatte ihnen seine Kraft, seine Potenz zu leihen. Er war Fruchtbarkeitssymbol und magisches Werkzeug.[58]

Aber wenn es diesen Königen gelang, ihre Herrschaftszeit ausdehnen, eigene Machtstrukturen aufzubauen und zu stärken, so war es ihnen prinzipiell auch möglich, das Verhältnis umzukehren. Die Priesterinnen wurden Gefangene des Königs ... oder Prestigeobjekte. Der Tempel wurde zum Harem. Aber auch »Harem« bedeutet eigentlich »Heiligtum«.[59] Diese ehemaligen Priesterinnen mit all ihrem kulturellen und administrativen Wissen, ihrer erotischen Kompetenz waren ein Kleinod für den Machthaber, ein Unterpfand seiner Macht.

Beim Anblick javanischer Hoftänzerinnen mit ihren kunstvoll drapierten Gewändern und ihren überaus geschmeidigen Schlangenbewegungen erfaßt mich ein Gefühl von weihevoller Verzückung – so als ob sich das kostbarste Yin, der Inbegriff der Weiblichkeit, der geheimnisvolle Geist des Tales vor meinen Augen entfaltet. Es sind nur Spuren der einstigen Autonomie, aber selbst in diesen Spuren ist Macht und Geheimnis. Durch ihr bloßes Sein, durch ihren Mut zur Anmut sind sie Segen für das Land. Politisch entmachtet zwar, und dennoch Garant politischer Macht.

Die alte Fruchtbarkeitsmagie war noch lange so tief verwurzelt, daß auch mächtige Haremsherrscher es für nötig hielten, ihre Haremsdamen mit großem zeremoniellen Aufwand erotisch zu befriedigen ..., anstatt sich ihren Regierungsgeschäften zu widmen.

Im (chinesischen) Lehrbuch des »Gelben Kaisers« plaudern die anmutigen Erosberaterinnen munter und ungeniert daher, während der Kaiser entspannt auf seinen seidenen Kissen ruht und ihnen Fragen stellt. Er möchte in die sexuellen Geheimnisse eingeweiht werden, die ihm Unsterblichkeit verleihen. Er möchte wissen, wann er sein Jadeszepter in ihre kostbare Muschel einführen darf, vor allem aber möchte er wissen, warum er so polygam sein darf. Und die Erklärung seiner Beraterinnen ist magisch: »Als Kaiser dürft Ihr eine Frau des ersten Grades, neun Frauen des zweiten Grades und siebenundzwanzig Frauen des dritten Grades besitzen. Die neun Frauen des zweiten Grades symbolisieren die neun Planeten, und die siebenundzwanzig Frauen des dritten Grades spiegeln die siebenundzwanzig himmlischen Konstellationen wieder. Es ist die Pflicht des Kaisers, so zu regieren, daß die Harmonie zwischen Erde und Himmel bestehen bleibt, denn er ist wahrlich der Sohn des Himmels! Er muß jede Nacht mit neun auserwählten Gespielinnen das Liebesspiel spielen, wobei er bei denen des niedrigeren Ranges beginnt. *Jede von den neun Gespielinnen muß vollkommen befriedigt werden, damit die Planeten regeneriert werden.* Weil er durch die Kenntnis der Liebeskunst fähig ist, seinen Samen zurückzuhalten, kann der Kaiser seine Kräfte konzentrieren. Bei Vollmond muß er seinen Samen in der Königin des Himmels ausstoßen!«

Jetzt ist der Kaiser also der Sohn des *Himmels,* nicht mehr der *Erde* und der zyklischen Natur. Erotik ist nicht mehr Fruchtbarkeitsmagie, sondern Staatserhaltungsmagie im Himmelskosmos. Aber eines bleibt: Das Spiel der Erotik hat eine Funktion für das ganze Gemeinwesen ... und bei Vollmond verschmitzt das Weibliche mit dem Männlichen.

An den Herrscherhöfen der islamischen Zeit – speziell in Persien – wurde das zeremonielle Element der Erotik auf die Spitze getrieben. Erfahrene Zeremonienmeisterinnen bildeten Haremssklavinnen in Musik, Tanz, Gesang, Poesie, höfischem Benehmen und ausgefeilten erotischen Methoden aus. In komplexen Choreographien wurde die Multidimensionalität erotischer Erfahrung zwischen dem Schah und seinen Haremskünstlerinnen in Spiegelsälen zelebriert. Nach Tanz und Gesang zog sich der Haremsherrscher schließlich mit seiner Lieblingskonkubine ins Privatgemach zurück, wo er die noch engeren Freuden endlos verzögerter Lust genoß. Erotik wurde zum Selbstzweck, zum sensuellen Erlebnis, und die Haltung riesiger Harems kostete Unsummen, die durch Steuergelder gedeckt wurden: »Es ist ein wahres Unglück, daß sich unser König so aufführt. Der Eunuch hat im Königspalast neunhundertdreißig Mädchen gezählt, die mit Diademen geschmückt und mit Reichtümern versehen sind. Der König verlangt Steuern von allen Ländern, und in einem einzigen Monat verschwendet er den Tribut einer Provinz.« So schreibt ein persischer Minister. Diese Art der Erotik hat nichts Sakrales mehr an sich. Verschwunden ist die wilde Kraft der Fruchtbarkeitsmagie, verschwunden ist die innige Freude an der Verschmelzung zweier Körper und Seelen im Kraftfeld der Göttin, verschwunden ist auch das gold-orange emporwirbelnde Schlangenfeuer, die golden-kühle Erleuchtung, die aus den Wellenbewegungen des Tanzes hervorkommen. Der Körper ist verweltlicht und das Sakrale entkörperlicht.

Obwohl diese Art der Erotik an islamischen Herrscherhöfen praktiziert wurde, hat sie mit Islam natürlich nicht das mindeste zu tun. Sie steht seltsam isoliert zwischen den Welten, ein unbegriffener und unpraktischer Atavismus: Zu einer Zeit, als in Europa der Feudalismus bereits der bürgerlichen Marktkonkurrenz Platz gemacht hatte und die Basis für eine militärische, technokratische und kommerzielle Weltherrschaft geschaffen wurde, sorgten sich osmanische Herrscher in Konstantinopel noch um die Reihenfolge, mit der sie ihren Konkubinen beiwohnten. Das bloß ästhetische, voyeuristische Element drückt sich auch im Tanz aus. Das folgende Gedicht handelt von der Frustration eines aufgegeilten Ministers, der die Konkubine des Herrschers natürlich nicht berühren durfte: »Tanzend beugt sie ihren schlanken Leib dem geilen Bock entgegen, reizend spielen ihre Brüste wie die Perlen feinsten Schmucks, lüstern strecken sich die Glieder, Wollust ist im Auf und Nieder ..., doch was soll der Schönen Sehnen und was soll ihr brennend' Spiel, wenn der Meister ihrer Lüste nur mit Blicken kommt ans Ziel ... Laß den Bock in seinem Stalle, den er doch nie mehr verläßt.« Und gerade diesen von Haremssklavinnen getanzten Unterhaltungstanz, diese Animation ohne Befriedigung, diese sinnentleerte Ästhetik imitieren heutige Starbauchtänzerinnen mit ihren requisitenreichen »Orientshows«. Perlenübergossene

Kostüme, seidenschimmernde Schleier, schmachtende Blicke, aufgemalte Rosenwangen – hier wird ein zynisches Zerrbild des Orients produziert, das niemanden glücklich macht. Diese »orientalische Faszination« ist aus Plastik.

Harems als Heiratspolitik

Harems entstanden nicht nur durch die Privatisierung von Priesterinnengremien, sondern auch zum Zwecke von Bündnispolitik. »Bella gerant allii, tu felix Austria nube!«[60], haben wir im Geschichtsunterricht gelernt: Es war bequemer, ThronfolgerInnen zu heiraten und dadurch ihr »Erbland« dem Reich einzuverleiben, als die Kosten von riskanten Feldzügen zu tragen.

Und so war es auch im alten Orient. Prinzessinnen und Priesterinnen repräsentierten ihren Stamm oder ihren Stadtstaat. Sie waren oftmals erbberechtigt oder trugen in sich die »Seele« ihrer Gemeinschaft. Ein Machthaber, dem es gelang, sie durch lockende Angebote, Liebeswerbung, sanften Druck, verhohlene Drohung oder offene Gewalt an seinen Hof, in seinen Machtbereich zu ziehen, konnte auf diese Weise seinen Herrschaftsbereich absichern. Es war seine Herrschaft, aber sie gründete sich auf die Bedeutsamkeit der Frauen und Mädchen, die er an sich zu binden vermochte.

Die Assyrer füllten ihre Harems mit weiblichen Geiseln und achteten sie: »Die Dame Tabea ist uns in unserem Harem sehr willkommen«, schreibt ein assyrischer König. Auch einige Frauen aus Mohammeds Harem waren Töchter von Stämmen, mit denen er politische Bündnisse erstrebte. Sie waren von seiner prophetischen Überzeugungskraft beeindruckt und traten zum Islam über.

Ganz anders war es bei Salomon, wie wir den Bibelberichten entnehmen können: Er gestand all seinen angeheirateten Haremsdamen ihre eigenen Heiligtümer zu. Diese Art der Haremsbildung beruhte also auf der Achtung vor der erbberechtigten und repräsentativen und geliebten Tochter. Diese Idee des Harems ist »weich«, entspricht dem Wasser, das bindet: Politische Vereinigung entsteht durch erotische Bündnispolitik, nicht durch ideologischen oder administrativen Zentralismus oder Purismus. Es erscheint darin noch ein Element von sakraler Erotik und matrilinearer Erbberechtigung.

Die schönsten Töchter des Qedarstammes

Das erste Jerusalem in Südarabien, um 900 v. u. Z., zu Salomons Zeiten[61]

In reichbesticktem Gewand saß der Herr der Vereinten Stämme, Salomon selbst, auf einem Thron aus Zedernholz. Goldfäden waren in die Stoffbahnen eingewebt, die Säume waren mit Goldstickereien und schimmernden Edelsteinen verziert. Neben dem Thron standen ein Sänger in dunkelblauem Gewand, der ein mit Bronzeglöckchen bestücktes Tamburin in der Hand hielt, und ein Beamter, der auf seinen Armen ein Kissen trug, auf dem Salbölfläschchen und Kronjuwelen ausgebreitet lagen. Salomon warf einen unauffälligen Seitenblick auf die elfenbeinverkleideten Säulen der Balustrade im vorderen Drittel des Saales, und wirklich – da waren sie wieder! Dieser Prophet mit seinem ausgedünnten Backenbart und sein ständiger Begleiter, von dem er nie wußte, was er im Schilde führte.

In diesem Augenblick erklang ein dunkles Rollen von Trommeln, ein wildes Ulululu, ein Zungenträllern schriller Frauenstimmen, ein Stampfen und Klingeln, die Tore flogen auf, seine Wachen traten zur Seite, und drei Frauen, gefolgt von acht halbnackten Kriegern mit Hüftgürteln und Schulterdecken aus glänzendem Leder, traten in feierlicher Langsamkeit in den Saal. Salomons Wachen drängten sich zwischen die Frauen und die Krieger und blieben dann stehen.

Die Frauen schritten gravitätisch weiter. Reich gefältelte Lagen von roten und leuchtendgelben Stoffen flossen fast bis zum Boden und teilten sich bei jedem Schritt, die rechte Schulter blieb frei, karmesinrote und gelbe Ornamente bedeckten ihre Gesichter, die Augen waren schwarz umrandet, ziselierter Silberschmuck ruhte auf drahtig-dichtem schwarzen Haar und hing in die Stirn, dünne Bronzeringe waren an den Nasenflügeln befestigt, Massen von klingenden Reifen zierten die Arme, und gehämmerte Metallgürtel lagen schwer auf den Hüften. Die drei Frauen schritten weiter auf Salomons Thron zu und hielten dann mitten in der Halle inne. Der letzte Schritt endete in einem leichten Stampfen, das die Fußglöckchen klirren ließ. Die Prinzessin der Qedar trug den Kopf sehr hoch. Salomon erhob sich. Der Sänger schlug kurze Rhythmen aufs Tamburin und begann psalmodierend das Lob der zukünftigen Haremsfrau, der Prinzessin und Priesterin des benachbarten Qedarstammes, zu singen: »Schön bist du, Yatiah, unter den Frauen. Das Wohlgefallen der Sterne ruht auf dir. Deine Augen gleichen den Augen der Gazelle, dein Hals einem Turm aus äthiopischem Elfenbein, dein Lächeln funkelt wie die kostbaren Steine aus Ophir.«

Die Prinzessin lächelte nachgiebig und sagte dann: »Unter einem Mandelbaum hat meine Mutter mich geboren. Immer hat sie das Beste mir gewünscht. Mit Zirbelnüssen hat sie mich gespeist, und sie hat mich eingeweiht in die Geheimnisse der Liebe. Meine Mutter geht mit den Gazellen einher, sie ist die Lieblingstochter der Sonne ...«

Der Psalmodist fuhr fort: »Salomon hat deine schimmernde Schönheit erkannt, und er hat deine Mutter, die Herrin deines Stammes, gebeten, deine kostbare Nähe genießen, dich heimführen zu dürfen in seinen Palast. Der König schmilzt vor der Sonne deiner Schönheit. Sein Herz bebt ...«

Die Prinzessin rief ungerührt dazwischen: »Kann ich denn die Götter meines Stammes verraten? Nein, niemals! Auf Bergen unter Bäumen – vor aller Augen – will ich mit Salomon die Geheimnisse der Liebe teilen!«

Salomon wischte sich verlegen mit dem Handrücken über das Gesicht. Der Psalmodist sang werbende Worte: »Der König sehnt sich nach dir! Wenn du im Hause seiner Frauen weilst, so ist Friede zwischen Israel und den Töchtern und Söhnen der Qedar. Seinen Gemahlinnen, den Töchtern der Ammoniter, Jebusiter, Midianiter, Edomiter baut er Paläste mit Thronen aus Gold und Purpur. Weihrauch und Myrrhe erfüllen die Hallen. Stark ist Salomon, seine Feinde entwaffnet er mit Umsicht, von starken Männern ist er geschützt, und dennoch will er Frieden, Wohlstand und Glück für sein Volk und alle Völker ringsum ...«

Die Prinzessin stampfte mit dem Fuß auf, daß ihre Fußglöckchen klirrten: »Auf Bergen unter Bäumen will ich mit Salomon die Feste der Liebe feiern, wie meine Götter es wünschen!« Salomon gab sich kompromißbereit, voller Verständnis schlug er vor: »Ich werde deinen Göttern ein Heiligtum bauen, damit du ihnen huldigen kannst ...« Mit steigender Leidenschaft und glühenden Blicken rief die Prinzessin aus: »Und Salomon selbst, genügt ihm das Schlafgemach? Soll ich namenlos in seinem Frauenhaus verschwinden? Will er nicht mit mir zusammen Honig und Weihrauch opfern, sich mit Salböl schmücken, damit ich ihn genießen kann im Heiligtum meines Gottes unter starkgewachsenen Bäumen, wie mein Gott es befiehlt?« Der Prophet blickte finster und zischte durch die Zähne: »Jahwe wird ihn vernichten!«

Der Minister versuchte es mit Diplomatie: »Der König ist reich an kostbaren Steinen, an Gold, Weihrauch und Myrrhe. Er schmückt dich mit Karneol und Jaspis, Glück und Wohlstand häuft er auf dein Haupt ...« Und mit behutsamer Feierlichkeit, das Kissen mit den Edelsteinen auf den Armen präsentierend, trat er auf die Prinzessin zu. Sie aber hob abwehrend die Hand, schüttelte mit wissendem Lächeln den Kopf und sagte: »Stark wie der Tod ist die Liebe, ihre Gluten sind Feuergluten, gewaltige Flammen. Böte einer für die Liebe den ganzen Reichtum seines Hauses, nur verachten würde man ihn.« Herausfordernd fügte sie hinzu: »Wozu brauchen wir euer Gold, die Qedar haben starke Männer! ... Wird also Salomon den Göttern meines Stammes opfern, und mir, der Priesterin der Qedar, seine männliche Kraft leihen? Unter hohen Bäumen das Fest der Liebe feiern?«

Der Prophet, noch eben ernst und bescheiden verborgen hinter den elfenbeinverkleideten Säulen, hob in jähem Ruck die geballte Faust, stieß zwischen den Zähnen ein gehässiges: »Greuelweiber« hervor und wollte aus dem schützenden Schatten hervortreten, um dem Unheil zuvorzukommen, doch sein Begleiter hielt ihn zurück: »Er wird es nicht wagen! Warte, so warte doch! Mach keinen Fehler!«

Die Prinzessin ließ ihren Blick mit einer Mischung von Hochmut und Anerkennung über die zedernholzgetäfelten

Wände, die goldverzierten Schemel, die ziselierten Kupferbecken, die schimmernden Weihrauchgefäße gleiten, aus denen Schwaden von schweren Düften hervordampften, und fuhr mit präziser Intonation fort: »Wenn nicht, so werden wir diesen reich geschmückten Palast« – sie hielt triumphierend inne – »sofort verlassen!«

Ihre Begleiterin ließ keine weiteren Zweifel offen und setzte hinzu: »Und wir werden die Kunde verbreiten, unter welch schäbigen Bedingungen Salomon mit den schönsten Töchtern der Qedar verhandelte. Die Hayappa, Mesa, Teima, die Midianiter, Ammoniter und Edomiter, sie alle werden davon erfahren ...«

Salomon zuckte zusammen, warf unstete Blicke aus den Augenwinkeln auf seine Wachmannschaft. Dann beeilte er sich nach vorne zu treten, breitete die Arme aus und sprach voll feierlicher Inbrunst: »Salomon sehnt sich nach deiner Umarmung. Wie du willst, so soll es sein!« Er warf einen besorgten Seitenblick in die Richtung der Säulenbalustrade, wo noch immer der Prophet mit verkrampften Schultern, mit zusammengepreßten Lippen stand, und sagte mit harmloser Offenherzigkeit: »Ich sehe nichts Böses darin, die Götter anderer Völker zu ehren.«

Wieder wollte der Prophet die Hand zum Fluch erheben, wieder hielt sein Begleiter ihn zurück. So fluchte er nur leise vor sich hin: »Der Herr wird dich ...«

Sein Begleiter sah ihn nüchtern von der Seite an: »Zu früh! Noch ist er stark. Aber warte, bis er einen Krieg verliert!«

Dieses Bild des Harems zeigt noch das Schillern weiblicher Souveränität, obwohl es hier bereits um die Vorbereitung einer Machtübernahme geht. Aber der Harem weist auch Aspekte der Gewaltförmigkeit auf, und diese immanente Gewalt hat ihre Wurzeln in einem ganz andersartigen Prozeß!

IV.

Krieg, Herrschaft und Besitz – die Zeiten ändern sich

1. Was sehen wir?

Symbole, Mythen, Bräuche:
zerstört, entweiht, verdreht und angeeignet

Vision

Die Welt ist umgekippt
Der Sinn verloren
Das AUGE schaut und glaubt nicht
Was es sieht
Brüche, Verwirrung
Verwüstung, Verkleidung
Weshalb, warum?
Was treibt die Geschichte?

Begriffe

Soll ich hineingehen in den geschichtlichen Prozeß, der all das zerstört, entstellt oder totgeschwiegen hat, was ich bis jetzt entfaltet habe? Es sind blutige Ereignisse ... – aber das ist nun nicht mehr das freudige Blut des geöffneten Hymens und nicht das Mondblut der Fruchtbarkeit, sondern es ist das Blut der Massaker: sanfte Männer, die, an Kriege nicht gewohnt, von stärkeren Kriegern niedergemetzelt, entmannt, versklavt wurden, Frauen, die, den neuen Gesetzen nicht gehorchend, mit Folter und Tod bestraft wurden. Es ist die Geschichte von Schleiern, die nicht den schimmernden Liebreiz der Tänzerinnen betonten, sondern zu Knebeln, Fesseln und Vorhängen wurden, von Schlüsseln, die nicht den Weg zu Lust und Liebe öffneten, sondern Menschen zu Gefangenen machten. Wir befinden uns in einem seit Jahrtausenden andauernden Experiment, das ich als den »neuen« (knapp 5000 Jahre alten) Separatismus der Männer bezeichne. Er äußert sich in Violentismus, Dominismus, Militarismus, Possessionismus, Rassexismus, Dissatisfaktionismus, Substitutionalismus. Und in alledem ist immer auch Dualismus enthalten, das heißt die Spaltung von gegensätzlichen Elementen, die – sich ergänzend – zusammengehören.

Wir Frauen haben an diesem Experiment teilgenommen: als Kollaborateurinnen, Nutznießerinnen, Opfer, Gläubige, Ignorante, Enttäuschte, Liebende, Leidende, Geduldige, Apologetinnen. Aber wir lieben unsere Irrtümer. Vor dem Gewissen kommt das Wissen. Wie könnten wir Wissende werden, wenn wir nicht auch Irrende sind? Ich will mich also der Geschichte unserer Irrtümer widmen.

Die Bilder, die ich in Kapitel II. und III. entfaltet, nachgezeichnet habe, sind in unserem Alltag nicht enthalten. Sie sind archaisch. Sie sind ausgekratzt, ausradiert, vertuscht, überzeichnet, umgezeichnet worden. Mit einer geradezu peinlichen Phantasielosigkeit wurde alles, was zuvor heilig war, als schmutzig diffamiert, oder es wurde modifiziert und angeeignet.

Schlangensymbolik: Von der Einheit zur Spaltung… von der Lust zur Angst

Obwohl Schlangen kaum jemals lebend erscheinen, hausen sie in den dunklen Falten des kollektiven Unterbewußten, und gelten als … böse! Als ich einmal eine Gruppenchoreographie mit anmutigen, geschmeidigen Schlangenbewegungen vorführte, bemängelte eine Zuschauerin, daß sie das »bösartige, bedrohliche« Element vermißt habe.

Was man als böse definiert hat, darf bekämpft werden. In der indoeuropäischen oder indoeuropäisch beeinflußten Mythologie gibt es eine ganze Schar von heroischen Schlangentötern: Der arische Gott Indra, der »Herr der Berge«, tötet den »Schlangendämon« Vrtra, den Sohn und Geliebten der Göttin Danu. Der kassitische Gott Marduk beschießt die Urmutter-Schlange Tiamat mit Pfeilen, fängt sie im Netz, zwingt ihr den Rachen auf, jagt ihr den Sturmwind in den Leib und zerschmettert ihr den Kopf mit der Keule. Der hethitische Sturmgott Taru erschlägt die Schlange Illujankas, der griechische Vatergott Zeus vom Berg Olymp tötet die Schlange Typhon mit einem Donnerkeil, der griechische Sonnengott Apollon tötet die Schlange Python in Delphi und bemächtigt sich der Orakelstätte. Der nordkanaanitische Sturmgott vom Berg Saphon, Baal, tötet mit zwei Eisenstangen das Meereswesen Yam. Der germanische Donnergott Thor tötet die Midgardschlange mit seinem geschleuderten Hammer. Welch eine Monomanie des Schlangentötens in diesen – wie wir noch sehen werden – nordischen Invasionsmythen. Aber auch die hebräischen Texte gehen mit Schlangen nicht gerade zimperlich um: In den Psalmen und der Polemik der Propheten werden ihre Häupter zerschmettert und zermalmt, sie werden mit »rächenden Schwertern« getötet, sie werden diffamiert und verflucht. Und im Paradiesgarten geht's schon los:

»Da sprach Gott, der Herr, zur Schlange: Weil du das getan hast, bist du verflucht unter allem Vieh und allen Tieren des Feldes. Auf dem Bauch sollst du kriechen und Staub fressen alle Tage deines Lebens. Feindschaft setze ich zwischen dich und die Frau, zwischen deinen Nachwuchs und ihren Nachwuchs. Er trifft dich am Kopf, und du triffst ihn an der Ferse. Zur Frau sprach er: Viel Mühsal bereite ich dir, sooft du schwanger wirst. Unter Schmerzen gebierst du Kinder. Du hast Verlangen nach deinem Mann, er aber wird über dich herrschen.«

Das ist auffallend: Die Schlange, die zuvor den Frauen zu einer sanften Geburt verhalf, wird dafür verantwortlich gemacht, daß Eva und ihre Töchter schmerzhafte Geburten erleiden müssen ...

Die Schlange, die zuvor Symbol der (weiblichen) Urschöpfung war, wird dafür verantwortlich gemacht, daß Eva ihrem Mann untertan wird ... Die Schlange, die zuvor die Menschen durch den Zyklus von Leben, Tod und Wiedergeburt geführt hatte, wird dafür verantwortlich gemacht, daß die Menschen aus dem Paradies vertrieben und sterblich werden ... Die Schlange, die zuvor das Männliche und Weibliche vereinte, trägt nun die Schuld daran, daß Männer Frauen mißtrauen müssen ... Die Schlange, die zuvor Hüterin der prophetischen

Weisheit war, ist jetzt die Lügnerin, die die Menschen in die Katastrophe führt ...

So was muß man sich ausdenken können!

Im Neuen Testament geht's dann weiter:

»Michael und seine Engel erhoben sich, um mit der Schlange zu kämpfen ... Sie wurde gestürzt, die alte Schlange, die Teufel oder Satan heißt und die ganze Welt verführt ... Da hörte ich eine laute Stimme im Himmel rufen: Jetzt ist er da, der rettende Sieg, die Macht und die Herrschaft unseres Gottes.« (Offenbarung, 12,7 ff.)

Eine Mutter Gottes tritt grob und lieblos mit dem Fuß auf eine Schlange, ein »heiliger« Georg reitet auf einem weißen Roß, seine Lanze steckt tief im Leib der Schlange, die sich unter den Hufen des Pferdes windet, tapfere Ritter befreien unschuldige Jungfrauen (das »Gute«) von einer Schlange (dem »Bösen«). Auch das christliche Mittelalter hatte ein Feindbild!

Mit den Schlangen wird das zyklische Denken, der Kreislauf von Tag und Nacht, Leben und Tod, Geburt und Wiedergeburt – und damit auch das Symbol für die religiöse und erotische Kompetenz der Frauen – zerstört. Die Harmonie von Ober- und Unterwelt wird gebrochen, und fortan wird nur noch von oben nach unten regiert. Nur das Helle, Himmlische ist »gut«. Die Nacht ist böse, die Unterwelt wird zur Hölle. Die Kosmosschlange Seth wird zum »Satan«. Diese unversöhnliche Spaltung der Welt in Gut und Böse, Hell und Dunkel oder auch Geist und Materie nennt man »Dualismus«.

Mondsymbolik

Und der Mond wird weiblich und fragil, er wird zum Inbegriff der Wechselhaftigkeit und Unbeständigkeit. Er ist nicht mehr der geschätzte Liebhaber der Frauen, sondern nur noch ein Symbol für »weibliche« Launenhaftigkeit. Die inneren Wandlungen, die die schöpferische Kraft des Weiblichen ausmachen, werden negativ bewertet ... Nur das Gleichbleibende, Feste, Unwandelbare, »Ewige« gilt. Die flammende Sonne bleibt sich selbst gleich, stirbt nicht ... Sie ist das Sinnbild des siegenden Mannes, das Sinnbild von Sonnenhelden, die die finsteren Gestalten einer weiblichen Unterwelt vernichten. Diese Männer lehnen es ab, sich zu opfern, sich hinzugeben oder gar die erotischen Wünsche von Frauen zu erfüllen. Ihnen geht es nur um Selbstbehauptung: Sie ziehen in den Krieg, um durch ihre Tapferkeit, Schlauheit oder Entschlossenheit Ruhm und Ehre zu ernten, und selbst wenn sie fallen, überleben sie und werden als ruhmvolle Helden unsterblich.

Der athenische Held Theseus dringt ins Labyrinth ein und tötet den Mondstier Minotauros, in Homers Odyssee ist der Stier nicht mehr Mondsymbol (wie in Kanaan, Ägypten, Mesopotamien und im prähistorischen Europa), nun gehören dem Sonnengott Helios riesige Rinderherden (MacDonald's läßt grüßen).

Auch den Bibelschreibern ist der Mond suspekt geworden: »Eure Neumondfeste hasse ich aus tiefster Seele, spricht der Herr …« Und: »All deinen Freuden mache ich ein Ende, deinen Feiern und Neumondfesten, deinen Sabbathen und anderen festlichen Tagen.« (Hosea, 2, 13) Im christlichen Mittelalter wurde das Frühlingsfest auf den Sonntag nach dem ersten Frühlingsvollmond verlegt. Gleichzeitig wurden die bäuerlichen Vollmondfeste als Hexensabbathe diffamiert. Kirchliche Hexenjäger, die ihre eigene Erotik ins Unterbewußte verdrängten, projizierten ihre Sexualphantasien auf denunzierte Frauen und ließen sie unter schrecklichen Foltern zu abstrusen Geständnissen zwingen. Hunderttausende, wenn nicht Millionen von Frauen starben während dieser Verfolgungen.

Dann übernahm die Psychiatrie die Rolle der Inquisition. Akademisch ausgebildete Ärzte waren es nun, die abweichendes Verhalten umstandslos als Geisteskrankheit diagnostizierten und die Patienten inhaftieren und »medizinisch« foltern ließen. Das Phantastische, Ekstatische, Hysterische, Manische mußte von der Bildfläche verschwinden, denn das »Rationale« wollte sich durchsetzen. Die Kapital-Maschine war im Anrollen.

In einer mondbetonten Kultur dagegen war beides – Ekstase und Rationalität – erlaubt. Der Mond gewährte sakrale Ekstase und war gleichzeitig rhythmisches Zeitmaß, beides war in der Körperwahrnehmung der Frauen vereint. Aber in unserer entmondeten Zivilisation sind selbst die Rhythmen von Schlaf und Wachen gestört: Nachtschichten, künstliche Beleuchtung, Streß, Zeitdruck, Konkurrenz- und Leistungszwang zerhacken und verzerren unsere elementaren Lebensbedürfnisse. Grelles Licht bis in die Morgenstunden, flimmernde Neonröhren in Büros oder Fabrikhallen stürzen den Hormonzyklus in ein irrwitziges Chaos. Der Tag beherrscht die Nacht, der Zyklus ist zum abrupten Zick-Zack geworden, das Runde ist gequetscht, das Leben wird flach. Verdinglichte Rationalität erfordert automatisches Funktionieren, das Ahnen, Wähnen, Träumen, das früher genauso wie das Messen zum Mond gehörte, wurde als »lunatic«, als »wahnsinnig« ausgegrenzt.

Fruchtbarkeit

Dementsprechend ist auch die Menstruation zu einem marginalen Ereignis geworden. Man behält's für sich und verwischt sorgsam alle Spuren. Auch Geburten finden nicht mehr in dem bergenden Kraftfeld einer Magna Mater statt, diese Göttin gibt's nicht mehr, statt dessen haben wir Halbgötter in Weiß, die den Geburtsakt zu einem diffizilen Zeremoniell medizinischer Instrumentenapplikation verfremden.

Auch im Mythos weicht die Schöpferin zurück: Frauen sind nicht mehr die »Kleine Göttin« im Kraftfeld der Großen Göttin, sondern minderwertige, unausgereifte Männer, sagt Aristoteles. Sie sind nur noch Gefäße für seinen schöpferischen Samen, nur noch Erdscholle, die »er« pflügt. Die Väter werden immer wichtiger: Zeus läßt sein Sperma spritzen: Unzählige Nymphen und Weiber werden schwanger; in Indien verweilen die »glorreichen Väter« in strahlendem Licht. Der Vater unser gibt uns unser Brot und vergibt uns unsere Schuld, der Heilige Vater in Rom aber vergibt uns nicht, wenn wir verhüten, abtreiben oder uns unehelich vergnügen, andere Väter wiederum bestehen auf Söhne, es muß so lange geboren werden, bis endlich der männliche Erbe aus dem Bauch schlüpft. Die meisten von uns tragen den Namen des Vaters oder Ehemannes.[62] (Siehe die biblische Verwünschung: »In jener Zeit werden sich sieben Frauen an einem Mann klammern: Nur laß uns deinen Namen tragen!«)

Die praktische Aneignung der Geburtsprozesse durch nichtweibliche Instanzen begann in Europa in der Zeit der Hexenverfolgungen: Viele kräuterkundige Frauen, die ein Erfahrungswissen über Schwangerschaft, Geburt und Abtreibung hatten, wurden gefoltert und getötet. Religiöse Instanzen entschieden nun über Mutter und Kind, die Medizin bemächtigte sich der Frauenheilkunde, entmachtete die selbständigen Hebammen. Und erst vor kurzem wurde in Wien eine Schmutzkampagne gegen eine Ärztin entfesselt, die es gewagt hatte, in einer öffentlichen Klinik sanfte Geburten durchzuführen ..., getreu dem biblischen Fluch. »Unter Schmerzen sollst du deine Kinder gebären!«

Aber die Entmutterung geht noch weiter: Fortpflanzung von Menschen und Tieren wird durch »Reproduktionstechnologien« und Gentechnik der weiblichen Kontrolle entzogen – nicht durch Priester oder Ärzte, sondern durch ein verflochtenes Gebilde von Kommerz, Wissenschaft und Technologie. Institutionen, die meistens von Männern geleitet oder besetzt sind, greifen in die Prozesse von Empfängnis, Schwangerschaft und Geburt und in die genetische Feinstruktur der Vererbung, in Gene und Chromosomen ein. So wird Fruchtbarkeit von der lustvollen Verschmelzung weiblicher und männlicher Energien abgeschnitten, sie gerät tendenziell zu maschineller Produktion.

Auch die Fruchtbarkeit der Felder geriet unter die Fuchtel der Technokratie: statt Mutterboden industriell erzeugte »Pflanzennahrung«, Nitrat- und Kalidünger. Auch Wissenschaft und Technik können mythisch sein. Es ist, als wollten heutige Wissenschaftler und Technokraten jetzt, viele Jahrtausende später, beweisen: Seht her, wir sind die besseren Göttinnen.

Entöffentlichung: Von der Göttin zur Gattin ... Schleier und Vorhängeschlösser

Frauen wurden also aus dem schöpferischen Kraftfeld der Göttin verdrängt. Dafür lernten sie eine neue Rolle kennen: die der keuschen Jungfrau und der treuen Ehegattin. Weiblichkeit wurde in eine neue Form gepreßt ... der Weg führte von der *Göttin* zur *Gattin.*

Dieser Übergang deutet sich auch in den Mythen an: Einstmals souveräne Göttinnen werden zu Ehefrauen von Vater- oder Kriegsgöttern. Die sumerische Göttin der Unterwelt, Ereschkigal, wird von einem jungen Kriegsgott namens Nergal vergewaltigt, entthront und dann zur Gattin erhoben (und seitdem, so heißt es, sterben die Menschen an Seuchen und Kriegsgewalt). 'Aschtár wurde zur Göttergattin des kriegerischen Obergottes Marduk (in Babylon) oder des ebenfalls kriegerischen Himmelsherrschers Aschur (in Assyrien). Hera wird zur ewig eifersüchtigen und unbefriedigten Gattin ihres lüsternen Göttergatten Zeus, Demeter muß ihre geraubte Tochter Persephone dem Unterweltgott Hades als Ehefrau abtreten ...

Die einstmals freie Verfügung der Frauen über ihre Liebeserlebnisse wird nun zur Sünde der Unkeuschheit ... mit tödlichen Folgen: »Wenn aber der Vorwurf zutrifft, wenn sich keine Beweisstücke für die Unberührtheit des Mädchens beibringen lassen, soll man das Mädchen hinausführen und vor die Tür ihres Vaterhauses bringen. Dann sollen die Männer der Stadt sie steinigen, und sie soll sterben, denn sie hat eine Schandtat in Israel begangen, indem sie in ihrem Vaterhaus Unzucht trieb. Du sollst das Böse aus deiner Mitte wegschaffen. Wenn ein Mann dabei ertappt wird, wie er bei einer verheirateten Frau liegt, dann sollen beide sterben, der Mann, der bei der Frau gelegen hat, und die Frau.« (Deuteronomium, 22,20 ff.)

In Athen konnte ein Mädchen, das seine Jungfräulichkeit eingebüßt hatte, lebend eingemauert werden, Ehefrauen wurden mit dreigezähnten Schlüsseln und molossischen Wachhunden (Doggen) in die Frauengemächer eingesperrt, die Ehefrauen der römischen Bürger (vor dem Kaiserreich) warteten keusch und hingebungsvoll auf die Rückkehr ihrer Ehegatten, während die etruskischen Frauen für ihre ausschweifendere Lebensart bekannt waren. Der erste christliche Kaiser, Konstantin, soll seine Frau der Untreue bezichtigt und in siedendem Öl zu Tode gebraten haben, christliche Kreuzfahrer legten ihren Ehefrauen metallene Keuschheitsgürtel an, die zu schmerzhaften Infektionen führten, in manchen Ethnien gab es sogar den Brauch, die äußeren Schamlippen durch einen Ring, eine Spange oder ein Vorhängeschloß zusammenzuhalten oder gar zuzunähen, um die Keuschheit der Frau zu garantieren.

In orientalischen Ländern gibt es noch heute drakonische Strafen für Mädchen und Frauen, die ihre sexuellen Treue»pflichten« verletzen. Während der Koran für »Unzucht« achtzig Peitschenhiebe als Strafmaß festsetzt[63], gehen manche als islamisch deklarierte Staaten weit darüber hinaus: Bei vorehelicher oder ehelicher »Unkeuschheit« und manchmal schon beim bloßen Verdacht werden Frauen von ihren Brüdern, Onkeln oder Ehemännern erwürgt, gesteinigt, enthauptet. Wie in den levitischen Gesetzen gefordert!

Aber auch im Westen sind wir von der Souveränität der matrilinearen Gesellschaften psychisch und sozial weit entfernt – trotz aller Liberalisierung der Erotik. Immerhin erfolgt der größte Prozentsatz aller Morde nicht aufgrund von Trunkenheit, Raub, Drogenhandel oder Korruption, sondern vielmehr aufgrund von männlicher Eifersucht bei Scheidung oder Seitensprüngen der Ehefrau.

Die Hure scheint freier als die Ehefrau, aber sie ist vogelfrei! Sie lebt gefährlich: in Autos, nachts, mit Zuhältern, ohne Gummi. Vergewaltigung oder Mord an Prostituierten nimmt die Polizei oft gar nicht zur Kenntnis. Der Kirchen»vater« Augustinus brachte es einst auf den Nenner, er nannte die Ehe den Tempel, die Prostitution den Abflußkanal. Sakrale Erotik? Hat's nie gegeben. Die einstige Priesterin wird in die Gosse verbannt, sie wird geächtet (der Freier aber nicht!).

Doch die Spaltung trifft auch die »anständige« Frau. Sie bemüht sich, nicht unseriös zu wirken. Ihr Genuß, ihre Sehnsucht, ihre Frustration ist rein privat. Sie vermeidet das Reden über erotische Dinge, weil sie nur zu oft in Zoten umgemünzt werden, wenn Männer dabei sind. Erotisches beim Namen zu nennen, vielleicht sogar bei recht deutlichen Namen, das tun nur die Frauen der anderen Kaste, diejenigen, die schon abgestempelt sind. Wie und warum wurden die »guten« Ehefrauen von den »schlechten« Huren gespalten? Was geschah mit der erotischen Erfahrung der Frauen, als das Kraftfeld der Göttin zerstört wurde?

Wir müssen weit in die Geschichte und Vorgeschichte zurückgehen, um diese Prozesse zu verstehen.

2. Steppensturm

Der Einbruch nördlicher Völker

Die Nomaden des Nordens und die Beute des Südens (»Violentismus«)

Als nach der letzten Eiszeit, also vor etwa 12.000 Jahren, im Norden von Europa und Asien Schnee und Eis abtauten, setzte eine Wanderungswelle nach Norden ein. Jägerstämme folgten dem Wild und fanden in den Steppen und Wäldern Asiens reichliche Jagdgründe. Die Bewohner der nördlichen Ebenen, der Steppen, Sümpfe und Wälder verfeinerten ihr Jagdgerät und ihre Jagdmethoden. In Gegenden, wo die Vegetation karg war, konnten die Frauen als Sammlerinnen weniger zur Ernährung des Stammes beitragen, die Jäger wurden mächtiger, sie vertrauten mehr und mehr ihrer eigenen Kraft und Schlauheit (nicht der Magie von Priesterinnen), das Töten von Tieren wurde zur Gewohnheit. Mit der Zeit begannen diese Völker dann auch, Tiere zu domestizieren. Freilebende Raubtiere, wie Wölfe oder Falken, wurden zu Jagdgenossen, Pferde zu Trag- und Reittieren, Rinder und Schafe zu Nahrungstieren (Milch und Fleisch). Nun entstanden riesige Rinderherden, die in den Steppen West- und Zentralasiens weideten.

Zu jagen und Rinderherden zu weiden erfordert Beweglichkeit, Kraft, Mut und Willensstärke. Der Cowboy ist nicht umsonst eine Identifikationsfigur für markige Männlichkeit, nach der sich zivilisationsgeschädigte Büromenschen sehnen. Die Jäger und Viehzüchter sind Helden, Räuber, Abenteurer. Sie sind die wahren Männer, die ihre Kräfte im Kampf mit mächtigen Gegnern messen. Sie sind stark genug, struppigen Pferden mit donnernden Hufen ihren Willen aufzuzwingen, sie einzureiten, sie zu zügeln, sie vor den Wagen zu spannen, auch vor den Streitwagen.

Sie verstehen es, ihre Waffen zu gebrauchen: Sie erdolchen die Wächter, die die Rinderherde hüten, entführen das Vieh, sie verfolgen, belauern, erlegen das Wild mit einem gezielten Pfeilschuß, sie wetteifern, wer das größere Tier zur Strecke gebracht hat. Die Waffe gibt ihnen Macht, aber sie macht ihnen auch Angst. Die Bedrohung ist wechselseitig.

Sie ertragen Kälte, heftige, bösartige Stürme, die über die Ebenen rasen, sie jagen auf ihren Pferden um die Wette, sie werfen den Speer um die Wette, sie ringen, fechten, schleudern und springen um den Sieg ... der Erste ist der Beste. Wer nicht stark genug ist, um zu überleben, wird ausgesondert, niemand sorgt für ihn, keine Göttin mit Kornähren oder Granatäpfeln, keine barmherzige Mutter Natur. Und dieser Überlebenskampf macht sie stark.[64]

In Europa, dem Vorderen Orient, Indien und Nordafrika dagegen entstanden landwirtschaftliche Kulturen. Dörfer wurden nicht an strategisch günstigen Plätzen gebaut, sondern anmutig in die Landschaft eingepaßt. Es waren Dörfer ohne Kriegsdarstellungen, ohne Befestigungen, ohne Waffen. Statt dessen gab es dort Göttinfiguren in allen Variationen, liebevolle Tierdarstellungen, Häusermodelle und kunstvoll ornamentierte Vasen und Schalen. Auch Kupfer wurde schon sehr früh verwendet, aber nicht für Waffen, sondern für Schmuck.

Diese Dorfkulturen wurden dann in mehreren Wellen von den sogenannten Kurganvölkern[65], kriegerischen, zum Teil schon berittenen Nomaden aus den asiatischen Steppen, erobert, zerstört oder angeeignet. Die erste Welle erfolgte um 4300–4200, die zweite Welle um 3400–3200, die dritte Welle um 3000–2800. Ob diese Krieger dem indogermanischen Sprachbereich zugehörten, kann natürlich aufgrund der Skelette nicht rekonstruiert werden. Jedenfalls aber waren sie größer und massiver im Körperbau, und ihre Häuptlinge wurden mit ihren Waffen und oft auch mit ihren Frauen oder ihren Pferden in den sogenannten Kurganen, pyramidenförmigen Erdhügeln, bestattet. »Ein Krieger-Bewußtsein, wie es zuvor im alten Europa nicht bekannt war, wird anhand der Gerätschaften deutlich, die aus Kurgan-Gräbern geborgen wurden: Bogen und Pfeile, Speere, Messer und Dolche, Äxte aus Hirschgeweihen und Pferdeknochen.«[66]

Diese Eroberungen hemmten die Entwicklung der Dorfkulturen in Europa nachhaltig, was zum Beispiel an der sinkenden Qualität der Terrakottaerzeugnisse ablesbar ist. Der Forscherin Marija Gimbutas gebührt das große Verdienst, diese wenig bekannten Prozesse in mühseliger archäologischer Kleinarbeit kartographiert und popularisiert zu haben.[67]

»Jahrtausendealte Traditionen wurden verstümmelt, Städte und Dörfer zerfielen, eine großartige Tradition bemalter Keramik verschwand, desgleichen Schreine, Fresken, Skulpturen, Symbole und Schriften.«[68] Die Überfälle aus dem Norden erreichten auch den Nahen Osten. Die älteste bisher bekannte Siedlung, Dscharmo im heutigen Iraq, entstand zwischen 7000 und 6000. Dort, ferner in den Siedlungen der Hassuna-Kultur (zwischen 6000 und 5000), der Tell-Halaf-Kultur (zwischen 5000 und 4000) und um 4000 auch in Südmesopotamien, in den Städten Ur und Uruk, wurden viele kleine Göttinfiguren aus Ton zutage gefördert. Die Tell-Halaf-Kultur war sehr entwickelt: es gab dort Kupfergegenstände, gepflasterte Straßen, Fahrzeuge mit Rädern, ausgedehnte Kuppelbauten. Und dort fanden Archäologen (in der Nähe der heutigen Stadt Arpadschija) Spuren von verheerenden Massakern und Zerstörungen aus der Zeit zwischen 5000 und 4000 v. u. Z.

Der Überfall (I)
Donaugebiet, um 4300 v. u. Z.

Ungeschützt, nur von einer gelblichen Lehmmauer umfriedet, lag das Dorf im warmen Glanz der Nachmittagssonne. Mehrere Frauen arbeiteten gebückt mit Hacken auf einem Feld in der Nähe des Dorfes. Terit richtete sich auf, stützte sich auf ihre Hacke, beschirmte die Augen mit der Hand und blickte zu den länglichen Lehmhäusern hinüber. »Mir knurrt schon der Magen. Laß uns aufhören und nach Hause gehen.« – »Nein, wir müssen dieses Feld bis zum Ufersaum noch auflockern, damit wir morgen die Knollen einsetzen können!« – »Na, gut, ich muß mich gedulden«, sagte die erste und machte sich wieder an die Arbeit.

Die Eichenbäume begannen schon Blätter zu treiben, der

breite Fluß bewegte sich träge durch das Uferschilf. Aber hinter dem dichten Holundergestrüpp, unsichtbar für die Frauen auf dem Feld, spähten scharfe Blicke zum Dorf hinüber. Die Abenddämmerung senkte sich, die Arbeit war beendet, sie verließen das Feld, verzehrten zusammen die Haferspeise, und Terit begab sich in ihr ornamentverziertes Haus aus ungebrannten Lehmziegeln.

»Du bist mein Schatz, ach, mein Täuberich, ach, halt mich, halt mich fest!« Noch immer ein wenig staubig, mit dunklen Erdrändern unter den Fingernägeln, schmiegte sie sich an ihren Geliebten. Zusammen saßen sie auf einem Podest aus Lehm, das mit Schaffellen bedeckt war. Sie gurrte und sang, er hielt sie, hielt sie fest, die Abenddämmerung senkte sich über das Dorf. Sie hielten sich, umarmten sich, wiegten einander, er drängte sich zwischen ihre Schenkel, aber sie sagte: »Nein, noch nicht, warte ein wenig ...« Sie lagen nebeneinander, dösten selig, träumten zusammen, als der Sichelmond heraufzog ... Und mit einem Male erklangen laute Schreie von Männerstimmen, dumpfe Schläge, scharfes Scheppern, sie hörte Klagen, Wimmern, Entsetzensschreie ... Massive Männergestalten drängten sich durch den Türsturz herein. Ihr Geliebter sprang auf, warf sich im Halbdunkel den Gestalten mit aller Kraft entgegen und brach fast im selben Augenblick getroffen zusammen. Etwas Blinkendes, eine Waffe ... Ihr Geliebter ... Sie schrie vor Entsetzen, riß die Augen auf, fühlte sich am Arm gepackt, sträubte sich, stemmte sich dagegen ... Ihr Geliebter! ... Was war das? Er regte sich nicht. Sie riß sich los, einen Augenblick lang, warf sich über ihn, er regte sich nicht. Oh, was war das??!! Ihr Geliebter, gerade noch war er doch ... Wieder wurde sie gegriffen. Zwei Hände griffen sie unsanft, Worte einer unverständlichen Sprache wurden gewechselt, der fremde Mann packte sie noch fester, führte sie zum Lager, drückte sie nieder und ... sie schrie und schrie und schrie ... ihr Geliebter! Eben noch? Was war das!?!? Sie schrie solange, bis er ihr den Mund zuhielt und sie ihn in sich fühlte ... das Grauen.

Der Überfall (II)

Nordmesopotamien, um 4200 v. u. Z.

»Krieger kommen von den Bergen, große Männer, auf Pferden. Sie haben die Dörfer an der Biegung des Flusses verbrannt, die Hufe der Pferde haben die Gemüsefelder zerstampft, Ranken zerrissen, Früchte zerquetscht. Keulen zerschlugen die Schädel aller Männer, die sich ihnen im Morgengrauen entgegenstellten, sie sind tot. Pferdehufe traten auf ihre Körper. Ich fürchte ..., o möge die Göttin uns beschützen!« schluchzte das Mädchen und warf sich an die Brust einer älteren Frau, deren enggeflochtene Zöpfe bis zur Taille hingen. Um den Hals trug sie Kupferketten und dichte Reihen von bunten Steinen, die auf Lederriemen aufgefädelt waren. Um die Hüften trug sie einen Rock, der aus festen Schafwollfäden geflochten und geknüpft war. »Ich konnte fliehen. Ich kenne die Furten und die Wälder und das Buschwerk. Mich haben sie nicht gesehen. Mein Onkel lag in einer Blutlache, meine Mutter ist tot, ihre Augen starr zum Himmel gerichtet. Ich, nur ich konnte fliehen.« – »Die Göttin möge sie vernichten. Wir werden ihnen zu begegnen wissen.« – »Nein«, flehte das Mädchen. »Verlaßt den Tempel, die Gräber der Ahnen, verlaßt eure Felder, flieht, solange noch Zeit ist!« Versonnen ließ die Priesterin ihren Blick über die vertraute Umgebung schweifen: die Quadermauern, die Wände aus ungebranntem Lehm, die bauchigen Tongefäße mit ihren Verzierungen, die sanft gebogene Straße, die mit flachen rundlichen Steinen gepflastert war, die geliebten Akazienbäume, die aus Ton geformten Göttinnen, Tauben und Himmelsschweine. Konnten sie alles das, was sie im Laufe von Jahrzehnten sorgfältig aufgebaut hatten, so einfach hinter sich zurücklassen? »Flieht, flieht, solange noch Zeit ist ...« Das Mädchen hob beschwörend die Arme, »Flieht, ihr habt keine Kraft gegen sie!«

Violentisinus und Organisation führen zu Militarismus und Dominismus

Bis hierher also verlief die Geschichte Europas und des Nahen Ostens parallel, unsere ferne Vergangenheit ist also dieselbe, aber dann verändert sich die Situation: Während die europäischen Dörfer sich nach den erwähnten Zerstörungswellen nicht mehr erholen und weiterentwickeln konnten, entstanden im Nahen Osten komplexe Hochkulturen, die über produktivere Landwirtschaftsmethoden verfügten. Die erarbeiteten Nahrungsüberschüsse setzten immer mehr Menschen von der unmittelbaren Nahrungsbeschaffung frei, und so konnte es zur Bildung einer Beamten- und PriesterInnenschaft kommen, aber auch von einsatzbereiten Truppen. Die Stadtstaaten mußten sich zunehmend wehren, denn die Invasionen vom Norden her hörten nicht auf. Selbst wenn sie zunächst kriegsunwillig waren, blieb es ihnen letztlich nicht erspart, sich zu militarisieren.[69]

Zuerst waren es raubende, marodierende Jägerhorden, die – von Häuptlingen angeführt – über die ungeschützten Siedlungen herfielen und mit Keulen, Pfeilen und Speeren die männlichen Bewohner niedermachten, um Frauen und Vieh zu entführen. Spätere Invasoren, die zur indoeuropäischen Sprachgruppe gehörten, hatten dann bereits Bronze- und Eisenwaffen. Ihre Wanderungsbewegungen gingen etwa seit Mitte des dritten Jahrtausends v. u. Z. von den mittelasiatischen Steppen rund um das Kaspische Meer und den Aralsee aus. Ob sie in den Jahrtausenden zuvor in Nordasien oder Skandinavien gewandert waren, ist unbekannt. Vielleicht waren es klimatische Veränderungen, die die Suche nach einem neuen Lebensraum auslösten, vielleicht war es die Kunde vom üppigen Reichtum in den Städten und Dörfern jenseits der Berge, die die Begierde anstachelte. Vielleicht waren es hauptsächlich die aggressiveren Männer dieser Stämme, die verstoßen wurden, vielleicht hatte es einen Machtkampf zwischen Frauen und Männern gegeben, in dessen Verlauf die letzteren ihr Glück in der Weite suchten. Vielleicht waren die Bevölkerungszahlen oder auch die Herden durch Züchtung so sehr gewachsen, daß die Kargheit des Landes sie nicht mehr ernähren konnte. Diese Stämme waren großenteils patrilinear organisiert, sie waren Krieger, Jäger und Viehzüchter, die zeitweise auch halbseßhaft waren. Von etwa 2500–1100 v. u. Z. zogen sie in sechs verschiedenen Stoßrichtungen in die Länder des Südens: die Indoarier nach Indien, die Perser, Meder, Mitanni, Saker, Armener nach Iran und Mesopotamien, die Slawen, Balten, Kelten, Germanen nach Ost- und Westeuropa, die Hethiter, Luvier, Phryger, Sarmaten, Skythen, Kurden nach Anatolien, die Kimmerer, Albaner, Thraker, Griechen, Illyrer, Veneter und Italiker nach Griechenland, den Balkan und Italien, und schließlich die »Seevölker« – Scherden und Philister – nach Palästina (das nach diesem Namen benannt ist) und nach Ägypten.[70] Diese Stämme waren kriegerisch. Die Skythen zum Beispiel, die während des ganzen ersten Jahrtausends v. u. Z. in Mittelasien präsent waren und auch den Vorderen Orient heimsuchten, pflegten auf die Feinde loszugaloppieren, ihre Nahkampfwaffen einzusetzen, um dann blitzschnell zu wenden und, sich im Sattel rückwärtsdrehend, noch eine Pfeilsalve auf den Gegner abzugeben, sie skalpierten ihre Feinde und brachten ihrem heiligen Dolch Akinakes Opfer dar. Bei den meisten indoeuropäisch sprechenden Völkern dieser Invasionswelle gab es Waffenweihe, Kriegsrituale und Kriegsgötter. Die Eisenerzlagerstätten in den rauhen Gegenden des Kaukasus und der kurdischen Berge lieferten den Rohstoff für die Herstellung von Eisenwaffen und Streitwagen, mit denen sie den Völkern des Südens überlegen waren.

Viele indoeuropäische Tänze sind recht martialisch, wie etwa der kurdische Schwerttanz, wo mehrere Männer im Kreis die Schwertspitzen waagrecht übereinanderlegen, und einer der Tänzer dann auf den gekreuzten Spitzen tanzt. Und dann das Stampfen! Vom polnischen Krakowiak über die russischen Kosakentänze, den griechischen Sirtaki, die kurdischen und palästinensischen Reihentänze bis zum indischen Tanz: Es wird gestampft! Der nordindische Kathak ist eine einzige Stampforgie, und wenn palästinensische Tänzer ihre rasanten, scheinbar unregelmäßigen und doch unausweichlich präzisen Reihentänze vorführen, in denen sich komplexe Schrittfolgen mit plötzlichem Stampfen abwechseln (die sogenannten Dabkát, sing.: Dábkah), zittert die Erde.[71]

Als unorganisierte, allenfalls halbseßhafte Viehzüchter und Nomadenkrieger wären alle diese Stämme jedoch nicht in der Lage gewesen, Staaten zu bilden, die regelrechte Kriege führen konnten. Dazu waren Überschüsse aus dem Ackerbau, aber auch psychologische Qualitäten wie Umsicht, Geduld und Organisationstalent nötig, wie eine bäuerliche Kultur sie erzeugt. Erst durch die Verbindung dieser beiden Elemente – bewegliche Aggressivität und disziplinierte Organisation – konnten die pyramidalen Staats- und Militärmaschinerien Vorderasiens entstehen, an deren Spitze der eine starke Mann, der Führer, Despot oder Gottkönig stand. Kriegshäuptlinge also bemächtigten sich nach und nach einer vorgegebenen Infrastruktur, um permanente Herrschaftsgebilde zu etablieren.

Und nun wird der Krieg zur gültigen Verkehrsform zwischen den reichen Stadtstaaten des Südens. Die Militarisierung wird allgemein: Darstellungen von triumphierenden Herrschern, die auf unterworfene Feinde treten, oder von gefesselten Gefangenen kommen nun immer häufiger vor. Gefangene wurden versklavt und als Arbeitsvieh auf den Feldern oder zum Bau von Prachtbauten und Befestigungen eingesetzt. Der starke Mann an der Spitze verfügt nun über Heere von Untertanen, Arbeitssklaven und Kriegsmännern, die in einer lückenlos organisierten Verwaltung zu funktionieren haben. Es wird nun von oben nach unten regiert. (»Dominismus«)

Kriegerfürsten an der Macht: Die »orientalische Despotie« ... auch in Europa, nur später und weniger glänzend

Die neuen Herrscher forderten unbedingten Gehorsam: »Mein Wort soll an eurer Stelle die Schicksale bestimmen; unabänderlich soll sein, was ich hervorbringe; weder widerrufen noch geändert werden soll der Befehl, der von meinen Lippen kommt.« Das ist die Bedingung, unter der sich der mesopotamische Himmelsgott Marduk bereit erklärt, die Urmutterschlange Tiamat zu töten. Die neuen Könige werden nicht mehr oder nur noch pro forma durch Priesterinnen inthronisiert. Die sexuelle Vereinigung mit der Priesterin ist überflüssig. Denn die Königsmacht wird jetzt vom Himmel oder von der Sonne abgeleitet. Die assyrischen Könige hielten sich für Stellvertreter des Obergottes Aschur auf Erden. Die absolute Macht der Könige konnte letztlich nur durch Gewalt erzwungen werden. Die größte Sünde wurde nun der Ungehorsam. Untertanen haben automatisch zu funktionieren, Individualität und Kooperation weichen der »Loyalität« und dem blinden Gehorsam. Die Könige schufen eine Distanz zum Volk, sie wurden unberührbar, gar unsichtbar ... hinter Schleiern oder in Palästen, die durch ihre gewaltigen Ausmaße die Macht des Herrschers symbolisierten. Bittsteller mußten eine lange Hierarchie von Untergebenen überwinden, um bis zum König zu gelangen. Sie mußten sich viele Male vor ihm niederwerfen. »Vor die Füße des Königs, meines Herrn, des Sonnengottes vom Himmel, werfe ich mich siebenmal sieben Mal nieder, aufs Antlitz und auf den Rücken.« (Tell-El-Amarna-Briefe ca. 1370 v. u. Z.) Nonkonformität wurde mit sofortiger Gewaltanwendung bestraft, ja sogar mit ausgesuchtem Sadismus. »Um zu gewährleisten, daß die himmlischen Sanktionen des Königtums gebührend respektiert werden, muß das Königtum letztlich bereit sein, zur Gewalt zu greifen: nicht einfach zur nackten Gewalt, sondern zu Gewalt in grausamer, sadistischer Form ...« (Lewis Mumford, Der Mythos der Maschine). Rivalen oder Rebellen werden geköpft, gekreuzigt, verstümmelt, gefoltert, wilden Tieren vorgeworfen ...: »Wann immer ein Diener seinen Herrn ärgert, töten sie ihn oder verletzen seine Nase, seine Augen oder seine Ohren.« (Hethitisches Gesetz)

Die älteste bekannte »Staatsmaschine« ist die des pharaonischen Ägyptens. Mit einiger Wahrscheinlichkeit waren es frühe Einfälle aus den euroasiatischen Steppen, die um 3000 v. u. Z. zur Pharaonenherrschaft führten. Dafür gibt es mythologische, archäologische und historische Indizien.[72] Das prädynastische Ägypten war eine landwirtschaftliche Kultur, getragen von dunkelhäutigen Menschen.[73] Und ein Gegensatz zwischen der bäuerlichen Bevölkerung und den Dynastien ist immer erhalten geblieben, obwohl es auch schwarze Pharaonen gab, obwohl matrilineare und gynozentrische Traditionen auch in den Dynastien auftraten, obwohl das ägyptische Denken niemals wirklich dualistisch geworden ist, sondern das zyklische Element sich immer wieder durchsetzte.

Auch bei den Sumerern leiteten sich die Könige oft noch von den Hohepriesterinnen bzw. der Göttin ab, aber bereits bei den akkadischen Babyloniern waren der pyramidale Staat und seine Kriegsmaschine weit entwickelt. Seinen vorläufigen Höhepunkt fand er während der Zeit der assyrischen Herrschaft. Die Grausamkeit der Assyrer gegenüber den Feinden ist sprichwörtlich, ihre Herrscher hinterließen Inschriften, in denen sie die Art der »Strafen« beschrieben. Pyramidal und despotisch war auch die Gesellschaftsverfassung der Perser, obwohl ihr erfolgreichster König Kyros auf religiösem Gebiet tolerant und administrativ föderalistisch war. Griechische Autoren sprechen von dem Ritus der »proskynesis« (hündische Niederwerfung) vor dem persischen König.

Der Sadismus und die Massensklaverei des römischen Reiches in seiner größten Ausdehnungsphase ist uns wohlbekannt.

Aber auch der Islam entfernte sich erstaunlich rasch von der egalitären Ausgangsbasis der ersten Jahrzehnte. Es entstanden die Dynastien der Omayaden in Syrien, der Abbasiden in Bagdad, der Fatimiden in Ägypten, später der Chadscharen in Persien, der Moguln in Indien und der Osmanen in Konstantinopel, und diese Dynastien waren despotisch, hierarchisch: Bei den Audienzen eines Abbasidenherrschers in Bagdad mußte der Bittsteller auf einem Lederteppich vor dem Herrscher stehen, damit sein Blut leichter abgewischt werden konnte, denn hinter dem Kalifen stand der Henker, und beim ersten falschen Wort trat das Schwert in Aktion. Im allgemeinen waren die Kalifen an der Spitze toleranter und »sanfter« als die assyrischen Kriegsherren. Hin und wieder mischten sie sich unerkannt unters Volk, gaben den Armen unerwartete Geschenke, befreiten gar einen Mann vom Kriegsdienst, weil seine Frau auf dem Dach ihres Hauses ein trauriges Liebeslied gesungen hatte – die Wüste mit ihrer Freiheit lebte noch in den Winkeln ihrer Erinnerung. Aber vor allem in den persischen Chadscharen- und den indischen Mogulreichen beanspruchten die Herrscher einen ungeheuren Luxus, um dessentwillen die Untertanen schonungslos unterdrückt und ausgebeutet wurden.

Auch in Europa gab es feudale oder absolutistische Herrschaftsapparate. Es begann, als sich germanische Häuptlinge der römischen Landgüter und der kleinen dörflichen Gemeinschaften innerhalb und außerhalb des zusammenbrechenden römischen Reiches bemächtigten. Die »Ritter« und Feudalherren verboten den Bauern, Waffen zu tragen, und zwangen sie, Frondienste zu leisten oder einen Zehnten zu bezahlen. Sie wurden zu »Leibeigenen«.[74] Aber Europa war kleinräumig und rückständig, und der europäische Feudalismus war zwar drükkend und zeitweise grausam, aber niemals so perfekt organisiert wie die Despotien der Assyrer, der Perser oder der Römer, und niemals so glänzend wie die Reiche der Maharadschas in Indien oder der islamischen Dynastien in Vorderasien.

Die Bauern verteidigten noch jahrhundertelang erbittert ihr Gemeindeland, die »Allmende«, gegen den Zugriff der Adeligen, aber die einstige Anmut freier Dörfer in Alteuropa war jetzt nur noch ein ferner Traum. Genauso wie die orientalischen Pyramidalstaaten war auch der europäische Feudalismus letztlich ein Entwicklungshindernis. Aber in Europa hat er »nur« knappe tausend Jahre gedauert, im Gegensatz zu mindestens dreitausend Jahren im Orient, und das ist einer der Gründe für die rasante Entwicklung Europas, die in der Neuzeit zu einer technisch-ökonomisch-politischen Weltherrschaft geführt hat.

3. Erotik in der Zwangsjacke der Herrschaft

Sklavinnen und Kurtisanen

Haremssklavinnen und Kurtisanen als Beute und »Nutzvieh« des Königs

Welche Wirkung hatten diese gewalttätigen Eroberungen und Despotien auf die Beziehungen zwischen Männern und Frauen? In welche Form wurden nun Liebe und Erotik gegossen?

Für die schriftlosen Zeiten können wir es nur aufgrund der Begräbnissitten erschließen. Während es in den alten Dorfkulturen Europas und des Nahen Ostens kaum Unterschiede zwischen den Grabbeigaben von Frauen und Männern gab, findet man seit der ersten Kurganwelle plötzlich »Häuptlings«gräber, die auf eine neue Elite starker Männer hinweisen. Neben dem Skelett eines grobknochigen, außergewöhnlich großen Mannes lagen die Gebeine geopferter Frauen, der Frauen, Konkubinen oder Sklavinnen des Verstorbenen, die zum Teil dem zierlicheren mediterranen Typus angehörten. »Daß es sich um Todesfälle gehandelt haben kann, die zufällig zur gleichen Zeit eintraten, wird durch die Häufigkeit derartiger Mehrfachbestattungen ausgeschlossen. Vielweiberei läßt sich an einem Steingrab nachweisen, wo ein männliches Skelett in heraldischer Ordnung von zwei Frauen und vier Kindern flankiert war, während ein junger Mann und eine junge Frau zu seinen Füßen lagen.«[75]

Man kann also annehmen, daß nach einem Überfall auf ein Dorf die Männer umgebracht wurden, während Frauen in den Besitz des stärksten Nomadenkriegers übergingen, und, weil sie zu seinem Besitz gehörten, ihn auch ins Jenseits begleiten mußten, ebenso wie seine Waffen und sein Pferd. Unter solchen Umständen war Sexualität wahrscheinlich von Angst und

Resignation auf seiten der Frau, von Rücksichtslosigkeit und Machtgefühl auf seiten des Siegers getragen.

Einen Streit um die Frauen der Unterworfenen schildert auch die Ilias, die den Kampf von griechischen Viehzüchterbaronen um den kleinasiatischen Dardanellenhafen Troja beschreibt: Die Krieger Agamemnon und Achilleus geraten sich heftig in die Haare, wer von ihnen die beiden schönen Trojanerinnen Chryseis und Briseis als Sexsklavinnen und Trophäen in sein Zelt führen darf – Frauen als Besitz und Beute, verschachert, ausgeliefert.

Ähnlich wird es auch in der Bibel dargestellt: Nach dem Sieg über die Midianiter gerät Mose in Zorn, weil seine Nomadenkrieger zwar alle Männer umgebracht, die Frauen aber am Leben gelassen haben. Und er befiehlt ihnen: »Nun bringt alle männlichen Kinder um und ebenso alle Frauen, die schon einen Mann erkannt und mit einem Mann geschlafen haben. Aber alle weiblichen Kinder und die Frauen, die noch nicht mit einem Mann geschlafen haben, laßt für euch am Leben!« (Numeri 31,17 f.)

Gequält von den düsteren Erinnerungen an ihre ermordeten Mütter, Väter, Verwandten und Freunde, rechtlos, ausgeliefert, unerfahren, von ihrer erotischen Tradition entfremdet, so mußten diese jungen Mädchen die Sexualität der Sieger über sich ergehen lassen. Ihre Entjungferung wird kein feierlicher Akt im Kraftfeld einer geheimnisvollen Schöpfergöttin sein, ihre Weiblichkeit ist nur Objekt und Beute. Ganz wörtlich: »Die überaus reiche Beute, die das Kriegsvolk im Heer gemacht hatte, betrug 675.000 Schafe und Ziegen, 72.000 Rinder, 61.000 Esel und insgesamt 32.000 Menschen: Frauen, die noch mit keinem Mann geschlafen hatten.« (Numeri 31,32 ff.)

Das also ist das Schicksal der Erotik in der Zwangsjacke gewalttätiger, primitiver Nomadenkrieger. Und als es dann schon organisierte Staatsgebilde gab, blieb dieser Nutzaspekt erhalten. Die Frauen der Unterworfenen werden nicht respektiert, sondern ihre Sexualität wird genutzt. Die Kurtisanen, die an den Herrscherhöfen des alten Indien lebten, waren für den Kschatrija oder Maharadscha eine ansehnliche Einkommensquelle. Und wenn eine »von ihrer Schönheit Lebende« auf Befehl des Königs nicht zu einem Mann ging, wurde sie mit

Rutenstreichen bestraft. Im Arthacastra des Kautilya z. B., einem indischen Lehrbuch für die Staatskunst der Fürsten, werden Kurtisanen in einem Atemzug mit Rindern und Kamelen genannt und als »Nutzvieh« des Königs bezeichnet. Es wird geraten, sie zum Agenten- und Spitzeldienst im Sinne der »stillen Staatsgewalt« zu nutzen. Diese Funktionalisierung weiblicher Erotik im Dienste männlicher Herrschaftsformen füllt ja bekanntlich ganze Serien von Kriminalromanen. Die »Spionin« ist hinreißend verführerisch, ihrem Geheimdienstchef treu ergeben, eiskalt und abgebrüht, und den Vertreter des Guten lockt sie in eine mörderische Falle.

Wegen dieses Stereotyps mußte auch die sensitive Tänzerin Mata Hari sterben. Sie war eine der wenigen, wenn nicht überhaupt die einzige, die um die Jahrhundertwende nicht nur »orientalisierend« tanzte, sondern auch eine Ahnung von der »Heiligkeit der Erotik« hatte. Ich wünschte, sie hätte diese Ahnung vertieft durch echtes Wissen, aber dafür gab es damals noch nicht genügend Quellen. Statt dessen geriet sie in den Sog der Kriegshandlungen zwischen Deutschland und Frankreich ... und ließ sich für nationalistische Männerpolitik funktionalisieren. Sie spionierte tatsächlich, aber nicht gegen, sondern für Frankreich, das sie als ihre Wahlheimat liebte. Und gerade von den Franzosen wurde sie hingerichtet. Ihr graziöser Körper, mit dem sie so viele Verehrer auf der Bühne und im Bett bezaubert hatte, wurde nach ihrem Tod in der Universitätsklinik als Studienobjekt anatomisch seziert. Welch ein schauriger Sieg der Patriarchatsmaschine! Aber sie hatte sich politische Freiheiten erlaubt, die man einer Tänzerin und Kurtisane normalerweise nicht zugesteht. Denn laszive, orientalische Erotik assoziierte man in dieser Zeit nur mit der Servilität von Haremssklavinnen, die gelangweilt, von Opiumwolken umnebelt, von süßem Gebäck üppig genährt in den osmanischen Harems eingesperrt waren.

Allerdings gab es Harems schon lange zuvor in den meisten *alt*orientalischen Königsherrschaften. Dort gab es durchaus noch Spuren einstiger Souveränität: Ehemalige Priesterinnen und sakrale Tänzerinnen wurden auch als Privatbesitz des Herrschers noch verehrt, und Erbtöchter oder Geiseln verbündeter Stämme wurden aus politisch-matrilinearen Gründen geachtet[76], aber die Mehrzahl der Haremsdamen oder besser Haremsinsassinnen rekrutierte sich nun aus den Reihen der unterworfenen und versklavten Feinde. Die Sieger suchten sich die hübschesten Mädchen aus, ließen sie neu und prächtig einkleiden und in die Gewohnheiten ihres Harems einführen, und da verblieben sie nun, sei es als Konkubinen, Musikerinnen oder Tänzerinnen. Wie grausam oder erträglich ihr Schicksal im einzelnen gewesen ist, können wir heute nicht mit Sicherheit sagen. Sicherlich gab es da alle möglichen Abstufungen ... nur: Mit der lebendigen Gemeinschaft freier Frauen war es vorbei. Frauen waren nun dem starken Mann an der Spitze als Beute- und Genußobjekt unterworfen.

Als die islamischen Araber vom Nomadentum zur pyramidalen Staatsmaschine persischer oder byzantinischer Bauart übergingen, wuchs das Volumen der Sklaverei gewaltig. Afrikanische, europäische und orientalische Sklavinnen füllten nun – meist als Konkubinen – die Harems der Reichen. Viele von ihnen waren bestens ausgebildet: Sie spielten Instrumente, sangen und tanzten, dichteten und hatten manchmal sogar verschiedene wissenschaftliche Disziplinen und antike Autoren studiert.[77] Manchmal wurden sie als Geschenke weitergereicht und erfreuten mit ihrer Kunst einen neuen Herrn, der vor allem dann tief dankbar war, wenn er die Konkubine eines »höheren« Mannes berühren durfte. Immer wieder gelang es einzelnen Frauen, durch ihre persönliche Klugheit, Willenskraft und künstlerische Leistung aufzusteigen oder freigelassen zu werden, aber die gewaltförmige Entstehungsgeschichte der Herrscherhäuser äußerte sich letztlich doch in einer extremen Abhängigkeit, Rechtlosigkeit und Ausgeliefertheit:

Als dem Abbasiden-Kalifen Musa Al-Hadi hinterbracht wurde, daß zwei seiner Konkubinen lesbische Liebesspiele vollzogen, ließ er beide Frauen ohne Verzug köpfen, und ein feierliches Geleit trug im Kerzenschimmer ihre abgetrennten Köpfe, noch rosig durchblutet, mit Diademen geschmückt, in die Halle. Der ägyptische Fatimidenkalif Al-Hakim ließ im Jahre 1009 in einem Anfall von Umnachtung alle seine Konkubinen in Kisten stecken, die dann vernagelt und in den Nil geworfen wurden. Er wollte sich nämlich kasteien und von seinem sinnlichen Vergnügen trennen! Am osmanischen Hof wurden unliebsame oder aufbegehrende Haremsdamen in Säcke gesteckt und in den Bosporus geworfen, Intrigen waren an der Tagesordnung.

Einmal hat aber auch eine gewitzte Konkubine am osmanischen Hof ihre turnusmäßige Nacht mit dem Sultan an eine Kollegin verschachert. Man stelle sich vor: Den Sultan selbst hat sie feilgeboten! Welch blauäugig subversiver Akt an einem Hof, wo hundert andere sich nur schmachtend nach dem Sultan sehnten ... Aber da hört sich der Spaß auf! Sie wurde sofort hingerichtet!

Die arabischen Sklavenjäger waren auf dem ganzen Territorium des islamischen Imperiums aktiv. Afrikanerinnen waren als Sexobjekte und Küchenhilfen gefragt, hellhäutige Sklavinnen dagegen konnten höhere Ränge erreichen. (Der Rassismus ist offenkundig!) Gerade in dem an die arabische Halbinsel angrenzenden Äthiopien kämpfte die Bevölkerung leidenschaftlich gegen die Gefangennahme von jungen Mädchen. In manchen Gegenden wiederum, wie etwa bei den Tscherkessen, gaben arme Eltern ihre Töchter freiwillig in die Haremssklaverei. Am besten, so hieß es, sei eine Berbersklavin, die mit neun Jahren nach Mekka gebracht würde, um dort die Sanftmut der Frauen, dann nach Medina, um dort den Mutterwitz zu erlernen, und schließlich nach Baghdad, um dort Wissenschaften zu studieren. Hier kommt das multikulturelle Element des islamischen Imperiums zum Ausdruck, in dessen Harems sich afrikanische, indische und orientalische Sklavinnen mischten.

Und auf diese Weise – also eigentlich durch Sklaverei – sind auch die verschiedenartigen Bewegungselemente des »orientalischen« Tanzes zu einer mehr oder weniger klassischen Kunstform verschmolzen: Afrikanerinnen brachten Vibrationen, Akzente, Schwünge der Schultern und Hüften, Armenierinnen oder Tscherkessinnen den Säbeltanz (der eigentlich ein Männertanz aus der indoarischen Tradition ist), Perserinnen, Inderinnen, Zigeunerinnen die eleganten Schlängelbewegungen der Hüften, Arme, Hände, das Spiel mit dem Schleier, das Zimbelspiel, den Bodentanz, die auf dem Kopf balancierte Kerze ...: alles Elemente, die aus der sakralen Erotik und dem Kundalini-Yoga stammen.[78]

Nur: Die Haremsherren, die Tänzerinnen auftreten ließen, interessierten sich längst nicht mehr für die sakralen Dimensionen eines Trancetanzes aus Ostafrika oder eine sakrale Geste aus dem indischen Tanz. Für sie waren Tanz und Erotik nur noch ästhetischer Voyeurismus oder Vorspiel zum Sexkonsum. Die meditativen, magischen oder religiösen Dimensionen waren dahin, von einem weiblichen Kraftfeld konnte keine Rede mehr sein. Die Tänzerinnnen, die man auf Fotos oder Malereien osmanischer Harems sieht, wirken auf mich oftmals, als ob sie sich in Trance befänden. Aber es ist eine Trance der Unwissenheit, der Resignation, der dumpfen Ahnung, daß sie irgendwann etwas verloren haben. Ihr Tanz hat seinen inneren Sinn verloren. Das Kraftfeld der Göttin ist durchlöchert. Wo früher Priesterinnen tanzten, sind es nun Sklavinnen. Und so werden sie (oft auch noch heute) behandelt. Sie werden sexistisch nach Brust- und Hüftweite taxiert, an rassistischen Schönheitsidealen gemessen[79], das Trinkgeld, das man ihnen zusteckt, wird manchmal recht gönnerhaft gespendet, und Araber wundern sich, daß europäische Frauen, die's doch angesichts der ökonomischen und politischen Macht des Westens nicht nötig hätten, einen Tanz praktizieren, der sie auf das Niveau einer Bediensteten herabwürdigt.

Deformierte Matrilinearität

Aber innerhalb des Haremssystems und selbst in islamischen Ländern gab es immer wieder politisch prägnante Frauen. Sie begannen als Konkubinen, entwickelten sich dann aber zu unverzichtbaren Beraterinnen des Kalifen oder Sultans, wie etwa die ehrgeizige Schadschra al-Durr. Oder sie gebaren dem Sultan einen Thronfolger und wurden zu reichen und mächtigen Regentinnen, die nach dem Tode eines Sultans für ihre Söhne das Reich verwalteten, wie etwa die überaus luxusbesessene Chayzuran.

Und hier setzt sich das matrilineare Element, wenn auch verwässert und verdreht, doch noch einmal durch: Als Walidah al-Sultan, Gebärerin des Sultans, waren sie mächtig. »Mächtig« in Anführungszeichen, denn natürlich war der Apparat aufgrund der aufgehäuften Reichtümer und der latenten imperialen und administrativen Aggressivität und der Zentralisierung der Macht am Hof viel stärker, als eine Einzelperson es je hätte sein können.

So mußte sich eine ehrgeizige Konkubine, die den Gipfel der Macht erreichen wollte, mit allen Tricks und Schlichen gegen ihre Nebenbuhlerinnen durchsetzen, sie ausmanövrieren, und nicht nur ihre weiblichen Reize, sondern auch ihren Schoß, ihre Empfängnisbereitschaft funktionalisieren, um politische Macht zu erwerben. Und dieses Mittel war immer in Gefahr, vernichtet zu werden. Konkubinen, die durch den Kontakt mit dem Sultan schwanger geworden waren, mußten ihren Zustand verbergen, denn immer gab es Konkurrentinnen, die dem Embryo oder dem eben geborenen Säugling ans Leben wollten.

Aber wenn sie das Kind durchbrachte, der alte Sultan früh genug starb, und die Fäden der Macht zur Administration gut geknüpft waren, konnte sie für ihren noch minderjährigen Sohn regieren, und auch wenn dieser dann die Macht ergriff, hatte sie Chancen, als seine engste Beraterin indirekt zu herrschen.

Aber welch ein Unterschied zu einfachen matrilinearen Stämmen, wo weder Macht noch Reichtum zu erringen waren! Dort trafen sich verliebte Blicke, wurden Küsse und Umarmungen getauscht, und der Vater des Kindes kam, blieb und liebte ... – oder er verschwand wieder, wenn die Liebe versiegte. Unkompliziert, erfrischend einfach! Frauen brauchten keinen brennenden Ehrgeiz, um an irgendeine Spitze zu gelangen, sie waren ja schon souverän: erotisch und ökonomisch. Über ihnen gab es nichts. Sie konnten genießen, um zu geben.

Eine Haremskonkubine aber war in jeder Hinsicht abhängig: Weder konnte sie erotisch und persönlich unter Männern wählen[80] noch hatte sie Wurzeln in der Ökonomie, und ihr Sohn (nicht die Tochter) war nicht aus freiem Liebesspiel geboren, sondern als Mittel zum Zweck ihrer Macht.

Kastration

Für die unterworfenen, wehrlosen Männer, die zum Opfer von Nomadenüberfällen oder organisierten Kriegen wurden, hatten Violentismus, Dominismus und Militarismus schreckliche Folgen. Viele von ihnen fielen im Kampf, viele wurden massakriert, manche wurden in die Kriegsmaschinerie des Siegers gepreßt, aber wenn sie als Sklaven am Leben gelassen wurden, so wurden sie nur allzuoft entmannt. In allen Sklavenhaltergesellschaften des alten Orients und der Mittelmeerwelt, vor allem im Perserreich und im römischen Reich, gab es die Kastration. Persische Krieger haben zum Beispiel ionische Gefangene verschnitten und zusammen mit erbeuteten Jungfrauen ihren Königen zum Geschenk gemacht. Jungfrauen und Eunuchen! Sexuell unerfahren oder sexuell unfähig, so hatten's die starken »Männer« an der Spitze gern!

Obwohl der Koran die Freilassung von Sklaven lobt und die Kastration verbietet, gab es in den »islamischen« Dynastien unzählige Eunuchen. Im osmanischen Imperium waren weiße Eunuchen aus eroberten christlichen Ländern wie Tscherkessien, Armenien und Georgien nicht sehr beliebt, weil sie oft kränkelten und früh starben. »Schwarze Eunuchen erwiesen sich als kräftiger und widerstandsfähiger. Ägypten, Abessinien und der Sudan wurden bevorzugte Jagdgründe. Einige der Knaben unter den schwarzen Sklaven wurden unterwegs in Karawansereien von Kopten oder Juden kastriert, da der Koran den Gläubigen verbot, diesen Eingriff selbst vorzunehmen. Es war eine riskante Operation, bei der viele Opfer ums Leben kamen, und wer sie überstand, brauchte in dem heißen und trockenen Klima oft lange, um wieder zu Kräften zu kommen. Da Wüstensand als wirksamster Wundbalsam galt, wurden die frisch Kastrierten bis zum Hals darin vergraben und erst wieder befreit, wenn ihre Wunden verheilt waren. Die Knaben, die die Schmerzen, den Blutverlust und das Grab im Wüstensand überlebten, waren Luxusobjekte, die den Händlern hohe Gewinne brachten.«[81]

Die Prozeduren der Kastration waren grausig: »Die Genitalien werden mit einem einzigen Schnitt des Rasiermessers entfernt, man steckt einen Tubus in die Harnröhre, brennt die

Wunde mit siedend heißem Öl aus und gräbt den Patienten in einem Haufen frischen Dungs ein. Die Hoden wurden auch durch Herausschneiden mit einem Steinmesser, Zermalmen, Versengen oder Abdrehen entfernt. Die körperlichen Auswirkungen der Kastration sind Haarverlust, Falsettstimme, Muskelerschlaffung und Fettleibigkeit. Außerdem leiden Eunuchen häufig an einer schwachen Blase, an schlechtem Erinnerungsvermögen, Schlaflosigkeit und Sehstörungen. Sie lernen Alkohol zu meiden, weil er ihre Energie mindert und Schmerzen im Harnleiter verursacht.«[82]

Das System ist also klar: Damit der starke Mann an der Spitze, der Eroberer, der Kriegsherr, der Haremsherrscher und seine unmittelbaren Verwalter, Unterstützer, Anhänger besonders mächtig, markig und »männlich« sein konnten, mußten Scharen anderer Männer entmachtet, entmannt, verstümmelt, entsexualisiert werden. »Ver-weiblichte«, verweichlichte oder unerfahrene Männer wurden geduldet. Macht wurde nicht nur militärisch, strategisch und administrativ ausgeübt, sondern auch als Befruchtungsrivalität, also biologisch ausagiert: An meine Kühe kommt er nicht ran!

Und umgekehrt wurde Männlichkeit nun als »Macht« definiert – nicht als Liebe, Zärtlichkeit, Respekt für Frauen, nicht als erotische Kompetenz oder als Wunsch, Frauen sexuell zu befriedigen, nein, als Verfügungsgewalt und Besitzanspruch![83] Welch ein Anschlag auf Liebe, Freundschaft und Menschlichkeit!

Aber ironischerweise haben gerade Eunuchen gezeigt, wie löchrig und fraglich diese »Mannesmacht« ist. Denn Verschnittene, die nur ihre Hoden, nicht aber den Phallus verloren hatten, konnten trotzdem Erektionen haben und waren bei Haremsdamen sehr beliebt: Sie konnten die Dauer der Vereinigung beliebig steuern und ihre eingesperrten Herzensfreundinnen heimlich zu höchstem silberglucksendem, taubengurrendem Lustgewinn führen. »Zwei Odalisken erhielten ihre Freiheit und wurden verheiratet. Eine Woche nach der Vermählung ließen die Männer sich von ihnen scheiden. Die Odalisken hatten ihnen gesagt, sie leisteten nicht halb so viel wie die Eunuchen!«[84]

Der Sturz

Erst zum Himmel erhoben
Goldblau, kupfergrün
Himmelsblaue Hure, die die
Männer verzaubert ...
Heilige Hure, Himmelshure
Dann den Boden weggezogen
Verarmt und ausverkauft

In der Staatsmaschine der Könige muß der Tempel dem Harem weichen. Sakrale Erotik wird zur Sklavenerotik

Babylon, um 1200 v. u. Z.

Mu'allit kräuselte ihre leuchtendrot geschminkten Lippen zu einem genußvollen Schmunzeln und erzählte im Verschwörerton: »Die Hohepriesterin hat den König geohrfeigt! Richtig Spaß hat's ihr gemacht, du kannst dir nicht vorstellen, mit welcher Hingabe sie zugeschlagen hat! Vor allen Ratsherren und Hauptleuten des Heeres! Sie hat eindeutig die Grenzen des Zeremoniells überschritten!«

Sammu-Ramat blickte zweifelnd auf Mu'allit. Beide waren sie Priesterinnen der 'Aschtár, sie trugen lange gerade Kleider, die mit Gold und Edelsteinen besetzt waren. Seit Jahrzehnten dienten sie der Göttin im Obergeschoß des babylonischen Tempelturmes. Musik und Tanz in diesen »Heiligen Hallen«, Duft und Öl, zarte wehende Schleier in bunten Farben, schwere Hüftgürtel, Halsketten und Armreifen aus Kupfer, Zinn, Bronze und Gold, goldbeschlagene Möbel, türkisschimmernde Fliesen an Wänden und Fußböden ...

»Sie ist mutig, mehr als mutig«, bemerkte Sammu-Ramat. »Wie haben die versammelten Männer es aufgenommen?«

»Begeistert haben sie nicht dreingeschaut, die adeligen Ratsherren von Babylon«, antwortete Mu'allit. »Vor allem unsere verehrten Kassiten, unsere blaßgesichtigen Riesenwüchsigen mit ihren Eisenhemden. Schon ihr Aussehen ist zum Kleiderzerreißen! Dabei: Was ist das schon, eine lächer-

liche Ohrfeige! Früher sind die Könige geopfert oder zumindest abgesetzt worden. Heute gebärden sie sich wie die Herren der Welt. Sie führen Kriege, nichts als Kriege, sie fuchteln mit ihren Waffen hin und her, stechen und schlagen, foltern und morden ... Dann machen sie Sklaven, und die nächste Zikkurat, der nächste Tempelturm wird ein paar Klafter höher in den Himmel gebaut!«

Sammu-Ramat stöhnte: »Diese Kriege, sie langweilen mich! Diese Kriegshelden, sie öden mich an. Ruhm, Ehre, welch ein Unsinn. Ich will nichts davon wissen. Ich verstopfe meine Ohren!«

Aber Mu'allit gönnte ihr keine Ruhe: »Das schlimme ist nur: Sie erklären dem eigenen Volk den Krieg ... uns, den Frauen. Weißt du, was sich dieser spitzbärtige Wichtigtuer, dieser Mardukpriester, in seinem kranken Hirn wieder ausgedacht hat: Unvorstellbar! Kannst du es fassen? Verheiratete Frauen dürfen nichts mehr kaufen und verkaufen! Ein Mann, der ihnen, sagen wir, ein paar Ballen Stoff, einige Unzen Gold abkauft, muß Strafe zahlen, daß ihm die Knochen krachen. Und wird in die Liste der Verbrecher eingetragen! Ja wovon soll die Frau denn da noch leben? Übrigens, hast du deine drei Morgen Land da hinten am Berghang schon verpachtet?«

»Es ist nicht besonders fruchtbar«, sagte Sammu-Ramat. »Deswegen bin ich froh, daß ich es so günstig weitergeben konnte, und zwar an den Dagan aus Mari. Er baut dort eine Halle und läßt mehrere Dutzend Sklaven und Sklavinnen Seide spinnen und Tücher weben. Ich verstehe zwar nicht, was er mit all diesen Massen von Schleiern anfangen will ...«

»Weißt du denn nicht? Das mit den Schleiern ... bei den Assyrern?« Sammu-Ramat schüttelte den Kopf. »Was, du weißt das nicht???! Da dürfen freie, unverheiratete Frauen oder Tempelpriesterinnen keine Schleier mehr tragen, nur noch ihre Ehefrauen dürfen Schleier tragen ...«

»Was! Diese profanen Weiber, die sich an die Gunst eines einzigen Mannes verkaufen, die dürfen Schleier tragen?« Sammu-Ramat wurde blaß und rang nach Luft. »Die Welt steht kopf!« Sie schüttelte entgeistert ihre schwarzen Locken.

»Sie müssen Schleier tragen, undurchsichtige Schleier, damit kein Fremder sie sehen kann!« verbesserte Mu'allit und fügte gnadenlos hinzu: »Und diese Schleier beziehen sie von einem Händler namens Dagan, dem du vor einigen Tagen das Land verpachtet hast, auf dem er seine Werkstätten errichten kann.« Sammu-Ramat sank auf ihren Sessel und murmelte wehmütig:

»Herrin der Farben! 'Aschtár, die du strahlst in vielen Farben! Nein, 'Aschtár strahlt nicht mehr, sie werden uns unsere Schleier entreißen!«

»Sie würden uns ohnehin am liebsten auslöschen!« versetzte Mu'allit kalt und korrekt: »Uns, die Tempelpriesterinnen der 'Aschtár.«

»Niemals, niemals, das können sie nicht!« protestierte Sammu-Ramat leidenschaftlich. »Wer wird die Gesandten einer anderen Stadt empfangen, wer wird den Frieden in Babylon segnen und erhalten, bedenke doch, unsere Familien, sie können nicht die besten Familien der Stadt vor den Kopf stoßen. Nein, dazu ist unsere Ehre zu fest verankert!«

»O meine liebe Schwester, sie tun es ja nicht offen. Die Könige wandeln in Purpur, und was tun sie? Sie heiraten eine Prinzessin nach der anderen. Unser Ruhm, unsere Ehrenstellung geht ganz unauffällig auf den Harem des Herrschers über. Auf all die kleinen Prinzessinnen, die noch nichts von der Welt wissen und stolz darauf sind, dem Harem des Königs anzugehören. Auf uns blicken sie herab, denn sie halten sich für die echten Ehefrauen.«

»Dabei sind sie ja nur Mittel zum Zweck!« Sammu-Ramats Stimme klang angewidert. »Glaubst du, Tiglatpileasar, der soviel Macht und Reichtum geerbt hat, würde sich für die Lieblichkeit und die Träume all dieser kleinen Prinzessinnen interessieren, die in seinem Harem sehnsüchtig darauf warten, von ihm bemerkt zu werden? Oh, nein. Sie sind doch nur Geiseln für ihn, damit ihre Väter oder Mütter nicht gegen ihn revoltieren. Sie sind doch nur Faustpfänder für ihn, damit er durch ihre Länder und Erbschaften immer reicher wird. ›Harem‹, ›Heiligtum‹ nennen sie ihre königlichen Frauengefängnisse! Ein Frevel! Diese Frauen haben die Göttin verraten! Wie kriecherisch und intrigant, ständig eifer-

süchtig und frustriert sind sie doch, diese kleinen Prinzessinnen! Die Falschheit trieft aus ihrem Mund. Ihr ganzes Leben warten sie nur darauf, vom König bemerkt, bevorzugt und geschwängert zu werden. Ihr ganzes Leben warten sie darauf, vom König ERWÄHLT zu werden! Das ist eine Schande!« Je länger Sammu-Ramat sprach, um so leidenschaftlicher wurde ihr Tonfall. »Ich vermeide jeden Schritt in ihre Gemächer. Ihre Dummheit gibt mir Kopfschmerzen, ihr Unglück zerreißt mir das Herz, ihre Eifersucht zerfrißt meinen Bauch!

Die Harems der Könige sind ebenso schrecklich wie ihre Kriege! Nein, sage mir nicht, daß diese Frauen mit uns zu vergleichen sind. Was nützt ihnen denn ihr geliehener Ruhm, was nützt ihnen ihr Reichtum im Königspalast!« Aber Mu'allit ließ nicht locker. Unerbittlich fuhr sie fort:

»Was nützt denn uns unser Reichtum – Gold, Marmor, Kupfer und azurblaue Fliesen! Wir leben von Luxus umgeben, unsere Seidengewänder sind von Goldfäden durchzogen, bei jedem unserer Schritte erklingt der Schmuck, den wir um Hals und Hüften, um Hand, und Fußgelenke tragen. Unsere großen dunklen Augen sind von Khol umrandet, die feinsten Schleier bedecken unser Gesicht, lassen unsere Gestalt in allen Farben des Regenbogens aufleuchten, wir singen und tanzen, wir kennen die Kraft geheimer Klänge im Körper und die Wirkung der Düfte, wir zeigen die Göttin den Männern, die zu uns kommen mit Kupfergeld und Geschenken. Wozu? Damit der König es abschöpft, um neue Kriege zu führen und neue Sklaven zu machen und neue Schleier weben zu lassen für seinen Harem! Priesterinnen der 'Aschtár? Nein, Huren für den königlichen Zuhälter sind wir geworden!«

Mit selbstquälerischer Eindringlichkeit fuhr sie fort: »Wie gerne würde ich meine erworbenen Güter meinen Kindern vererben! Aber wir werden niemals Kinder haben, Sammu-Ramat, niemals! Alles, was wir uns mit Hilfe unseres Familienbesitzes durch Kauf und Verkauf und Verpachtung erwerben, geht nach unserem Tod an unsere Brüder und deren Söhne zurück. Ja, unfruchtbar mußten wir werden, damit den Söhnen ihrer Söhne nichts verloren geht. Priesterinnen der 'Aschtár? Nein, Sachwalterinnen, Krämerinnen im Dienste unserer Brüder sind wir geworden!«

Sammu-Ramat hielt sich die Hände an die Ohren! »Hör auf«, schrie sie, »ich weiß es schon lange. Hör auf, ich will es nicht hören! Hör endlich auf damit! Gräßlich frißt die Zeit! Die Stürme bringen Verderben von Osten und Westen, von Norden und Süden! Der Himmel schleudert Haß zur Erde. Die Erde wird beben. Sie wird verschlingen die Zikkurat, verschlingen die Machwerke der Herrscher!«

Sammu-Ramat lehnte sich bleich an die gold- und türkisschimmernde Wandverkleidung neben der Fensternische der Zikkurat. Sie hielt die Hände vors Gesicht ...

»Gut, ganz nach Plan«, raunte Ninyas, ein junger, agiler Mann, dem Tempeldiener Gibil zu, der ihn heimlich eingelassen und auf der rückwärtigen Wendeltreppe nach oben geleitet hatte, so daß er die Gespräche der Priesterinnen mithören konnte. »Jetzt wird's erst richtig interessant!« Er rieb sich die Hände, griff dann in seinen Beutel und ließ ein kleines Stück Gold in Gibils Tasche gleiten. »Nimm das! Ich werde deine Dienste noch brauchen. Bring mich jetzt zum Hauptportal!« Sie stiegen durch die labyrinthisch miteinander verbundenen Treppengewölbe, mühsam trat das Tageslicht durch die Fensterluken der Zikkurat. Ninyas sah den Tempeldiener im dämmrigen Dunkel von der Seite an: »Welch eine Pracht! Was sich dort an Reichtümern ansammelt! Ist dir nie der Gedanke gekommen ...?« – »Zu stehlen? Nein!« Aber Ninyas schüttelte den Kopf. Er sprach seinen Gedanken nicht aus. Wäre es nicht das beste aller Geschäfte, wenn er blutjunge, reizvolle Tänzerinnen, am besten Sklavinnen, an finanzkräftige Bürger der Stadt vermieten würde? Welch ein Reichtum könnte sich da ansammeln! Bei ihm! ... Das einzige Problem: Wer würde seine Liebesdienerinnen in Tanz und Liebeskunst ausbilden? Doch die Lösung lag schon auf der Hand.

»Ja, komm nur herein!« Belit führte ein junges Mädchen zu Sammu-Ramat und Mu'allit in den Saal. »Könnt ihr das fassen?« rief sie empört. »Alles haben wir ihr beigebracht! Sie weiß, wie und wo man Sandelholzpaste einmassiert, welche

Töne man wann singt und summt, sie weiß, wie man kratzt, beißt, küßt und streichelt, sie weiß die Bedeutung aller Handhaltungen und kennt die wichtigsten Tanzschritte. Nur eines kann sie offenbar nicht! Die Schwangerschaft verhüten! Alles weiß sie, nur wie man ein Opiumbällchen auf den Muttermund setzt, wenn man die geölten Schenkel öffnet, das weiß sie offenbar nicht! Schwanger ist sie, stellt euch das vor, im Tempel schwanger geworden!«

»In den alten Zeiten war das noch erlaubt«, sagte Sammu-Ramat versonnen.

»Aber jetzt ist es verboten!« schrie Mu'allit. Und aus ihr schrie die Demütigung ihrer eigenen Sterilität. »Wie konnte es dir passieren, hier im Tempel schwanger zu werden?! Du weißt genug Techniken, um es zu verhindern!«

Taschmetum, die junge Tänzerin, stemmte die Hand in die Hüfte, wippte mit der Ferse, so daß die Fußkettchen klirrten, und erwiderte: »Es ist eben passiert. Die Göttin hat's gegeben!« – »Wer ist der Vater?« fragte Sammu-Ramat.

»Ein gewisser Ninyas, er steht unten am Haupteingang.« – »Dann bringt ihn herauf.«

Als dieser in den glanzvollen Saal trat, ging ihm die junge Schwangere mit schnellen Schritten entgegen. Er legte schützend den Arm um sie und maß dann die drei versammelten Priesterinnen mit einem langen fragenden Blick.

»Sie ist schwanger!« konstatierte Belit knapp und herausfordernd.

»Sie trägt mein Kind«, versetzte Ninyas ungerührt.

»Im Tempel gibt es keine Schwangerschaft«, fuhr Belit fort. »Das heißt, sie muß das Kind abtreiben!«

»Nein, niemals«, rief Ninyas aus. »Ihr habt keine Macht über mein Kind!«

»Abtreiben?« rief nun auch das Mädchen empört aus. »Wie kann die Göttin das wollen?! Heißt es denn nicht: ›'Aschtár melésem ruámam lábschat, zá'anat inbí mikíam u kúzbam, naplasúscha báni bu'áru báschtum maschráhu lamássum schédum.‹« ('Aschtár ist mit schwellender Kraft und Liebreiz angetan, hat Fruchtbarkeit in Fülle, verführerischen Reiz und Üppigkeit. Wo sie hinsieht, ist Heiterkeit geschaffen, Lebenskraft, Pracht, Fortpflanzungskraft von Mann und Frau.)

Sie sprach den liturgischen Text mit Stolz und Feierlichkeit.

»Ja, so steht es im Lied«, bestätigte Mu'allit mit Bitterkeit und schrie dann gekränkt auf. »Aber siehst du hier eine von uns, die im Tempel ein Kind hat?« Sie wandte sich an die anderen Priesterinnen: »Dieses Mädchen hat ihre Gebärfähigkeit nur behalten, weil ihre Familie so arm ist, daß sie ihr ohnehin nichts vererben können! Aus Gnade haben wir sie aufgenommen, weil sie Tanz und Liebeskunst lernen wollte! Aber schwanger zu werden, war offenbar wichtiger für sie!«

»Sie wird nicht abtreiben«, betonte Ninyas.

»Dann muß sie den Tempel verlassen.«

»Nein, niemals«, schrie die schwangere Taschmetum jetzt. »Ich fühle mich so wohl in diesem Saal. Die Düfte, die Musik, die Schleier, all das Gold und die Edelsteine ... es ist so schön hier! Ich will noch mehr lernen! Es gibt noch viele Tänze, die ich nicht beherrsche! Ich bin ja noch am Anfang!«

Die drei Priesterinnen sahen sich wortlos an.

Die Worte des Eindringlings drangen wie Messer in dieses Schweigen: »Laßt sie doch hierbleiben! Sie ist ein armes Mädchen! Und ihr seid reich! Ihr seid die Günstlinge des Königs, da muß doch etwas für euch abfallen, wenn er einen Krieg gewinnt!«

Mu'allit krallte sich mit den Händen in die Lehnen ihres Thrones. Doch Ninyas fuhr unbeirrt fort:

»Gewiß, in ihrem Zustand kann sie nicht den Männern dienen, aber sie kann doch weiterlernen! Was schadet es denn, wenn sie im Tempel weilt, selbst, wenn sie ihr Kind geboren hat. Das hängt doch von ihr ab, wo sie sich wohler fühlt. Ich zwinge sie nicht, mich zu heiraten oder bei mir zu wohnen. Ich erhebe keinen Anspruch auf sie, ich kann sie ja hier besuchen!«

»Was erlaubst du dir?« stieß Mu'allit fassungslos hervor.

»Werft ihn raus!« schrie Belit. »Wo ist der Tempeldiener! Gibil!«

»Ich gehe gleich«, sagte Ninyas. »Wartet! Übertreibt nicht! Ich meine es ernst! Mißversteht mich nicht! Ich spreche ehrlich! Ich wünsche mir nur, daß sie ihr Kind hier bei euch

gebären kann. Das wäre das größte Glück meines Lebens. Es ist nicht gut für die Frau, wenn sie ein Kind abtreibt. Die Assyrer bestrafen es mit einem gräßlichen Tod, ihr wißt es selbst! Sie haben diese Sitte von den Churtitern übernommen. Der Ninurta aus Assyrien, der im Rat der Hauptleute des Heeres sitzt, hat es mir erzählt. Ich verstehe, daß ihr auf mich böse seid. Aber war es denn meine Schuld, ist es denn ihre Schuld? Die Göttin entscheidet, wer das Leben weitergibt. Bei euch im Tempel ist sie wenigstens geschützt! Ich danke euch!«

Mit diesen Worten verließ er den Saal und eilte die Treppen hinunter.

Eine vierte Priesterin hatte das Ende mitgehört und stand nun neben Taschmetum, die sie erwartungsvoll ansah. »Wir wollen nichts überstürzen, dieses Mädchen, Taschmetum, hat gut gelernt, sie war immer fleißig und respektvoll«, gab sie zu bedenken. »Heißt es nicht in einem unserer Lieder: ›Das Mädchen, das ausgesetzt wurde, bekommt eine Mutter in ihr.‹ Wirklich, 'Aschtár ist gnädig. Sollten wir nicht gnädig sein wie sie! Und sagt nicht Inanna in einem der alten Lieder: ›Ich stärke die Ehefrau gegen den Gatten, ich verbinde das Kind mit der Mutter.‹ Inanna ist klug, sollten wir nicht klug sein wie sie? Weshalb soll das Mädchen büßen anstelle des Mannes!«

Während sie zusammen mit der jungen Tänzerin und einer kopfschüttelnden Be'lit den Saal verließ, war Sammu-Ramat wieder zurück zur Fensteröffnung gegangen, gebeugt, mit schmerzhaft verzerrtem Gesicht. Sie drückte sich an die Mauer und rezitierte, als wolle sie sich daran festhalten, einen alten sumerischen Hymnus: »Schwarz mache ich zu Weiß und Weiß zu Schwarz, Rechts mache ich zu Links, und Links zu Rechts, die Schwachen lade ich in mein Haus, die Starken vertreibe ich, die Geehrten erniedrige ich, den Verachteten bin ich ratgebende Mutter. Des prahlenden Jünglings Mund verhülle ich, den, der zum Himmel schreiten will, binde ich an die Erde, dem, der Schätze sammelt, gebe ich den Weg nicht frei.«

Fast schreiend fuhr sie auf akkadisch fort, beschwörend, flehend: »Ajjum narbíasch ischánan mánnum? Gaschru, schíru, schúpu pársu-scha!« (Wer ist es, der ihr an Größe gleichkäme, wer? Überlegen stark, hoch erhaben, sichtbar sind ihre Ordnungen.) Sie krampfte die Hände ineinander, rollte ihren Kopf an der Mauer, haltlos, flehentlich, verständnislos. »Es stimmt nicht mehr, stimmt nicht mehr, nicht mehr, nicht mehr«, flüsterte sie.

Dann nahm sie einen Schwung, kletterte auf das Gesims und stand nun geschmückt, von zarten Schleiern umhüllt, hoch über der Stadt Babylon, deren belebte Gassen, Bazare, Tempel und Paläste sich über die weite Euphratebene breiteten. »Hoch, zu hoch, wir haben den Boden unter den Füßen verloren ...« Ihre Füße mit den goldenen Kettchen auf dem staubigen Sims, hoch über der Stadt Babylon ... ihre flatternden Gewänder. So frei, So schön, unsterblich schön ...

»Bleib bei uns«, Mu'allits Stimme erreichte wie von Ferne ihr Bewußtsein. Ein sanfter Traum. »Bleib bei uns. Vielleicht wird dieser bleierne Tag vergehen, vielleicht werden die Könige verschwinden, die Krieger des Nordens sich zurückziehen, vielleicht werden diese lastenden Zeiten sich auflösen wie schwere Gewitterwolken, zerstreut vom Frühlingswind und weggeblasen. Komm mit mir nach Phönizien, dort ist es besser, oder nach Ägypten, oder an die ionische Küste. Laß uns diese Zeiten überdauern. Bleib bei uns. Vielleicht wird es nach vielen Menschenaltern Frauen geben, die mit klarem Bewußtsein erkennen, wer wir waren. Bleib bei uns, Heilige von Babylon.«

4. Rassexismus

Gefängnisehe für die Frauen der »Elite« –
die Frauen der Unterworfenen sind frei ... zur Prostitution

Begriffe

Nun haben wir gesehen, was mit den Frauen der Unterworfenen geschah, nachdem die Unterworfenen erschlagen oder versklavt wurden. Sie wurden zu Sexsklavinnen und Konkubinen, und diejenigen unter ihnen, die noch die Traditionen der sakralen Erotik kannten, wurden in den Rang von Kurtisanen, erotischen Beraterinnen oder Haremskünstlerinnen »erhoben«. Aber die Treue von Sexsklavinnen und Konkubinen ist dem Herren nicht unbedingt wichtig. Er benützt sie, verschenkt sie, läßt sie möglicherweise auch frei.

Die Institution des Herrscherharems erklärt also noch nicht die Institution der patriarchalen »Gefängnisehe« mit ihren beklemmenden Merkmalen: Von der Frau wird unter Drohung voreheliche Jungfräulichkeit und eheliche Keuschheit gefordert, während der Mann zu Prostituierten gehen oder Nebenfrauen unterhalten darf. Die Kontrolle des Mannes über die Sexualität der Frau erfordert auch ihre Domestikation. Sie muß zu Hause bleiben, darf nicht in der Öffentlichkeit arbeiten, damit sie keine Gelegenheit zum Ehebruch findet. Die Gefängnisehe beinhaltet also auch den Verlust weiblicher Öffentlichkeit. Die Frau verliert nach und nach ihre Kompetenz, außerhalb von Haushalt und Familie Funktionen in der Gesellschaft zu erfüllen. Und das heißt wiederum, daß sie vom männlichen »Ernährer« abhängig wird – d. h., um existieren zu können, muß sie sich darum reißen, in eine solche Gefängnisehe einzutreten. Und sie wird diese Institution nach und nach immer natürlicher empfinden und sie mit allen möglichen Argumenten verteidigen. Die Bestimmung der Frau liegt eben in ihrer »Natur«, nämlich im Kinderkriegen und nur da.

Verweigert sie sich der Ehe, so muß sie entweder geerbt haben, oder sie ist »öffentlich«, das heißt, sie muß ihren Körper verkaufen ... – die ominöse Spaltung der Weiblichkeit in Mutter und Hure.

Diese Situation hatten wir in Europa noch bis ins zwanzigste Jahrhundert hinein, in Indien und dem Nahen Osten ist sie noch heute das gültige Modell, das noch dazu mit allen Weihen der Religion abgesegnet wird. Die Natur selbst scheint dieses Modell erfunden zu haben, erotische Freiheit scheint widernatürlich.

In Wirklichkeit ist diese Art der Ehe und Privatisierung der Weiblichkeit eine historisch gewordene Form, und um ihre Entstehung zu begreifen, brauchen wir die Begriffe des »Possessionismus« und des »Rassexismus«. Hier kommen wir zurück zu den bereits erwähnten Viehzüchternomaden.

Possessionismus von Viehzüchtern

Die Herden stellten den *Reichtum* ihrer Besitzer dar: das »Vieh«. Die Tiere wurden zum Sachbegriff, zu einem Ding, das man gebrauchen, töten, rauben, tauschen oder verkaufen kann. Vieh ist im Gegensatz zum Boden zählbar – in Stückzahlen – und wurde deshalb auch zum Synonym für Geld. In mehreren indoeuropäischen Sprachen bedeuten die Wörter für »Vieh« gleichzeitig auch »Geld«: lateinisch »pecus« wird zu »pecunia« (Geld), das Sanskritwort »rupa« (Vieh) erscheint in der indischen Währung, der Rupie, wieder. Der Mensch, vor allem der Mann, wird nun zum Herrn und Besitzer.

Und nun beobachtet er sein »Vieh« und glaubt zu erkennen, daß Stiere, Hengste, Hammel ihre Nachkommenschaft zeugen, während die Weibchen sie nur austragen. Diese Überzeugung festigt sich in ihm immer mehr, bis sie für ihn Selbstverständlichkeit wird. Der Stärkste hat die besten Chancen, sich fortzupflanzen. Und das wird dann auch zum Modell der Steppengemeinschaft: Der mächtige Mann besitzt Weiber, die *er* befruchtet, die *ihm* Kinder gebären, die *sein* Blut, *seine* »Rasse« weitergeben.[85]

Und nun kommt das Besitzdenken des Rinderzüchters wieder ins Spiel: Der Vater will sicher sein, daß *seine* Söhne, denen er *seinen* Besitz: *seine* Waffen, *seine* Herden, später *sein* Land und *sein* Geld vererbt, auch wirklich *seine* Söhne sind. Er muß den Rivalen fernhalten, sonst ist sein eigener Ruf als Patriarch dahin. Von der Treue seiner Frauen hängt nun also die »Ehre« des Mannes ab. Sie darf nicht befleckt werden. Er ist eifersüchtig wachsam. Wird seine Frau ihm untreu, so glaubt er seine befleckte Ehre reinigen zu müssen. Er tötet die Frau, er tötet den Rivalen. Und wenn er eine Frau erwirbt, fordert er Jungfräulichkeit. Eine nicht-jungfräuliche Frau ist eine minderwertige Second-hand-Ware, sie ist schwer an den Mann zu bringen und bringt ihre Familie möglicherweise um das Brautgeld, mit dem der Bräutigam sie auslösen müßte. Deshalb werden junge Mädchen von der eigenen Familie streng bewacht. Daß es da bloß kein Gerücht gibt!

Wenn umgekehrt der Vater des Mädchens Mitgift zahlen muß (wie in Indien oder Griechenland), so verliert er mit der Eheschließung Geld oder Vieh. Wem gibt er sie also in die Ehe? Möglichst einem Verwandten. So bleibt der Besitz im eigenen Clan.

Der Fremde ist ihm als Bewerber unliebsam, weil er mit der Braut auch das Eigentum in die Ferne trägt. Liebe zwischen Fremden? Sie muß unerfüllt bleiben. Notorisches Schmachten und romantische Sehnsucht – in orientalischen Sagen so verbreitet – könnte also durchaus aus einem Viehzüchterpossessionismus entstanden sein.[86]

Welch ein Gegensatz zur sinnlichen Befriedigung in den femininen Kulturen! Dort waren gerade fremde Männer beliebt. Sie konnten kommen, bleiben, gehen, sie konnten genießen und genossen werden. Etwaige Sprößlinge wurden von der Gemeinschaft der Mutter versorgt.

Wir sehen also: Durch die Imitation des Leitbullensystems in ihren Herden, durch die Übertragung ihres Besitzdenkens vom Vieh auf die Frauen und durch das Verlangen, Besitz zusammenzuhalten, haben diese patriarchalen Viehzüchter eine tiefe Kluft zur jeweils anderen Sippe, zum Fremden, Exotischen oder gar »rassisch Minderwertigen« aufgerissen. Jede Sippe wird zu einem Verschwörerbund gegen jede andere Sippe, und jede Frau steht permanent unter dem Verdacht des (sexuellen) Verrats.

Das patriarchale Modell beruht auf Segregation. Ausgeschlossen wird der jeweils andere Mann, das jeweils andere Blut, das jeweils andere Volk. Es wird im Extremfall (wie im Nationalsozialismus) an der Fortpflanzung gehindert oder gar physisch exterminiert. Dem Mann ist es wichtiger, daß seine Frau mit einem anderen Mann *nicht* zusammen ist, als daß sie mit ihm selbst zusammen ist. (Das nenne ich Dissatisfaktionismus.) Auch wenn er weder erotisches Interesse noch Liebe für sie empfindet, ist er eifersüchtig. Es geht um seine Ehre.

Das matrilineare Modell dagegen schließt keinen Mann prinzipiell aus, es sei denn, er hat ansteckende Krankheiten oder stiehlt Göttinfiguren! Und Liebe für den einen Mann schließt Liebe für einen anderen Mann nicht aus ... Es gibt ja soviel Liebe.

Natur, Schicksal, Instinkt oder Vorlieben der Frau entscheiden, von welchem Mann sie schwanger wird. Sie kann persönlich und mit Selbstachtung wählen und braucht sich weder um ökonomische noch um biologische Schemata zu scheren.

Und was die Untreue des Mannes anbelangt: Im patriarchalen Modell zeigt jeder Seitensprung des Mannes seiner Gattin, wie eingesperrt sie ist: Er darf, sie nicht. Aber nicht gegen ihn rebelliert sie, er ist zu mächtig, sondern gegen die Rivalin oder auch die Hure stellt sie sich. Sie macht sie zur Feindin und begegnet ihr mit einer Mischung aus Verachtung, Neid und Furcht. Frauen gegen Frauen! Wenn dagegen im matrilinearen Modell ein Liebhaber mit einer anderen Frau liebäugelt, so ist das vielleicht traurig, aber nicht hoffnungslos. Denn die Frauen respektieren sich ja gegenseitig, und jede weiß, daß es genug Männer gibt, denen sie ihre Gunst schenken kann. Als ich einmal von Liebeskummer gebeugt Gemüse einkaufte, tröstete mich meine vertraute Marktfrau mit ihrem Mutterwitz und dem matrilinearen Spruch: »Andere Mütter haben auch schöne Söhne!«

Eine Tendenz zur Gefängnisehe – Jungfräulichkeitsforderung und Treueforderung – ist also im Possessionismus der Viehzüchternomaden prinzipiell vorhanden. Aber diese Tendenz setzt sich nicht immer durch. Die indoeuropäisch sprechenden Massagetenstämme zum Beispiel, die in der Nähe des Aralsees Rinder züchteten, waren großenteils mutterrechtlich organisiert, Frauen konnten Herodot zufolge nach ihrem Belieben Liebhaber an sich ziehen, es gab Heerführerinnen (eine von ihnen hat sogar gegen den mächtigen Perserkönig Kyros gesiegt).

Auch gab es noch um 800 v. u. Z. in Indien, also bereits etliche Jahrhunderte nach dem Einmarsch der Indoarier, die Sitte, daß Männer ihre Ehefrau einem Gast anboten – aber natürlich nur, wenn dieser Gast ebenfalls arischer Abstammung war.[87] Auch in Rom, wo die indoeuropäischen Einwanderer die Herrschaftsschicht der Senatoren und Großgrundbesitzer bildeten, kam Frauentausch vor. Und das in einer Gesellschaft, wo eine Frau voll und ganz unter der patria potestas ihres Gatten stand und bei ehelicher Untreue sofort umgebracht werden konnte.

Rassistische Segregation

Rassismus
Mit dem Sonnenglanz
Glaubt ihr euch gleich?
Dem siegreichen Glanz der
Nördlichen Mitternachtssonne?
Weiß ist gut?
Und Schwarz dämonisch?

Aus dem Viehzüchterpossessionismus kann die Gefängnisehe also nicht vollständig abgeleitet werden. Es muß ein Element hinzukommen – und das ist die Angst, als Stamm, Ethnie oder Glaubensgemeinschaft amalgamiert, »geschluckt« zu werden. So ist es beispielsweise den Hethitern ergangen, die nach Anatolien, Syrien und in den Libanon eingewandert sind. Von der Eleganz der dortigen Bevölkerung bezaubert, haben sie eingeheiratet und bald ihre Eigenständigkeit aufgegeben. Die Integration funktionierte ... sowohl sozial und kulturell wie auch biologisch. Zwar findet man noch Jahrhunderte später die indoeuropäischen Namen von hethitischen Prinzen, es bleiben mythologische Einflüsse wie etwa die Einführung eines heftigen Wettergottes, der eine Göttin-Meeresschlange tötet. Aber die goldene Eleganz der ägyptisch beeinflußten kanaanitischen Kultur war attraktiver als das arische Eisen.

Diese Gefahr müssen all jene indoeuropäischen Stämme gesehen haben, die in relativ geringer Zahl in die fruchtbaren Täler des Südens eindrangen, wo dunkelhäutige und schwarzhaarige Bewohner lebten. Mit Streitwagen, Pferden und Eisenwaffen waren die Eroberer strategisch überlegen, wußten wohl auch Schwachpunkte wie etwa die Abhängigkeit von der Bewässerung auszunutzen, aber ihre Herrschaft war – wie oftmals bei Nomadenstürmen – nicht ökonomisch verankert, sie mußten sich also auf die Unterworfenen stützen und mit ihnen Kontakt pflegen. Und genau das konnte zur Falle für den stolzen Viehzüchterbaron werden. Seine Mannesehre war nun prinzipiell und immerwährend bedroht: Seitensprünge arischer Frauen mit hellhäutigen Männern konnten gnädig übergangen und verheimlicht werden, damit die Ehre wenigstens nach außen hin erhalten blieb. Aber wenn ein dunkelhäutiger Mann im Schoß seiner Gattin, in *seinem* Acker, ein dunkelhäutiges Kind zeugte, so brach die Mannesehre des arischen Viehzüchterbarons wie ein Kartenhaus in sich zusammen. Als Hahnrei wurde er zum Gespött all seiner Kampfgenossen.

Um diese peinliche Bloßstellung auszuschließen, und zwar prinzipiell auszuschließen, durften hellhäutige Männer grundsätzlich keine dunklen Männer an ihre Frauen ranlassen. »Arische« Frauen mußten verschlossen aufbewahrt werden. Sie waren der Garant auch des biologischen Sieges über die Schwarzhäutigen. Damit solch verräterische »Unzucht« sich nicht durchsetzen konnte, mußte strengste, kontrollierbare Segregation durchgesetzt werden. Und für das, was Schleier und Haremsmauern nicht leisten konnten, wurden mentale Mauern aufgerichtet: Das Blond des Nordens wurde mythologisiert und in den Himmel gehoben, die dunklen Farben des Südens wurden diffamiert und abgewertet.

Und so entstand auch das indische Kastensystem: Die arischen Eroberer haben vor nunmehr fast 3000 Jahren vier Kasten festgesetzt und hierarchisch gegliedert. Nur die ersten drei Klassen, die Brahmanen, Kschatriyas und Vaischyas haben Privilegien, die Shudras (Knechte) und die kostenlosen Chandalas (Unberührbaren) werden ausgebeutet, diskriminiert und unterdrückt. Und die beiden letzten Klassen bestehen aus den unterworfenen vor-arischen Völkern Indiens. Die Kaste beruht also auf Rassendiskriminierung. Tatsächlich heißt das Sanskritwort für Kaste »varna«, und das ist die Farbe – die Hautfarbe. Je dunkler, desto tiefer im Kastensystem, je heller und arischer, desto höher.

Am höchsten stehen die Brahmanen: »Der Brahmane ist, wenn er zur Welt kommt, in die erste Reihe auf dieser Erde gestellt. Unumschränkter Herr über alle Wesen, soll er über die Wahrung des weltlichen und geistlichen Gesetzesgutes wachen. Alles, was die Welt umschließt, ist in gewisser Weise das Eigentum des Brahmanen.« (Manu-Samhitā IV)

Als nächstes folgen die Krieger, die Kschatriyas: »Mögen wir mit unserem Bogen das Vieh des Feindes erbeuten. Mögen wir siegreich in der Schlacht sein.« (Rigveda VI, 75). Und das Gesetzeswerk des Manu fordert: »Die Wagen und ihre Pferde, die Elefanten, das Geld, das Korn, das Vieh, die Frauen und alle weiteren münzbaren Waren sowie die gewöhnlichen Metalle gehören dem, der sie selbst ihrem Besitzer weggenommen hat.« (Manu-Samhitā VII,97). Kschatriyas sind also Ritter, Raubritter oder Feudalherren und gehören damit zum Modell des Militarismus und Dominismus, das ich im letzten Abschnitt beschrieben habe. Die späteren (mongolischen) Mogulherrscher, die sich zum Islam bekannten und nicht mehr Kschatriyas, sondern Maharadschas hießen, unterwarfen die Bevölkerung Indiens einer schrecklichen Ausbeutung. In Edelsteinminen arbeiteten Tausende von Menschen unter härtesten Bedingungen. An dritter Stelle folgen die Vaischyas: »Er züchtet das Vieh, studiert die Veden, treibt Handel, verleiht Geld und bebaut die Erde.« (Manu-Samhitā I, 92). Heute gehören zu dieser Kaste Großgrundbesitzer, Wucherer, Kaufleute, Industrielle, die über Heere von entrechteten und ausgebeuteten Arbeitssklaven verfügen.

Und dieses ländliche und städtische Proletariat macht die Kaste der Shudras aus, die sich aus der vorarischen unterworfenen Bevölkerung rekrutiert. »Der Shudra ist nicht befugt, die Veden, das heiligste der religiösen Bücher, zu lesen. Falls er dieses Gesetz übertritt, möge ihm die Zunge abgeschnitten werden, möge ihm geschmolzenes Blei in die Ohren gegossen werden.

Wenn er einen Brahmanen angreift, möge er aufgeknüpft werden. Falls hingegen ein Brahmane einen Shudra tötet, gilt dieses Verbrechen so viel, wie eine Katze, einen Frosch, einen Hund, eine Eidechse ... oder einen Raben zu töten.« (Manuu-Samhitā XII, 59, die genannten Tiere gelten als unrein.)

Nach den Shudras gibt es nur noch die kostenlosen Unberührbaren, die »Chandalas«. »Es ist ihnen untersagt, saubere Kleidung zu tragen oder den geringsten Flecken Land zu besitzen. Vorsätzlich dem Elend preisgegeben, selbst des Rechtes und der Mittel zum Einspruch beraubt, sind sie vollständig ausgestoßen. Sie trinken das verseuchteste Wasser ... Kein Arzt wird sie behandeln ... Panchamas sind umgebracht worden, weil sie das Verbrechen begangen hatten, ihnen verwehrte Straßen zu betreten.« (Hindu-Religion, Customs and Manners, P. Thomas, S. 20)[88]

Undenkbar ist noch heute, daß ein Shudra oder Chandala die Tochter eines Mannes aus den oberen drei Kasten berührt oder heiratet.[89] Dieses Tabu wurde in dem rassexistischen Lehrstück des Ramayana, *dem* indischen Nationalepos (!) für alle Zeiten verewigt:

Rama ist der Held, der mit seinem Schwert das »Licht« des Nordens in dem von »Affen«, »Schweinen« und »Dämonen« bewohnten Süden Indiens verbreiten will. Aber eines Tages wird seine tugendhafte Gattin Sita von dem »Dämonen« Ravana entführt. (Die Ravanas waren ein vorarischer Stamm in Indien und damit automatisch Feinde der arischen Invasoren.) Er versucht sie mit Überredung, Gewalt und List zur Untreue gegen ihren Ehemann, also zur wider-arischen Unzucht zu verführen, aber Sita bleibt selbst unter schwierigsten Bedingungen ihrem Ehemann treu. Sie widersteht dem geilen Lüstling und Untermenschen Ravana. Mittlerweile hat Rama Ravanas Spur aufgenommen, er findet ihn, tötet ihn und bringt Sita zurück. Aber er mißtraut ihr: Was hat sie wohl mit dem dunkelhaarigen Dämonen getrieben? Rama unterwirft seine Gattin harten Proben, aber sie erträgt seine Demütigungen und Verdächtigungen mit stoischer Hingabe und exerziert damit beispielhaft das arische Ideal der Gattentreue und -verehrung (pativrata), das seinen höchsten Triumph bekanntlich in der (meist erzwungenen) Selbstverbrennung einer Witwe feiert, die ihrem

Gatten aus höchster spiritueller Liebe in den Tod folgt.[90] »In der Kindheit muß eine Frau ihrem Vater untertan sein, in der Jugend ihrem Gatten, nach dem Tod ihres Gatten ihren Söhnen.« (Manuu-Samhitā V, 147) Sie muß ihren Mann wie einen Gott verehren, auch wenn er unausstehlich und ungerecht ist.

Das Ramayana wird oft auch als indisches Bharatanatyam-Tanzstück[91] aufgeführt, und westliche ZuschauerInnen, die sich von der Erlesenheit der Gesten, dem behenden Rhythmus der Fußglöckchen, den glänzenden Gewändern und dem Funkeln der Schmuckstücke blenden lassen, fühlen sich heilig durchgeistet von diesem höchst »spirituellen« Erlebnis des Tempeltanzes, wo eine Unschuldige dem Bösen, Geilen widersteht, um schließlich brav wieder am häuslichen Herd zu landen ... wie beruhigend! In Wirklichkeit ist es getanzter Rassismus oder Rassexismus!

Als ich bei einer indischen Odissi-Tänzerin (die nicht aus brahmanischer Familie stammt) Unterricht nahm, sagte sie einmal in einem sich überstürzenden Wortschwall: »And they say that Ravana was a bad man, a demon. But no, it's not like that! Ravana was very spiritual, really, Ravana was very spiritual! Very spiritual!« Sie versuchte dem diffamierten Dunkelhäutigen seine Würde zurückzugeben ... Es war für mich eine jener Sekunden, die man nie vergißt, ein Schlüsselerlebnis, für das ich jederzeit Jahre von unhistorischem, konservativem, sturem indischen Tanztraining geben würde. Ich respektierte diese Frau, die um die Würde unterworfener Völker kämpfte, tausendmal mehr als alle möglichen diszipliniert-elitären indischen oder europäischen »Tempeltänzerinnen«, die unkritisch als heilig akzeptieren, was man ihnen als heilig einbleut, auch wenn es in Wirklichkeit rassexistische Diffamierung ist.

Eines allerdings macht mich dabei stutzig: Warum waren die Ramas derartig eifersüchtig auf die Ravanas? Die waren vielleicht gar nicht so ohne! Wer weiß, was sich arische Frauen in ihren langen einsamen Nächten wünschten? Es gibt brahmanische Regeln, nach denen eine Frau ein Mädchen gebiert (o Schreck!), wenn sie beim Sexualakt Lust empfindet. Also, Männer, spendet euren Samen blitzgeschwind und laßt die Gattin unbefriedigt, damit ihr Söhne zeugt! (Dissatisfactionismus). Lust gab's anderswo: Den Männern höherer Kasten war es ja durchaus erlaubt, sich mit dunklen Frauen der vorarischen Bevölkerung zu vergnügen. In Südindien an der Malabarküste gibt es noch heute matrilineare Stämme, die Nayars, die der vor-arischen Bevölkerung entstammen und zur Kaste der Shudras gehören. Und die Nayarfrauen empfangen regelmäßig »Gastehemänner« aus den Reihen der dort ansässigen Brahmanen ... für Geld. Wenn Kinder dabei entstehen, müssen die Brahmanen die Kosten der Entbindung tragen, erheben aber ansonsten keinen Anspruch auf die Kinder. Sie sind »illegitim«.

Aber Brahmanen haben oft auch Tempel in Bordelle verwandelt und den Hurenlohn abkassiert. Im siebten nachchristlichen Jahrhundert hatte in Indien eine Verschmelzung alter weiblicher Kultformen mit dem vedischen Hinduismus stattgefunden. Orgiastik und Ekstase, die Anbetung der Muttergöttinnen, die tantrische Verehrung der weiblichen Schöpfungskraft, der Shakti, verbreitete sich, die Devadasis tanzten wieder.

»Zwar hat der Brahmanismus reichlich aus dem Tantra geschöpft, hat ihm so manche magische Praktiken und sexuelle Methoden entliehen, dennoch aber waren es die Brahmanen und nicht die Tantriker, die den Sexus im Tempel kommerzialisierten. Die puritanischen Engländer waren unfähig, den trotz der brahmanischen Zuhälterei noch existenten sakralen Sinn der Tempelerotik zu begreifen, sie sahen darin nur Prostitution und Brutstätte ansteckender Krankheiten. Als sie darangingen, sie abzuschaffen, wehrten sich die so sehr auf ihre Reinheit bedachten Brahmanen am heftigsten – es war eine ihrer lukrativsten Geldquellen.«[92]

Welch eine Doppelmoral: Die eigenen Gattinnen werden eingesperrt, und gleichzeitig besuchen Brahmanen Unterschicht-»Prostituierte« oder richten sogar selbst Bordelle ein. Aber die Gefängnisehe ist auch für Prostituierte kein Wunschziel: »Ich hätte keinen Spaß daran, mich von dem Mann, den sie Gatte nennen, tyrannisieren zu lassen. Das Leben, das ich führe, ist also für mich ganz okay. Letztendlich hat mir nie irgend etwas gefehlt, was eine verheiratete Frau genießt, außer vielleicht die Schläge von ihrem Gatten!« sagt eine moderne Prostituierte aus Bombay.

Eingesperrt waren die rasseeigenen Ehefrauen auch im patriarchalen Athen. Denn auch Griechenland hatte mehrere indoeuropäische Invasionswellen erlebt. Die offizielle Eheschließungsformel gleicht den brahmanischen Ehebräuchen: »Ich gebe dir dieses Mädchen, damit sie dir legitime Kinder geben möge«, sagte der Vater. »Ich nehme sie«, sagte der Bräutigam.

Die athenischen Ehefrauen waren auf Gedeih und Verderb zu Hause eingesperrt: Die Türen waren oftmals mit dreizackigen Schlüsseln verschlossen, die Schlösser von innen nicht zu öffnen. Wenn das Haus Feuer fing, verbrannten die Frauen oft darin. Zumindest aber waren die Schlösser mit Wachs versiegelt, oder Wachhunde, auch »Vogelscheuchen für Ehebrecher« genannt, schützten das Gebäreigentum des Hausherrn. Die Frauen mußten sich schicklicherweise vom Fenster zurückziehen, wenn ein Mann des Weges kam. In den Gesetzen Solons gab es nur wenig Anlässe, zu denen Frauen der Ausgang erlaubt war: Trauerfeiern und gesetzliche Feiertage, und auch das nur dann, wenn sie nicht mehr als einen Obolos mitnahmen – für die Brotzeit. Selbst ein Einkauf wurde als Gelegenheit zum Ehebruch beargwöhnt ... oder als Gelegenheit, Gift für den Gatten zu kaufen. Auf voreheliche Jungfräulichkeit wurde strengstens geachtet: Junge Mädchen, die dieses Gebot übertraten, konnten bei lebendigem Leibe eingemauert werden.

Die Hetären und auch die Prostituierten dagegen stammten mit wenigen Ausnahmen aus der pelasgischen, vor-griechischen Bevölkerung oder aus dem liberaleren Kleinasien. Und der Mann hatte die Auswahl: »Wir haben die Hetären zum Vergnügen, die Nebenfrau zu unserer täglichen Versorgung, die Ehefrau zur Erzeugung rechtmäßiger Kinder ...«, sagte ein athenischer Redner in seiner Anklageschrift gegen die Hetäre Neaira. Die Ehefrau hat also die patrilineare Abstammung zu gewähren, sie ist das Bindeglied in der Kette all der Geburten, die noch an die Zeit erinnern, als die Achäer in der mittelasiatischen Steppe umherritten. Sie muß blutsrein sein und bleiben. Und mit Vergnügen oder erotischer Kunst hat das nichts zu tun. Sie ist nur Becken und Gebärkanal. Befriedigt wird sie nicht! Das ist das System des Dissatisfaktionismus. Verehelicht zwar, aber niemals befriedigt. Immer wartend und nur geachtet, wenn sie Junge wirft. Gebärmaterial ohne Eigenleben.

Auf die Kinder der Huren dagegen kommt's dem athenischen Herrn nicht an. Für die zahlt er nicht, auf die erhebt er auch keinen Anspruch, sie sind »illegitim«. Und die Kinder der Nebenfrau gehen meist automatisch als Bedienstete in seinen Besitz über.

Rassexismus in der Moderne, im Westen

Es ist überraschend, daß dieses rassexistische Modell, das eigentlich aus dem gefährdeten Mannesstolz von Viehzüchterbaronen herrührt, Jahrtausende überdauert hat. In Amerika finden wir es wieder. Weiße Gutsherren benützten schwarze Sklavinnen als Sexobjekte oder zur Vervielfältigung ihres Sklavenbestandes. Aber wehe dem schwarzen Mann – ob er nun Sklave im Süden oder »freier« Lohnarbeiter im Norden war –, der eine weiße Frau berührte. Das Scheusal! Als instinktiv, geil und tierisch wurde er dargestellt – zum Beispiel in dem rassexistischen Film »The Birth of a Nation« (1917), der eine getreuliche Wiedergabe des indischen Ramayana ist: Ein schwarzer Mann verfolgt eine weiße Frau in freier Natur. Sie flüchtet auf einen Felsen und droht (mit Stummfilm-Mimik), sich herabzustürzen, falls er sie berührt. Das tut er natürlich ... und sie stürzt sich herab. Doch der Rächer naht, und bald muß der Schwarze sterben. Eine andere weiße Frau wird von einem schwarzen Rebellenführer geraubt, der sie für sich gewinnen will. Aber wie Sita wehrt auch sie sich beharrlich, und bald rasen die weißgekleideten Reiter des Ku-Klux-Clan heran, um der schwarzen Rebellion ein brutales Ende zu setzen. Einige »gute Seelen« – schwarze Hausbedienstete – werden verschont. Sie kennen ihren Platz ... ganz unten!

Der indoarische Rassexismus wurde vornehmlich durch englischsprachige Esoteriker in den Westen gebracht ... mittels einer verquasten, elitären, antierotischen Lichtspiritualität, deren Ausläufer auch heute noch bei uns herumirrlichtern[93], ohne daß ihre Anhänger auch nur ein Fitzelchen Ahnung von den historischen Zusammenhängen haben.

Seine beklemmendste Anwendung aber fand er in Deutschland während des Dritten Reiches. Da wurden sittsame deutsche

Frauen zu edlen Müttern hochstilisiert – auf deutsch gesagt, aber als Gebärmaschinen für Krieg und Industrie genutzt. Deutschen Frauen, die eine Beziehung zu einem jüdischen Mitbürger unterhielten, wurde ein Schild umgehängt: »Ich bin im Ort das größte Schwein, ich laß mich nur mit Juden ein!« Allerdings soll die superblonde Marlene Dietrich einmal Adolf Hitler gegenüber kühl und ungerührt geäußert haben: »Meine besten Liebhaber waren immer Juden!« Die hat sich was getraut! Auch deutsche Frauen, die im Heuschober slawische Kriegsgefangene und Zwangsarbeiter – »Untermenschen« – umarmten, wurden geächtet oder inhaftiert, wenn das Verhältnis aufflog. Für den Mann bedeutete es meist den Tod durch den Strang.

Das deutsch-arische Patriarchat duldete keine Nebenbuhler. »Deutscher Frauen edle Treue ...« Umgekehrt konnten sich deutsche Männer durchaus bei den Frauen der Untermenschen austoben. Sie waren ohnehin dem Tod geweiht, wurden sterilisiert oder als Arbeitssklavinnen ausgebeutet und standen ja schon deswegen unter ihnen, weil sie Frauen waren.

Und so ist es in unseren Breiten oft auch noch heute: Ein Mann, der sich an Kinderprostituierten in Thailand abreagiert oder eine »anschmiegsame Exotin« per Katalog als Ehefrau bestellt, kann dies noch immer ungehindert tun. Eine deutsche Frau dagegen, die sich mit einem Ausländer »einläßt«, wird mitunter ziemlich schief angeschaut, mehr oder weniger subtil entmutigt und verunsichert oder gar als Hure stigmatisiert. Sie hat der Nation die Treue gebrochen.

Die patriarchale Gefängnisehe entstand also nicht nur aus dem Violentismus und Dominismus von Marodeuren und Kriegsherren, nicht nur aus dem Possessionismus von Viehzüchternomaden, sondern auch durch eine rassistische Haltung des Sich-nicht-mischen-wollens.

Rassexismus auch im Orient?

Die Gefängnisehe hat also durchaus eine Tradition im Westen, ihren eigentlichen Herrschaftsbereich aber hat sie noch heute in arabischen und anderen orientalischen Ländern. Noch heute bringen Brüder ihre Schwestern um, wenn sie ihre Jungfräulichkeit vor der Ehe verloren haben, noch heute bringen Männer ihre Gattinnen um, wenn sie sie beim Ehebruch ertappen oder auch nur einen diesbezüglichen Verdacht schöpfen.

»Gestern nachmittag um 17.30 wurde im Dorf Burka (Region Nablus) ein Verbrechen begangen. Ein junger Mann hat seiner Schwester den Hals durchtrennt nach der Art, wie man es bei den Schafen tut. Danach ist er zur Polizeistation in Nablus gegangen und nahm den Kopf seiner toten Schwester mit ... ›Ich habe es getan, um die Familienehre zu rächen‹, sagte er.« (Zitiert aus: »Al-Quds«, 19. 1. 1980. Urteil: zwei Wochen Freiheitsstrafe.)

»Ratiba kam wegen einer Ausschabung ins Krankenhaus. Sie hatte viele Freunde und Freundinnen an ihrem Arbeitsplatz. Als sie aus dem Operationssaal kam, umkreisten sie sie alle. Als sie von der Anästhesie aufwachte, machte sie, wie alle Frischoperierten, viele Bewegungen. Unglücklicherweise versuchte einer ihrer Freunde, sie zu halten, damit sie nicht vom Bett fiel, und deckte sie immer wieder zu. Der Ehemann sah es und wurde zornig ... Eine andere Patientin, die das traurige Ende von Ratiba ahnte, klärte mich auf, damit ich beim Ehemann intervenierte und ihm die Unschuld der jungen Frau beteuerte, die ich kannte und gern mochte, weil sie sanft, schön und fleißig war. Sie gefiel allen Menschen ... Aber gegen 22.00 wurde Ratiba in eine Karre gesteckt und weit außerhalb der Stadt in die Wüste gebracht, wo der Ehemann und sein Bruder sie zu Tode gesteinigt haben. In der Karre ließ der Mann sie hin und her rollen, so daß der Kopf gegen die Eisenstäbe schlug und ›brannte‹ ... Als ich am nächsten Morgen zum Krankenhaus kam, hörte ich die traurige Nachricht. Ich bin sofort zum Leichenschauhaus gegangen. Ratiba war entsetzlich verunstaltet: Ihr Körper war blau, ihr Kopf unheimlich geschwollen. Vierzehn Tage später heiratete der Mann wieder. Als ich ihm Vorwürfe machte, sagte er mir, daß die Familienehre über alles Vorrang habe, und daß es kein Gesetz gegen ihn gäbe.«[94]

Terre des Femmes hat eine ganze Reihe von solchen Vorfällen aus der Westbank gesammelt. Jährlich werden etwa 150 solcher Frauenmorde bekannt, die Dunkelziffer (»Unfälle«,

»Selbstmorde«) ist unbekannt. Diese Art der Gewalt findet meist in ärmeren, ungebildeten Familien statt. Das psychische Elend, das aus den Berichten spricht, ist herzzerreißend. »Das ist einer unserer wundesten Punkte«, gestand mir vor kurzem ein demokratischer Palästinenser, der mit ganzem Herzen die Befreiung seiner Heimat ersehnt.

Besonders quälend ist die Einkerkerung weiblicher Lebenslust in Saudiarabien. Eine junge Frau wurde einem alten Witwer zur Ehefrau gegeben, der in der Hochzeitsnacht feststellte, daß sie nicht mehr Jungfrau war. Daraufhin sperrte er sie fünfzehn Jahre lang in ein Hausgefängnis, wo sie bis zu ihrem Tod nur die Hand sah, die ihr das Essen reichte. Angeblich harren Hunderte von saudischen Prinzessinnen als eingesperrte Jungfrauen eines zukünftigen Ehemannes, der aber nie eintreffen wird, weil keiner dem saudischen Adel als standesgemäß erscheint. Die saudische Prinzessin Mischaal (eine begnadete Tänzerin) mußte sterben, weil sie sich scheiden lassen wollte, die Scheidung nicht erlangte und deshalb mit ihrem Liebhaber ins Ausland fliehen wollte. Steinigungen, Enthauptungen, Auspeitschungen ... ich will gar nicht dran denken. Die Unzahl der Fälle aufzuzählen erübrigt sich.

Gleichzeitig aber vergnügen sich die Männer dieser Nomadendynastien in den europäischen und amerikanischen Metropolen mit Animierdamen und Edelprostituierten und liefern ihr Geld brav in den Volkswirtschaften des Westens ab. Auch weniger begüterte arabische Männer toben sich gerne bei westlichen Touristinnen aus, während ihre Schwestern keusch zu Hause sitzen. In Jerusalem kann man nicht um die Ecke gehen, ohne zum Beischlaf eingeladen zu werden! Welch zähneknirschende Wut müssen arabische Frauen empfinden, wenn sie erleben, daß ihre Männer mit westlichen Frauen das tun, was ihnen selbst bei Todesstrafe verboten ist. Manchmal bemühen sie sich um Geschwisterlichkeit und Solidarität mit westlichen Frauen und hinterfragen ihr System. Manchmal stehen sie zu ihrem System und wenden ihre Wut, Abneigung und Verachtung gegen westliche Frauen. »Huren, ja Huren sind sie,« sagte eine Syrerin schrill, »wie sie da halbnackt an den türkischen Stränden liegen und ihr Fleisch zeigen! Bei uns im Orient dagegen ist die Liebe noch was wert! Bei uns riskieren die jungen Leute ihr Leben, wenn sie sich heimlich treffen!«

Diese heimlichen Treffen sind häufiger, als es nach außen hin den Anschein hat. Es gibt immer wieder Freunde, die unverheirateten Liebespartnern die Möglichkeit eines trauten Beisammenseins gewähren, wo sie sich bis auf das Zerreißen des Hymens alle Liebesgunst gönnen. Ich habe von Fällen gehört, wo Mädchen sich (sogar in Saudiarabien) mit Wissen ihrer Eltern von ihrem Freund entjungfern ließen, Zeugen von Liebestreffen verstopfen ihre Ohren und schweigen beharrlich, die Fassade des Anstandes muß gewahrt bleiben. Es ist also kein reines Entweder-Oder, sondern ein Sowohl-als-Auch: Das Tabu wird ebenso respektiert wie die Reize der Liebesgöttin.

Auch im Orient ist die andere Seite der Gefängnisehe die Prostitution. Der Einstieg erfolgt manchmal beim Verlust der Jungfräulichkeit oder auch durch die Unfähigkeit, sich an erniedrigende Ehesituationen anzupassen.[95] Bedrohte Mädchen und Frauen sehen sich gezwungen zu fliehen, unterzutauchen, um dem langen Arm der Familie zu entkommen, und treffen dann einen Mann, der ihre Situation erkennt, besonders freundlich zu ihnen ist und ihnen dann schließlich einen »Vorschlag« macht. Er verleiht sie nun an andere Männer, und sie ist eine gefallene Frau.

Vielleicht kauft er ihr auch ein Glitzerkostüm, und nun kann sie allabendlich in seinem Club als Bauchtänzerin auftreten. Und wenn einer der Gäste sein Interesse kundtut, geht sie mit ihm ins Hinterzimmer und kann nun Kostüm, Kost und Logis abarbeiten. Und sie glaubt innig daran, daß der Wirt sie beschützt, wenn die Rächer aus ihrer Familie sie aufspüren. Bauchtanz liegt also in bedenklicher Nähe zur Prostitution und wird vom orientalischen Publikum oft auch so verstanden. »Sei froh, daß du kein Türkisch verstehst«, sagte mir eine junge türkische Tänzerin: »Ihre Witze, ihre Bemerkungen, wie auf dem Sklavenmarkt! Sie ziehen dich aus, sie machen dich zum Objekt! Am liebsten hätte ich mich in meinen Schleier gewickelt und wäre von der Tanzfläche verschwunden.« Wenn orientalische Frauen also ehrbar und anständig bleiben wollen, dann sollten sie nur im Familienkreis tanzen, keinesfalls aber für Geld. Tun sie es dennoch, so kann es passieren, daß die Familie Morddrohungen hinterherschickt, die natürlich nicht immer verwirklicht werden. Eine alte ägyptische Bauchtänzerin berichtet, daß sie in ihrer Jugend nach der Flucht von zu Hause im Libanon um ein Haar auf offener Bühne von ihrem Bruder umgebracht wurde.

Tänzerinnen und Bauchtanzlehrer aus Ägypten vermeiden es heute, sich auf offiziellen Dokumenten als Bauchtanzprofis zu bezeichnen. Statt dessen nennen sie sich »Folkloretanzlehrer«. Die Gründe gehen aus einer Pressemeldung vom März 1990 hervor. Dort heißt es: »Der im gesamten Nahen Osten beliebte ›sharqi‹ (Bauchtanz) ist in Ägypten wieder einmal in die Schlagzeilen gekommen. Islamische Fundamentalisten haben die Fortsetzung ihres Kampfes gegen diese ›Unmoral‹ angekündigt. Der 36jährige Führer einer solchen Extremistengruppe, seit kurzem wegen versuchter Brandstiftung hinter Gittern, drohte aus seiner Gefängniszelle heraus, seine Anhänger würden jede Bauchtänzerin verprügeln, die auch nur den Versuch unternehme, weiterhin aufzutreten. Wie die ägyptische Presse berichtet, verlassen seitdem besonders bekannte Tänzerinnen nur noch in Begleitung von Leibwächtern ihre Wohnungen. Nachtklubs werden von Polizisten gesichert.

Ein den Fundamentalisten nahestehender prominenter Rechtsanwalt strengte Ende 1989 einen Prozeß gegen die ägyptische Regierung mit der Begründung an, daß nach islamischem Gesetz alle Bauchtanz-Etablissements geschlossen werden müßten.

Unterstützt werden die Angriffe auch durch die ›Anti-Bauchtanz-Lobby‹ im ägyptischen Parlament, wo auf einer der jüngsten Debatten der Abgeordnete ... den Sharqi als ›verderblichen Schmutz‹ bezeichnete.«

Es geht hier aber nicht nur um gewöhnliche »Unzucht«, sondern um den Vorwurf der Kollaboration mit reichen postkolonialen Westlern, die in solchen Nachtclubs verkehren und den Tänzerinnen und ihren Etablissements ein Einkommen ermöglichen, das unvorstellbar hoch über dem eines Arbeiters und selbst eines Akademikers liegen kann. Anstatt sich auf ökonomischer und politischer Ebene gegen den Einfluß des Westens durchzusetzen, beginnt man mit dem Widerstand bei denen, die man mit Luxus, Nichtstun, Alkohol und Hurerei identifiziert ... den »Ausländerhuren«! Sie haben der Nation die Treue gebrochen!

Dieselbe kollektive Eifersucht kann sich auf eine hehre Tradition stützen, sie taucht auch schon im Alten Testament auf Der Prophet Ezechiel bemängelt, daß in Jerusalem fremde Gottheiten aus dem heidnischen Babylon verehrt werden und vergleicht Jerusalem mit einer treulosen Frau, die die Ehe mit Gott bricht. »Die Söhne Babels kamen zu ihrem Liebeslager und machten sie unrein mit ihrer Unzucht.« (Ezechiel 23, 17 ff.). Und diese erotischen Kulte aus Babylon sollen ausgemerzt werden: »Geht durch die Stadt und schlagt zu! Alt und jung, Mädchen, Kinder und Frauen sollt ihr erschlagen und umbringen! ... So mache ich dem schändlichen Treiben im Land ein Ende, damit alle Frauen gewarnt sind.« (Ezechiel 23, 47 ff.)

Die Parallelität ist deutlich: Hier wie da wird Frauen, die mit einer dämonisierten fremden Großmacht Kontakt pflegen, Gewalt angedroht.

Wie ist diese possessionistische Ehemoral in die heiligen Texte geraten? Natürlich tritt hier keine weiße »Herrenrasse« in Erscheinung, deren Viehzuchthäuptlinge jede Ein-Mischung fremden Samens in das Erdreich ihrer arischen Weiber verhindern, es wird vielmehr religiös argumentiert. Statt Rassexismus also Relsexismus? Oder sind diese Gebote doch durch Begegnungen mit indoarischem Traditionen beeinflußt?[96]

Jedenfalls geht es im Prinzip um die Unterscheidung zwischen der »guten, treuen Gattin« und der »treulosen Hure«, und das wichtigste Requisit, um diese Unterscheidung zu garantieren, ist der Schleier.

Schleier für Elitefrauen

Die älteste Belegstelle, die es überhaupt zum Schleier gibt, stammt aus Assyrien: »Verheiratete Frauen und Witwen müssen beim Aufenthalt auf freien Plätzen den Kopf verschleiern ... Hingegen soll der Kopf der ›Dirne‹ bei *schwerer Strafandrohung* offen sein, ebenso der der Sklavinnen.« (Meral Akkent, Gaby Franger, Basörtü, S. 65) Offensichtlich bedurfte es

»schwerer Strafandrohung«, um den Tempelfrauen den Schleier zu entreißen. Die Assyrer waren in bestimmten Perioden ihrer Geschichte ein höchst patriarchales Volk und legten großen Wert auf voreheliche Jungfräulichkeit und eheliche Treue; ein vergewaltigtes Mädchen mußte den Vergewaltiger heiraten, eine Frau, die abgetrieben hatte, konnte gepfählt werden.

Wer sind die »Dirnen«? Sind es vielleicht die ehemals göttlich-schillernden, verschleierten Tempelpriesterinnen, die mit ihren Schleiern spielten, wie 'Aschtár, die liebreizende »Herrin der Farben«? Sie sollen entschleiert und auf eine Stufe mit Sklavinnen gestellt werden. Ihre Entschleierung ist Entehrung, Entwertung.

Der Schleier wird nun zum Insignium der Herrenklasse. Es sind die kostbaren Gattinnen der Krieger und Sieger, der Herren, der Oberschicht, die verschleiert werden. In China wurden adelige Damen in Sänften mit Vorhängen durch die Landschaft getragen. Und sowohl im persischen wie auch im byzantinischen Reich war der Schleier für »ehrbare Gattinnen« bestimmt. In Byzanz beschreibt eine Schauspielerin die Veränderung einer Kollegin nach der Eheschließung: »Ich bin starr, bei den zwei Göttinnen, wie die Frau auf einmal den ganzen Stil geändert hat: die bescheiden gesenkten Augen, das taktvolle Benehmen, das züchtige Lächeln, das schlicht aufgesteckte Haar, das ehrbare Häubchen und die Art, wenig und mit leiser Stimme zu reden ... du würdest glauben, sie sei von klein auf so erzogen, wie eine Frau, die nur in Frauengemächern und Spinnstuben mit andern zusammen war.« (Klassiker der Erotik, Prisma-Verlag, S. 678 ff., Aristanätus, 5. Jh. u. Z.)

Der Schleier ist also keineswegs ein spezifisch moslemisches Requisit. Er läßt sich aus dem Koran nicht schlüssig ableiten. Die Glaubensbrüder werden lediglich angehalten, mit den Frauen aus Mohammeds Harem nicht von Aug zu Aug, sondern durch einen »Vorhang« zu konferieren. Damit forderte Mohammed Respekt und deklarierte seine Frauen als Elitefrauen. Andere behaupten, daß der Schleier für alle Mosleminnen eingeführt worden sei, als sie auf der Flucht in Medina angepöbelt worden seien. (Siehe Kapitel V.)

Aber mit der Zeit hat sich das Schleiertragen im gesamten

Islam verbreitet. Es wurde zum Symbol der ehrbaren Ehefrau, ganz gleichgültig, welcher Schicht sie zugehörte. Und zeitweise war es gefährlich, dieses Symbol zu vernachlässigen: In Usbekistan wurden während der Oktoberrevolution Frauen, die den Schleier ablegten und zum kommunistischen Gemeindehaus gingen, von ihren eigenen Vätern und Brüdern zerstückelt! Ähnlich ist es auch heute wieder in Afghanistan, dort soll unverschleierten Frauen Säure ins Gesicht geschüttet worden sein. Aber obwohl dies in Ost und West als islamische oder zumindest islamistische Gewalt gilt, halte ich dies eher für einen späten Nachhall jenes Viehzüchterpossessionismus, der aus der rassistischen Klemme der Eroberer entsprang.

Frauen sind dabei keineswegs nur Opfer. Während der persischen Revolution nahmen viele Perserinnen freiwillig den Tschador. Sie wollten damit ihre revolutionäre Identität im Kampf gegen den Westen ausdrücken und der politischen und ökonomischen Überlegenheit des Westens eine moralische Überlegenheit entgegensetzen. Der Schleier ist in diesem Zusammenhang eine Kampfansage, wie aus dem folgenden Zitat einer europäischen Moslemin hervorgeht: »Eine muslimische Frau soll Schleier tragen, damit sie in der Öffentlichkeit als Muslima erkannt wird. Durch den Schleier ist eine muslimische Frau im Westen natürlich vielerlei Unannehmlichkeiten und Demütigungen ausgesetzt. Der Schleier gibt auch und gerade den Frauen die Möglichkeit, ihre Opferbereitschaft zu beweisen.« Eine Araberin aus christlicher Familie sagte dazu: »Wenn ich den Schleier sehe, tut mir das Herz weh. Auf diese Weise diskriminieren sie uns, erheben sich über uns. Denn wir tragen keinen Schleier!« Selbst in unserem Zeitalter der Computer und Atomkraftwerke werden Frauen noch als kollektives Gebäreigentum von Nationen, Stämmen oder Familien betrachtet, die sich als Elitegruppe von anderen Gruppen abheben wollen, oder leben in Ehestrukturen, die sich im Laufe der Zeit verselbständigt und über Rassen, und Stammesgrenzen hinweg ausgebreitet haben. Der »Tempel der Ehe« als Gefängnis, die Prostitution als »Abflußkanal«. Aber hat es die Männer glücklich gemacht? Dieser Viehzüchter-Gewaltherrscher-Rassisten-Possessionismus? Wo bleibt das Vertrauen zwischen Liebespartnern? Und wo die Freiheit?

Naturphilosophie

Von Natur aus edel
Erhaben der Mann,
Edel der Same.
Dienstbar dagegen der Schoß
des Weibes, niedrige Natur.

Die »Demokratie« der edlen Männer, das zänkische Weib zu Hause

Griechenland, um 600 v. u. Z.

»Nike mit geflügelten Schwingen hat uns zum Sieg getragen. Nike sei gepriesen! Die Stadt Thesbiai ist gefallen. Die Stadt Thesbiai zahlt uns Tribut und liefert uns Sklavinnen.« Zwei alte Männer, gekleidet in purpurfarbene Gewänder mit goldenem Mäandersaum, standen auf dem säulengestützten Balkon eines weißen Verwaltungsgebäudes. »Wir werden jetzt an die Verteilung der Kriegsbeute gehen, dann an die Neuzuteilung der Demen, und zum Schluß kommen dann die Ehrungen. Ich schlage nun zunächst vor, dem Archelaos zusätzlich zu den von seinem Vater ererbten siebzehn Demoi Grund und Boden noch zwei weitere Demoi zuzuerkennen. Damit gewinnt er vier weitere Stimmen in der Volksversammlung hinzu. Denn Archelaos hat zwanzig Hopliten mit schweren Waffen ausgerüstet, und bei der Einnahme der Stadt hat er sich hohe Verdienste erworben, indem er den Belagerungsplan erstellte und den Aristornachos zum Zweikampf herausforderte.« – »Halb so wild«, raunte Archelaos mit einem Augenzwinkern seinem Freund Timarchos zu, der noch immer mit Beinschienen angetan neben ihm stand. »Die schweren Waffen der Hopliten haben mich so gut wie nichts gekostet, da ich zwei Schmiede aus Argos unter meinen Sklaven habe, junge Männer noch. Die haben Tag und Nacht gearbeitet und gutes Zeug hergestellt. Und der Zweikampf war eine Farce. Die Bewohner von Thesbiai wußten ohnehin, daß sie keine Chance hatten, das war vorher schon abgesprochen. Sie haben sich kampflos ergeben und ihren

Tribut in Form von Frauen abgegeben.« Von der Empore rief der zweite Alte nun herab: »Wer ist dafür, dem Archelaos zwei zusätzliche Demen und fünf Sklavinnen nach seiner Wahl als Ehrengabe zu überreichen?« Murmeln. »Wer ist dagegen?« – »Ich bin dagegen, denn beim letzten Feldzug hat Archelaos sich rühmlich ferngehalten, also war es diesmal höchste Zeit, daß er sich beteiligt!« Ein anderer schrie: »Archelaos soll für sich selbst sprechen!« Der erste der beiden Geronten winkte Archelaos zur Empore hinauf. Archelaos bahnte sich einen Weg durch das Gewühl der Volksversammlung und erklomm die Empore mit raschen, weiten Schritten. »Werte Mitbürger, Männer von Athen! Nicht will ich meine Verdienste über alle Gebühr hervorheben. Wißt ihr doch, daß es mich stets mehr nach Bescheidenheit gelüstete als nach Ruhm. Ihr selbst habt das beste Urteilsvermögen, Männer von Athen, eurem Urteil will ich mich beugen. Wie auch immer es ausfallen möge, im Dienste meiner Vaterstadt zu wirken ist mein inniges Begehren.« Wieder rief der eine der Geronten mit zittriger, aber schneidender Stimme: »Wer ist für den Antrag?« Eine knappe Mehrheit bejahte durch Zurufe und Winken mit den Händen. »Wer ist dagegen?« Es meldeten sich einige, aber nicht genug. Archelaos verbeugte sich: »Ihr Männer von Athen, ich werde mich nach Kräften bemühen, euer Vertrauen zu rechtfertigen und meine Stimme weise im Dienste unserer Polis gebrauchen. Ich danke euch.« Beifälliges Murmeln begleitete ihn, als er die Empore verließ. »Komm, Timarchos, gehen wir ... obwohl es mich nicht nach den keifenden Weibern in meinem Haus gelüstet.« – »Aber vielleicht ist unter den Sklavinnen eine, die deine Leidenschaft erwecken könnte?!« – »Ach Timarchos, du Spötter!« Archelaos legte ihm die Hand auf die Schulter. »Wirklich Timarchos, du solltest mich besser kennen! Zur Strafe mußt du mit mir kommen und fünf von den Frauen aus Thesbiai für mich auswählen!«

Etwa dreißig Frauen saßen dichtgedrängt in ihre Chitone gehüllt im hinteren Raum des Siegestempels, bewacht von bewaffneten Beamten. Timarchos nahm eine Fackel aus der Halterung, näherte sich den Frauen, so daß ihr Schein die Gesichter erhellte. »Wer von euch Frauen, ehemaligen Bür-

gerinnen von Thesbiai, versteht sich aufs Töpfern?« – »Das Töpfern interessiert uns nicht, aber wenn du Vasen, Töpfe und irdenes Geschirr hast, das können wir dir gerne zerbrechen! Wir machen dir Scherben, soviel du willst!«

»Seid doch vernünftig, Frauen«, mahnte der junge Timarchos. »Bei ihm habt ihr nichts zu klagen, er ist aus altem Geschlecht!« – »Reinstes Hellenenblut, durchmischt mit Schafskäse, beste Qualität, durch andrer Leute Arbeit reich geworden«, schrie eine dazwischen. »Weiber!« lächelte Archelaos nachsichtig. Dann fiel sein Blick auf ein junges, schwarzgelocktes Mädchen, das bewundernd und ehrfürchtig zu ihm aufsah. »Die Kleine da gefällt mir. Timarchos, kannst du das alles für mich erledigen? Ich will die Kleine da ... und Timarchos, versuche herauszukriegen, welche von ihnen das Töpfern beherrschen. An der ionischen Küste ist ein großer Markt für unsere Tonwaren. Ich will nach Hause, die müden Glieder ausstrecken, zu meinen keifenden Weibern. Vom Krieg in den Krieg!« Er schüttelte schicksalsergeben den Kopf und wandte sich zum Gehen. »Aber Timarchos, heute abend sehen wir uns in der Palaistra, abgemacht?«

»Mein Sohn, Archelaos, du bist geehrt worden von den Geronten. Ich bin stolz auf dich, denn deine Ehre trifft auch mich. Archelaos, die Frau, die dich für diesen Tag geboren hat, umarmt dich und heißt dich willkommen.« Unmittelbar darauf wurde ihr Ton strenger: »Und nun erkläre mir, Archelaos, und die Erklärung schuldest du mir, denn du bist mein Sohn, warum bist du nicht gleich nach der Rückkehr vom Feldzug nach Hause gekommen, um deine Mutter von der Angst zu befreien? Wo hast du dich rumgetrieben? Du wirst doch wohl nicht behaupten wollen, daß man dich von Amts wegen im Magistrat benötigte?« Ihr Ton wurde schneidend: »Außerdem hättest du dich auch waschen können. Beim Zeus, wie siehst du aus? Ganz verdreckt! Ich wundere mich, daß in diesem Aufzug irgend jemand für dich gestimmt hat! Setz dich erst und iß, die Mägde haben deine Mahlzeit schon zubereitet! Los, los, wo bleibt denn das Essen«, rief sie einer alten Frau in buntem Gewand zu.

Als Archelaos sich umständlich zu Tisch setzte, legte sie ihm die Hand auf die Schulter und sagte ihm eindringlich ins Ohr: »Deine Gattin, diese Mißgeburt, sie verhöhnt durch ihr ungebührliches Betragen alle guten Sitten! Kommt ein Mann des Weges, glaubst du, sie würde sich vom Fenster entfernen und sich zurückziehen, wie es einer guten Gattin gebührt? Nein! Oder sich wenigstens verschleiern? Nein! Sie bleibt schamlos am Fenster stehen, gerade, daß sie den Männern nicht zuwinkt oder zublinzelt! Es ist eine Schande ...« Ihr Tonfall wurde larmoyant. »Warum haben mich die Götter denn mit einer solchen Schwiegertochter bestraft? Warum mußte das Glück meines Alters zerbrochen werden, ausfließen wie ranziges Öl! He, du, Hesyche«, herrschte sie die Ehefrau an, die abwartend auf einer geschnitzten Holztruhe saß. »Willst du ihn vielleicht nicht doch gebührend begrüßen, deinen angetrauten Mann? Mein Sohn«, wandte sie sich wieder an Archelaos, der sich inzwischen über Gerstenfladen, Schaffleisch und Zwiebelgemüse hermachte, »mein Sohn, womit haben wir das verdient, diesen Ungehorsam. Schließlich stammte dein Vater aus bestem Geschlecht.«

»Phh!« warf die junge Frau spöttisch dazwischen. »Und auch meine Familie konnte sich sehen lassen, aber diese Henne hat noch nicht einmal ein Ei gelegt. Wer ist sie, sie hat ja noch nicht einmal ein Kind geboren!« In diesem Augenblick sprang die junge Frau brüsk auf und erklärte mit einem verächtlichen Seitenblick auf die Schwiegermutter: »Archelaos, mein Herr, ich lehne es ab, mich vor dieser Frau zu rechtfertigen. Ich erwarte dich in deinem Schlafgemach zum Willkommensgruß.« Sie verließ den Raum. Archelaos aß zu Ende, erhob sich und strebte dem Schlafzimmer zu. Hesyche folgte jeder seiner Bewegungen, als er den Vorhang beiseite schob, Mantel und Beinschienen ablegte, den Gürtel lockerte und den Chiton über die Schulter hinter sich warf, und sagte dann förmlich, indem sie jedes einzelne Wort absetzte: »Ich ... heiße ... dich ... willkommen ... in ... deinem ... Haus, mein Herr und Gebieter.«

Archelaos setzte sich auf den Bettrand und fragte: »Na, hast du mich vermißt?«

»Vermißt? O ja, ich habe dich vermißt!« sagte sie mit

bösem Lächeln. »Weißt du, ich, ja ich respektiere deine Mutter, denn sie ist ja aus so feinem Hause, jedenfalls vor drei Generationen. Was dazwischen war, na ja, davon wollen wir nicht reden. Diese alte Sumpfschnepfe, diese gerupfte Mastente, diese ... ständig kommandiert sie mich herum, nichts kann ich ihr recht machen. Sie nörgelt und krakeelt und zetert ... O ja, ich habe dich vermißt. Wo warst du eigentlich letzte Nacht? Na, sag schon. Der Nikomachos und der Herakleides und der Erystheus, die sind sofort nach Hause gegangen, ihre Sklavinnen haben es mir erzählt. Himmel noch mal, bei allen Göttern der Ober- und der Unterwelt, wie soll ich denn jemals ein Kind gebären, wenn dieser Mann sich nachts in den dunklen Gassen Athens herumtreibt! Wo warst du denn, na sag's schon, Schätzchen! Ich krieg's doch ohnehin raus. Jawohl, ich habe dich vermißt. Am Fenster bin ich gestanden, am Fenster. So groß war meine Sehnsucht, daß ich unzüchtig, schamlos, ja wider alle guten Sitten am Fenster blieb, als dieser junge Xenophon des Weges kam. Nein, nein, keine Angst, ich bin anständig, ich bin ganz dein!« Sie lächelte böse. »Aber dieser Xenophon, das muß ich schon sagen! Leider, ja leider werde ich es niemals zu spüren bekommen ... Das ist ein Liebhaber! Eine glückliche Frau, seine Hermine!« Archelaos, der mittlerweile auf dem Rücken neben ihr lag, faßte sie am Handgelenk und packte sie mit der anderen Hand an der Hüfte. »Hesyche, ich bin jetzt hier!« – »Und wo bist du heute abend?«

Archelaos wurde wütend: »Beim Zeus, was ist das für ein Weib!« Er riß ihr den Chiton vom Leib, wälzte sich auf sie, legte seine Hände schwer auf ihre Schultern, zwängte ihre Schenkel mit den seinen auseinander und ...

Aber Hesyche strampelte sich frei, sie spuckte ihm ins Gesicht und schrie ihn an: »Ach nein, wie ein Fleischer packt er mich! Warum muß ich leben, um das zu fühlen?! Bei allen Göttinnen, warum hat dieser Mann keinen Funken Zärtlichkeit im Leibe? Hat seine Mutter ihm das nicht beigebracht?« Sie raufte sich die Haare, die zuvor hochgesteckt, gebündelt und gebändigt waren und nun in wirren Strähnen herabfielen. »Er darf seine Nächte in schlüpfriger Gesellschaft verbringen. Ich muß mich rechtfertigen, wenn ich nur einen

Blick auf die Straße werfe! Er darf, und ich, ich leide! Aaach!« Sie sprang vom Bett auf, warf sich den Chiton über und stürzte in den Empfangsraum, wo sie sich auf einen Schemel setzte, die Ellenbogen auf den Tisch stützte und ihr Gesicht in den Händen verbarg. Leise fluchend stieß sie hervor: »Ach, mein ganzes Leben lang muß ich mit diesem Misogyn, mit dieser Ruine von Mann verbringen! Ein Gefängnis!«

Archelaos lehnte nun am Türsturz und sah mißvergnügt drein. In diesem Augenblick führte die alte Sklavin, die vorher das Essen serviert hatte, die junge kriegsgefangene Sklavin aus Thesbiai herein. Hesyches Augen weiteten sich. Sie erstarrte. Die junge Eutyche aus Thesbiai mit den schwarzgelockten Haaren blickte mit süßem Lächeln auf Archelaos, schlug dann die Augen nieder, ließ schützend und hilflos die rechte Hand über ihren linken Oberarm gleiten, neigte sich ein wenig nach vorn und blickte wieder vertrauensvoll zu Archelaos auf. Die alte Sklavin, die in ein buntgewebtes Kleid gehüllt war, das sie von den Schultern bis zu den Zehenspitzen bedeckte, beobachtete sie von der Seite.

Hesyche wankte nun Schritt für Schritt nach rückwärts ins Schlafgemach, Archelaos folgte ihr. Der Vorhang fiel. Das junge Mädchen sah die alte Dienerin fragend an. Aus dem Nebenraum hörten sie erregte, halblaute Wortwechsel, dann wurden die Stimmen wieder lauter. Man hörte das Klatschen einer Ohrfeige. Im nächsten Augenblick raste Hesyche wie eine Furie durch den Raum, hielt sich die Hände an die Ohren, schrie und wimmerte, wankte gebückt um ihre eigene Achse, heulte und schluchzte. Dann zischte sie gehässig durch die Zähne: »Oh, mein ehrenwerter Gemahl, warte, warte nur!«

Sie nahm einen Anlauf, eilte mit abgezirkelten Schritten und nach vorne gebeugtem Oberkörper in das Schlafgemach und auf das Bett zu, auf dessen Kante Archelaos saß, gab ihm einen wuchtigen Stoß vor den Brustkorb, so daß er auf den Rücken fiel, ohrfeigte ihn zweimal von rechts und links, griff unter seinen Chiton und kniff ihn mit bösartiger Wut in die Hoden. Archelaos stieß einen tierisch markerschütternden Schrei aus, und Hesyche brach wimmernd und haltlos weinend neben ihm auf dem Bett zusammen.

Indessen legte die alte Magd ihren Arm um die Schulter der jungen Sklavin. Das bunte Kleid streifte und umhüllte ihren Rücken wie ein riesiger Schmetterlingsflügel. »Setz dich, mein Kind, schöne fremde Frau aus Thesbiai. Wie heißt du?« – »Eutyche.« – »Eutyche«, wiederholte die alte Frau bedächtig. »Ein gutes Schicksal also hast du, so sagt dein Name. Eutyche, ich habe dich beobachtet. Ich lese deine Gedanken. Du versuchst aus deiner Lage das Beste zu machen, nicht? Du wirst versuchen, diesen deinen neuen Herrn zu becircen, zu umgarnen, mit deiner kindlichen Unschuld zu verführen, damit er von dir abhängig wird, dir deine Wünsche erfüllt, so daß du dich letzten Endes freikaufen kannst. Vielleicht möchtest du sogar ein Kind von ihm empfangen, damit er dich freiläßt.«

Das Mädchen sah schmollend vor sich zu Boden, ohne zu antworten, schließlich blickte sie auf und sagte vorwurfsvoll: »Dieser Herr gefällt mir! Ich bin frei geboren und will auch wieder frei werden, aber unter den Herren ist er der Beste!« – »Du bewunderst ihn?« fragte die Alte. »Ja«, flüsterte das Mädchen. »Als er in die Magistratshalle hereinkam, war ich gebannt. Er sieht so stattlich aus, so selbstbewußt, so kraftvoll! So stelle ich mir Zeus selbst vor, wenn er mit den Donnerkeilen in der Hand vom Olymp herabblickt.« Die Alte mußte lächeln, überlegte kurz und sagte dann: »Und wie findest du seine Gattin? Möchtest du so sein wie sie? Wie Zeus' Gattin Hera, ewig eifersüchtig? Möchtest du so sein wie sie? Beneidest du Hesyche um ihr Schicksal?« Das Mädchen nagte nervös an den Lippen und rutschte unruhig auf ihrem Sessel hin und her. Nun schritt Hesyche auch noch stirnrunzelnd auf sie zu, durchbohrte sie mit Blicken und pflanzte sich drohend vor ihr auf.

»Hesyche, beruhige dich doch«, bat die Alte und wandte sich wieder an das Mädchen: »Also, du kommst aus Thesbiai. O ja, ich kenne deine Stadt. Der Boden ringsum ist sehr kahl, nicht? Der Wind hat die Erde weggeweht, viel nackter Fels umgibt deine Stadt, nicht?« Eutyche nickte. »Aber früher, mein Täubchen, war das nicht so. Früher war Thesbiai von fruchtbaren Feldern und üppigem Grün umgeben. Früher, ja, früher. Vor mehreren Menschenaltern, da tauschten

wir noch Tonwaren und gefärbte Stoffe mit den Kretern, da waren wir wohlhabend, alle, auch die Ärmsten, hatten reichlich zu essen. Damals war die Erde noch fruchtbar!«

Hesyche begann wieder zu schluchzen: »Fruchtbar, fruchtbar! Warum bin ich nicht fruchtbar!« Die Alte streichelte ihre Hand: »Nicht weinen, nicht weinen, Hesyche. Was dir heute gegen deinen Willen geschieht, das haben wir, das heißt meine Großmütter und Urgoßmütter, freiwillig und absichtlich getan. Wir haben keine Kinder mehr ausgetragen, wir weigerten uns, zu gebären! Wir haben unseren Muttermund mit Mohnbällchen verschlossen. Sobald eine merkte, daß sie doch schwanger war, hat sie sich mit Pflanzensäften vom Kind befreit. Ja, es kam sogar vor, daß Kinder getötet wurden, die schon geboren waren.« – »Aber warum«, fragte die junge Thesbierin.

»Warum, warum!« rief die Alte aus. »Weil sie unsere Männer ermordet und uns vergewaltigt haben, weil sie ihre Herden über unsere fruchtbaren Äcker getrieben haben, bis das ganze Land kahlgeweidet war. Und weil sie unsere Liebe, unser Glück, unseren Reichtum zerstört haben, unsere Heiligtümer entweiht und unsere Freiheit geraubt haben. Und vor allem, weil sie auf Schritt und Tritt behaupteten: Daß die Mutter das Kind gebiert, ist nur ein trügerischer Schein, das wahre Wesen der Fruchtbarkeit liegt im männlichen Samen. Da haben wir gesagt, dann macht euch eure Söhne selber! Ohne uns! Und da ist das Volk immer weniger geworden, und sie hatten niemanden mehr, der für sie arbeitete. Und da ist das Land noch vollends verarmt. Deshalb ist Hellas noch heute so dünn besiedelt. Denn wir wollten lieber sterben, lieber als Volk zugrunde gehen, als in Unfreiheit leben. Wir fürchteten nicht den Tod. Wie das Samenkorn, das im Boden begraben wird, um zu neuem Leben zu erwachen.«

Hesyche barg schluchzend ihre rotbraunen Locken auf dem Schoß der alten Sklavin. Eutyche beugte sich in einer Wallung von Mitgefühl über sie und hauchte ihr einen kindlich zarten Kuß in den Nacken. Niemand von ihnen sah, wie die Schwiegermutter zwischen den Vorhangbahnen hereinblinzelte und sich dann mit versteinertem Antlitz abwandte. Bitter murmelte sie vor sich hin: »Und wer kümmert sich um mich? Warum läßt man mich allein? Archelaos!« Aber Archelaos hatte das Haus unbemerkt durch den Hinterausgang verlassen.

»Timarchos, ich sage dir, ein Feldzug ist ein Spaziergang dagegen. Manchmal frage ich mich ganz ernstlich: Warum sind die ionischen und lydischen Frauen von der kleinasiatischen Küste so viel angenehmer als die unsrigen?«

»Solche Fragen zu beantworten scheint mir müßig, Archelaos. Denn ich glaube, daß Körper, Geist und Seele beim Mann unendlich viel schöner und freier sind als bei irgendeinem Weib. Soll ich dich schon massieren?« Timarchos' geölte Hand umfaßte mit geübtem Griff Archelaos' Gesäßbacken.

V.

Funktion von Religionen: Gespaltene Welten als Schlüssel zur Macht

1. Das Phänomen Religion

Begriffe und Auslotung

Wir haben im zweiten Kapitel gesehen, daß die Frau als Gebärerin die geheimnisvolle Schwelle zwischen Diesseits und Jenseits hütete. Durch ihren Schoß gelangten die Seelen von der Jenseitswelt ins Diesseits. Die zeremonielle Entjungferung erschloß den Weg zum Gebären und auch zur Lust. Die Göttinfiguren waren der *Schlüssel* zur Pforte zwischen den Welten.

Im dritten Kapitel haben wir dann gesehen, daß aus dieser geheimnisvollen, organismischen Erfahrung auch eine erotische Kultur entstand, die als Fruchtbarkeitsmagie eng mit der Natur verbunden war. Trotzdem sind Frauen nicht auf Natur zu reduzieren, vielmehr haben sie Natur kultiviert, gestaltet. Sie ließen wachsen, sie gestalteten aus Ton und Kupfer, sie gestalteten auch die Erotik in Berührung, Klang, Bild und Duft – zeremoniell und sublimiert.

Aber mit dem Einbruch kriegerischer Gewalt, dem Zusammenprall von Viehzucht und Feldbau und mit zunehmender Militarisierung wird diese Kultur unterworfen. Vieh, Felder, Frauen, Sklaven werden privatisiert und eingesperrt. Der Herrscher hält nun den *Schlüssel* zu seinem Besitz in der Hand.

Wo bleibt nun das Sakrale? Wer vermittelt nun den Übergang von Diesseits und Jenseits?

Männer sind es diesmal, Priester, Kleriker. Sie entheiligen den Vorgang der Geburt und winken selbst mit dem Schlüssel: Petrus trägt den *Schlüssel* zum Himmelreich in der Hand, und Augustinus sagt: Außerhalb der Kirche kein Heil. Jetzt muß man dem Klerus gehorchen, wenn man rein will.

Mit Religion wurden wir schon in früher Kindheit vertraut gemacht. Und ihre Symbole und Riten sind tief in unseren Gefühlen verankert. Ich kann mich noch an meine Kindheit erinnern, wie begierig ich damals den geheimnisvoll goldenen Weihrauch in der Kirche in mich einsog, wie gern ich in die Maiandachten ging und voller Inbrunst sang: »Maria Maienkönigin!« oder »Wunderschön prächtige, hohe und Mächtige, siegreich barmherzige, hooohe Frauuu!« oder »Meerstern ich dich grüße, o Maria, hilf!« Ich glaubte an alles, was wächst und sprießt, ich liebte die zartgrünen Birken an den Altären, die Ährenbündel beim Erntedankfest, aber den Apostel Petrus mit Glatze, Bart, Kapuze und Schlüssel auf dem Kirchengewölbe, den fand ich schon damals ziemlich muffig …

Viel später, als ich kritisch denken lernte, erfuhr ich von der Lächerlichkeit scholastischer Haarspaltereien und theologischer Dogmenproduktion, von der Ungeheuerlichkeit der Ketzerinquisition und dem unaussprechlichen Grauen der Hexenverfolgungen. Ich erlebte wachen Sinnes, wie sehr die Angst vor der Sünde die skrupulöse Seele meiner lieben Großmutter deformiert hatte, weigerte mich zu beichten … Und irgendwann bin ich dann eben ausgetreten aus diesem Männerverein. Den Weihrauch genieße ich jetzt privat (»Salomon Gold«), und die Hymnen an die Frühlingsgöttin, von der die Marienlieder abgeleitet sind, kann ich auf akkadisch rezitieren.

Voltaire hat einmal gesagt: »Wer dich dazu bringt, Absurditäten zu glauben, bringt dich auch dazu, Ungeheuerlichkeiten zu tun.« Und dieser Satz richtete sich aufklärerisch-rational gegen die Verdunkelungstaktiken der Kirche. Aber mit Rationalität allein wird man den frühkindlichen Gefühlen nicht gerecht, die die Religion tief im Unterbewußten schaukeln und tragen. Harte Rationalität oder gar Spott kann Menschen auf sehr subtile Weise verletzen und trifft auch nicht die mystischen Dimensionen von Religion. Ich hoffe, daß es mir gelingt, dies zu umgehen, wenn ich über die patriarchalen Religionen spreche.

Aber andererseits kann nicht ungesagt bleiben, daß Menschen im Namen dieser Religionen Grauenhaftes verbrochen haben: Genozide, Folterungen, psychische Verkrüppelungen, großangelegte Täuschungen, die Millionen von Menschen jahrhundertelang in einem Dämmerreich geistiger Wirrnis gehalten haben.

Ich werde aber nur das erwähnen, was unmittelbar mit unserem Thema zu tun hat: Welche Wirkung hatten und haben die patriarchalen Religionen auf das weibliche Kraftfeld, auf die Entfaltung oder Repression von Erotik gehabt? Wie kam diese Wirkung zustande?

Eines ist klar: Die Ideologie der Sieger hat immer versucht, all das zu leugnen oder zu entwerten, was vor ihnen existierte. Die Besiegten sind dämonisch, rassisch minderwertig, kulturlos, dekadent. Und das heißt: Vor uns gab es nichts! Zumindest nichts Wertvolles. So haben europäische Kolonialisten jegliche Kultur in Afrika, Asien, Amerika geleugnet, obwohl Reisende von großen, gut organisierten Königreichen mit prächtigen, gepflegten Hauptstädten geschwärmt hatten. Aber vor der westlichen Zivilisation gab es *nichts*, sagten die Ideologen und gingen daran, die Kolonialländer zu unterwerfen und auszuplündern. Allenfalls blieb noch ein romantisches Bild vom »Guten Wilden« als süßer Gute-Nacht-Kuß für die Versklavten und Ausgebeuteten der anderen Kontinente. So haben es auch die Verfechter des Islam getan: Vor dem Jahre Null islamischer Zählweise gab es nur das unreife Christentum, das falsche Judentum und die »heidnische« Vielgötterei, in einem Wort zusammengefaßt: die Dschahiliya, die Zeit der »Unwissenheit«, deren Spuren sie tilgten.

So haben es auch die Christen gemacht: Vor dem Jahre Null christlicher Zählung gab es nur das unreife Judentum und »heidnische« Götzendienste. Labyrinthe und Tempel wurden mit Kirchen überbaut, Frauen, die Volksmedizin und Mondglauben vertraten, wurden verfolgt. Auch die Verfechter des Judentums haben es getan: phönizische, kanaanitische Lebensart wurde als Greuel diffamiert, Priester und Priesterinnen ermordet, die Geschichte seit der Schöpfung neu geschrieben.

Auch die indischen Brahmanen haben es getan: Das Alter der Veden wird mit »uralt« angegeben, und vorher gab es nichts. In Wirklichkeit entstanden sie erst im zweiten Jahrtausend v. u. Z., als arische Stämme das Industal eroberten. Die Erinnerung an die frühere Kultur wurde so erfolgreich ausradiert, daß noch dreieinhalb Jahrtausende später die Entdeckung der Industalkultur ungläubiges Staunen hervorrief.

»Die gegenwärtige Herrschaft ist ewig, immer schon so gewesen und wird auch immer so sein.« Das ist die Aussage, die aus all diesen Verschweigungen hervortritt. Aber Stück um Stück wurden frühere Kulturen und Kulte ausgegraben, so daß wir nun ein differenzierteres Bild von Vergangenheit und Zukunft haben. Die patriarchalen Religionen sind also durchaus historisch geworden und nicht ewig gewesen.

2. Das Licht besiegt die Finsternis, das wahre Sein die Schleier der Illusion

Arische Spaltung: Indien

Die verwirrende Oberfläche

Indien gilt als Synonym für Spiritualität. Selig lächelnde Gurus mit Rauschebart und wallenden, weißen Gewändern helfen unserem materialistischen Westen auf die Sprünge. Mantras chanten, meditieren, üben und immer wieder heilige Schriften lesen, vegetarisch essen, sich nicht von den Trugbildern der Illusion verlocken lassen, wie Geld, Ruhm oder Sex ... um letztendlich Befreiung zu finden, um die individuelle Seele im unendlichen Bewußtsein zur Ruhe zu bringen – das ist die Hoffnung, die sie verbreiten.

Das kostet auch was! Aber was sind irdische Güter, wo der Guru doch den Weg zur Befreiung lehrt. Man überschreibe ihm die irdischen Güter – das ist Hingabe. Bedingungslose Lösung von irdischen Werten.

Ganz anders wieder die Schar indischer Göttergestalten:

Auf Chemieleuchtfarbenplakaten in Schmelzgelb, Grellpink, Giftgrün, Elektrikblau, über opulenten Opferblumenbouquets, beschworen durch chemisch durchdringende Düfte von »Jasmin«, »Amber« und »Sandelholz« treten sie in Erscheinung: in Elefanten-, Kuh- oder Mausgestalt, mit Quellbauch, blauem Gesicht, Dreizack, schlangenumwunden oder schlangentötend, tanzend, meditierend, bewaffnet im Streitwagen, bequem entspannt mit Gemahlin oder zahllosen verliebt dreinschauenden Kuhhüterinnen, und sie ziehen wie einen Kometenschweif ihre jeweiligen Anhänger hinter sich her. Götter schlürfen mit einem Schluck ganze Ozeane leer, ein Augenzwinkern dauert eine Million Jahre, alles Relative schmilzt vor solchen Dimensionen ins Nichts hinweg, aber ein Brahmane darf dich nicht zum Essen einladen, weil dein Schatten seine Speisen verunreinigen würde.

Wie soll man sich hier zurechtfinden?

Der Sieg des Lichtes aus dem Norden: Rassismus in spirituellem Gewand

Als die Arier in Indien einfielen, brachten sie ein Pantheon von Himmels- und Wettergöttern mit: Indra, der Herr der Berge und Vernichter der Städte mit dem Donnerkeil, Agni, Gott des Feuers (»O Agni, verbrenne diese schwarzhäutigen Menschen!«), Vayu, Gott des Windes, Varuna, Gott des Himmels, und der Sonnengott traten gleich dreifach in Erscheinung: als Savitar im Auf- und Untergang, als Surya im blendenden Glanz des Tages. Varuna (auch Dyaus-Pitar = »Tages-Vater« genannt[97]) mußte täglich Opfer bringen, damit der Sonnengott aufgehen konnte. Sogar das Wort für »Gottheit« selbst – »dev« – bedeutet wörtlich »leuchtend«, und im Rigveda heißt es: »Die gnädigen Väter wohnen in glänzendem Licht, in ewigem Licht.«

Weshalb diese magische Fixierung auf Licht, Feuer und Sonne? Ich glaube, daß sich hier ganz einfach die Erfahrung der langen, dunklen Nächte des Nordens widerspiegelt, die Angst, daß die Sonne eines Tages nicht mehr über die Winternacht triumphieren könnte. Deshalb also die Frühlingsfeste mit Feuerritualen im kurdischen, persischen und im »volksdeutschen« Brauchtum.

Gerade dieser blendende Lichtmythos deutet darauf hin, daß die Arier dieser Welle (ca. 1500–1300 v. u. Z.) einen weiten Weg vom hohen Norden mit Zwischenstation in der mittelasiatischen Steppe bis nach Indien zurückgelegt haben. Und das »ewige« Licht des nördlichen Sommers, die schaurige Kälte und Finsternis des nördlichen Winters war ihnen vielleicht nur noch – mythisch überhöht – aus Erzählungen ihrer Großväter bekannt.

Was an die »glorreich-goldene« Sonne ihres fernen »Vatersamens« errinnerte, war vielleicht nur mehr das Blond ihrer Haare. Wie hell sie tatsächlich waren, wissen wir heute natürlich nicht mehr. Aber jedenfalls betont der Rigveda[98] immer wieder den Gegensatz zwischen den »Schwarzhäutigen« und den »airyas«[99]. Das Helle wird verherrlicht, das Dunkle dämonisiert, und in dieser unversöhnlichen Spaltung drückt sich auch eine Konfrontation nördlicher und südlicher Völker aus. Der Rigveda ist eine mythisch überhöhte Invasionsgeschichte.

Der Sieg des wahren Seins: Wiedergeburt als Apologie der Kastenordnung

Die vedischen Hymnen, die Brahmanas, die Upanischaden, die Epen des Mahabharata und des Ramayana gehören dem brahmanischen Schrifttum an, das in Sanskrit, einer indoeuropäischen Sprache, verfaßt war. Angehörige niederer Kasten durften sie bei Androhung des Todes nicht lesen, und Frauen lasen sie nicht, weil sie meist Analphabetinnen waren. Die Einführung in die Heiligen Schriften oblag dem Guru, der als spirituelle Respektsperson hingebungsvoll verehrt wurde.

Im Laufe der Zeit traten die Stammesgötter zurück, und aus der Mythologie wurde eine abstraktere, philosophisch-spirituelle Lehre. Die Spaltung, der Dualismus, verlief nun auf einer anderen Ebene: Es wurde unterschieden zwischen dem wirklichen, göttlichen Sein und dem bloßen Verwirrspiel der vielgestaltigen Formen, dem Schleier der Maya. Ziel spiritueller Betätigung ist es nun, all diese Schleier zu durchdringen und zum wahren Sein vorzudringen, und das heißt, die individuelle Seele mit dem Alt-Bewußtsein zu vereinen. Wenn das geschieht, so ist Erlösung oder Befreiung eingetreten. Befreiung von Verhaftung an das Irdische. Es wird nun zwischen der groben Stofflichkeit und dem echten Geist unterschieden.

Damit ist aber auch eine negative Sicht dieser Stofflichkeit verbunden: Man muß sich von ihr *befreien!* Und zwar durch Askese, zu deutsch: »Übung«. Man übt monatelang, jahrelang und sogar viele Leben lang. Immer auf dem Weg zum göttlichen Bewußtsein, das wie eine Fata Morgana ferner und ferner zu rücken scheint. Kaum ist ein Schleier gefallen, eine Illusion durchdrungen, necken neue Illusionen den Suchenden und Übenden.

Und nun kommt auch die Wiedergeburtslehre ins Spiel. Ursprünglich verlief der Wechsel zwischen Jenseits und Diesseits durch die geheimnisvollen Geburtshöhlen und den Schoß der Frauen, begleitet von Gebet, Ahnung und Dankbarkeit. Nicht so im brahmanischen Indien: Gebärende Frauen wurden in die kleinsten und schäbigsten Hinterzimmer verbannt, Geburt war ekelhaft. Und in der Wiedergeburt wurde nun vor allem der »Gerechtigkeits«gedanke betont. Wer in früheren Leben falsch gehandelt hat, zahlt die Strafe in diesem und in zukünftigen Leben. Das ist sein »Karma«, die innere Logik seines Handelns.

Wie bezahlt er? Er steigt in der Kastenordnung ab: Der Brahmane wird zum Shudra, zum Tier oder ... zur Frau! Und umgekehrt: Wer sich als Shudra brav verhalten hat, wird zum Brahmanen befördert oder erreicht nach vielen weiteren Leben der Askese die Befreiung – Mokscha. Die Wiedergeburtslehre mit ihrem Karmagedanken trug also ganz erheblich zur Herrschaftssicherung der oberen Kasten bei. Eine Umgestaltung der Gesellschaft oder auch Mitgefühl mit Leidenden ist auf diesem Hintergrund sinnlos. Es geschieht ihnen ja recht! Und wenn die Unterdrückten das selbst noch glauben, lassen sie sich widerstandslos ausbeuten oder umbringen.

Die religiöse Rangordnung zwischen Männern und Frauen zeigt sich im Brauch der Witwenverbrennung. Viele Witwen mußten gegen ihren Willen den Scheiterhaufen besteigen, um zusammen mit ihrem toten Gatten verbrannt zu werden, aber manche taten es auch freiwillig. Sie glaubten, daß ihre Selbstaufopferung und selbstlose Gattenliebe sie der Erlösung näherbrachte. Verwitwete Männer schienen das nicht nötig zu haben. Waren sie spirituell so viel weiter? Sie konnten gleich das nächste Feuer entzünden: das Hochzeitsfeuer für die nächste Braut.

Tantrische Verschmelzung

In späteren Jahrhunderten kam es aber zu einer neuen Entwicklung: Die brahmanische Religion nahm viele Elemente der früheren Göttinreligionen Indiens auf. Und nun entstanden Schriften wie die Tantras und Puranas (ebenfalls in Sanskrit), in denen die Spaltungen früherer Zeiten geheilt werden. Beiden Geschlechtern wird nun ihre Göttlichkeit, in diesem Augenblick, Hier und Jetzt – zurückerstattet. Jeder Mann ist Gott – Shiva, und jede Frau ist Göttin – Shakti. Shakti ist die schöpferische Kraft des Alls. Und gerade in der erotischen Begegnung, wenn sie zeremoniell und meditativ vollzogen wird, ist diese göttliche Kraft zutiefst erfahrbar.

Im tantrischen Denken sind Materie und Geist in allen Lebensformen innigst vereint. Alles lebt, alles pulsiert. »Was hier ist, ist überall, was nicht hier ist, ist nirgendwo!« Göttlichkeit lauert in jedem Atom, in jedem Haar ... und in allen Orten, die in der brahmanischen Tradition unrein und verderbenbringend und deshalb den Sklaven vorbehalten und vorgeschrieben sind: Was zuvor dämonisiert wurde, wird jetzt gerade, in diesem atemberaubend tiefen, beglückenden Augenblick, geheiligt! Man vollzieht die erotische Vereinigung an düsteren Begräbnisplätzen, man führt dem Körper »unreine«, ja sogar wirklich schmutzige Substanzen zu. Und indem der Tantriker sich mit den ungeliebten Seiten der Wirklichkeit auseinandersetzt, indem er geheiligte Regeln bricht, erlangt er Befreiung. Im Wahnsinn, in der Ekstase erlebt er das Göttliche unmittelbar.

Der Tantriker. In einem tantrischen Text wird Brahmanensöhnen geraten, sich mit Pfeilmacherinnen, Frauen aus besonders niedrigen und verachteten Kasten, mit alten Frauen oder mit menstruierenden Frauen zu vereinigen, der Adressat ist hier also der Mann. Ist es nun der Mann, der spirituelle Verwandlung besonders nötig hat, während die Frau ohnehin schon Göttin ist? Oder haben sich die Verfasser der Texte an dieses eine Tabu noch nicht rangewagt: den Schoß der Brahmanenfrau und den Phallus des dunklen Mannes?

Sonst aber heilt der Tantrismus die schmerzhafte Spaltung von Licht und Finsternis: Gerade im feuchtesten, dunkelsten

Inneren leuchtet und lockt das Bewußtsein der Göttlichkeit. Yoga findet zu seinem ursprünglichen Sinn zurück: Männliches und Weibliches wird kosmisch vereint. Und die Schleier der Maya sind nicht Hindernis auf dem Weg zu Gott, sondern sie sind Gewebe und damit selbst göttlich. Tantra heißt wörtlich »Gewebe«.

Seien wir also wach und heiter, wenn uns indische Spiritualität angeboten wird. Wozu Gurus, also Führer, wenn der Weg *überall* ist? Wozu zähneknirschend-diszipliniert-hierarchisch-gegliederte und frustrierende Übungen im Kampf gegen eine immer noch nicht überwundene Unvollkommenheit, wenn die Zeit *jetzt* ist? Und alles vollkommen?

3. Das Gute überwältigt das Böse

Arische Spaltung: Persien

Also sprach Zarathustra

Licht und Finsternis, das Gute und das Böse, so finden wir es auch in der Religion zweier weiterer arischer Stammesverbände, der Meder und der Perser. Bei ihnen war Ahura Mazda als Gott des Tageslichts und der Sonne verbreitet. Daneben gab es noch wilde Stammesgötter wie etwa den Wildschweingott Vrthragna, der mit feurigem Atem und Eisenhufen in die Schar der Feinde einbricht, Raschnu, der für Gottesgerichte mit geschmolzenem Blei und Giften verantwortlich ist,[100] und vor allem Mitra, der Gott der Verträge, der die Viehweiden verteilt. Mitra wurde als Gut und Böse zugleich gedacht: Er balancierte Vorteil und Nachteil für die Stämme. Die Moral der frühen Perser und Meder war also ganz einfach. Was dem Stamm nützt, ist gut.

Aber beim Übergang vom Nomadismus zur Seßhaftigkeit[101] wie auch bei gemeinsamen Raubzügen in assyrischem und babylonischem Gebiet lösten sich einzelne immer mehr aus ihrem Stammesverband, marodierende Gruppen überfielen seßhafte und halbseßhaft gewordene Bauern, und allmählich zerfiel diese einfache Stammesmoral. Im allgemeinem Umbruch wurde nach neuen Wertmaßstäben gesucht.

Und nun trat Zarathustra[102] auf den Plan. Er beklagte zutiefst die allgemeine Wirrnis und Gewalt und sah nur ein Heilmittel: die Rückkehr zum Glauben an den arischen Gott des Lichtes, Ahura Mazda, der »das Gute« will und von Ahriman, dem Geist des Bösen, herausgefordert wird, der die Welt unter seine finstere Herrschaft bringen will. Zarathustra wurde zum Propheten des Lichtgottes. Wer an Ahura Mazda glaubt und seinen Willen tut, wird am Ende seines Lebens nicht straucheln, wenn er über die Brücke Dschinvat gehen muß. Die anderen aber, die nicht glauben, die anderen Göttern folgen und das Böse – »drug« – tun, werden in Ahrimans Reich der Verdammnis abstürzen.

Ahura Mazda ist also nicht mehr nur ein Gott des Lichtes, wie ihn die früheren Arier kannten, sondern durch Zarathustra wird er zum verallgemeinerten kosmisch Guten. Und damit ist die alte Stammesmoral überwunden und durch ein übergreifendes Ordnungsprinzip ersetzt: das Gute, Lichte oben im Himmel, das Böse im dräuenden Abgrund unten. Diese scharfe, unversöhnliche Spaltung von »Gut« und »Böse«, von Diesseits und Jenseits nennt man Dualismus. Und an der Schwelle zwischen Diesseits und Jenseits steht nun das moralische Gewissen.[103]

Bei all den arischen Stämmen, die in Mittelasien, dem persischen Hochplateau und dem Kaukasus halbseßhaft Ackerbau trieben oder als Viehnomaden und Beutekrieger herumzogen und sich gegenseitig bekämpften – Massageten, Kimmerer, Parther, Meder, Parsuas (Perser), Luren –, konnte nun der Glaube an *einen* Gott verbreitet werden. Und das war eine Voraussetzung für die Einigung der Stämme in einem größeren Reichsverband, wie ihn ja die Assyrer und Ägypter zu dieser Zeit schon bzw. noch hatten.

Die Perserkönige waren den Lehren des Zarathustra nicht abgeneigt. Ahura Mazda war ihnen vertraut. Und bei ihrer Reichsbildung waren sie ohnehin tolerant. Wo Kyros eroberte, huldigte er den Lokalgöttern. Die Perser paßten sich an, genossen Luxus und Lebensart ihrer Provinzen, begannen Tempel und Paläste zu bauen und Bildsäulen aufzustellen. Bei den Medern, dem Brudervolk der Perser, war es etwas anders. Unter den sechs medischen Stämmen gab es einen Magierstamm, der Zarathustras Dualismus von Gut und Böse, von Licht und Finsternis, von Ahura Mazda und Ahriman mit einer Theorie der Zeitalter verband: Das Reich des Guten wurde in die Zukunft verlegt, während die Gegenwart im Herrschaftsbereich des Bösen lag. Alle Hoffnung wurde auf einen »Erlöser« projiziert, der auf die Erde kommen und das tausendjährige Reich des Guten einläuten würde.[104]

Dramatisch aber wurde es für das Perserreich erst, als die

medischen Magier begannen, sich in die Politik einzumischen. Sie konnten sich nicht damit abfinden, daß ihre persischen Vettern Sprache und Religiosität der eroberten semitisch sprechenden Völker annahmen. Vor allem die Bildsäulen, Tempel und Erdbestattungen, die den arischen Gebräuchen zuwiderliefen, waren ihnen ein Ärgernis. Sobald sie durch Intrigen und Putsche an die Macht kamen, rissen sie Tempel nieder und zerschlugen Bildsäulen. Nach seinem Sieg über einen modischen Putschisten sagt der Großkönig Dareios I.: »Ich baute die Ayadanas (die Kultstätten) wieder auf, die Gaumata, der Magier, zerstörte.« Unter Xerxes gewannen sie erneut an Macht, und Xerxes rühmt sich: »Durch Ahura Mazdas Willen unterwarf ich jene (aufrührerischen) Provinzen. Unter jenen Provinzen waren solche, wo zuvor die Daeva verehrt wurden. Darauf machte ich durch Ahura Mazdas Willen jene Daeva-Ställe dem Erdboden gleich.« Dieses verzweifelte, fanatische Ringen um Abstraktheit, um Nicht-Form, läßt bereits die Bilderverbote und Bilderstürmereien vorausahnen, die uns aus der jüdischen, byzantinischen und islamischen Geschichte bekannt sind. Gott darf kein Abbild auf Erden haben, er steht außerhalb der Welt, fern im Jenseits eines weiten Himmels. Die Welten sind gespalten. Nur durch Gehorsam, gute Werke oder eben einen Erlöser kommt man nach oben zu Gott.

Der Pessimismus gegenüber der Welt verbreitet sich

Im Laufe der folgenden Jahrhunderte bis in die christliche Ära hinein wurden unter persischem Einfluß im ganzen Mittelmeerraum *dualistische* Denksysteme entwickelt: In zahlreichen »gnostischen«[105] Sekten wurde gespalten zwischen der materiellen Welt, die nur als niedriges, häßliches, überflüssiges Jammertal beschrieben wird, und einer ewigen, leuchtenden, wirklichen Welt des Geistes. Und wer zum Geist aufsteigen wollte, durfte sich nicht mit der materiellen Welt einlassen, mit dem weiblichen Schoß zum Beispiel, denn Sexualität führte ja zur Zeugung materieller Kinder, verstärkte also die Wucht der Materie im Kosmos und behinderte das Wirken des leuchtenden Geistes.[106]

Das weibliche Becken ist nun also zur Brutstätte überflüssiger Bälger, zur Produktionsstätte von Erdenschmutz geworden, während es zuvor die geheimnisvolle Schwelle von Diesseits und Jenseits war. Sexualität, Erotik und Geburt waren unter solchen Umständen nicht mehr schöpferisch und sakral, sondern geradezu entwürdigend.[107] Es steckt in dieser Spaltung von Diesseits und jenseits also auch eine gute Portion Pessimismus und negatives Denken gegenüber der Welt.

4. Reinheit um jeden Preis

Hebräische Spaltung

Woher diese Ähnlichkeit?

Es gibt also im arischen Denken – ausgehend von der mythischen Erinnerung an die grauenvoll langen Winternächte des hohen Nordens – einen Dualismus von Licht und Finsternis, Gut und Böse, Geist und Materie. Das Jetzt wird verachtet, die Hoffnungen richten sich auf einen Erlöser, ein tausendjähriges Reich des Guten. Die Frau wird zur »Verführerin«: Durch ihre »eitle« Schönheit, ihre Schleier, ihren Schmuck und ihre erotischen Bewegungen hält sie den Mann vom Aufstieg zur geistigen Wirklichkeit ab ...

Das Helle und das Dunkle darf nicht gemischt werden, das ist »Rassenreinheit« (und Grund für die Gefängnisehe). Das Gute darf sich nicht mit dem Sündigen mischen, das ist »Reinheit« schlechthin.

Aber genau diese Elemente finden wir auch im Alten Testament! Im Leviticus und Deuteronomium sind die possessionistischen Ehegesetze (Steinigung von Jungfrauen und im Seitensprung aufgefallene Ehefrauen) formuliert, die vielen Generationen als heiliges Gesetz Gottes ins Bewußtsein gehämmert wurden, so heftig, daß sogar Moslems sich heute noch daran halten.

In Numeri wird ein Israelit, der sich weigert, seine nichtisraelitische Ehefrau wegzuschicken, gemeinsam mit ihr beim Liebesspiel getötet. Im Exodus wird beschrieben, wie Moses nach seiner Rückkehr vom Berg dreitausend Männer und Frauen massakrieren ließ, die orgiastisch den goldenen Stier umtanzten und dadurch von der »reinen« Lehre abgefallen waren. (Wie verhält sich das zum Gebot: »Du sollst nicht töten!«?) In der Genesis wird die Schlange als böse Verführerin und Verursacherin schwerer Geburten diffamiert, und Evas Missetat führt zur Erbsünde: Seither tragen wir alle an einer Kollektivschuld und müssen im Jammertal leiden.

Prophetentexte (auch die Offenbarung des Johannes) kündigen einen Erlöser an und polemisieren gegen Frauen, die »Greuel« veranstalten. Mit »Greueln« ist nichts anderes als sakrale Erotik gemeint, nämlich »Erlösung« durch orgiastische Befriedigung, Bewußtsein des Göttlichen im Jetzt. Die Wortwahl ist oftmals nicht gerade zimperlich: »mit Kot bewerfen, den Schleier entreißen, die Brüste mit Scherben zerschneiden, Hure Babylon vom Himmel stürzen« usw. sind nur einige der Wendungen, die in diesem Zusammenhang auftauchen.

Die überall lauernden »Unreinheiten« sind zahlreich, und wer sie begeht und sich nicht entsühnt, kann umgebracht werden. Im Leviticus wird die Unreinheit einer menstruierenden und gebärenden Frau formuliert: Dreiunddreißig Tage lang muß sie sich reinigen, wenn sie einen Sohn geboren hat, sechsundsechzig Tage lang bleibt sie unrein, wenn's ein Mädchen wurde.

Viele der europäischen Schäflein, die allsonntäglich ihre Bibellesung wie eine Gehirnwäsche empfingen, nahmen diese diskriminierenden und grausamen Lehren als Gottes Wort auf. Theologen schwärmen noch heute von der »pastoralen Reinheit der Moral«, die so angenehm mit der »zügellosen Korruption der Kanaaniter« kontrastiere (d. h. sie lieben Genozid und Diskriminierung, Massaker sind für sie gottgefällig, wenn man sie ihnen als gottgefällig vorkaut). Andere entwickelten eine Abwehrhaltung gegen die Enge und Härte der Reinheitsvorschriften und die Brutalität der Frauenunterdrückung und nannten dies »typisch semitisch«, oder sie sagten: »Na ja, die Wüste verlangt eben, daß der Mann die Frau beherrscht.«

Semitische Sinnlichkeit, levitische Härte

Welch ein ungeheurer Trugschluß! Noch heute gibt es in der Steinwüste »Rub' al-Chali« matrilineare Stämme, und die Bibel selbst zeigt: Die semitisch-sprechenden Bewohner des

Landes Kanaan, aber auch die Israeliten selbst huldigten immer wieder den gynozentrischen Religionen. Trotz des Genozides im sogenannten versprochenen Land gelang es den Vertretern des »richtigen Weges«[108] gar nicht so leicht, die Abweichungen vom richtigen Weg zu verhindern. Der militärische Sieg über die KanaaniterInnen garantierte keineswegs den ideologischen Endsieg der Eroberer. Die sinnliche Schönheit der Kanaaniterinnen, ihre orgiastischen Feste, ihre Verehrung der liebreizenden Muttergöttin gefielen israelitischen Männern und Frauen mehr als ein drohender, eifersüchtiger Jahwe, der mit Sturm, Blitz und Donner einherfuhr und Vernichtung stiftete. Immer wieder verzichtete das auserwählte Volk auf diese Ehre und paßte sich freiwillig den Unterworfenen an. Immer wieder pilgerten israelitische und judäische Frauen zu den Festen der Kanaaniterinnen, opferten der Himmelskönigin Lebkuchen, kündigten Jahwe den Gehorsam, errichteten »Kultpfähle« für die Aschera oder beweinten Tammuz im Tempel. Immer wieder heirateten israelitische und judäische Könige kanaanitische Priesterinnen und Prinzessinnen, paßten sich ihrer Religion an und leiteten davon ihre Legitimität ab.

Das Ringen um den Sieg Jahwes dauerte Jahrhunderte: Samuel (um 1000 v. u. Z.) versprach den Israeliten Rettung vor den Philistern, wenn sie die Verehrung der kanaanitischen Gottheiten aufgeben würden.

Fünfzig Jahre später (um 950) wurde dem König Salomo als Strafe Jahwes der Verlust der Königsherrschaft angedroht, weil er seinen kanaanitischen Frauen nachgegeben und ihren Göttinnen Heiligtümer gebaut hatte.

Vierzig Jahre später (um 910) wurde die Königin Maakah gestürzt, weil sie Bildnisse der Aschera verehrt hatte.

Sechzig Jahre später (um 850) ließ der hebräische König Ahab, den die Hohepriesterin Jezebel von Sidon als Ehemann genommen hatte, ein Bildnis der Aschera aufstellen, und kurz darauf (um 840) ließ auch Jezebels Tochter Atalia, die Königin in Jerusalem war, die Ascheraverehrung aufleben. Auch König Ahas folgte (um 730) der alten Religion und »tat, was böse war in den Augen des Herrn«.

Aber bald schon wendete sich das Blatt, und »König Hiskija

tat, was dem Herrn wohlgefällig war«: Er zertrümmerte Säulen, Kultpfähle und eine eherne Schlange im Tempel von Jerusalem.

Das währte nicht lange, denn sein Sohn und Thronfolger Manasse ließ sie wieder aufrichten, ebenso dessen Sohn Amon.

Bis König Joschia dann (um 630) blutig durchgriff. »Desgleichen entweihte der König die Kulthöhen östlich von Jerusalem ... die Salomo, der König von Israel, für Astarte ... erbaut hatte. Er zerbrach die Steinmale, hieb die Kultpfähle um und füllte ihre Stätten mit Menschenknochen.« (2 Könige 23, 4–14)

Dreißig Jahre später regte sich der Widerstand von neuem. Um 600 entgegneten Hebräer dem Propheten Jeremias: »Was das Wort betrifft, das du im Namen des Herrn zu uns gesprochen hast, so hören wir nicht auf dich. Vielmehr werden wir alles, was wir gelobt haben, gewissenhaft ausführen: Wir werden der Himmelskönigin Rauchopfer und Trankopfer darbringen, wie wir, unsere Väter, unsere Könige und unsere Großen es getan haben ...« Und die Frauen sagten: »Geschieht es etwa ohne den Willen unserer Männer, daß wir der Himmelskönigin Rauchopfer und Trankopfer darbringen, daß wir für sie Opferkuchen bereiten, die ihr Bild wiedergeben?«

»Semitisch« oder »wüstennomadisch« ist also keine Erklärung. Auch in der Wüste gibt es erotische Freiheit (siehe Kapitel II., 2., 3. Abschnitt). Außerdem umfaßte der sogenannte semitische Sprachbereich riesige Regionen, einschließlich Babylon, Assyrien, die Halbinsel und Teile von Ägypten, und da gab es im Laufe der Jahrtausende viel Sinnenfreude. Es drängt sich vielmehr das Gefühl auf, daß eine kleine, elitäre Priestergruppe mit Gewalt, Magie und priesterlicher Drohung eine widerstrebende Bevölkerung auf den »richtigen Weg« peitschte. »Wenn dein Bruder oder dein Sohn oder deine Tochter oder deine Frau oder dein Freund dich heimlich verführen will und sagt: Gehen wir, und dienen wir anderen Göttern, dann sollst du nicht nachgeben und nicht auf sie hören ... Du sollst ihn anzeigen. Wenn er hingerichtet wird, sollst du als erster deine Hand gegen ihn erheben, dann erst das ganze Volk.« (Deuteronomium 13, 7–10).

Aber vielleicht sind all diese Härten nur verbal aufgebauscht! Vielleicht schleuderten diese radikalen, fundamentalistischen Priester nur deshalb soviel beunruhigende Wortgewalt unters Volk, weil ihnen in Wirklichkeit niemand zuhörte.

Arischer Einfluß? Vielleicht, aber wann?

Woher kamen diese Priester? Könnte es sein, daß es Verbindungen mit dem brahmanischen Elitarismus gab, daß die militanten Führer des zusammengewürfelten Stammesverbandes, der in Kanaan einfiel, eigentlich indoarischer Herkunft waren? Dann mußte sich die Polemik gegen promiskuitive, erotische Kulte richten. Denn wenn die »eigenen« Frauen gemeinsam mit kanaanitischen Männern an den Ritualen teilnahmen, so war die eheliche »Rassereinheit« eventuell entstehender Kinder nicht mehr zu gewährleisten. Und wenn Männer aus den eigenen Reihen an den Ritualen teilnahmen, so waren sie nicht mehr als Kämpfer für die Reinheit zu gebrauchen.

So könnte man also die harten Ehegesetze und die ausgeklügelten Reinheitsvorschriften der levitischen wie auch der brahmanischen Tradition gleichermaßen als Ausdruck von Rassismus deuten und sie derselben Zeitepoche zuordnen. Aber echte Beweise gibt es dafür nicht.

Plausibler scheint mir eine andere Erklärung: Die Bibel ist des öfteren umgeschrieben, korrigiert und gekleistert worden. Und sogar noch sehr spät. Über den Umfang der echten alten »semitischen« Texte sind sich auch die Bibelwissenschaftler durchaus uneinig.

Ich vermute aber, daß ein ganz erheblicher Teil der fanatisch-autoritären Teile erst während und nach dem babylonischen Exil geschrieben wurde, daß sie also unter dem Einfluß des persisch-medischen Dualismus entstanden. Denn bald, nachdem die Juden von Nebukadnezar aus Jerusalem nach Babylon verschleppt worden waren, wurde Babylon von den Persern eingenommen. Einige Jahrzehnte lang lebten die Juden nun in engstem Kontakt mit Persern und Medern, und es ist durchaus möglich, daß jüdische Priester auch Kontakte mit modischen Magiern geknüpft haben. Die Ähnlichkeiten sind überwältigend: Zunächst das Bilderverbot. In den frühen biblischen Zeiten existierte es offenbar noch nicht, denn Rebecca klaute die Hausgötter ihres Vaters Laban und versteckte sie unter ihrem Rock. Die Tradition der Perser und Meder dagegen lehnte laut Herodot Götterstatuen und Tempel ab.

Dann das Gottesbild: Ein Jahwe, der wie indoarische Götter auf Felsen thront und mit Steinen und Blitzen auf Schlangen schmeißt, die sophistisch ausgeklügelte Diffamierung der Schlange in der Paradieseserzählung, das gleicht aufs Haar all den hethitischen, griechischen und indischen Schlangentötermythen, und das ist insofern um so auffallender, als »Jahwe« eigentlich eine Schlangengottheit war, denn »jehawa« heißt wörtlich »er macht lebendig«, und dieses Wort ist mit dem akkadischen Wort für »Schlange« (»hawa«) und dem heutigen arabischen Wort für »Leben« (»heiat«) verwandt. Erinnern wir uns, daß Mose in der Wüste eine eherne Schlange aufgerichtet hat, und daß auch im Tempel von Jerusalem eine eherne Schlange stand, die erst um 700 v. u. Z. von König Hiskia auf Befehl der Propheten entfernt wurde.[109]

Dann die Hoffnung auf einen Erlöser, der das Reich des Bösen beenden und die »Gerechten« (oder Selbstgerechten) in den Himmel aufnehmen wird, was in der Verschmelzung der modischen Zeitaltertheorie mit dem Moralismus Zarathustras erscheint und später dann wieder in der immer stärker werdenden Sehnsucht nach dem Messias und der Endzeit. Der fanatische Militarismus und die Pogrommentalität bei der Ausrottung von Andersdenkenden – zum Beispiel am Berg Horeb, als die Israeliten um den goldenen Stier tanzten, oder bei der Eroberung von Kanaan im Buch Josua oder in einigen Prophetenbüchern – könnte psychologisch erklärt werden: Vielleicht ist diese unnachgiebige Schärfe und geradezu hechelnde Polemik erst sehr spät in die Texte geraten, vielleicht wurden die Massaker und Militärerfolge einer Nomadenchronik überdimensional aufgeblasen, als orthodoxe jüdische Priester in Babylon zutiefst verunsichert, isoliert und verzweifelt waren. »An den Ufern von Babylon saßen wir und weinten!« lautete die Klage der Verschleppten. »Alles dumme Lügen«, murmelte ein alter Professor für Archäologie in Jerusalem voll

Verachtung. »Uns Juden ging es in Babylon sehr gut. Nur die Scharfmacher haben dieses Feindbild geprägt!« Warum also weinten sie, und wer ist »wir«? Offensichtlich nur die orthodoxen Priester, die nicht verwinden konnten, daß ihr eigenes Volk sich schon wieder an lockere Sitten anpaßte.

Artaxerxes ließ die Juden dann nach Jerusalem ziehen, und zwar hauptsächlich, um einen Vorposten des Perserreiches gegen Ägypten zu bilden.[110] Viele blieben in Babylon. Diejenigen aber, die wegzogen, müssen sich wohl als Elite gefühlt haben und machten sich durch ihren übersteigerten Glaubenseifer bei den dort Ansässigen unbeliebt (siehe Buch Ezra). Bis in die Zeit Christi gab es eine persische Fraktion in Jerusalem: die Pharisäer, von »pharsi« für »persisch«. Vor den Pharisäern rettete Jesus die Ehebrecherin. »Wer von euch ohne Sünde ist, werfe den ersten Stein!« sagte er und entlarvte so die Selbstgerechtigkeit, die hinter ihrer moralischen Strenge verborgen lag. Sein Wirken richtete sich also gegen den »pharisäischen«, das heißt persisch-medischen, also arischen Einfluß in Jerusalem.

Das Alte Testament blieb auch im Christentum verbindlich. Eigentlich kaum zu glauben, daß dieses heterogene Gemisch von Legende und Propaganda so lange geglaubt wurde: Textkritik setzte erst nach fast zwei Jahrtausenden ein. Die »Thealogie« entdeckte Spuren weiblicher Souveränität in den alten Texten – und wurde gleich als »antijudäisch« apostrophiert. Aber der leidige Konflikt zwischen erotischen Greuel-Tänzerinnen und strengen Priestern, die den richtigen Weg wissen, findet noch heute späte Echos: Als ich eines Abends – mit Unmengen von Messingringen, einem schulterfreien, neckischen Kleid und Goldsandalen – ganz beschwingt zu einem Rendezvous eilte, begannen plötzlich orientalische Frauen auf einer Parkbank am Ufer zu klatschen. Eindeutig Bauchtanzrhythmen! Sie hatten mich als Tänzerin erkannt, und als ich fragend-lachend stehenblieb, erfuhr ich, daß sie mit ihren Familien aus Persien emigriert waren. Sie waren Jüdinnen. Sie hatten Heimweh nach dem Orient. Ich sollte für sie tanzen. Jetzt gleich, auf der Uferstraße, doch, bitte, nur ein bißchen, wir schlagen schon den Takt dazu ... Ich konnte es nicht ablehnen, wurde beklatscht und herzlich aufgenommen, und ich sollte wiederkommen.

Ich kam wieder. Aber nun war ein »Aufpasser« da. Ein Rabbi, der zwar gut Englisch konnte, mich aber mit einem abgrundtiefen Blick des Mißtrauens maß. Wer ich sei und was ich wolle, und wie ich dazu käme ... Die Frauen wollten mich wieder zum Tanzen animieren, kamen aber selbst wieder davon ab. Die Stimmung war futsch! Auch im heutigen Israel haben Bauchtänzerinnen Widerstand von orthodoxen Rabbis geerntet. Den Restaurants, in denen sie tanzten, wurde mit Entzug der Lizenz auf koscheres Fleisch gedroht, was existenzbedrohend sein kann, da auch nicht-religiöse Israelis bei Hochzeiten Wert auf Tradition legen.

... und die Liebe hat doch recht

Aber jüdische Denker haben auch andere Traditionen entwickelt bzw. weiterentwickelt: In kabbalistischen Texten heißt die Gegenwart des Göttlichen »Schechina«, sie wird auch als »Schleier des Unbekannten«, »Mutter der Ursprünge« oder »mütterlicher Raum« bezeichnet. Jede einzelne Frau gilt als Stellvertreterin der Schechina, ganz ähnlich, wie im indischen Tantra jede einzelne Frau eine Erscheinungsweise der göttlichen Shakti ist. Deshalb ist die innige Verbindung mit der Frau der Zugang zum Göttlichen. So steht es im »Sohar« des Moses Ben Schem Tov de Léon: »Komm und sieh! Von dem Augenblick an, da der Mensch als ein Männliches und ein Weibliches vereinigt ist, ist er vollkommen und ohne Makel und wird das Eine genannt. Der Mann soll so handeln, daß seine Frau dann zum Genuß gelangt, wenn sie mit ihm einen einzigen Willen bildet – und beide müssen mit ihrem Geist über diese Vereinigung wachen.« (van Lysebeth, S. 213).

Und im Hohelied des Salomon im Alten Testament heißt es: »Stark wie der Tod ist die Liebe, die Leidenschaft ist gefährlich wie die Unterwelt. Ihre Gluten sind Feuergluten, gewaltige Flammen. Auch mächtige Wasser können die Liebe nicht löschen; auch Ströme schwemmen sie nicht weg. Böte einer für die Liebe den ganzen Reichtum seines Hauses, nur verachten würde man ihn.«

Die Eifersucht des einen Gottes – Pogrome gegen die Heiden

Jerusalem, um 300 v. u. Z.

Unerbittlichkeit

Das Feuer reinigt
Verbrenne das sündige Fleisch
Doch wie willst du die Luft
Reinigen
Vom Geruch des verbrannten Fleisches

»Wenn sich die Tochter eines Priesters als Dirne entweiht, so entweiht sie ihren Vater; sie soll im Feuer verbrannt werden.« (Leviticus 21,9)

Ophras Vater blickte selten heiter oder zufrieden. Doch seine Haltung war aufrecht. Ging er zum Tempel, so glänzten auf seinem Purpurgewand die Steine seiner Machtvollkommenheit: Karneol (dies ist mein Volk), Onyx (... und mein Gesetz), Chalzedon (so sei es), Achat (kein Zauber erreiche mich) ..., aber dieser feine blaue Lapislazuli, wie sie ihn doch liebte, dieses sanfte, opake Blau schimmerte und verschwamm vor ihren Augen. »Wie lieblich ist doch dieser Stein«, dachte Ophra.

Wenn ihr Vater sprach, schwieg sie, sprach er nicht, schwieg sie auch. Im Hause ihres Vaters war sie ein Schatten, bleichgesichtig mit pechschwarzem Haar. Auch wenn ihr Vater zu *Hause aß, ruhte, Gäste empfing, drang aus ihm die Botschaft des Einen Gottes, der den Männern seines Stammes immer wieder erschienen war: fordernd, strafend, zürnend, gebieterisch und unerbittlich. Es drang aus ihm das Dunkel schwerer Gewitterwolken.*

»Ach, laß sie doch blitzen und donnern«, hatte Jezebel gesagt und gelacht. »Sie hassen das Leben, Baal aber wird jedes Frühjahr vom Tod erwachen, und die Göttin freut sich seiner!« Das war Jezebel.

Aber wenn ihr Vater zu sprechen begann, so hallten die schneidenden Worte der Propheten wider, dann ging es um Scheusale, Greuel, Unzucht, Hurerei. Dämonie und Unreinheit: die Verbrechen der Heiden.

Dann nickte ihre Mutter, und wenn er seinem Gott dankte, daß er ihn nicht als Weib erschaffen hatte, nickte sie wieder. Sie war stolz, die Gattin eines bedeutenden Leviten zu sein. Nichts Unreines hätte sie ihm jemals vorgesetzt. Ophra schloß die Augen.

Rein und unrein ... Unreinheit war ihre einzige Chance. Wenn ihr Monatsblut dunkle Tropfen auf das weiße Leinen zeichnete, konnte sie sich zurückziehen. Dann schloß sie sich in ihr Zimmer ein und träumte: von funkelnden Armreifen auf bräunlicher, seidig schimmernder Haut, vom geschmeidigen Spiel geschwungener Hüften, von leuchtendroten, gelbgesäumten Kleidern, von Jubelrufen und Lachen, von Düften, die in die Seele drangen, den Körper lösten und den Geist erhoben. Sie träumte von einem jungen Gott, der sie mit Kraft erobern würde, der sie erzittern ließe bis in ihre Brustspitzen, bis in die Spitzen ihrer aufgelösten Haare ...

Unreinheit war ihre Chance: Unter dem Vorwand, die Zeit ihrer Monatsblutung bei Freundinnen zu verbringen, eilte sie verschleiert, unkenntlich zum Tempel der Astarte, dorthin, wo die kanaanitischen Frauen sich trafen und feierten. Sie führte ein Doppelleben. Wie ein blasser Strich im Hause ihres Vaters, schweigend, gehorsam. Und wenn sie in den Tempel der Frauen kam, öffnete sie sich zaghaft; verstohlenes Glück zuckte auf ihren Lippen, und die gepreßten und erdrückten Falten ihrer Seelenlandschaft lösten sich. Sie begann zu leben, sich selbst, ihren Körper zu fühlen.

»Die Huren, die schamlosen, jetzt werden sie bald wieder ihre Greuel, die dem Herrn mißfallen, verüben. Selbst hebräische Frauen schämen sich nicht, sich im Namen dieser geilen Hundsföttin zu entblößen, sich dem Baal anzubieten.«

Er bereitete sich vor, zum Tempel zu gehen, Brandopfer entgegenzunehmen und Segnungen zu spenden.

Ophras Augen wurden schmal, sie atmete heftiger, mußte sich zwingen, ein Zittern der Erregung zu verbergen.

Er nahm seine purpurne Robe. Aus dem Muschelkalk quoll dunkelviolettes Leiden, die Muscheln weinten, schwitzten ihren dunkelroten Saft ins kochende Wasser. Ophra sah schwarz-blaue Schattenfelder ... zerreißen. Sie schrie lautlos auf und hätte in diesem Augenblick ihren Vater zerfleischen können, ihn zerkratzt und blutend bloßstellen, ja entblößen können vor allem Volk. »Das ist nicht mein Vater, und ich bin nicht seine Tochter. Das Heilige hat er geschändet!«

Mühsam bezwang sie sich und murmelte nur gelangweilt: »Was kümmern mich die kanaanitischen Weiber und ihre Feste. Ich spüre die Tage der Unreinheit, ich ... ich gehe ...«

»Schon wieder?« erregte sich ihre Mutter. »Der Mond ist noch nicht um! Du bist bleich! Warum bist du so bleich! Ganz weiß ...«

»Schau nach einem Bräutigam für sie, das wird ihr helfen«, empfahl ihr Vater im Hinausgehen und wallte im Purpur davon.

»Ah, Ophra, meine Schwester, laß dich umaanen!« Ophra schloß die Augen, lächelte glücklich wie ein Kind und wurde rund und weich. »Wir sehen dich selten, aber diesmal ...« – »Diesmal bin ich mit euch!«

Jezebel trat einen Schritt zurück. »Weißt du denn, was du riskierst?« – »Einmal, einmal will ich es erleben!« – »Sie steinigen dich, sie verbrennen dich ...« – »Ich hasse den Gott meiner Väter. Einmal, einmal will ich sein wie ihr ...«

Quirlig, mit quecksilbrig glänzenden Augen kam Milka hinzu, eine kleine, mollige Frau, die ebenfalls im Tempel diente. Sie hatte das Ende mitgehört ... »Wirklich, Ophra, du bist mit uns? Die Tochter eines Leviten, ha, ha, nicht einmal ihre eigenen Töchter nehmen ihre säuerlichen Reden ernst. Welch ein Skandal!«

»Kein Wort darf verlauten«, herrschte Jezebel sie an. »Du weißt doch ...«

»Aber er tut es doch nicht«, beschwichtigte Milka. »Seine eigene Tochter! Er wird doch nicht seine eigene Tochter verbrennen ...«

»Öffnet mich!« sagte Ophra mit Entschiedenheit, »damit ich das Fest erleben kann. Ich will es.«

Und Ophra wurde entjungfert. Im dunklen, hinteren Teil des Tempels lag sie auf weichen Matten, umringt von mehreren Frauen, darunter einer Flötenspielerin. Sie wurde geölt und massiert, sie trank einen herben Saft, ihre Schenkel lagen offen, und eine der Frauen drückte ihr eine spitz zulaufende Tonfigur der Astarte in den Scheideneingang. Eine andere streichelte ihr den Kopf, und Ophra begann zu weinen, sie weinte vor Glück über diesen kleinen, gold-blutigen, scharfkantigen Schmerz, der über ihr Leben entschied.

»Es blutet ein wenig«, sagte eine der Frauen, und die andere entfachte in ihrem Räuchergefäß einen spröden, herbsäuerlichen Duft, der das Blut stillte. Ophra setzte sich auf, schloß die Augen und flüsterte: »Ich bin glücklich.« Und dann: »Ich möchte bleiben, aber ich muß zurück.« – »Meine Tochter, ich zeige dir noch, wie du dich schminkst und kleidest ...«

Als Ophra den Tempel verließ, schwankte sie in einem Traum von Farben, Salben und Düften davon, und sie pries die kleine Wunde, dieses feine Brennen zwischen ihren Schenkeln.

Alle, die in diesem Jahr die Auferstehung des Baal feierten, fühlten es: Die Selbstverständlichkeit früherer Zeiten war dahin. Immer öfter erfolgten nächtliche Überfälle auf Priesterinnen der Astarte, Statuen wurden zerschlagen, Frauen wurden von ihren Ehemännern mißhandelt, wenn sie sich an den alten Riten beteiligten.

Fackelmeere auf den Tempelstufen, wogende Wechselgesänge. Jezebel auf den Tempelstufen. Diese Augen! Riesig, schwarz umrahmt, die Brauen ebenso, schmal zulaufend das Kinn, feingeschwungen die dunkelroten Lippen und glühendes Gelb auf den Wangen, grelles Rot, leuchtendes Türkis auf den Lidern, die Nase kühn gebogen, falkengleich ...

Sie warf die Arme in den schwarzen Himmel, in dem der erste Frühlingsvollmond rollte. Sie schleuderte die heiligen Formeln in die Menge, immer wieder, immer intensiver, immer dringlicher: »... die Gegenwart der Göttin und des Gottes steht herein ... kommt, feiert, kommt, Männer, Frauen, kommt ...« Ein Jauchzen, jubelnde Leidenschaft. »... kommt alle, kommt ..., denn Astarte und ihr Baal erwarten euch ...« Noch stand sie goldgeschmückt, goldgekrönt im tiefroten Kleid, hochragend mit erhobenem Kinn, dann drehte sie sich plötzlich wie gefällt um sich selbst und wies mit wahnsinniger Geste den Weg in den Tempel, aus dem betäubende Düfte von Amber, Weihrauch und Patchouli drangen. Frauen und Männer drängten die Treppen hinauf, legten an den Altären Körbe mit Gebäck, Feigen und Nüssen nieder, stellten mit Wein gefüllte Amphoren auf. Es wurde gegessen, getrunken, gesungen, dann eröffneten die Priesterinnen den Tanz: Sie zeigten ihren Körper voller Stolz, drehten und wendeten ihre Hüften, blickten entrückt und sehnsuchtsvoll, warfen Glutblicke und ließen Kopf und Bauch kreisen. Die anderen Frauen schlossen sich an, und der Tempel tanzte im Räuchermeer, im Fackellicht unter den Schlägen der Trommel und dem silbrigen Zittern der Harfen.

»Schau, die mit dem indigoblauen Kleid, die tanzt aber sehr steif ...«, raunte einer der Männer. »Vielleicht eine Hebräerin, sie hat Angst ...«

Ophra tanzte. Sie fühlte sich wie getragen von den Wogen der Freude, der Erregung rings um sie her. Langsam mischten sich auch die Männer in den Tanz ...

Sie schloß die Augen, wiegte sich glücklich hin und her. Und fühlte sich mit einem Male fest und zärtlich gehalten, gewiegt, gestreichelt. Er führte sie zu einem Lager zwischen mehreren eng nebeneinander gebauten Säulen. Sie schloß die Augen, rieb ihre Stirn an der seinigen. Sie berührten sich, vertrauten sich und gaben sich hin. Ein Wirbel von Verzückung, von hellauf lachendem Vergnügen, von tanzenden Sternen erfüllte ihr Bewußtsein. Sie fühlte sich von Leben ganz durchdrungen, glücklich wie niemals zuvor.

»Deine Tochter, weißt du?« – »Meine Tochter? Niemals!« – »Wir haben Beweise und Zeugen!« Ezechiel starrte zu Boden. »Du weißt, was das bedeutet ... ›Schafft das Unreine fort aus deiner Mitte‹, spricht der Herr!«

»Aber ...«

»Hat Abraham gezögert, seinen einzigen Sohn zu opfern? Und das war ein Sohn!«

»Aber ...«

Der Oberpriester richtete sich auf. Ihre Blicke trafen sich, und Ezechiel sank in sich zusammen. »Sie, sie ... ist meine Tochter nicht mehr«, murmelte er. »Nein, nicht mehr, nicht mehr«, stammelte er.

Ophra ging zum Hause ihres Vaters. Sie ging gesenkten Hauptes, das Glück wogte und wühlte in ihr und peitschte hoch in ihre Stirn, daß es schmerzte. Dann wieder Beklemmung und unruhige Ahnungen, auch Schuldgefühle: Lieblosigkeit, Ungehorsam, Heimlichkeiten hatte sie begangen, und sie empfand die Wehmut der Trennung von den Eltern, die sie mit dieser Nacht besiegelt hatte. Wehmut und Schuld und Glück und ...

Jetzt ertönten Schritte hinter ihr. Eine schwere Hand senkte sich langsam auf ihre Schulter. »Du Hure, du Dämonenbraut!« Ein zweiter Häscher kam hinzu. Sie drehten ihr die Arme auf den Rücken, führten und rissen sie, daß sie taumelte und fast stürzte, zum Hause ihres Vaters.

5. Die Sünderin bekehrt sich

Christliche Spaltung

Der Haß

Ihr haßt die Lust
Und liebt das Leiden
Leidet ihr selbst
Oder fügt ihr es zu?

Von christlicher Nächstenliebe zu christlichem Körperhaß

Ob Jesus wirklich gelebt hat, wie er sich zu den Frauen verhalten hat, ob er die Dinge, die in den Evangelien stehen, wirklich getan hat, das ist nicht gesichert. Vielleicht war seine Mutter eine der letzten Tempelpriesterinnen, vielleicht hat sie ihn im Tempel erzogen und zur Kritik an dem harten, patriarchalen Geist der Pharisäer angehalten. Jedenfalls hatten die Frauen im frühen Christentum noch eine starke Position als Predigerinnen und Organisatorinnen. In einer Religion, die unumschränkte Liebe und Geschwisterlichkeit predigte, wurden Unterschiede zwischen hoch und niedrig, Sklaven und Freien, Familienoberhäuptern und Gattinnen irrelevant.

Aber diese Hoffnung erweckenden Anfänge wurden bald verspielt. Und zwar zunächst durch die Übernahme gnostischer-dualistischer Modelle. »Den Geist dachte man sich als absolut *gut,* die Materie radikal *schlecht.* Ganz analog der christlichen Lehre sollte diese Schlechtigkeit von abgefallenen Engeln herrühren. Auch der *Leib* galt als *Übel.* Denn – und genauso urteilte Paulus – ›finsterer als alle Finsternisse und schlimmer als aller Schmutz ist dieser unser Körper, der die

Seele umschließt.‹« (Karl-Heinz Deschner, Dreimal krähte der Hahn, S. 96)

Also auch hier wieder die unüberbrückbare Kluft zwischen dem Strahlend-Guten und dem Dämonisch-Bösen, wie wir es aus den arisch-alttestamentarischen Traditionen kennen. Diesmal werden der Körper und die Erotik dämonisiert, und deshalb muß sich der Kampf gegen die eigenen Begierden richten: Glieder, die zum Ärgernis werden, müssen ausgerissen werden, der Körper wird gegeißelt, gefoltert, Märtyrertum wird zur heiligen Sucht.

Obwohl die frühe Gnosis dem Weiblichen (etwa der »sophía« = Weisheit) einen geistigen Stellenwert einräumte, wurde dann im Laufe der Jahrhunderte das unreine Fleisch mehr und mehr auf die Frauen projiziert. Bis zu den Hexenverfolgungen war es nur noch ein Schritt. Die Hexenjäger beriefen sich auf das mosaische Gebot: »Eine Zauberin darfst du nicht am Leben lassen!« und folterten und verbrannten Hunderttausende, wenn nicht Millionen: Alte, Junge, Schöne, Häßliche, Rothaarige ganz besonders, Intelligente, Debile ... es war gefährlich, Frau zu sein. Hier kommt auch das Motiv der verdrängten Erotik zur Wirkung. Die Hexenjäger projizierten ihre sexuellen Obsessionen auf die arretierten Frauen und zwangen sie durch Folter, sexuelle Untaten wie etwa Koitus mit dem Teufel einzugestehen. Aber auch die letzten Reste von heidnisch-orgiastischem Mond-Bewußtsein wurden durch die Hexenjagden des ausgehenden Mittelalters ausgerottet ... – und seither sind wir sehr, sehr vernünftig geworden. Doch der Körper wurde uns seltsam fremd.

Hierarchie und Zeremonien ... wer hat den Schlüssel geklaut?

Waren in der frühen Kirche Männer und Frauen noch Geschwister, so verlegten sich die Männer bald aufs Kontrollieren. Bischof oder Episkopos heißt wörtlich »Aufseher«. Die Organisationsstrukturen wurden starrer, Frauen wurden aus den höheren Rängen ausgeschlossen. Sie durften bald nicht mehr lehren.

Am »Heiligen« sollten sie nur noch passiv und gläubig teilnehmen. Waren sie früher als schöpferische Mutter die Hüterin der Schwelle von Diesseits und Jenseits gewesen, so mußten sie nun geduldig mit gefalteten Händen warten, bis der Mesner ihnen die Kirche zum Frühgebet aufsperrte. Den eigentlichen Schlüssel, den Schlüssel aller Schlüssel – den zum Himmelreich nämlich –, den hatte jetzt der *Heilige Vater* inne. Wer nicht regelmäßig beichten ging, Ablässe zahlte und im Zustand der Gnade verstarb, der durfte nicht hoffen, dereinst von Petrus eingelassen zu werden. Der Heilige Vater hat die Numinose Mutter ersetzt – eine gelungene Geschlechtsumwandlung!

Und es wurde geklaut, geklaut, geklaut: Anstelle der Tempelpriesterinnen trugen jetzt die Bischöfe Purpur, Gold und funkelnde Fingerringe. Sie erhoben ihre Arme zum Himmel, falteten sie über dem Kopf und führten sie vor die Brust, wie dies die Tempeltänzerinnen getan hatten (heute noch immer im indischen Tanz). Wie die Priesterinnen der Kybele trug nun der Papst die dreigliedrige Tiara auf dem Kopf, und der Krummstab des Hirten, den vor langer Zeit noch die Priesterin der Inanna in Sumer dem Jahreskönig verliehen hatte, war nun das Insignium der Bischöfe. Wie in den Demetermysterien wurde das Brot der Getreidegöttin in das Fleisch Christi verwandelt, wie in den Dionysosmysterien wurde der Wein in das Blut Christi verwandelt, sein Tod und seine Auferstehung nach drei Tagen erinnern an den Tod des Mondgottes oder auch des sterbenden Sohngeliebten. Die Düfte des Tempels wehten in den Kirchen, und die Litaneien und hymnischen Lobpreisungen (»elfenbeinerner Turm«, »Meerstern« etc.) galten nicht mehr der Liebes- und Fruchtbarkeitsgöttin 'Aschtár, sondern einer seltsam entkörperlichten Jungfrau und Mutter Maria.

Die Betonung der Marienfigur als Gottesgebärerin war eine Forderung der Zeit. Denn im ersten nachchristlichen Jahrhundert war die ägyptische Isis als wohlwollende Muttergöttin sehr beliebt, Isistempel gab es im ganzen römischen Reich von Ägypten bis nach Britannien. Das Christentum hätte sich dagegen nicht durchsetzen können, wenn es nicht ebenfalls eine verehrungswürdige Muttergestalt hätte aufweisen können. Nur: Maria hatte nicht die Kraft früherer Göttinnen, sie wurde zu einer durchscheinenden, asexuellen Animafigur, ihre Hingabe an den Heiligen Geist hat etwas Frigides und zugleich Serviles an sich: »Siehe, ich bin die Magd des Herrn, mir geschehe nach deinem Worte!« Und Jesus Christus werden die Worte in den Mund gelegt: »Weib, was habe ich mit dir zu schaffen!« Als ob er in voller Größe vom Himmel gefallen wäre. Als ob ihr Hymen intakt geblieben wäre, als sie ihn empfangen hatte. 1987 bestätigte Papst Johannes Paul II. in der Marienenzyklika »Redemptoris Mater«, Maria habe »ihre Jungfräulichkeit unversehrt bewahrt«, und zwar ganz konkret im Sinne eines bleibend unversehrten Hymens.

Aber daß mit »Jungfrauen« in der Antike Tempelpriesterinnen gemeint waren, geriet in tiefe Vergessenheit.

»Von einer Jungfrau geboren: Geheimnis des Glaubens!« haben uns Religionslehrer im magischen Flüsterton erklärt. Im zwanzigsten Jahrhundert! Und ironischerweise haben sie mit diesem päpstlich-patriarchalen Dogma die Vaterlosigkeit matrilinearer Zeiten beschworen.

Die »Hure« und die »Heilige« ... ein »Archetypus«?

Entsexualisierung stand auch den Erospriesterinnen bevor: Kaiser Konstantin, der das Christentum zur Staatsreligion machte und Konstantinopel gründete, ließ den Aschtoreth-Tempel in Aphaka schließen, nannte die Verehrung der Göttin »unsittlich« und unterdrückte sie in ganz Kanaan. Als letzter wurde der Tempel der Artemis von Ephesos von Kaiser Theodosius im Jahre 380 u. Z. geschlossen. Daß es überhaupt solche Tempel gegeben hat, wurde totgeschwiegen. Statt Tempelerotik gab es jetzt nur noch Prostitution. Symptomatisch dafür ist das Wort des Kirchenvaters Augustinus: »Die Ehe ist der Tempel, aber wie jeder Tempel, so braucht auch die Ehe einen Abflußkanal, und das ist die Prostitution.«

In dieser Zeit also kam es zur fundamentalen Spaltung zwischen der respektablen Gattin und der »minderwertigen« Prostituierten. Zwar gab es Prostitution schon lange vor dem Christentum – seit es die Gefängnisehe gab. Aber daß sie zu Schmutz, Abschaum und Sünde herabgewürdigt wurde, das war erst durch die völlige Eliminierung der Erostempel und die Verbreitung körper- und frauenfeindlicher gnostischer Gedanken im »Christentum« möglich. Jetzt erst wurde der angebliche »Archetypus« der »Hure« und der »Heiligen« *künstlich* geschaffen. Was früher eins gewesen war: *Erotik und Heiligkeit,* das war nun in alle Ewigkeit *gespalten.*

Trotzdem gelang es in Byzanz einer Tänzerin und Schauspielerin aus dem Zirkus, bis zur allerhöchsten Spitze des Staates aufzusteigen. Von beringten, gesalbten und bärtigen Patriarchen wurde ihr vorgeworfen, daß sie leicht bekleidet im Zirkus getanzt habe, »nur mit einem Tuch um die Hüften und einem zweiten Tuch um die Brust gewunden«. Aber Kaiserin Theodora eroberte sich ihren Platz neben Justinian mit zähem Ehrgeiz und bezauberndem Benehmen und vergaß bei all ihrer Machtfülle und ihrem prachtvollen Hofzeremoniell nicht die Schicht, aus der sie kam: Für die oftmals bettelarmen Prostituierten von Byzanz errichtete sie ein Altersasyl, das Metanoia-Kloster. Metanoia heißt Bekehrung, Reue ...

Dieses Motiv kehrt in zahllosen byzantinischen Hagiographien (Heiligengeschichten) wieder: Immer ist die Rede von *Sünderinnen,* die sich bekehren und dann zu *Heiligen* werden. Die heilige Pansemne (Allverehrerin) zum Beispiel verschenkt ihr Hurengeld, schmilzt ihren Gold- und Silberschmuck ein, um daraus Kirchengefäße gießen zu lassen. Eine andere »Sünderin« folgt ihrem Beispiel, aber wegen ihrer Sünden verfärben sich die edlen Weinkelche zu einem häßlichen Schwarz.

Die heilige Taisia wird zur Buße ihrer Sünden von dem Mönch Serapion in einen engen Verschlag eingesperrt, dessen Türen mit Blei versiegelt sind. Sie dankt ihm mit liebenden Worten für seinen Beistand und hält von innen her fromme Zwiegespräche mit ihm, drei Jahre verbringt sie so. Dann stirbt sie als Heilige.

Eine Frau namens Pelagia, die sich zuvor geschminkt und mit purpurnen Gewändern herausgeputzt hat, geht nur noch in härenem Gewand umher. Ihre erotische Anziehung hat sie sosehr abgelegt, daß man sie nicht mehr als Frau erkennt, sie wird in ihrer Bußfertigkeit zu Pelagius. Ihre Bekehrung aber war dem hl. Nonnos im Traum erschienen: Er sieht sie als verdreckte, schwarze Taube (die Taube ist das heilige Tier der

Aphrodite). Er wäscht sie in einem Weihwasserbecken im Hof der Basilika, und siehe da: Das häßliche Schwarz verschwindet, ein schneeweißes Täubchen erhebt sich aus seinen Händen zum Himmel.

Die Sünderin Maria von Ägypten ist besonders verdammenswert: Hat sie sich doch nicht aus Armut, sondern aus reiner Lust einem jeden in die Arme geworfen. In ihrem Übermut tritt sie eine Reise nach Jerusalem an, das wie die anderen Metropolen Konstantinopel, Alexandria, Antiocheia, Korinth usw. ein Treffpunkt liebeshungriger Pilger, Kaufleute und Matrosen war. Während der Pilgerfahrt gibt sie sich jedem hin, aber als sie in Bethlehem wie magisch angezogen zur Geburtsgrotte des Erlösers kommt und eintreten will, ist sie wie vom Blitz getroffen. Eine unsichtbare Schranke verwehrt ihr den Eintritt. Sie fällt bewußtlos auf der Schwelle nieder. Das ist der Punkt der Umkehr, sie verschenkt ihre Smaragde und Rubine, ihr Gold und ihre purpurnen Kleider und beginnt in der syrischen Wüste zu fasten und zu beten – siebenundvierzig Jahre lang. Ein frommer Mönch sieht eines Tages ein merkwürdiges menschenähnliches Wesen »mit einem schwarzen, sonnenverbrannten Körper und schlohweißem, verzotteltem Haar« – die einstmals blühend schöne »Sünderin« Maria von Ägypten.

Diese Geschichten erfüllten einen doppelten Zweck: Einerseits befriedigten sie die erotische Phantasie des Lesers, andererseits setzten sie die richtigen Werte: Nur *Keuschheit* ist *heilig, Lust* ist *sündig*. Und für die Sünde der Prostitution wurden verschiedene Gründe genannt: Armut, Versuchung des Teufels, Gewalt, Torheit oder irgendein inneres Schuldgefühl: Um sich selbst für unzüchtige Gedanken oder Taten zu bestrafen, verkehrt das arme Mädchen mit jedem beliebigen Mann.

Mystische Wollust

Und dennoch, die erotischen Gelüste kamen hartnäckig wieder. Hexensabbathe waren – bei Gott – gefährlich! Lebensgefährlich! Sakrale Wollust ohne Körper aber war erlaubt. Die deutsche Mystikerin Mechthild von Magdeburg (1210–1284) dichtet:

In dem Bette der Minne

Ach, wie süß ist Dein Geschmack!
Wohl dem, der ihn kosten mag!
Ach, wie lauter, rein und helle
ist Dein Ausfluß, Deine Quelle!
Ach, wie voller Trost und Lust
spritzet Deine milde Brust.
Eia, eia
Ich hab ihn, ich halt ihn, ich will ihn nicht lassen,
ich will ihn umhalsen, ich will ihn umfassen,
ich will ihn ins Zimmer zur Mutter heimführen,
da werd ich erst völlige Gnade verspüren.
O hitzige Lust, o keusches Bett,
darin mein Lieb mich findet ...
Du kannst der süßen Ehe Joch
nun zwischen uns bereiten.
Eia, eia
Wenn ich scheinen, mußt Du gluten,
Wenn ich fließe, mußt Du fluten
Drum gibst Du Dich, drum dringst Du ein
Mein Geist will nur durchflossen sein,
von Dir, Dein Spiel zu leiden.
Mein Lieb, mein Schatz, mein Bräutigam,
ich lege mich in Deinen Schoß
ich dräng mich in Dein Herz hinein,
Du wirst mich nimmer von Dir los.
Eia, eia.

DER TEUFEL ALS NEBENBUHLER – HEIDNISCHE SÜNDE, CHRISTLICHE KEUSCHHEIT

Mitteleuropa, um 1500 u. Z., Gotik

Geschwollene Blutwürste, feste Bamberger Würste, dunkelgeräucherte Pökelwürste, rundliche Schweinswürste und blasse Kalbswürste waren sein Lebenswerk. Tag für Tag mischte er den Fleischbrei, rührte, brachte ihn zum Brodeln, füllte ihn in die feinen Häute ein, und Tochter Elisabeth oblag es, sie an Haken feinsäuberlich aufzuhängen, sie formschön, appetitlich in Körben aufzuschichten oder sie aufzuschneiden und einem hungrigen oder gelüstigen Mitbürger zusammen mit einem Roggenfladen zu servieren. Während ihr Vater im Hinterraum das Fleisch wog und kleinhackte, lehnte sich Elisabeth aus dem holzgerahmten Fenster der Verkaufsstube, scherzte, plauschte mit anderen Bürgerkindern, sah auch hin und wieder einem bunt ausstaffierten Landsknecht mit Rucksack und Hellebarde oder einem wandernden Handwerksburschen mit Lederwams und durchlöcherten Sandalen nach. An Werktagen oder an hohen Festtagen drängten sich die Menschenmengen vor ihrem Haus, das Landvolk strömte in Scharen zum Marktplatz, verkaufte Eier und Hühner, Käse und Brot, Tuch und Leder; Röcke, Mieder und Blusen wurden gekauft, und wer damit fertig war, ließ sich von Elisabeth einen Imbiß auftischen.

»Fleißiges Kind«, sagte eine feiste Stimme, und eine dickliche, beringte Hand legte sich auf die ihre. Das breite Lächeln des Vikars näherte sich unaufhaltsam Elisabeths Gesicht, seine ausladende Körperfülle im lila Überkleid schob sich über den hölzernen Sims des Verkaufsfensters. Elisabeth zog die Hand so schnell zurück, als hätte sie Feuer berührt. »Hochwürden«, hauchte sie, und in ihr blasses Gesicht schossen rote Flecken. »Was wünschen Hochwürden heute?« – »Ein fleißiges Kind, und ein hübsches Kind!« sagte Hochwürden mit leicht bebender Stimme.

»Welch eine geschmackvolle Farbe, das kleidet den Herrn Vikar aber bestens!« ertönte eine Stimme hinter ihm. »Aber schau doch«, ertönte eine zweite hinter ihm. »Er ist ja in gesegnetem Zustand! Was meinst du, in welchem Monat?« – »Na, lange kann es nicht mehr dauern, daß die Frucht seines Leibes ...« Der Vikar preßte kaum merklich die Lippen aufeinander, tat, als habe er es nicht gehört. »Grüße deine Eltern, mein Kind!«

Kaum war er auf dem Weg zur Domsakristei um die Ecke verschwunden, traten die beiden Spötter an den Verkaufsladen heran. Der eine großgewachsen, gebräunt, mit Lachfalten um die Augen und kurzen, flachsblonden Haaren, der andere dunkel, mit Spitzbart und blaugrünem Leinenhemd über den weiten Hosen. »Ach, da seid ihr ja«, sagte Elisabeth, und ihr Gesicht hellte sich auf. »Dieser alte Geilschöps, immer legt er seine teigigen Finger auf meine Hand, mir wird schon schlecht, wenn ich ihn nur sehe!« – »Elisabeth, kommst du nach der Arbeit zu uns? Wir machen ein kleines Feuerchen!«

In diesem Augenblick öffnete sich die Tür, und Elisabeths Mutter in grauem Rock und grauem Mieder und einer feindrapierten dunkelblauen Haube, die ihre Haare vollkommen verbarg, trat zur Türe herein. Sie schien nicht erfreut, die beiden zu sehen. »Wir danken für die Mahlzeit«, sagte der Kleinere munter, legte eine Kupfermünze auf den Sims, warf Elisabeth einen bedeutungsvollen Blick zu und wandte sich zum Gehen.

»Ich will nicht, daß du mit diesen zwielichtigen Personen Umgang pflegst. Ein für allemal! Wenn du mit schlechten Menschen Umgang pflegst, wird die Sünde dich einholen, ob du es willst oder nicht!« Die Frau des Fleischers war streng, auch zu sich selbst. Wie konnte man das Böse in der Welt überwinden? Nur durch Wachsamkeit. Die Sünde lauerte im Traum und im Wachen, und wer im Zustand der Sünde vom Tod überrascht wurde, konnte dem ewigen Feuer anheimfallen. Die Sünde der Wollust war es, die diese Welt zu Fall gebracht hatte, durch die Frau, durch Eva, war die Sünde in die Welt gekommen. Nackt hatte Eva den Apfel aus der Hand des Bösen entgegengenommen, nackt hatte sie Adam verführt! Das war die schrecklichste Sünde des Weibes, der Abgrund der Gefahr, und selbst Gedanken der Wollust, Gedanken fleischlichen Genusses öffneten dem Verderben Tür und Tor.

Sie hatte ihrem Mann zwei Kinder geboren. Aber seiner Lust dienen? Wenn sie nachts beide mit leinenen Hemden angetan im geschnitzten Ehebett miteinander lagen, so verscheuchte sie jeden Gedanken der Wollust. Und doch konnte sie es nicht hindern, daß ihr Mann, vor allem im Zustand der Trunkenheit, ihr Leinenkleid nach oben schob und sich auf sie legte. Sie hielt still. Es war ihre Pflicht als Gattin: Ein Leib, ihr sollt werden wie ein Leib. Aber so sehr ihr Gatte auch schnaufte und stöhnte, so sehr er sein männliches Organ auch an ihr wetzte, sie blieb reglos und kehrte mit *dem Reisigbesen eines wachen Gewissens alle unkeuschen Gefühle aus ihrer Seele.*

»Auf jeden Fall gehst du heute mit mir zur Abendmesse!« verfügte sie apodiktisch. »Genügt es denn nicht, wenn Agnes betet? Sie betet doch Tag für Tag. Das reicht doch, daß wir alle in den Himmel kommen!« Agnes war ihre jüngere Schwester, ein schmächtiges, kränkliches Kind mit großen veilchenblauen Augen, roten Haaren und durchscheinender Haut. Seit jeher war es ihre liebste Beschäftigung gewesen, allein im Dom zu sitzen, Kerzen zu entzünden, vor dem Allerheiligsten und den verschiedenen Seitenaltären zu beten und zu singen. Die Legenden über die Christenverfolgungen rührten sie zu Tränen. »Jesus Christus ist uns so nahe, seine Liebe ist wie ein Frühlingshauch, wie die zarten Spitzen der Schneeglöckchen, die sich durch die harte Schneedecke kämpfen. Die Menschen sind so hart, Jesus Christus aber ist die Liebe.« Manchmal nahm sie tagelang keinen Bissen zu sich, wanderte allein, immer allein, von einer Kirche zur anderen. Mehr als einmal war sie ohnmächtig geworden.

Dann aber nahm ihre Religiosität eine praktischere Form an. Tag für Tag ging sie nun zu den Beginen ins Kloster, das auf einem Hügel am oberen Ende der Stadt lag. Die Beginen lebten von ihrer eigenen Landwirtschaft und ihrem Kunsthandwerk, bebauten Weizen- und Gerstenfelder, Rübenäcker und Gemüsegärten, brauten Bier, stickten Meßgewänder und wirkten Teppiche mit der Darstellung heiliger Szenen. Das wollte nun auch Agnes erlernen. Und bald schon stickte sie biblische Szenen: Jesus mit langen, blonden Haaren zwischen Maria Magdalena, der schönen Sünderin, und seiner Mutter Maria. Der Prophet Jonas, wie er aus dem Bauch des Seeungeheuers hervorkommt, Maria mit dem Sternenhimmel und der Schlange unter ihren Füßen. »Wie geht es Agnes eigentlich?« – »Schwester Irminhild hat sie sehr gelobt. Aber ich gehe morgen selbst, um nach ihr zu sehen.« – »Meine kleine Schwester«, sagte Elisabeth mit einem Anflug von Zärtlichkeit und zupfte ihr gelbes Kleid mit den schwarzen Miederverschnürungen zurecht. »Muß ich wirklich zur Abendmesse kommen?« fragte sie. Ihre Mutter verließ wortlos den Raum.

»Also, das könnt ihr euch nicht vorstellen«, rief der junge, blau-grün gekleidete Mann mit dem dunklen Spitzbart. Vor ihm flackerte ein Feuer. Sitzend, liegend, aneinandergelehnt hörte ihm eine kleine Schar von Burschen und jungen Mädchen zu. Er sprang auf, breitete die Arme aus und sagte: »Also das war so: Da nimmt doch dieser Kerl ein Stück Kohle aus dem Feuer, nimmt es einfach so in die Hand, als wär's eine Rübe, es tut ihm gar nicht weh, er verzieht nicht das Gesicht, er legt es auf den Kopf, kein Haar brennt ihm ab. Ich sage euch, Wunder über Wunder! Und bei alledem hatte er so eine jenseitige Miene, als würde er gar nicht unter uns weilen. Das Beste aber ist: Er sagte, natürlich nur zu mir, im Vertrauen, daß das jeder Mensch lernen kann, aber natürlich nicht selbst, sondern er muß dafür in die Lehre gehen. Da gibt es Zauberer, die tun so wichtig wie bei uns die Pfaffen, aber die sind viel, viel gescheiter!«

»Also das glaube ich nicht, daß das jeder lernen kann«, rief einer dazwischen. Elisabeth hörte dem Redner mit gerunzelter Stirn aufmerksam zu. Eine Hand legte sich um ihre Taille. »Ich glaube alles, was er sagt«, flüsterte sie Alwin zu. Sie neigte ihm den Kopf zu, lächelte ihrerseits und legte eine Hand auf sein Knie. »Heute braucht man auch gar nichts mehr glauben«, rief der Redner nun. »Ich habe mit vielen Magistern gesprochen, in Burgund und in Andalusien, und sie sagen, daß man kein Recht hat, irgend etwas zu behaupten, wenn man's nicht beweisen kann. Die Pfaffen mögen das natürlich nicht, weil sie ihres ja auch nicht beweisen können.« – »Was zum Beispiel?« – »Sie können zum Beispiel nicht beweisen, daß es Gott gibt, ja nicht einmal den Teufel können sie beweisen.« Ein Mädchen drängte sich enger an ihren Begleiter und sagte halblaut mit aufgerissenen Augen zu ihrer Freundin: »Aber wenn es ihn dann doch gibt? Ich habe Angst.« – »Die Magister sagen, daß sie sich jahrelang mit den Pfaffen herumgestritten haben, jeden Satz von hinten und vorne aufgeblättert haben, ja ganze Bücher haben sie geschrieben und wieder verbrannt, und bei alledem ist herausgekommen, daß man's nicht beweisen kann.« – »Aber woher wissen wir dann das mit den Hörnern, mit dem zotteligen Bauch und daß er stinkt wie ein Bock, der Gehörnte?«

Nun schaltete sich Alwin ein. Er löste seinen Arm von Elisabeths Taille und richtete sich auf. »Das ist nicht DER Gehörnte, sondern DIE Gehörnte. Das ist Diana, die Mutter aller Hexen, und die Hörner, das sind die Sicheln des Mondes. Aber bei Vollmond ist es natürlich besser ...« – »Was ist bei Vollmond besser?« – »Also jetzt stell dich doch nicht so ... Lieben, tanzen, feiern.« – »Aber das ist doch nichts Besonderes! Das machen sie auch da, wo meine Tante herkommt, im Salzburger Land, sie setzen sich nachts bei Vollmond Masken auf.« – »Aber das ist im Gebirge, das ist ein ganz einsamer Platz!« – »Also, sie treffen sich, und jeder macht's mit jedem, wen er oder sie grade erwischt. Am Morgen ist es dann vorbei.«

Der Blaugekleidete mit dem schwarzen Spitzbart ergriff wieder das Wort: »Ja, siehst du, genauso machen sie's auch in Burgund, nur daß sie dort auch noch fliegen. Das heißt, du läßt die Erde hinter dir, segelst auf dem Mondlicht und siehst alle Städte der Welt von oben aus dem Flug mit allen Einzelheiten. Und es leuchtet und glänzt und schimmert in dir, und du bist ungeheuer glücklich! Sie tun es für Diana, aber Diana, das heißt einfach nur MOND.« – »Und nehmen sie dabei auch Tollkirschen? Meine Großmutter kennt sich mit allen Kräutern aus, die hat mir davon erzählt, wie sie wachsen und wie sie wirken. Aber ich darf nicht drüber sprechen!«

Elisabeths Mutter wartete während der Abendmesse vergeblich auf ihre Tochter. Als die letzten Strahlen der Abendsonne durch die blaurot leuchtenden Scheiben der Rosette über dem Westportal drangen und bunte Lichtspiele auf die weißen Pfeiler warfen, ertönte schon das Sursum corda – Erhebet die Herzen, Wir haben sie beim Herrn –, aber immer noch kniete sie in ihrem grauen Gewand allein. Das Glaubensbekenntnis wurde gemurmelt, ein Lied erklang: »Als Jesu an dem Kreuze hang, und ihm sein Herz ward also bang.« Der Vikar zelebrierte auf gewohnte Weise, aber im Chorgestühl knieten zwei Geistliche, die sie nicht kannte. Es waren Ordensbrüder, große weiße runde Krägen fielen auf ihre schwarze Kutten. Fromme Männer sicherlich, und den-

noch beunruhigte sie ihr Anblick, es ging von ihnen etwa unerbittlich Kaltes aus.

Die beiden Ordensbrüder nahmen den Vikar nach der Abendmesse in ihre Mitte und geleiteten ihn mit langsamen, bedächtigen Schritten zu seinem Magistratszimmer. Dort eröffneten sie ihm:

»Wir, Pater Severus und Pater Christomachus vom Orden der Dominikaner, Sitz in Naumburg, möchten dir, Bruder in Christus, im Namen des Erzbischofs von Colonia feierlich kundtun, daß uns im Schoße der Kirche eine tödliche Gefahr erwachsen ist. Der böse Feind lauert, wen er verderben kann. Und hat gefunden… Seelen hat er gefunden, die ihm den Weg in den Schoß unserer allerheiligsten Kirche öffnen. Christenkinder sind es – allermeistens Personen weiblichen Geschlechts, liederlich und wie einstmals Eva im Garten des Paradieses zu jeder schändlichen Tat bereit, Christenkinder, ich wiederhole, sind es, die sich nächtens zusammentun und mit allerlei teuflischem Gebräu den Bösen herbeirufen, Unzucht treiben, sowohl mit eigens zu diesem Zweck verführten Männern oder gar mit dem Bösen selbst. Unterschätze nicht, Bruder in Christus, die tödliche Gefahr selbigen Tuns. Die Rettung der Seelen dieser armen Lämmer und jegliche weitere Ansteckung wirksamst zu unterbinden … das, Bruder in Christus, obliegt uns im Namen des Herrn.

Deshalb bringe ich dir im Namen unseres Erzbischofs feierlich die Kunde, wie dieses Unwesen zu bekämpfen sei. Hochnotpeinliche Untersuchungen müssen exerzieret werden an den verdächtigen Weibspersonen. Mögen sie auch leugnen, so genügt oftmals schon das Erblicken der Geräte hochnotpeinlicher Untersuchung, daß sie gestehen. Leugnen sie hartnäckig und voll teuflischer Lügenhaftigkeit, so mögen die Geräte an ihnen exerzieret werden. Gräßliches wurde gestanden. Erstens: Das instrumentum copulationis des bösen Feindes ist kalt wie Eisen und schmerzt wie die Sünde selbst. Zweitens: Um ihre widernatürliche Lust durch übelwollende Geister, incubi genannt, zu vermehren, bedarf das Weibsbild eines gewachsenen Mannes, damit sie erstere, die eines Körpers unteilhaftig sind, auch recht eigentlich spüre. Drittens: Der Böse gibt diesen Weibsbildern die

Macht, sich solcherhand zu verstellen, daß unachtsame Seelen sie für unschuldig derartiger Verbrechen halten. Nur die hochnotpeinliche Untersuchung kann dieser Lüge Einhalt tun. Viertens: Auf Befehl des Bösen versuchen besagte Weibsbilder auch andere Christenseelen mit ihrer abartigen Sucht anzustecken. Ob Mutter, Tochter, Schwester, Tante, Großmutter oder Enkelin, vor niemand macht ihre Hinterlist halt. Ob hoch oder niedrig, reich oder arm, ja selbst Nonnen in ihren Klöstern, sie alle werden in die Netze der Versuchung gezerrt.

Deshalb verfügen die Priester und Bischöfe unserer Mutter Kirche, daß derlei Personen zu verfolgen, hochnotpeinlich zu untersuchen und im Falle der Schuld lebendigen Leibes zu verbrennen seien. In ziemlicher Beachtung des biblischen Zitatum Mosis, Exodus 22, 17: ›Eine Zauberin sollt ihr nicht am Leben lassen!‹ Fürderhin: Die weltlichen Güter von derlei Personen fallen dem Kirchengut anheim.«

Elisabeths Mutter erwachte aus einem unruhigen Schlaf. Im hellen Morgenlicht zuckte sie schmerzhaft mit den Lidern. Sie hatte geträumt, daß ihre Tochter Elisabeth in eines der gestickten Bilder von Agnes hineinschlüpfte, dann begann Agnes das Bild aufzutrennen, sie schnitt und riß, bis nur noch einige Fäden übrig blieben. Die Frau des Metzgers rieb sich die Augen und verscheuchte den Traum. Was sollte sie Agnes ins Kloster mitbringen? Würste, Unterkleider, einen Korb mit Äpfeln?

»Eure Tochter ist ganz ins Gebet vertieft«, flüsterte eine der Nonnen, wo Agnes vor einem Kerzenmeer kniete, das honiggoldene Wärme verströmte. Über den Kerzen erhob sich die Jungfrau Maria mit dem Jesuskind im Arm. Sie stand auf der Schlange, die noch ein letztes Mal im Todeskampf ihren Rachen aufriß. »Manchmal hat sie Anfälle, da wird sie fast bewußtlos«, flüsterte die Schwester. »Ich glaube, jetzt können wir sie unterbrechen.«

»Mutter«, flüsterte Agnes, als die Schwester sie alleingelassen hatte. »Die Schwestern sind so gut zu mir. In den letzten Tagen habe ich mich so innig in das Leiden Christi versenkt, daß er mir sogar im Traum erschienen ist. Auch im

Wachzustand. Letzten Sonntag ist er mir in einer Vision erschienen und hat gesagt: ›Ach, du kleines Opferlamm, du gleichst mir so sehr.‹

Und dann habe ich – aber den Nonnen darfst du das nicht sagen – dann habe ich Blut an mir entdeckt, unter meinem Kleid, zwischen meinen Beinen. Ich schämte mich vor den Nonnen, und dennoch war ich so glücklich!« – »Agnes«, rief ihre Mutter gedämpft, aber mit Schärfe aus. »Was bildest du dir ein. Das ist nichts Besonderes. Jede Frau hat das!« Agnes sah mißvergnügt, fast ein wenig trotzig aus. »Das kommt jeden Monat. Du mußt dich gut waschen, und die Lumpen mußt du wegwerfen, so daß es niemand sieht.« Agnes warf sich unwillig gegen eine Marmorsäule. Fast hätte sie geweint! Das schöne Blut! Sie schmollte.

Elisabeth dagegen blühte auf. Immer öfter traf sie sich heimlich mit Alwin hinter den Mauern des Klostergartens, in einem Schuppen beim Viehmarkt. Sie schmolz dahin, wenn Alwin seine Hand fest um ihre Taille legte, wenn seine Lippen ihren Hals, ihren Busen erkundeten. Sie löste ihr Mieder, um seinen Händen Zugang zu ihrem Körper zu verschaffen, sie sank ins Gras und sah im Himmel über seinen widerborstigen blonden Haarbüscheln das Wiesenschaumkraut tanzen. Sie sah ihm tief und fest in die Augen, zog ihn an sich und bedeckte ihn mit inbrünstigen Küssen. Und sie sagte ›Ja‹, wenn sie zusammen auf den Mondstrahlen reisten, ›Ja‹, wenn sie gemeinsam, Mund an Mund, den kleinen verschrumpelten Pilz kauten und verschluckten, ›Ja‹, wenn sie durcheinander, übereinander rollten, mit verdrehten Augen lachten und flogen, ›Ja‹, wenn sie durcheinander liebten, sich vereinigten. Ja, ja, ja …

Unter der Folter schrie sie, wimmerte sie: »Nein, nein, nein … ich habe niemals Unzucht mit dem Bösen getrrr … trieben.« Der Schaum stand ihr vor dem Mund, »… niemals, nein, nein, nein!« – während der Schmerz sich tiefer und tiefer in ihre Zellen bohrte, ihre Nerven zerriß. »Ich habe, ich habe …« Sie heulte auf, ihre Schreie gellten durch das Verlies und hallten gedämpft in der Sakristei wieder. »Schade«, flüsterte der Vikar. »Schade«. Schweißperlen standen auf seiner Stirn. Ihre Schreie saugten das Blut aus seinem Körper und ließen sein Glied fröstelnd erstarren. Die Soutane hob sich, seine Fettmassen zitterten.

»Ich habe, ja, ich habe ...«, gurgelte Elisabeth. Blut blendete sie in den Augen, und dann wurde es mit einem Male hell, leicht, ihr Atem erstarb, die Wände öffneten sich, die Welt verschwand.

»Hab ich dir nicht gesagt, du sollst aufpassen, du sollst das langsam tun, du Hornochse«, herrschte der Dominikaner den Folterer an. »Zu schnell, sie hatte nicht die Gelegenheit, das volle Geständnis auszusprechen. Soll ich sie jetzt mit Weihwasser besprengen?«

»O Jesus, o Jesus«, hauchte atemlos die Schwester der unter der Folter verstorbenen Metzgerstochter Elisabeth Brettschneider. Mit weit aufgerissenen Augen sank sie auf ihrem Bettchen nieder. »O Jesus ...« Ein warmes goldenes Licht durchflutete sie, und im nächsten Augenblick trieb es sie mit elementarer Kraft konvulsiv in die Höhe, sie stand in ihrem Hemd auf dem Klosterbett und stammelte mit weit geöffnetem Mund: »Oh, Oh, Oh, Jesus, mein Geliebter, meine heißeste und innigste Liebe. Heute hast du mich besucht, oh, wie ich dich in mir fühle!« Ihre Bauchdecke hob und senkte sich konvulsiv. »O Jesus, du durchbohrst mich wie mit flammender Lanze.« Eine wohlige Wonne durchströmte ihren ganzen Körper, lächelnd sank sie auf ihrem Klosterbett nieder, blickte voll tiefer Zufriedenheit ins Leere und schlief dann ein.

6. Was hinter Schleiern sich vollzieht ...

Moslemisch

Mißverständnisse

Menschenmassen, die alle nur einem Gott und einem Willen gehorchen, Märtyrer, die eigenes und fremdes Leben nicht achten, die das »Licht des Islam« auch in Europa verbreiten wollen, die die kaum errungene Freiheit der Frauen gleich wieder annullieren wollen ..., so erscheint der Islam im europäischen Bewußtsein und erzeugt Beklommenheit, dunkle Ängste, Abwehrhaltungen und offene Feindseligkeit.

Aber so einfach ist es nicht. Es genügt nicht, übers Mittelmeer zu schauen und zu sagen: Was wir dort jetzt sehen, ist Islam. Denn im Querschnitt durch das Jetzt erscheinen auch alle möglichen Elemente aus anderen historischen Schichten. Matrilineare Bäuerinnen, patriarchale Viehzüchternomaden, hellenistische PhilosophInnen, jüdische, christliche Priester, aber auch der westliche Kolonialismus und Imperialismus – sie alle haben ihre Spuren hinterlassen.

Der Harem ist keine islamische Erfindung, auch wenn man dies im Westen oft glaubt. Die possessionistische Gefängnisehe ist ebenfalls keine islamische Erfindung, und der Schleier genausowenig. Wie ich gezeigt habe, hat das alles mit wesentlich früheren Geschehnissen, mit Eroberung und Herrschaft zu tun (Violentismus, Dominismus, Possessionismus, Rassexismus). Auch die Vorstellung, der Islam sei eben das »ganz andere«, man werde ihn als EuropäerIn nie verstehen können, ist irrig. Es gibt durchaus Parallelitäten mit der Kirche: Die Schiiten sind mit den Katholiken vergleichbar: Hier wie dort spielt der Klerus eine wichtige Rolle, hier wie dort gibt es eine wichtige Frauenfigur: Fatima, die Tochter Mohammeds und Mutter des Märtyrers Husein, und Maria, die Mutter des Märtyrers Jesus

Christus. Die Sunniten ähneln eher den Protestanten, sie sind demokratischer, weniger »mythisch« und weniger klerikal. Sowohl im Islam wie auch im Christentum wurden Ketzer verfolgt, deren Freigeistigkeit nicht mehr verkraftet wurde. Sowohl im Islam wie auch im Christentum kümmerten sich die Mächtigen zeitweise recht wenig um die Religion: »Islamische« Kalifen feierten unislamische Orgien, »christliche« Fürstbischöfe umgaben sich trotz Zölibat mit Scharen von Konkubinen.

Und sowohl im Islam wie auch im Christentum gibt es heute Soziologinnen, Historikerinnen und Theologinnen, die anhand von genauen Analysen nachweisen können, daß in der Gründerzeit der beiden Religionen Frauen mehr Einfluß hatten, als ihnen später zugestanden wurde.

Arabien zur Zeit Mohammeds

Zur Zeit Mohammeds gab es in Arabien ein schillerndes Spektrum verschiedener Religionen und Weltanschauungen: »Allat« (»die Göttin«), deren Kultstätten auf der ganzen Halbinsel verbreitet waren (u. a. in Taif bei Mekka), setzt Herodot der griechischen Himmelsgöttin Urania gleich. Auch Al-Uzza (»die Mächtigste«) wurde von fast allen Arabern verehrt; für die Griechen war sie mit Aphrodite identisch. In einem Tal bei Mekka soll sich eines ihrer zahlreichen Heiligtümer mit drei heiligen Akazienbäumen befunden haben. Auch sakrale Erotik und Fruchtbarkeitsriten scheint es gegeben zu haben, denn in Mekka standen zwei Steinsäulen, eine stellte den Phallos, die andere eine Vagina dar, und die Pilger liefen zwischen diesen beiden Symbolen hin und her, wahrscheinlich, um magisch, symbolisch und rituell sexuelle Spannung und Fruchtbarkeit zu erzeugen. Ferner wurden Gestirne wie Sonne, Mond oder Venus und eine Vielzahl von männlichen und weiblichen Stammesgöttern verehrt. Es gab Stammespriesterinnen und -priester, jüdische und christlich-byzantinische Gemeinschaften, und in manchen Städten kannte man auch persisch-medische Philosophien, die vom Dualismus Zarathustras und den Zeitaltertheorien der Meder beeinflußt waren. (Zu dieser Zeit rivalisierten die persischen Sassaniden mit dem orthodoxen Byzanz um die Vorherrschaft in Arabien.)

Besonders vielfältig war das Spektrum der verschiedenen Glaubensrichtungen in dem Handelszentrum Mekka, dort trafen sich Nomaden, Karawanenführer, Reisende aus anderen Städten, Händler und Unterhändler aus fernen Ländern. Es gab Tempel für zahllose männliche und weibliche Gottheiten, so daß alle Besucher der Stadt ihrem gewohnten Kult nachgehen konnten. Die Schutzgöttin der Stadt war Al-Uzza, Göttin der Erotik und des Krieges.

Auch für das Vergnügen der Fremden und Einheimischen war gesorgt. Tänzerinnen und Sängerinnen (qainas), die oftmals freigelassene Sklavinnen waren, unterhielten bei Festmählern und Gelagen die Gäste, Transvestiten (muchannathun) führten Kabarets und schlüpfrige Tänze auf, die Dichtkunst stand in hoher Blüte. Es gab auch weibliche Dichterinnen, von denen einige namentlich bekannt sind.

Gerade auf der Halbinsel hatten die noch heidnischen AraberInnnen ein unverblümt-natürliches Verhältnis zur Sexualität. Davon zeugen viele Liebesgedichte wie etwa das folgende in freier Übersetzung: »Oft hab ich am Regentag ein Mädchen besucht, schöngliedrig, mit vollen Brüsten ... Ich drang in sie, sie ließ es zu, ich küßte sie, sie stöhnte auf wie ein verwundetes Reh.« Viele dieser Gedichte handeln von Liebesbegegnungen am Regentag – die Zeit, in der die Arbeit mit den Herden oder auf den Feldern ruhte. Die erotische Schönheit der Geliebten wird in aller Deutlichkeit dargestellt. Dichter beschreiben die Schönheit ihrer Brüste als »herrlichen Metallspiegel«, wenn sie die Beine hochzieht, bildet sich ein »Tal wie das des Flusses im Morgenlicht«, ihre Augen leuchten »wie die der Hirschkuh, bei der ihr Junges weilt«, ihr Lockenkopf, den der Geliebte streichelt, ist »so schön wie ein Dattelbüschel«, ihr Körper krümmt sich in der Vereinigung »wie eine Perlenschnur, die fallend leuchtet«. Das erinnert an die hymnische Metaphorik des Hohen Liedes des Salomon aus dem Alten Testament, das möglicherweise tatsächlich aus dem Süden der Halbinsel stammt. Denn es gibt Hypothesen, daß Teile der Bibelgeschichten dort stattgefunden haben.[111]

Zu dieser Zeit gab es auf der Halbinsel noch viele matrilineare Gemeinschaften, zum Beispiel in Medina, in denen Frauen frei ihre Liebhaber und Kindesväter wählen konnten (siehe Kapitel II., 2), andererseits aber auch patriarchale Stämme und »Adelsgeschlechter«, die meiner Wahrnehmung nach den griechischen oder germanischen Raubritterclans ähnelten: Heldenlieder, Kampfrhetorik, Jagd als gesellschaftliches Vergnügen, Reit- und Kampfkünste, Beute und Sklaven. Vorstellbar ist, daß die indoeuropäischen Wanderungen bis in die Halbinsel reichten. Die Entfernung von Jerusalem oder Babylon bis nach Aden ist zweimal die Strecke Hamburg-Genua, was für berittene Eroberer keine unüberwindbare Distanz ist. Auch die Assyrer drangen um 700 v. u. Z. bis in den Jemen vor. Etwa zur selben Zeit gab es auch schon Seefahrt zwischen dem Jemen und Indien. Und zwischen Persien und der Halbinsel liegt nur eine Meerenge. Arabien war also durchaus im Wanderungsbereich der indoeuropäisch sprechenden Stämme. Dafür sprechen Sprachverwandtschaften zwischen arabischen und indoeuropäischen Wörtern, die ich gefunden habe,[112] aber auch eine gewisse Parallelität zwischen brahmanischen und saudiarabischen Bräuchen: Wie Brahmanen die matrilinearen Nayarstämme als »Prostituierte« ansehen und keinen Anspruch auf gemeinsame Kinder erheben, so verwenden noch heute saudiarabische Stammesprinzen afrikanische Frauen aus ehemaligen Sklavenfamilien als Sexualpartnerinnen, ohne auf etwaige Mischlingskinder Anspruch zu erheben – während ansonsten der Anspruch des Vaters auf *seine* legitimen Kinder absolut ist.

Diese Frage zu klären, würde weitreichende interdisziplinäre Forschungen erfordern (wer ist schon in Sanskrit *und* Arabisch zu Hause?). Jedenfalls existierten zu Mohammeds Zeit sowohl patriarchale wie auch matriarchale Verwandtschaftssysteme in Arabien. Aber die Macht der Männer in der Öffentlichkeit und in der Familie drängte nun mehr und mehr zur Durchsetzung.

Gegen patriarchale Tendenzen

Welche Rolle spielte Mohammed in diesem Spannungsfeld? Er scheint alles andere als lustfeindlich und asketisch gewesen zu sein: Dem Gläubigen, der seine Frau liebkost, verspricht er zehn himmlische Freuden, dem, der mit ihren Brüsten spielt, zwanzig Freuden, dem, der sie küßt, dreißig himmlische Freuden. Er weist die Gläubigen an, nicht ohne Boten sein Feld zu betreten. Und diese Boten sind Küsse und sanfte Liebkosungen. Auch mit den Frauen seines Harems ist Mohammed respektvoll umgegangen, vor allem mit seiner Lieblingsfrau Aischa. Auf ihrem Schoß empfing er Offenbarungen, sie wurde nach seinem Tod zur Zeugin und Interpretin der Aussprüche und Verhaltensweisen Mohammeds, und oftmals hat sie frauenfeindliche Zeugnisse männlicher Moslems widerlegt. Auch Eva wird nicht einseitig als lasterhaftes Weib und Verführerin dargestellt, die durch ihren Fehltritt Erbsünde, Elend, Arbeit und schwere Geburten für die Menschheit heraufbeschwor, sondern beide – Adam und Eva – haben sich fälschlich vom Teufel beraten lassen. Evas Töchter, die Frauen der Welt, werden also nicht wie im Christentum mit Sünde, Teufel, Hölle und Verdammnis assoziiert. Im Gegensatz zu den zölibatären Priestern des Christentums, die eine freudlose Ehe predigten, war Mohammed verheiratet ... mit neun Frauen! Dreißig paradiesische Freuden für den, der seine Frau liebkost, küßt und streichelt! Erotische Erfüllung wird von Mohammed also nicht, wie im Christentum, verteufelt, sondern geradezu ins Paradies erhoben. Anstelle von hageren Engeln und vergeistigtem Hallelujah erwarten den Gläubigen dort schwarzäugige Schönheiten, die ihm sinnliche Genüsse schenken.

Mohammed hat sich auch von den sexistischen Reinheitsgesetzen im Leviticus distanziert (Unreinheit bei Menstruation und Beischlaf). Aischa hat zum Beispiel genau beschrieben, wie sie Mohammed während ihrer Menstruation die Haare wusch – ohne Rücksicht auf irgendwelche Reinheitsvorschriften. »Ich wusch mich mit dem Propheten, und wir reinigten uns mit demselben Wassereimer.« (Fatima Mernissi, Der politische Harem, S. 100) Eine andere Frau Mohammeds, Umm

Salama, bestätigte nach Mohammeds Tod, daß er in denselben Kleidern gebetet habe, in denen er zuvor mit ihr sexuell verkehrt hatte, und daß sie auch während ihrer Menstruation mit ihm unter seiner Decke geschlafen habe.

Auch die levitischen Ehegesetze wurden gemildert: Die Todesstrafe durch Steinigung bei Ehebruch reduzierte Mohammed auf 80 Peitschenhiebe, und dieses Urteil konnte auch nur vollstreckt werden, wenn vier Zeugen die Tat aus nächster Nähe gesehen hatten. Bei Verleumdung bezogen die falschen Zeugen die Peitschenhiebe.

Zu Mohammeds Zeiten wurden auf der Halbinsel oftmals neugeborene Mädchen im Sand verscharrt. Dazu gibt es eine Parallele im heutigen Indien: Seit es möglich ist, das Geschlecht von Embryos durch medizinische Tests festzustellen, werden zahllose weibliche Embryos abgetrieben, und weibliche Säuglinge »sterben« deutlich häufiger.

Dies geschieht, weil eine Tochter zu einer erheblichen finanziellen Belastung wird, wenn es darum geht, sie »an den Mann« zu bringen: Der Vater der Braut muß große Summen für die Mitgift bezahlen.[113] Aus dieser Quelle entspringen auch die in Indien häufigen Mitgiftmorde. Der Ehemann nimmt die Mitgift der Frau an sich, ihr Nylonsari fängt »durch Zufall« in der Küche Feuer, und bald kann er eine weitere Frau heiraten, um deren Mitgift an sich zu nehmen. Vielleicht gab es damals in Arabien Stämme, deren Mitgiftpraxis der indischen entsprach. Jedenfalls hat Mohammed sich scharf gegen die Unsitte ausgesprochen, Mädchen zu verscharren.

So kann man sagen, daß der Prophet des Islam sich offen gegen frauenfeindliche oder patriarchale Gewohnheiten stellte. Das ist die eine Seite.

Gegen matrilineare Tendenzen

Andererseits aber wandte er sich nach jüdischem und christlichem Vorbild auch gegen die matrilineare Liberalität in der Erotik und die Göttinverehrung. Den weinenden Frauen von Taif ließ er ihre Göttinstatuen entreißen und zerstören und ließ sich auch nicht erweichen, als sie ihn anflehten, wenigstens noch ein Jahr bei ihrer Religion bleiben zu dürfen. Die heiligen Akazienbäume der Göttin von Mekka ließ er umhauen, ganz ähnlich, wie auch der christliche Missionar Bonifatius in Germanien die Donareiche umhieb.[114]

Diese Reduktion der arabischen Göttervielfalt auf nur einen Gott hatte auch politisch-strategische Dimensionen: Statt vieler verschiedener zersplitterter Stammesgötter und Stammesriten gab es nun einen Gott, einen religiösen Führer, einen heiligen Text. Und dies förderte ohne Zweifel den politischen Einigungsprozeß Arabiens, so daß es den moslemischen Heeren ohne Schwierigkeiten gelang, die Truppen des byzantinischen und persischen Reiches aus Arabien zu vertreiben und weit in das Gebiet dieser Reiche einzudringen.

Auch uneheliche Erotik, in matrilinearen arabischen Gemeinschaften vollkommen selbstverständlich, wurde nun zu »zinah«, Unzucht. Jeder und jede sollte verheiratet und somit sexuell versorgt sein. Daß Mohammed den Männern bis zu vier Frauen gestattete, wird im Westen als Gipfel der Frauenunterdrückung gesehen. Von moslemischer Seite wird argumentiert, daß dieser Viererharem zur Versorgung der vielen Kriegerwitwen geschaffen wurde. Und Mohammed macht sich durchaus Sorgen um das Glück dieser Ehefrauen: Nur wenn der Mann sie sexuell befriedigen und materiell unterhalten kann, darf er mehrere Male heiraten.

Ich sehe darin auch ein demokratisches Element: Mohammed wendet sich damit wahrscheinlich gegen reiche und mächtige Viehzuchtpatriarchen, die zahlreiche geraubte, im Kampf erworbene oder gekaufte Frauen besaßen: Große Harems bedeuteten zwangsläufig, daß ärmere und schwächere Männer geringere Chancen hatten, eine Ehefrau zu finden. Mohammed räumte also bei seinen Männern mit allzu krassen Klassenunterschieden auf – auch, um jeden Mann innerhalb der Ehe erotisch zu versorgen.

Ich nehme an, daß er damit auch die freie Erotik der vorislamischen Zeit unterbinden wollte. Denn verheiratete Männer hatten nun keinen Grund mehr, liebeshungrige Beduinentöchter in ihren Zelten zu besuchen, sich mit freigelassenen Sängersklavinnen, Venuspilgerinnen oder (falls es sie stellenweise noch gab) erotischen Tempelpriesterinnen zu vereinigen.

Gerade die heidnischen Wallfahrtsorte waren ein Treffpunkt für romantische Liebesabenteuer.

Diese unkontrollierbare, lustvoll-chaotische heidnische Erotik wurde nun eliminiert. Auch alleinstehende Frauen wurden nun zum Unding, jede Frau mußte verheiratet sein, auch wenn sie einen Mann mit drei anderen Frauen teilte. Die erotischen Energien wurden in feste Bahnen gelenkt, Erotik wurde kontrollierbar.

Und auch darin lag eine politische Dimension: Denn die arabischen Glaubenskämpfer wurden für ihren Verzicht reich entschädigt – allerdings erst im Jenseits. Für den Märtyrertod im Kampf gegen die Ungläubigen wurden ihnen himmlische Freuden, Huris mit Glutaugen, ewige Bedienung und paradiesische Freuden versprochen. So konnten junge moslemische Männer, die vielleicht noch nie eine Frau berührt oder besessen hatten, im Vorgefühl seliger Lust in den Krieg ziehen ... das Paradies war ihnen sicher. Die wirkliche, handfeste, schwellende Erotik heidnischer Tage wurde also durch die himmlische Fata Morgana erotischer Freuden ersetzt, Erotik wurde entkörperlicht. Der Krieg wurde zu einer religiösen Substitution der Erotik. Auf diesem Umweg ist es dem Islam also doch noch gelungen, erotische Körperlichkeit vom »Heiligen« zu trennen.

Gegensätze und Kompromisse

Wir haben also gesehen, daß Mohammed eine Kompromißlinie zwischen patriarchalen und matrilinearen Traditionen einschlug. Manche sagen, er habe das Los der Frauen verbessert, manche sagen, er habe das Los der Frauen verschlechtert.

Allerdings verstärkte sich im Laufe der Zeit die Tendenz zur Verbannung der Frauen aus der Öffentlichkeit. Frauen verloren das politische Mitspracherecht, das sie zu Mohammeds Zeiten durchaus noch hatten. Den misogynen Tendenzen der Zeit entsprechend, die ja gleichzeitig auch im Christentum wirkten, wurden Frauen mehr und mehr auf ihre erotische Natur reduziert. Und diese Erotik war gefährlich! Frauen waren verführerisch, konnten Männer von ihren religiösen und staatstragenden Pflichten ablenken. Und deshalb mußten sie eingesperrt werden. In Bagdad verbot der Rechtslehrer Hanbali den Frauen, sich auf der Straße blicken zu lassen. Schuster durften bei Strafe keine Straßenschuhe für Frauen herstellen![115]

Auf der anderen Seite gab es Männer wie den Scheich Nafzawi, der im 15. Jahrhundert in Tunesien als Liebeslehrer wirkte. Er stellt sein Werk »Der duftende Garten« unter den Schutz Gottes: »Im Namen Allahs, des Gnädigen und Barmherzigen! Den gelehrten Scheich und Imam Abu Abdallah Mohammed Ibn Omar al-Nafzawi möge der Allerhöchste mit seinem Erbarmen übergießen, Amen!

Gepriesen sei Gott, der zur größten Lust des Mannes die Frau geschaffen hat, und zur größten Lust der Frau den Mann! ... Gepriesen sei er und gelobt, der die Frau geschaffen hat mit ihren Schönheiten, mit ihrem Lust erweckenden Fleisch; der ihr prachtvolles Haar gegeben hat und eine schöne Gestalt, schwellende Brüste und die Liebesgebärden, welche die Lust entflammen!«

Die Liebeslehren – erotische Positionen, Gesundheitsratschläge, Aphrodisiaka, Vor- und Nachspiel – wenden sich natürlich an verheiratete Liebespartner. Immer geht es darum, die Frau möglichst umfassend zu befriedigen. Natürlich ist Scheich Nafzawi ein Vertreter ehelicher Treue: Erzählungen über heimliche Orgien mit verheirateten Frauen und das liederliche Treiben alter Kupplerinnen, die für Geld heimliche Liebestreffen organisieren, enden mit der »verdienten« Strafe: Tod (oder Begnadigung). Er warnt vor den »Listen der Frauen«, denn ihre Phantasie sei unerschöpflich, wenn es darum geht, außereheliche Gelüste zu befriedigen. Und er schildert eingehend, was sie schon alles ersonnen haben, um Liebhaber einzulassen, zu verstecken, unwillige Nachbarn zu verführen, ja, sich sogar selbst im Dunkeln ins Ehebett der Nachbarin zu schmuggeln und ihren Ehemann zu genießen, während er noch glaubt, die eigene Ehefrau in den Armen zu halten.

Nafzawi macht in seinen Erzählungen nicht einmal vor der (verheirateten) Tochter des Sultans halt: »Hamduna stürzte sich auf Bahlul, ergriff sein Glied mit ihren Händen und prüfte es. Sie war erstaunt über seine Größe, Stärke und Härte und rief aus: ›O Bahlul, nie habe ich ein schöneres Glied gesehen als das deine.‹ Sie hielt es fortwährend, rieb seinen Kopf an den Lippen ihres Schoßes, bis dieser zu sagen schien: ›O Glied, tritt in mich ein!‹ ... Auf und ab bewegte sie sich wie beim Tanz, und ihr Hinterteil schüttelte sie wie ein Sieb, nach rechts, nach links, noch vorn, nach hinten. Niemals sonst hat man einen solchen Tanz gesehen. Sie setzte ihren Ritt auf dem Glied Bahluls fort, bis die Wollust sich einstellte.«

Sind all diese genüßlichen Schilderungen außerehelicher Wollust wirklich nur abschreckendes Beispiel? Sind sie nicht auch anziehendes Beispiel? Diese Ambivalenz, sowohl das Verbot wie auch das Verbotene zu achten, ist so ganz anders, als was man erwartet, wenn man mechanistisch denkt: Genuß ist schlecht, dachte man im kleinkariert-miefigen Krämerkalvinismus, folglich muß man ihn meiden. Erotik ist gut, weil befreiend, dachte man während der sexuellen Revolution der sechziger Jahre, also muß man sie praktizieren ... immer und überall!

In den »orientalischen« Ländern dagegen scheint gerade die Einschränkung das Ersehnte besonders begehrenswert zu machen. Sehnsucht als liebessteigerndes Aphrodisiakum! »Ich hab die Welt nicht mehr verstanden«, stöhnte eine Freundin, die sich in Ägypten verliebt hatte. »Er sagte, daß er mich liebe, aber er hat mich nie in die Arme genommen! Immer war jemand dabei, wir konnten einfach nicht allein sein!« Er wollte zeigen, daß er es ernst meint mit ihr, daß er nicht nur auf Sex aus ist, sondern wirkliche Liebe empfindet. Sich auf der Straße zu küssen oder zu umarmen ist undenkbar. Sexualität ist strictly private! Nur wer verheiratet ist, darf!

Und andererseits scheint es in arabischen Ländern kein wichtigeres Thema zu geben als die »Liebe«. Die Luft ist gesättigt von Liebe in allen Variationen, kein Lied ohne Liebe, quer durch alle Maqame – Liebe von früh bis spät: sehnsuchtsvoll, enttäuscht, hoffnungsvoll, frühlingshaft, gereift, tief, widersprüchlich, leidend, glückselig, vertrauend usw., und was körpersprachlich nicht in der Öffentlichkeit ausgedrückt werden darf, wird im Gesang geweckt.

Im vertrauten Kreis spricht man recht ungeniert über Erotisches und Gefühlvolles, es ist eine geschwisterliche Vertrautheit, manchmal eine Verschwörung. Man bekennt sich zu Gefühlen, auch zum Leiden durch die Liebe, was im pragmatischen Europa eher selten ist. Freunde und Freundinnen stellen ihre Wohnungen für verliebte Schäferstündchen zur Verfügung, Ehefrauen weihen in Abwesenheit des Ehemannes werdende Männer aus dem Nachbarhaus in die Sexualität ein, Freundinnen und Schwestern erfinden Notlügen, um ein Stelldichein zu decken und strenge Eltern zu beschwichtigen. Und diese strengen Eltern haben in ihrer Jugend genau dasselbe getan.

Wenn zwei sich heimlich lieben, schweigen die Zeugen wohlwollend, oder umgekehrt: Bei den geringsten Anzeichen einer Beziehung wuchern die Phantasien in den Himmel. Was die da wohl miteinander treiben, nicht auszudenken! Jedes Treffen zwischen einer Frau und einem Mann muß einen wollüstigen, lasziven Hintergrund haben – selbst wenn in Wirklichkeit nur Geschäftsdaten oder freundschaftliche Worte ausgetauscht werden.

Und diese Projektionen und Phantasien wuchern natürlich auch in bezug auf europäische Frauen. Mit ihnen, so glauben Orientalen, ist alles möglich. Sie sind immer bereit. Weshalb würden sie sonst soviel Haut zeigen? Ganz Europa ist voller Huren, europäische Frauen sind billig, man kann sie benützen, wie man will, wenn man ihnen ein paar süße Worte hinreibt, die eine orientalische Frau ohnehin nie glauben würde. Aber diese Vorstellungen geraten ins Wanken, wenn sie europäischen Frauen wirklich begegnen. Vielleicht werden sie selbst als Sexobjekt verwendet und wieder abgeschoben, vielleicht lernen sie Verletzlichkeit und Stolz einer westlichen Frau kennen, oder sie verlieben sich sogar bis über die Ohren ... in eine blasse, kränkelnde Donaunymphe mit aschblonden Haaren zum Beispiel.

Auch wir müssen die bequeme Vorstellung aufgeben, orientalische Frauen seien unterdrückt und sonst nichts. »Diese orientalische Gesellschaft hat den Frauen schon etwas zu bieten«, sagte jene Freundin, die sich in Ägypten verliebt hatte. »Ich habe mich nie in meinem Leben so beschützt und umsorgt gefühlt wie damals. Im Westen mußte ich alles selbst erkämpfen, alles selbst durchsetzen, in Ägypten dagegen konnte ich Wünsche äußern, und sie wurden berücksichtigt. Meine Berufsrealität liegt hier in Europa ..., aber am liebsten würde ich sofort wieder wegfliegen!« Auch ich habe in arabischen Ländern eine Wärme, eine Herzlichkeit erlebt, die mir in Europa abging. Diese kleinen Gefälligkeiten, blumigen Kompromißformeln, rituellen Komplimente ..., das alles fällt für mich unter den Begriff »Minne«. Dieses arabische Wort bedeutet: »Liebesbezeigungen, Gefälligkeiten«. Man weiß, daß Menschen einander wie Geschenke sind, und daß in der gegenseitigem Widmung Innigkeit und Glück liegt. Trotz aller gegenläufigen Tendenzen gibt es im Orient noch immer so etwas wie eine rituelle Sprache der *Liebe.*

Ernst

Heilig Sein ist ernst
Lachen gefährlich
Nicht?
Glutäugige, atemberaubend schöne
Frauen,
Im Diesseits verboten,
Warten im Jenseits auf dich.

Wein, Weib und Gesang – ein Dorn im Auge des Gerechten

Arabien, um 600 u. Z.

Sie spannte die Saiten, drehte die Wellen ein, schlug tastend erst, dann intensiver die Töne an, senkte sie, dehnte sie aus, ließ sie schneller und schneller abfolgen, hörte, dehnte den Klang, senkte oder hob ihn ganz geringfügig fein. Dunkle, sonore Klänge sprangen aus dem voluminösen Bauch ihrer Laute, den ihre Arme umfingen. Das war ihre Freundin, ihre Vertraute, ja, ihre Geliebte sogar. Sie entlockte ihr spröde oder gelehrsam oder bedeutungsvoll ernste oder vorsichtig polternde Klänge. Und sobald diese Klänge ertönten, konnte sie kaum noch mehr dem Drang widerstehen, selbst zu sin-

gen, dann strömten die Klänge durch ihre Kehle, altmodisch erhaben, verführerisch gurrend, leidenschaftlich mitgerissen und beschwörend.

»Wird's voll werden morgen abend? Wer kommt denn alles?« fragte Jalil, der mit übergeschlagenen Beinen zurückgelehnt in den Kissen saß.

»Mindestens vierzig Personen, Kinder und Sklaven einschließlich ..., habt ihr eure Tänze gut geübt?«

Verschmitzt und schmunzelnd sah Jalil zu seinem Freund Wahab hinüber und deutete ein kokettes Schulterzittern an.

»Ehem«, räusperte sich Wahab. »Wer hat das Fest eigentlich bestellt?« fragte Jalil. »Na, der eine mit seiner äthiopischen Sklavin, die er überall mit hinnimmt, weißt schon, der Omar Al-Saegh. Will sich revanchieren bei einem Perser, und seinen Vetter will er mit dem Maruan bekannt machen, du kennst ihn ja, diesen mächtigen Quraischiten, der die größten Karawanenzüge besitzt ... aber ob der kommt, das möchte ich fast bezweifeln.«

»Für den Perser mußt du auch ein paar iranische Lieder singen, kannst du denn das, Rauschan, du süßeste aller Rosen?«

Rauschan lachte hellauf, warf den Kopf zurück, daß ihre aufgesteckten Locken flirrten, und sagte schelmisch-erhaben: »Ich war, bevor du warst, und du willst mich belehren ...« Sie spielte ein paar Takte, sang ein paar Weisen. Jalil lag rücklings in den Kissen und lauschte. »Zahlt er denn wenigstens anständig, der Omar Al-Saegh?« murmelte Wahab mit gespitzten Lippen. »Er zahlt, er zahlt«, entgegnete Rauschan.

Ein Unzahl von Kerzen und hängenden Öllampen tauchte den Saal in schmelzendes Dämmerlicht und ließ ihn größer erscheinen, als er eigentlich war. Die Luft war vom milden, vollen Duft der Tuberose getränkt, in den Fensternischen standen Alabasterfigürchen aus Palmyra, die die Göttin Aphrodite und andere, weltlichere Motive darstellten. Dunkelbunt gewoben lagen Teppiche aus dem Reich der Sassaniden am Boden, auf denen sich Blumenranken verschlangen und stilisierte Sterne in changierenden Wandelfarben sich reihten. Reich war die ehemalige Sängersklavin nicht, aber wohlhabend war sie geworden. Sie war zufrieden, und sie genoß ihr Haus und ihr Werk.

An die sechzehn niedrige eingelegte Tischchen standen ringsum an den Wänden und daneben Sitzkissen und Polster. Rauschan stand mitten im Raum, prüfte, kontrollierte ... die Messingschälchen mit den kandierten Rosen und Veilchen, die Pistazien, die gerösteten Mandeln und Nüsse, das Dattelgebäck und das Feigendessert ... dort hinten die Weinkrüge ... die Brettspiele ... Hauptspeisen konnten dann später serviert werden. Vorne die Sitze für den Trommler, den Flötenspieler und sie selbst ...

Und sie trafen ein: Bekannte von Verwandten von Bekannten, Omar Al-Saegh mit der Äthiopierin – sie war hochgewachsen, trug einen weißen Perlenschleier vor dem Gesicht, der ihr feines Profil nur ahnen ließ. Die Haare hatte sie zu langen, dünnen Zöpfen gebunden, die ihr bis auf den Rücken fielen, sie bewegte sich mit der zarten Eleganz einer Gazelle und sprach kein Wort. Dann kam eine korpulente Witwe in reichem, schwarzgoldenem Brokat. Im Süden der Stadt nähten über dreißig Mädchen in ihrer Werkstätte und verarbeiteten Seide zu Tüchern und Kleidern. Es regnete Komplimente für die Gastgeberin, für Rauschan, die sich mit unnachahmlicher Frische und natürlicher Eleganz unter den Gästen bewegte: »Der sanfte Schwung deiner Brauen, der schwarze Glanz deiner Augen ...« usw., wie es sich eben gehörte. Es kam auch eine einfach gekleidete, etwa dreißigjährige Frau mit festen, glatten Haaren, die ihr tief ins offene Décolleté fielen.

»Bei Hubal«, wisperte Jalil, »wer hat die denn eingeladen, die wohnt doch da unten am Stadtrand und hat keinen Mann ...« – »Aber dafür viele Liebhaber«, entgegnete Rauschan. »Sie ist meine Freundin, also halt dein loses Maul!«

»Wo bleibt eigentlich der Perser?« flüsterte Wahab. Sein Blick wanderte zum Türbogen, und sogleich wandte er sich mit dem Ausdruck des Entsetzens zurück zu Rauschan. »O je, o je, da ist doch der Kerl, der immer diesem neuen Propheten hinterherläuft, dieser lange Alte da! Oh, Rauschan, wie konntest du nur, der wird uns den ganzen Spaß verderben.« Und er spreizte die Finger: »Er hat sogar noch

Freunde mitgebracht! O Rauschan, Rauschan, was hast du getan!« Aber schon glitzerten seine Augen schalkhaft, zitterten seine Mundwinkel. »Ich mußte ihn einladen«, erklärte sie hilflos. »Glaubst du, ich ..., also mich wollte er auch schon bekehren, und nicht nur das! Bekehren, belehren und höchst intim beehren ... Aber Omar Al-Saegh wollte ihn unbedingt einladen, weil er ein Onkel von Scheich Asuad ist, und der ist wiederum mit dem Maruan verwandt.«

Nun kam auch der Perser, er war städtisch gekleidet mit unauffälliger Eleganz, seine Miene war undurchdringlich. Der reiche Maruan ließ noch auf sich warten. Der Trommler schlug leise, rollende Rhythmen, die das Lachen und die Zwiegespräche untermalten. Zwischendurch drang ein brüchiger Flötenton durch das Gemurmel, wurde ausgelassen und geschwätzig und verklang wieder.

Dann wurde das Essen aufgetragen ... Ausrufe der Freude, bewundernde Flüche ... »Al-Uzza ist heute wieder gnädig mit uns« ... und der Wein floß ... »Hmmm«, räusperte sich Jalil, stieß Wahab mit dem Ellenbogen an, nahm Haltung an und steuerte mit langen Schritten auf das Tischchen zu, an dem die Anhänger des neuen Propheten saßen. »Also hier, meine Geliebten, hier habt ihr eine edle Traube aus dem Libanon, edelstes Getränk, lange gegoren, süß und fruchtig. Beleidigt nicht die Gastgeberin, es ist ein wunderbarer Tropfen!« Der Älteste unter ihnen blickte düster und lehnte mit einer kurzen Handbewegung ab, seine Begleiter folgten seinem Beispiel. »Aber meine Geliebten, wie könnt ihr nur!« empörte sich Jalil. »Aber ja, ich weiß schon, die Sorte behagt euch nicht. Wartet, ich bringe euch aus Hadramaut ... hier, bin schon wieder da.« Er legte den Kopf schräg, blickte gewinnend aus treuherzigen Augen. »Das werdet ihr mir nicht abschlagen ...« Die drei wußten nicht, wie ablehnen, und aus der Verlegenheit stieg der Zorn empor. Der eine, ein ebenmäßig gewachsener junger Mann mit unruhigen Augen zuckte ärgerlich mit dem Kopf, wagte aber nicht, die Stimme zu erheben. »Scheitangetränk«, murmelte er zwischen den Zähnen. Jalil dreht sich um, stellte sich empört. Doch Rauschan fixierte ihn mit drehendem Blick und zischte ihn an: »Wirst du dich wohl benehmen?!«

»Rauschan, Rauschan, wann werden wir deine süße Stimme hören ... Rauschan, wir vergehen vor Sehnsucht nach deinen Gesängen ...«

Nun kam schließlich auch noch Maruan mit wallendem grausilbrigem Bart zur Tür herein. Er trug ein langes einfaches schwarzes Gewand. Man plazierte ihn am Nachbartischchen gleich neben dem Perser und Omar Al-Saegh und seinem jungen Vetter. »Ein Lied, Rauschan, ein Lied!«

Rauschan stand am Eingang und überblickte die Halle. Alle sahen auf sie, sie blickte nachdenklich und gelassen zu Boden, drehte den Kopf, blickte richtungslos in ein anderes Eck, dann begann sie strahlend zu lächeln und ging unter dem rhythmischen Klatschen der Anwesenden, das nun begonnen hatte, und ihren anfeuernden Zurufen nach vorne zur Stirnwand, sie drehte sich dem Publikum zu, und mit einem Ausdruck der Seligkeit, unaussprechlicher Freude angesichts dieses wunderbaren Publikums, wiegte sie den Kopf, breitete die Arme aus und erntete erneuten Applaus.

Dann setzte sie sich, nahm die Laute auf den Schoß, wandte sich ihr zu und schlug die Saiten an, zuerst wie versuchsweise, immer wieder absetzend und neu beginnend, dann wurden daraus ganze Girlanden, tiefe, scharfe, schwingende Töne drangen aus dem Klangkörper ihres Instrumentes, sie wurden zu kaskadenartigen Tonfolgen, die bald von energisch-bestimmten und feierlichen Phrasen abgelöst wurden.

Sie richtete sich auf, blickte in die Ferne, schloß die Augen und begann zu singen. Ihre Stimme, rund und voll, geschmeidig, begann im Saal zu schwingen. Und sie sang:

»Die einzige Herrscherin der Welt ist die Zeit,
Zeit der Zeiten, Zeit ...
Was wäre die Welt, diese staubige, heiße Welt, würde
nicht die Zeit, die rollende, kreisende Zeit diese
schwere, brütende Welt bewegen ...
Kalte Herrscherin Zeit ...
Ins Leben stürzt sie dich
Sie läßt dich erstarken
Doch bald schon läufst du ihr im Gefolge

Strauchelst und fällst
Und sie stößt dich ins Grab.
Was wäre die Welt, diese strahlende, gaukelnde Welt, würde nicht die Zeit, die rollende, kreisende Zeit, diese helle, mannigfaltige Welt bewegen.«

»Schau, das gefällt dem Perser, er nickt, das ist jetzt nämlich Mode bei ihnen, Zurvanlehre oder so nennen sie es«, flüsterte Jalil, »aber der da drüben, der uns den Wein sozusagen ins Gesicht geschüttet hat, der rückt immer so komisch auf seinem Kissen hin und her. Nein, wie der schaut, o Hubal und Konsorten!«

Nun wurde der Rhythmus etwas schneller, und Rauschan sang auf persisch weiter. Sie sang von Thronen, die stürzen, von Königreichen, die zerfielen, sie sang vom Wüstensand, der die Werke der Menschen bedeckte, vom Wasser, das äonenlang floß, vom unwandelbaren Gang der Gestirne ... Sie sang wieder arabisch ...

»Unerbittlich ist die Zeit, nur sie allein ist die Herrscherin aller Menschen ... Deshalb« – und nun wurde die Melodie vergnügter, der Rhythmus noch lebhafter, zusammen mit der Flöte spielte sie schnelle Folgen, kreisende Refrains, und sie hob den Kopf, schüttelte ihre Locken und versprühte ihren Liebreiz, verschenkte ihr lachendes Glück. »Deshalb, all ihr meine Lieben, freut euch des Lebens, genießt den Wein, der durch eure Kehle rollt. Süß ist der Klang unserer Lieder. Jetzt ist die Zeit. Seid glücklich jetzt und lacht und genießt. Morgen vielleicht sind wir tot.«

Die Trommel wurde rasant, die Flöte zog begeisterte Girlanden und steigerte sich zu quietschenden Höhen, und schon wirbelten Jalil und Wahab auf die Tanzfläche. Sie drehten sich und bogen sich zurück, sie hoben ihre Röcke, standen mit gespreizten Beinen und wiegten x-beinig die Hüften. Sie griffen sich in koketter Pose ins Haar, warfen verführerische Blicke in die Menge ... Gelächter brach los, auch die Frauen und Kinder lachten silberhell. Nun spielte Jalil die Frau und Wahab den männlichen Verführer, was bei seinen Frauenkleidern doppelt drollig aussah. Er näherte sich ihr von hinten, streckte seine Arme nach ihr aus, fuhr erschreckt zurück, als sie sich unwillkürlich bewegte, er schlich um sie herum und versuchte sie aus ergebener Pose zu berühren oder wenigstens ihren Rockzipfel zu erfassen.

Rauschan behielt unterdessen die Anhänger des neuen Propheten im Auge. Der eine hatte die Zähne aufeinandergepreßt. Sie spürte dunkel, daß das Lied über die Herrscherin Zeit, das der gängigen persischen Religion entsprach, für sie ganz abstoßend sein mußte – denn sie glaubten ja nur an einen Gott, durften keinen Wein trinken ... und die Tanzvorstellung der beiden Männer in ihren Frauenkleidern, ja, das mußte für sie wie Gift sein!

Genug! Bevor die beiden Tänzer sich noch steigern konnten, sprang sie auf, legte die Laute beiseite und rief vergnügt und begeistert: »Eßt und trinkt, laßt es eurem Leib und eurer Seele wohlergehen, fühlt euch zuhaus in meinem Haus und genießt diesen Abend mit all unseren dreifach geehrten Gästen.« Applaus, Applaus. Sie erntete den Applaus, auch Jalil und Wahab verbeugten sich und trollten sich von der Tanzfläche.

»Rauschan«, fragte einer der Gäste, »wo ist eigentlich deine reizende Tänzerin, die aus Ägypten, die Runde?« – »Ach«, sagte Rauschan zerstreut, »ich habe sie verkauft, aber«, setzte sie schnell hinzu, »sie wollte selbst weg, sie wollte ins Haus des Walid, dort hat sie viele Freundinnen.«

»Glauben Sie's nicht! Nein, nein, Rauschan ist nicht so mitfühlend, wie sie tut«, mischten sich Jalil und Wahab ein. »Sie ist in Wirklichkeit eine fürchterliche Herrin, eine grausame Tyrannin.« Rauschan blickte zürnend, während die beiden vor ihr zu Boden gingen und um Verzeihung flehten. Dann prustete sie los.

Aber nun begann Jalil laut und feierlich zu sprechen, so daß der Perser es hören mußte. »Aber was die Sklaverei betrifft, also in Byzanz möchte ich nicht Sklave sein. Widerliche, verfluchte Schakale sind sie, diese Byzantiner, falschgläubig und hinterlistig, unfähig und seit mindestens drei Generationen kreuzlahm ...« Er sprach so eindringlich, so überzeugt, daß der Perser, der ja eigentlich auch dieser Meinung über die Byzantiner war, sich dieser Rede schon nicht *mehr freuen konnte, so offensichtlich tendenziös und peinlich war sie geworden.*

Omar Al-Saegh stieß nun seine Äthiopierin an. Die Trommel wurde lauter, Rauschan setzte sich eilends und ergriff die Laute. Sie spielte eine beschwingte Tanzmelodie, und die Äthiopierin bewegte anmutig ihre Hüften, sie wiegte sich im Oberkörper, spielte mit schmalgliedrigen Händen Schlangen im Raum, und wenn Rauschan auf der Laute vibrierende Soli intonierte, begann sie am ganzen Körper subtil zu vibrieren und gleichzeitig sich weiter zu winden und zu drehen. Manchmal lächelte sie Rauschan kaum merklich zu. Dann wieder ging sie in sich, und als sie geendet hatte, wagte keiner, ihr Beifall zu spenden. Nur einige riefen aus: »Bei Allat, Schwester, du bist die vollendete Schönheit!« Und einer erhob sich, ging auf sie zu, nahm seine goldene Halskette ab, um sie ihr zu geben.

Omar Al-Saegh stieg die Zornesröte ins Gesicht: »Wer bist du, daß du glaubst, du müßtest ihr Geschenke machen! Sie hat alles, was sie braucht! Wer bist du, du lausgesichtiger Dschinn, du dünnblütiges Geschöpf der Nichtigkeit, du Mauer der Beschränktheit, du ...!« Eben noch wohlig durchrieselt, weinbeschwingt und voll irriger, heißer Hoffnung, schreckte der Spender der Kostbarkeit jäh aus seinen Träumen auf. Omar Al-Saegh baute sich nun breiter auf, warf sich in die Brust – die Äthiopierin war inzwischen gazellengleich auf ihren Platz geglitten und blickte ungerührt auf die beiden Männer. Die Seidenhändlerin lächelte ironisch. Eines der Kinder sprang hervor, ballte die Faust und schrie mit heller Stimme: »Los, gib's ihm, verfolge ihn ... brich ihm die Knochen!« Und purzelte wieder zurück auf sein Kissen. »Du neungeschwänzter Scheitan«, murmelte Omar Al-Saegh böse. »Aber ...«, intervenierte Rauschan, »wie kannst du solch häßliche Worte in meinem Haus gebrauchen. Wirklich, so schön ist deine Sklavin, ich wollte, ich könne mich mit ihr messen!« Sie schüttelte ihre Locken, stellte sich ganz dicht vor Omar Al-Saegh und ließ ihn den Duft ihres Parfums einatmen.

»Rauschan, Rauschan, sing uns ein Lied ...!« Maruan trank Mokka aus einer kleinen Schale. Die Streiterei hatte er

vollkommen ignoriert. Er hatte wichtigere Themen: »Seit die Sassaniden die Waren schon am Euphrat abfangen, graben sie uns das Wasser ab. Wir brauchen die Oase Teima als Stützpunkt. Der Karawanenzug aus Syrien wurde überfallen. Nomaden drängen aus der Steppe in die Stadt ... Mekka muß stark sein.«

»Rauschan, Rauschan, ein Lied! Laß deine leuchtenden Augen über uns aufgehen wie die Sterne am Himmel, laß uns deine goldene Stimme hören!« Nun stellte Maruan seine Schale beiseite und wandte sich langsam um. Augenblicklich ebbten die Zurufe, das Lachen und das Geplauder ab, und Maruan rief laut: »Rauschan, ein Lied zu Ehren der Göttin, sing uns ein Lied!« Rauschan stand inmitten des Raumes auf einem blauschimmernden Teppich und antwortete mit lachender Begeisterung:

»Ja, ein Lied für Al-Uzza, unsere Mutter, für die strahlende Al-Uzza, eure Geliebte. Ich werde singen ...«

Sie wiegte sich in den Hüften, tänzelte mit kleinen, rhythmischen Schritten nach vorne zu den Musikern, wandte sich dem Publikum zu und schloß die Augen ... und gurrende, tief selige Töne erklangen, rund wie goldene Äpfel, süß wie rosafleischige Feigen, leidenschaftlich tief wie aufgesprungene, blutrote Granatäpfel. Sie sang eine Linie und endete. Stille einen Augenblick und dann Schreien, Klatschen, Rauschan, Rauschan!

Sie gebot Stille, und von neuem quollen, fluteten die Töne. Ihre Stimme erfüllte der Raum. Und nun setzten die Musiker ein, und Rauschan sang ein Lied für die Schutzgöttin von Mekka:

»Funkelnd schmückst du die Gefilde
Des Ostens am Morgen
Bis dein Glitzern im Feuerreich der Sonne verblaßt.

Schöner bist du als die
Bläulich schimmernde Schlange,
Herrin der Liebe,
Die du im Innersten kennst,
Die weise Kunst der Verlockung.

Schöner bist du als die
Feingliedrige, schnelle Gazelle
Herrin der Liebe
Die du im Innersten kennst
Die Gunst der tiefen Gefühle

Dein Auge ist bodenlos
Wie die Meere dieser Welt
Al-Uzza, Heldin des Morgens
Ich bin deine Sklavin, deine Tochter,
Ja, dein Geschöpf …«

Und Rauschan warf bedeutungsvoll ihre Arme in den Himmel, als wolle sie die Energie der Erde emporsenden, um dann von oben zu empfangen. Dann warf sie sich zu Boden und berührte die Erde mit den Händen – lobende, anfeuernde Zurufe antworteten ihr. Sie richtete sich wieder auf und begann von neuem:

»Funkelnd zierst du die Gefilde des Westens bei Einbruch der Nacht
Wenn die Sonne verbleicht und entweicht,
Uns verrät an den silbern zitternden Abgrund der Nacht
Geheimnisvolle, Grausame, Drohende

In nächtlicher Kühle läßt du Vulkane überströmen
Läßt du die Liebenden lodern und glühen,
Tötest und erweckst sie zugleich

Bodenlos ist dein Palast
Bodenlos wie alle Abgründe jener Welten
Al-Uzza, ewige Löwin, Grausame, schärfe deine Krallen
Löwin, nimm mich, zerreiße mich, damit ich lodere und erglühe
Damit ich vergehe im Taumel der Liebe
Löwin der Liebe, ewige Löwin der Liebe …«

Rauschan kniete nieder, stützte die Hände auf den Boden und begann ekstatisch ihren Kopf im Kreis zu schleudern, während der Trommler tanzende, rasende Wirbel schlug. Als sie wieder aufblickte, waren viele aufgesprungen, Männer wie Frauen, sie zuckten und zitterten am ganzen Körper, drehten, wanden sich, selbst Maruan mit seiner mächtigen Gestalt tanzte sich mit hocherhobenen Armen und rhythmischen Schritten in die Mitte des Raumes. Aber die drei Gäste, mit denen sich ihre beiden Transvestiten angelegt hatten, wo waren sie? Während die Gäste in der Hitze des Rausches, des Tanzes und der körperlichen Nähe glühten und begeistert johlten und lachten, spähte Rauschan beunruhigt zum Eingang, und wirklich, da drängten sich die drei zwischen den Säulen und einer Schar vergnügter, neu hinzukommender Gäste hindurch. Blitzschnell, unauffällig wand sich Rauschan an den erregten Menschenknäueln vorbei, wich mit diplomatischem Lächeln einer Freundin aus, die ihr mit ausgebreiteten Armen entgegenkam, erreichte die drei weißgekleideten Männer und packte den Ältesten unter ihnen von hinten am Ärmel. »Halt«, flüsterte sie energisch. »Halt, warum geht ihr denn schon! So könnt ihr nicht gehen, ich laß euch nicht fort!«

Der Angesprochene wandte sich langsam um, sah ihr kühl ins Gesicht und sprach mit verachtungsvoller Gemessenheit: »Sag deinen beiden Schauspielern, ihr Benehmen ist unwürdig, ihre Darbietung schandvoll!«

»Aber meine Gäste sind der Meinung ...«, sagte Rauschan. Der Älteste unterbrach sie schroff. »Gäste? Hier geht es nicht um Gäste, hier geht es um Arabien!« Und er hob beschwörend die Hände, ballte sie zur Faust und ließ seinen Blick mit verhaltener Wucht in eine bedeutungsvolle Ferne streben: »Rauschan! Wie sollen wir uns denn befreien von der Gier des byzantinischen Schweines und der Arroganz des persischen Hundes! Rauschan, Rauschan! Wann wirst du es endlich verstehen! Wie sollen wir Arabien denn befreien ... mit diesem verlotterten Haufen von weibischen Halunken und besoffenen Schwätzern!«

»Jawohl!« warf sein junger Begleiter eifrig ein. »Der Pro-

phet hat es selbst gesagt, verweiblichte Männer in Frauenkleidung haben in unserer Gemeinschaft keinen Platz!«

»Hat er das wirklich gesagt? Warum denn? Ist das so schlimm?« fragte Rauschan. Der Älteste schüttelte den Kopf. »Schwester, du weißt doch selbst, worum es geht! Die Befreiung braucht ganze Männer!« Und der schöne Junge mit den flammenden Augen fügte hinzu: »Es gibt nur einen Gott! Ihm, und nur ihm unterwerfen wir uns!« Der dritte, ein schmächtiger, in sich gekehrter Junge, setzte fragend hinzu: »Wären es zwei oder mehrere Götter, so würden sie sich doch streiten, oder?«

»Wozu streiten, wozu kämpfen?« rief Rauschan mit heller Stimme, warf mit einem Ruck die Haare in den Nacken und versuchte, unbekümmert zu lachen. »Es geht uns doch gut! Wir haben Gesang, wir haben Tanz, Duft, Schönheit, süße Früchte!« Aber der Älteste wiegte mit deutlich gezeigter Betrübtheit den Kopf. »Schwester, du verstehst noch immer nicht! Nun höre mir doch zu! Überall gibt es Ordnung! Ordnung, verstehst du? Nur in Arabien nicht! Der Prophet hat uns von der ungeheuren Disziplin der christlichen Mönche erzählt. Er hat es selbst in Syrien gesehen. Ganze Tage sitzen sie bewegungslos und beten und singen zum Lob des Allerhöchsten. Und hier bei uns? Da grölen sie besoffen Lieder! Und in Persien, da wissen die Weiber, wo sie hingehören. Aber hier bei uns? Rauschan, Rauschan!

Nein, es gibt keine Ordnung in Arabien. Not, nächtliche Überfälle, niedrige Gier, gotteslästerliche Flüche, Kuppelei und Liederlichkeit! Arabien zerfleischt sich! Unsere Stämme schlagen aufeinander los, sinnlos schwächen sie sich ..., anstatt die Gegner niederzuhauen, anstatt die persischen Schakale bis ans Ende der Erde zu jagen! Gegenseitig schwächen sie sich, anstatt die Schiffe von Byzanz in die tiefsten Tiefen des Weißen Meeres zu versenken, zum Fraß für die Meerestiere!«

»Ja«, sagte der Junge mit den flammenden Augen mit samtener Sanftmut: »Es gibt nur einen Gott!« Andächtig lächelnd legte er die Hand aufs Herz und sah Rauschan lange und tief in die Augen. »Ein Volk, geeint in einem Gott durch seinen einzig wirklichen Propheten!«

Rauschan sah ihn fassungslos an. Kaum hörte sie die Stimmen, die von drinnen riefen: »Rauschan, Rauschan, wo bleibt sie denn?«

»Ja, Schwester!« beschloß der Älteste seine Ermahnung. »Wir haben eine Mission! Arabien befreit sich! Unsere Hoffnung liegt im Kampf!« Ratlos entgegnete Rauschan: »Ich weiß nicht! Ich seh es irgendwie anders!«

VI.

Die Liebenden

1. Wider die Erwartung

Und da sind wir wieder am Anfang angelangt: Was sieht das Auge? Wohin richten wir den Blick? Die Welt ist vieldeutig, und ihre Deutungen hängen von Blickwinkeln ab.

Es beginnt bei dem Begriff der »Geschichte« selbst: Was als »Geschichte« gilt – Kriege, Machtkämpfe, Regierungszyklen, Putsche etc. –, ist nur ein kleiner Sektor der wirklichen Geschichte. Diejenigen, die »Geschichte machen« – Feldherren, Dynastiebegründer, Ideologen –, sind nur eine kleine Gruppe von Männern, die von den Historikern in die Schulbücher gehievt werden. Das tiefste Geschehen dagegen, das Menschen über Jahrhunderte und Jahrtausende erleben und gestalten, nämlich die Beziehung von Frauen und Männern, wird überhaupt nicht zur Geschichte gerechnet.

Vieles, was heute als heilig, sakrosankt und ewig gilt, ist in Wirklichkeit aus Gier und Machtdurst künstlich erzeugt, imitiert und angeeignet worden. Und was zuvor als heilig und unantastbar verehrt wurde, ist so gründlich zerstört, verwischt und verschwiegen worden, daß wir's auch heute noch nicht wissen ... wie viele Schuppen müssen uns noch von den Augen fallen!!! Welche Scheuklappen, Sonnenbrillen und Kontaktlinsen müssen wir ablegen, um neu zu sehen?

Es gibt Frauen, die mit Feuereifer bewußtlose, dumpfe, überflüssige patriarchale Positionen vertreten, und es gab und gibt Männer, die gemeinsam mit Frauen Freiheit und Liebe suchten ... wie Urukagina oder jene namenlosen Männer, die gemeinsam mit ihren Frauen dem Jeremias widerstanden und sich zur »Himmelskönigin« bekannten.

Was für absolut frauenfeindlich gehalten wird – der Harem –, ist in Wirklichkeit doppelsinnig, eine Übergangsform: Denn er beruht nicht nur auf Gewalt und Versklavung, sondern auch auf dem lange Zeit noch erhaltenen Respekt für die politische, ökonomische, religiöse und erotische Kompetenz der einstigen Priesterinnen und Erbtöchter, die nun in den Machtbereich des Herrschers gerieten.

Was für absolut männerfreundlich gehalten wird, der Übergang zur »Geschichte«, zur militärischen, organisatorischen und dynastischen Macht der Männer –, war in Wirklichkeit unvorstellbare Qual für die große Mehrzahl der Männer: Kastration, Massaker, Versklavung.

Was für die »Natur« der Frauen gehalten wird – Haushalt und Kinderkriegen –, ist in Wirklichkeit eine gezielte Verdrängung aus Ökonomie und Politik. Was für das »älteste Gewerbe der Welt« gehalten wird – die Prostitution –, entstand erst, als die Frauen aus Ökonomie und Politik verdrängt waren.

Was für islamisch gehalten wird – die Gefängnisehe –, ist in Wirklichkeit zeitlich und räumlich viel weiter verbreitet und letztlich aus dem Possessionismus von Viehzüchtern und dem Rassismus von weißen Eroberern entstanden. Was für hebräisch oder semitisch gehalten wird – rassexistische oder rel(igiös-)sexistische Reinheits- und Ehegesetze, die Beschreibung der Massaker an Andersgläubigen in den Büchern Moses, die »Wortgewalt« der Psalmen, die Pogromaufrufe bei einigen Propheten –, ist wahrscheinlich erst durch die Begegnung mit medisch-persischen, also arischen Traditionen entstanden. Was für christlich gehalten wird – Zeremonien wie etwa die Wandlung von Wein in Blut –, ist in Wirklichkeit den weiblichen Religionen entlehnt. Was als westlich gilt – erotische Liberalität –, hat in Wirklichkeit auch im Osten und in Nordafrika Jahrtausende lang existiert.

Begriffe wie »Orient« und »Okzident«, »Rasse« oder »Sprachgemeinschaft« sind inhaltslos: Ob blonde oder schwarzgelockte Menschen in Nilsümpfen, Donausümpfen oder Indussümpfen sich in germanischen Stabreimen und Odinscher Runenschrift oder phönizischem AlephBeit und semitischen Litaneien[116] ausgedrückt haben, das sagt zunächst noch gar nichts über Glück und Unglück zwischen Männern und Frauen aus. Wer auf diesen Begriffen Theorien baut, klempnert klassische Kurzschlüsse. Geschichtstragend sind in Wirklichkeit andere Kategorien: Sammeln und Jagen, Viehzucht versus Ackerbau – Nomadismus versus Seßhaftigkeit, Freiheit, Frieden und Gemeinbesitz versus Violentismus, Possessionismus, Dominismus und Militarismus – Matrilinearität und erotische Liberalität versus Rassexismus, Klassexismus und Relsexismus – zyklisches Denken versus Dualismus – gynozentrische versus androzentrische Religionen. Und alle diese Erlebnisse, Eigenarten, Taten und Untaten kamen bei Menschen verschiedenster Rassen und Sprachgemeinschaften sowohl in Europa, Asien und Afrika vor.[117]

Und selbst das sind nur Modellbegriffe, denn in Wirklichkeit haben sich die verschiedenen ökonomischen Stadien, Ideologien und Verwandtschaftssysteme über Jahrhunderte und Jahrtausende hinweg durch Migration und Medien so vermischt, daß ein ungeheurer Nuancenreichtum entstanden ist. Wir können also einfach nicht mehr sagen, die eine Gesellschaft sei gynozentrisch oder androzentrisch, sondern allenfalls, daß wir hier und heute ein solches Element gefunden haben. Überall gibt es Individuen, die als bunte Vögel von der Norm abweichen oder durch ihre innere Kraft schier übermächtige äußere Schwierigkeiten überwinden, um ihre Freiheit und ihr Glück zu erschaffen, und schließlich sind viele Erscheinungsweisen einfach nicht so leicht zu deuten: Zum Beispiel gehen die brahmanischen Nambudirifrauen in Südindien total bewacht, abgeschirmt, aber mit nacktem Oberkörper in der Außenwelt spazieren, eine Europäerin liegt nackt am Strand, weil sie Sonne aufnehmen will, ohne im geringsten an sexuelle Abenteuer zu denken, eine arabische Frau würde sich durch solche Nacktheit entehrt fühlen ... und alle drei sind von ihrer Sichtweise überzeugt.

Wir sollten also sehr wachsam sein! Es ist so leicht, aus vereinzelten, unrepräsentativen, täuschenden Wahrnehmungen verkürzte, übereilte, verdrehte, widersprüchliche Schlüsse zu ziehen. Oder aufgrund von einzelnen, persönlichen Erfahrungen heftig, unkontrolliert und nachhaltig zu verallgemeinern.

Die Welt ist viel-viel-vielfältiger, als unsere unreflektierten Alltagstheorien es zulassen! Das Unglaublichste ist möglich, und das scheinbar Normale wird plötzlich seltsam fremd!

2. Statt Verwechslung der Ebenen: innere Reifung

Was also bleibt, nachdem wir diese bunte Prozession durch geographische Weiten und epochale Zeiten gegangen sind?

Wir haben die Frau als Hüterin der Schwelle zwischen Diesseits und Jenseits kennengelernt, sie entspricht der zweiten Tarotkarte *Die Hohepriester*in, die ahnend, mystisch mit dem Mond lebt und die Geheimnisse des Werdens und Entwerdens kennt. Wir haben die Frau als Kulturträgerin kennengelernt, die die fruchtbaren Felder und die Gärten der Erotik kultiviert, sie entspricht der dritten Tarotkarte *Die Kaiserin,* die bequem und heiter auf dem Venuskissen ruht und die Göttin in der Welt vertritt.

Wir haben den Mann als Eroberer und Besitzenden in Gewalt, Herrschaft und weltlicher Macht kennengelernt, er entspricht der vierten Tarotkarte *Der Kaiser,* der pompös, herausfordernd und bewaffnet auf seinem Thron sitzt. Wir haben den Mann als Priester kennengelernt, der das Diesseits vom Jenseits spaltet und die Schlüsselgewalt verwaltet, er entspricht der fünften Tarotkarte *Der Hierophant,* der dreifach gekrönt, mit dem Schlüssel in der Hand heilige Worte spricht und Gehorsam fordert.

Aber ist dies das einzig mögliche Bild von Männlichkeit? Mußte der Kaiser Land und Know-how beschlagnahmen, mußte er Zuhälter oder eifersüchtiger Ehemann werden? Mußte er die Funktionen der Hohenpriesterin – Empfängnis, Geburt – und die Funktionen der Kaiserin – Pflanzen- und Körperkultur – wissenschaftlich/technisch/kommerziell/rechtlich an sich reißen? Reproduktions- und Gentechnologien, Agrarindustriekomplexe, Sexkommerz ... verdinglicht, manifest. Das war die falsche Ebene der Verschmelzung! Das war nicht Liebe, sondern Gier! Mußte der Hierophant die Welten der Hohenpriesterin spalten, ihr mit Gewalt den Schlüssel entwinden, die Leistungen der Kaiserin dämonisieren, Frauen verfolgen, foltern und töten? Konnte er sie dadurch loswerden? Nein, was er vorne spaltete, traf ihn von hinten ins Kreuz. Er schnitt sich ins eigene Fleisch. Das war die falsche Ebene der Befreiung! Das war nicht Lösung, sondern Flucht!

Was da produziert wurde, ist nicht Männlichkeit, sondern Halb-Männlichkeit! Halb-Männer sind es, die den Sieg des »Männlichen« auf die dingliche Ebene verlegen. Ihre »Männlichkeit« ruht in Institutionen, in Sachwerten, höheren Werten, »Idealen«, nicht in ihrem inneren, lebendigen Sein. Aber nicht um Beweisen, Erzeugen, Erzwingen von äußeren Dingen geht es, sondern um die flüssig-flexible Verwandlung im eigenen Selbst:

Zum Glück hat es immer Männer gegeben, die die Gestalten des Weiblichen akzeptieren und integrieren konnten. Diese Männer sind imstande, Frauen zu lieben. Sie nehmen an Geburten teil, lieben den weiblichen Körper, achten die Person in der Frau (und da spielt es für mich keine große Rolle, ob sie ganz treu sind oder nicht). Sie achten die Umwelt, verzichten aufs Gasgeben und bemühen sich, den Sexualakt auszudehnen und intensiv und abwechslungsreich zu gestalten.

Sie sind Wächter, Bewahrer und Verfechter des Weiblichen. Gerade weil sie die Gestalten des Weiblichen in sich und um sich herum akzeptieren, können sie die Gestalten der Macht der Gebärerinnen und Ernährerinnen balancieren. Das sind wirkliche Männer!

Und die Frauen? Wissen wir überhaupt, daß diese ganze überladene, verkomplizierte und verkorkste Zivilisation, in der wir leben, aus einer Verwechslung der Ebenen entstand? Wir ärgern uns über die männlichen Machthaber und wollen noch mehr Macht haben, wir sind kaiserlicher als der Kaiser! Wir grämen uns über die männlichen Rechthaber und wollen noch mehr Recht haben (Mutterrecht nämlich), und sind darin päpstlicher als der Papst! Weil uns die Hohepriesterin und die Kaiserin vermiest und geklaut wurden, kennen wir nicht mehr das ganze Spektrum der Weiblichkeit, glauben wir nicht mehr an das Weibliche in uns, sind wir zu Halb-Frauen geworden, und nur deshalb überschätzen, vergöttern, beneiden, hassen, betrügen, bekämpfen, entmachten, entrechten wir die Machthaber und Rechthaber. Anstatt die Fassaden zu durchschauen, hinter denen sie ihre Halb-Männlichkeit verbergen!

Wie könnten wir in diesem zerzausten und verarmten Zustand einen Mann lieben? Aber wenn wir die Gestalten des Weiblichen in uns regenerieren, wenn wir wieder gesund und reich werden, so können wir auch liebreich werden und die Gestalten des Männlichen in uns und um uns integrieren. Dann kommen die Gefühle von Männern und Frauen ins Gleichgewicht ... Das ist die Herzebene, das Ich wie das Du, das Du wie das Ich, dann ist die Ebene der bloßen Macht und der Machtkämpfe überwunden, statt »Rechtlosigkeit« zu beklagen, freuen wir uns über den Genuß des »Linken«. Macht und Anmut, Rechts und Links ist balanciert.

3. Das Hohelied der Liebe – ganz modern

Die drei Göttinnen in meinem Traum haben ihre Starre, ihre Trance, ihren Machtglauben aufgegeben. Sie unterhalten sich angeregt, stehen auf, sitzen auf dem Boden, schlagen die Beine übereinander, stützen sich von hinten auf die Throne, legen die Hand über die Augen, suchend, voll freudiger Erwartung in die Ferne spähend ... wann kommen sie denn? Jetzt müssen sie aber schon auf dem Weg sein! Die Männer!

Die Panzerplatten des Kaisers öffnen sich, treten auseinander, das Megaphon des Hierophanten fällt mir aus der Hand, die Kanzel wankt ... lieber leise flüstern oder nur noch fühlen DICHMICHDICHMICH, Seelenkörper schmilzt zu neuem Amalgam und wächst. Die Panzerplatten fallen, Throne ächzen, krachen ... lieber leise flüstern oder nur noch fühlen DICHMICHDICHMICH. Wo ist der Schlüssel zu deinem Herzen, hast du mich gefragt. Schon wieder geht es um den Schlüssel, doch diesmal: Zu meinem Herzen?

Oh, da sind sie schon wieder, die Wächter!

»Sei bloß vorsichtig! Wie kannst du dich auf so eine fremde Kultur einlassen? Bei denen gilt eine Frau überhaupt nichts!«

Oh, da sind sie schon wieder, die Wächter! Am Tor noch ergreifen sie mich! Wo ist mein Geliebter? Habt ihr meinen Geliebten gesehen? Schwarze Locken spielen auf seinen Schultern! Bei Nacht suchte ich ihn in den Gassen der Stadt, ich suchte ihn auf den Weinbergen! Glatt ist seine Haut, glatt und dunkel wie ...

»Aha, du stehst wohl auf exotisch? Nimmst dir zur Abwechslung mal einen heißblütigen Exoten? Na, war's gut mit ihm?«

Wo ist mein Geliebter? Habt ihr meinen Geliebten gesehen? Sehnsucht wohnt in seinen Augen, seine Berührung ist wie

Gold! Bei Nacht suchte ich ihn in den Gassen der Stadt, ich suchte ihn auf den Weinbergen! Laßt mich durch! Einen Orangenhain will ich dir pflanzen, ein Bett aus Lilien und Rosen bereiten, und der Schlüssel zu meinem Herzen? Soll ich das Versteck verraten?

»Du bist verrückt. Gerade jetzt, wo die Ausländerfeindlichkeit wieder zunimmt! Willst du dir künstlich Probleme schaffen? Und was ist, wenn du schwanger wirst?«

Einen Orangenhain will ich dir pflanzen, ein Bett aus Rosen und Lilien bereiten. Verrate niemand, was ich dir verrate! Der Schlüssel ... hör gut zu und erzähl es niemand! Das Versteck! Der Schlüssel ist ... pssst ... du findest ihn ... ja, die Richtung stimmt, warm, heiß, heißer, ja ... du findest ihn ... hier hinter meinem linken Schlüsselbein! Nein! Nicht Schulterblatt! Schlüsselbein! Ahh ... endlich ... Ja, jetzt liegst du richtig!

Und ich trete heraus aus dem Schatten der Vergangenheit und gehe mit dir in eine neue Zukunft.

VII.

Der Tanz: Venus und Mond vereint

Es wird oft gefragt, wo nun der Ursprungsort des Bauchtanzes oder Orientalischen Tanzes liege, und schon flammen hitzige Streitgespräche auf. Ägypten ist das Zentrum, dort gibt es heute die bekanntesten und meisten Bauchtänzerinnen! Nein, eigentlich brachten ihn Zigeunerinnen aus Indien, das sieht man an dem Kopfgleiten und den über dem Kopf gefalteten Händen! Nein, die Türken haben ihn aus Mittelasien eingeschleppt, schließlich heißt er ja bei den Arabern »Tanz des Ostens«! Nein, er existierte schon in der Römerzeit im Mittelmeer-Becken! Aber im Hohelied der Liebe des Salomon - und das stammt aus Südarabien - findet man auch schon frühe Hinweise darauf! Gibt's nicht auch in afrikanischen Fruchtbarkeitstänzen so ähnliche Bewegungen? Und überhaupt die Zitterbewegungen, typisch afrikanisch! Was??? Afrikanisch? Nein, also so was, wir sind Araber, das ist *unser* Tanz, durch und durch arabisch!

So geht es in einem fort. Aber das sind Scheingefechte! Nicht der Paß ist wichtig, sondern die Funktion. Ich würde sagen, der Bauchtanz stammt von Mond und Venus ab, von »Schlangenkult« und »Tempelliebe«. Er umfaßt die Bereiche des Mystisch-Organismischen (Mond, Schlange) und des Erotisch-Kultivierten (Venus).

Der heutige klassische »orientalische Tanz« ist ein Konglomerat aus verschiedenen Bewegungsarchetypen, die ich in meinem Buch *Der heilige Tanz* ausführlich erläutert habe.

Zunächst die Schlangenbewegungen!

Das sind geschmeidige, achterförmige Schleifen des Beckens, Oberkörpers, der Arme und Hände. Bewegungen dieser Art gibt es auch in südchinesischen Chi Gong-Sequenzen, in ostasiatischen Tänzen mit lebenden Schlangen, in den »agems«

(Schritten mit Beckenwendungen) und eleganten Armbewegungen des indonesischen Tempeltanzes, in den anmutigen Oberkörper- und Armschleifen des persisch-uzbekischen Hoftanzes und im »tripanghi« (»dreifache Biegung«) des ostindischen Odissitanzes. Stundenlanges tranceartiges Hüft- und Arm-Schlängeln haben Reisende auch in indischen Tempeln beobachtet (im Gegensatz zu der steifen Oberkörperhaltung des indischen Bharatanatyamtanzes, der bei uns eher bekannt ist). Wir haben heute also eine Verbreitung von China bis nach Nordafrika, allerdings nur von fragmentarischen Einzelelementen.

Wahrscheinlich hat es in der Vergangenheit ein ausgebildetes Gesamtsystem von Schlangenbewegungen gegeben, von dem uns nur Fragmente erhalten blieben, die über Kontinente verteilt sind. Sicher ist, daß es diese Schlangenbewegungen schon vor 6000 bis 7000 Jahren in Afrika, Asien und Europa gegeben hat: Wir können sie in der Reihe der tanzenden Frauen auf einer Tonscherbe aus dem Iraq, in der Tonfigur aus der Negadekultur im vordynastischen Ägypten und in der linienverzierten Tonfigur aus dem neolithischen Rumänien wiederfinden. Wer Bauchtanz kennt, weiß, daß das nach hinten ausgestellte Becken die Anfangsphase eines Beckenachters ist.

Vor dieser archaischen Kraft verblassen alle möglichen Spekulationen über Herkunft und Verbreitung dieser Bewegungen. (Von Ost nach West, von West nach Ost: durch islamisch-arabische Expansion bis nach Indonesien oder durch die Türken aus Mittelasien in die arabische Welt oder durch die Zigeunerinnen aus Indien in den Vorderen Orient usw.) Es geht bei diesen Bewegungen um die sakrale Symbolik der Schlange, die ich in Kapitel II. erläutert habe. Es geht um Menstruation, Empfängnis, Geburt. Frauen haben mit Schlangen getanzt, um die Urmutter-Schlange zu verehren, und sie haben deren Geschmeidigkeit in ihrem eigenen Körper nachgeahmt. Noch kurz vor der christlichen Ära haben sich Frauen in Ägypten und Kleinasien Schlangen auf den Bauch gelegt, um schwanger zu werden, um an diesem numinosen, geisterhaften Kraftfeld teilzuhaben. Noch heute wird das Schlängeln, das die Wehenbewegungen imitiert, im Maghreb als ritueller Geburtstanz praktiziert.

Und aus der langjährigen Erfahrung von Schlangenbewegungen entstand dann auch die innere Erfahrung einer enggeflochtenen Symmetrie von Links und Rechts, die bei diesem Schlängeln entsteht und zu Trance und Hellsichtigkeit führen kann. Ich stelle mir vor, daß systematisierte Schlangenbewegungen als magische Disziplin in Tempeln von Ägypten bis nach Tibet praktiziert und vielleicht auch ausgetauscht wurden.

Den Begriff der Kundalinikraft kennen wir nur aus Indien. Aber da es schon vor Jahrtausenden weitreichende Kontakte zwischen Indien, Arabien und Afrika gab, nehme ich an, daß das »Schlangenfeuer« einstmals in diesem ganzen Kulturbereich gehütet wurde – in Zeiten, als die Sahara noch nicht ausgetrocknet war. Dilmun ist das magische Schlüsselwort! So nannten die Sumerer vor mehr als viertausend Jahren das »Land im Süden«, dem sie ihrer Tradition zufolge die Reichtümer ihrer Kultur verdankten.

Niemand weiß heute, wo dieses Dilmun lag, aber manche vermuten, daß es sich im Arabischen Meer südlich der Halbinsel erstreckte und durch eine Naturkatastrophe in den Fluten versank.

Der heutige Bauchtanz mit seinen Schlangenbewegungen ist also ein Vermächtnis einstiger südlicher indisch-arabisch-afrikanischer Spiritualität. Ein weiteres Bewegungselement, ebenfalls in *Der heilige Tanz* beschrieben, sind die Vibrationen und Shakes von Hüften und Oberkörper. Sie reißen das Bewußtsein in ein glasklares Reich der Trance, drücken aber auch höchste erotische Erregung aus.

Sie kommen heute vor allem im afrikanischen Tanz vor, speziell in der Bantutradition von Ostafrika. Natürlich sind sie nicht durch islamische Expansion nach Afrika, sondern umgekehrt durch afrikanische Sklavinnen, die von arabischen Sklavenhändlern in großen Mengen verschleppt wurden, in die orientalischen Harems geraten.

Das dritte Bewegungselement sind Spiralen und Kreise von Hüften, Brustkorb, Oberkörper, Schultern und Händen. Es formuliert den Archetypus des Runden und feiert das Yoni-Prinzip. Tänze mit Hüftkreisen gab es schon in der antiken Mittelmeerwelt. Ganz konkret sind Hüftkreise natürlich auch eine Imitation von Beckenbewegungen in der erotischen Vereinigung. Und eine Frau, die diese Beckenbewegungen – einschließlich von Kontraktionen der Beckenbodenmuskeln – beherrscht kann in ihrem Körper feurige Orgasmen selbst erzeugen.

Gehen wir noch einmal die Funktionen von »Silbermond« und »Kupfervenus«, von »Schlangenkult« und »Tempelliebe« durch, um den Tanz im Kraftfeld der Göttin zu beschreiben:

1. Menarche, die erste Menstruation: Noch heute vollziehen im indisch beeinflußten Ostafrika Mädchen, die zum erstenmal bluten, Bauchtanzbewegungen auf einem Silberteller. In Tempeln auf Bali werden junge Mädchen unter Trance in heilige Tänze eingeführt.
2. Menstruation: Noch heute ziehen sich in manchen Gegenden Afrikas Frauen während der Menstruation in Menstruationshütten außerhalb des Dorfes zurück, um zu tanzen und zu singen. Rhythmische Beckenbewegungen lindern Menstruationsschmerzen.
3. Defloration und Initiation: In einem Tanz aus Uganda lassen sich Frauen mit Hüftspiralen zum Boden herab, stützen sich »vierfüßig« mit Händen und Knien am Boden auf und vollziehen weitere Hüftbewegungen, während die Männer mit schnellfüßigen Schritten und kraftvollen Sprüngen um sie herumtanzen. Dann richten sich die Frauen im Knien auf, heben die Arme senkrecht nach oben, und die Männer streifen ihnen wulstige, mit trockenem Gras gefüllte Hüftgürtel über Arme und Oberkörper, die dann (ähnlich dem klassischen Bauchtanzgürtel) auf den Hüften aufliegen. Mit diesen Gürteln tanzen die Frauen dann in aufrechter Haltung zusammen mit den Männern.

   Ich werde den Gedanken nicht los, daß dies die Darstellung einer rituellen Defloration und einer Einweihung in die Weiblichkeit ist: Mit Hüftspiralen kreisen die jungen Mädchen sozusagen dem aufgerichteten Deflorationsphallus entgegen, die Gürtel sind das Symbol der weiblichen Reife.

   Es gab in Afrika auch Tänze, wo Mädchen und Jungen sich in Reihen gegenüberstanden und deutlich erotische

Hüftbewegungen vollzogen. Auch das kann man als Initiationsritus verstehen: Was öffentlich simuliert wird, ist nun für Jungen und Mädchen offiziell erlaubt und darf nun auch real verwirklicht werden.

4. Erotische Simulation als Stimulation: Was war, wenn der Phallus eines Fruchtbarkeitskönigs sich in aller Öffentlichkeit nicht aufrichten wollte? Vielleicht hat ihn die Priesterin mit tänzerisch simulierten Koitusbewegungen erregt. Vielleicht standen die Frauen einer Siedlung während der Heiligen Hochzeit um das Lager der beiden Hauptakteure und intensivierten das erotische Energiefeld durch ihre eigenen erotischen Tanzbewegungen. Vielleicht haben Frauen die Männer bei Vollmondorgien im vorgeschichtlichen Afrika, Asien und Europa mit Hüftbewegungen rituell zur Vereinigung aufgefordert. Wo, mit wem und wie auch immer: Erotische Hüftbewegungen von Frauen regen den Hormonfluß und das sexuelle Interesse zwischen Männern und Frauen an. Frauen stimulieren damit sowohl sich selbst wie auch die Männer.

In den Erostempeln des Vorderen Orients wurde das Aufforderungselement ästhetisch verfeinert und kultiviert, und hier entstand wahrscheinlich der ganze zeremonielle Reichtum, den wir im klassischen »orientalischen Tanz« erleben:

Ekstatische Trommelwirbel, Zimbelchöre und wegweisende Instrumentalsoli kündigen die Epiphanie der »Göttin« an, dann erscheint sie, aber noch unerkannt, mysteriös, verschleiert. Das Gewebe drückt durch Kette und Schuß die Begegnung von Männlichem und Weiblichem aus, ist ein Symbol der Schöpfung. Es ist verziert und drückt darin den Reichtum der kultivierten Natur aus. Langsam entschleiert sich die Tänzerin, sie wird sichtbar, tritt in diese körperliche Welt ein. Sie wirft ihren Schleier einem der Anwesenden zu, das heißt, sie erwählt ihn und nimmt ihn gleichzeitig auch in ihren Schutz auf.

Sie ist geschmückt: Das klassische Tanzkostüm umfaßt Hüftgürtel, Bauchketten, Brustschmuck, Halsgeschmeide, Stirngehänge, und die einzelnen Teile betonen und schützen zugleich die Abfolge der Chakren oder Energiezentren in ihrem Körper. Vielleicht waren diese Schmuckteile mit echten Edelsteinen besetzt ... mit magischen Schutzsteinen für alle Zentren des Körpers. Der notorische »Diamant im Nabel« weist noch darauf hin, auch wenn die meisten Bauchtanzkostüme heute aus Plastikpailletten gefertigt sind. Ein solcher Schutz war vielleicht besonders notwendig, wenn sich die Tänzerin mit Männern vereinigte, auf die sie sich nicht persönlich, sondern nur rituell und überpersönlich einlassen konnte.

Dann beginnt sie zu tanzen. Aber sie zeigt nicht nur eine Vielfalt von erotischen Hüftbewegungen, sondern auch – in Übereinstimmung mit den Melodien – verschiedene Stimmungen und Gefühle: silbrige Seligkeit, reife erotische Souveränität, goldrosa Heiterkeit, ferne Traurigkeit usw. Und gleichzeitig fordert sie die Anwesenden auf, sich an keines dieser evozierten Gefühle zu verhaften, sie führt sie zu immer neuen Entwicklungsschritten, wenn sie in dem einen Modus tanzend mit ihnen kommuniziert, um sich im folgenden Modus abzuwenden und einem anderen zuzuwenden. Im indischen Tanz sind acht Variationen von Liebesgefühlen kodifiziert: von zarter Sehnsucht über Hoffnung und Verzweiflung bis zu glücklicher Befriedigung. Sicherlich gab es das auch in den antiken Tempeln, und ich nehme an, daß es außer dem rituellen auch einen didaktischen Zweck hatte: Vielleicht zeigte die Tänzerin jungen Mädchen bei der Initiation, welche Dimensionen Erotik und Liebe erreichen können.

Wenn sie bei rasanten Hüftbewegungen oder eleganten Armbewegungen eine Kerze auf dem Kopf balanciert, so drückt sie damit die Einheit von weltlicher und geistlicher Erfahrung aus, die Welten sind nicht dualistisch getrennt, »Erleuchtung« ist kein Gegensatz zu Erotik und Körperlichkeit, vielmehr ist Erotik der Brennstoff der Erleuchtung. Durch den Mann kommt die Frau zu spiritueller Ekstase, und dies muß in der Tänzerin Gefühle der Dankbarkeit gegenüber den anwesenden Männern erzeugen. Gleichzeitig ist sie dem Mann auch Symbol seiner Ekstase.

Die Bodenbewegungen weisen überdeutlich auf die Vereinigung hin, zum Beispiel, wenn die Tänzerin auf dem einen Bein kniet, das andere aufstellt und damit Hüftakzente oder Hüftkreise beschreibt. Man muß sich nur aufeinandergeschichtete Polster und den Mann unter ihr liegend dazu vorstellen. Selbst in den passiven erotischen Positionen wie der sogenannten »Sultans«brücke (wie unpassend ist doch dieser Ausdruck!) können noch Beckenbewegungen oder auch konvulsives Zittern des Brustkorbes vollzogen werden. (Diese theatralische Inszenierung prägt auch noch den heutigen klassischen Bauchtanz.)

Aber was geschieht dann mit dieser durch Simulation stimulierten erotischen Energie?

5. Sublimation: Sowohl tanzende Frauen wie auch zusehende (oder auch mittanzende) Männer können diese Energie in sich behalten und als Kundalinikraft ihrem individuellen Bewußtseinsprozeß zuführen. Langsame oder rasante Meditations- und Trance-Tänze, in denen die beschriebenen Bewegungsformen (vor allem Vibrationen und Schlangenbewegungen) vorkommen, wurden und werden in antiken Tempeln, auf Dorfplätzen der »Dritten« Welt wie auch in modernen Meditationszentren im Westen als mystische oder kathartische Disziplin vollzogen.
6. Sexuelle Vereinigung: Als echte Koitusbewegungen wurden diese Tanzbewegungen in den Erostempeln auch tatsächlich vollzogen. Eine Flötenspielerin begleitete den Akt, während die Erospriesterin sich mit ihrem rituellen Partner vereinigte und der Äther von Wohlgefallen geschwängert ward. Dieser rituelle Partner konnte der erwählte Jahreskönig sein, aber auch ein junger Mann, der im Tempel seine erste erotische Erfahrung machte, oder Fremde, die das sakrale Zentrum besuchten und mit ihrer männlichen Energie das Tempelkraftfeld noch verstärkten.
7. Schwangerschaft und Geburt: Wenn die sexuelle Vereinigung zur Befruchtung führte, war der Tempel oder das Versammlungszelt auch der Ort, an dem schwangere Frauen zusammen tanzten, und Priesterinnen und Hebammen den gebärenden Frauen beistanden. Bauchtanzbewegungen (vor allem Schlangenbewegungen, aber auch Kreise und Vibrationen) sind als Geburtsvorbereitung wie auch für die Rückbildung nach der Geburt sehr förderlich. Und inmitten unserer ataktisch-hektisch-reizüberfluteten, industrialisierten

Zivilisation gibt es heute wieder Schwangerschaftszentren, in deren meditativer Stille die uralten Bewegungen dieses Tanzes geübt werden.

Wir sehen also: Im mondbeschienenen und venusdurchglühten Reich weiblicher Souveränität kann sich der Tanz in vielen Dimensionen des Körpers, der Seele und des Geistes entfalten.

Mit der Entstehung der Harems aber änderte sich die Situation. Zwar blieb noch immer ein Abglanz der alten Souveränität, der segenspendenden Erotik erhalten. Doch das Tanzritual wurde mehr und mehr seines archaischen Sinnes entleert und auf bloße Ästhetik reduziert. Tänzerinnen waren nicht mehr Priesterinnen, sondern Statussymbol für Macht und Reichtum des Herrschers. Der Schmuck, mit dem sie nun überladen wurden, spiegelte nicht mehr den Reichtum der Natur und die Verehrung für die Liebesgöttin, sondern zeugte nur noch von der Ausbeutung der Untertanen, die für den Luxus des Hofes schufteten. Die Bemalung von Augen und Lippen drückte nicht mehr die rituelle Würde des Weiblichen aus, sondern wurde zum Make-up, um dem Herrscher ins Auge zu stechen. Die Haremstänzerinnen feierten nicht mehr die Göttlichkeit der Erotik, sondern mußten auf Gedeih und Verderb einem Mächtigen gefallen.

Diese Sklavinnenerotik ist es, die die heutigen Orientshows inspiriert. Sinnentleerte Ästhetik, perlenübergossene Kostüme, dreifache Perücken, aufgeschnürter Busen, aufgeklebtes Lächeln, schwül, süßlich, gefällig und irgendwie obszön: Nicht Erotik ist obszön, sondern Servilität ist obszön. Und diese sklavische Gefallsucht wird von westlichen Frauen oft sogar noch als »weibliche Selbstentfaltung« verkauft.

Demokratisch eingestellte Orientalen fühlen sich von diesen Haremsstereotypen peinlich berührt, sie verachten diese selbsternannten Tanzsklavinnen mit ihrer billigen, äußerlichen Pracht. Die exotische Romantik von Tausendundeiner Nacht ist schrecklich geschmacklos in einer Zeit, in der die Explosionen des Golfkrieges wüteten.

Auch die Gefängnisehe war ein Schlag für die sakrale Erotik und den sakralen Tanz. Nun entstand der Typus der einkommenslosen, ehrbaren Ehefrau, die als Statussymbol und Eigentumsgrenze mit einem Tuch umhüllt wurde und bald nicht mehr wagte, ihre Hüften zu bewegen. Nach brahmanischer Tradition darf eine Frau während des Koitus keine Lust empfinden, da sie sonst, man stelle sich vor!, ein Mädchen gebären würde. Im Christentum wurde Erotik mit Sünde assoziiert, im Judentum wurde die Geburt als unrein und in unserer Zivilisation als Krankheit definiert.

Erst in jüngster Zeit gibt es den Bauchtanz in Europa als Geburtsvorbereitung - wie schon vor Jahrtausenden in der alten Welt. Im Orient kennen die meisten Frauen Bauchtanzbewegungen und tanzen auch untereinander oder für den Ehemann, der es wohl zu schätzen weiß. Diese beschränkte Duldung ist durch den Islam möglich geworden, der im Gegensatz zu Brahmanismus oder Christentum die Erotik weniger behindert hat.

Aber wenn sie in der Öffentlichkeit und für Geld tanzen, so ist ihr Ruf als ehrbare Ehefrauen schnell gefährdet. Denn nun gibt es ja den Gegentyp der ehrlosen Prostituierten, die ohne Schutz und Rückendeckung eines Tempels geile Bewegungen als Aufforderung zum Koitus produzieren muß, um ihr Einkommen zu sichern. Auch diese Art von Bauchtanz findet man heute in orientalischen Ländern. In westliche Begriffe übersetzt, wäre es Striptease. Tänzerinnen werden verachtet, ausgestoßen aus ihrer Familie, sie biedern sich tanzend an Kneipengäste an, zeigen immer mehr Fleisch, lassen sich von Wirten überreden, mit Gästen auch ins Bett zu gehen ... ihr Fleisch wird vermarktet.

Dagegen wenden sich dann die Geistlichen. Sie geben den Frauen die Schuld für ihr Unglück, obwohl der Grund für diesen Ausverkauf der Weiblichkeit doch in der Verarmung und Entmachtung von Frauen und in der Zerstörung der sakralen Erotik liegt, die diese Geistlichen vor vielen Jahrhunderten selbst betrieben haben. Politischer Dominismus, ökonomischer Possessionismus und religiöser Dualismus sind die Gründe für die Entweihung eines einstmals sakralen erotischen Tanzes.

So wurde und wird dieser Tanz also von Sklavinnen, Zigeunerinnen, Unterschichtfrauen, Prostituierten getanzt, und deshalb wurde und wird er von »guten« Frauen und Männern in orientalischen Ländern verachtet (während er bei uns meistens ratloses Schulterzucken und ästhetische Begeisterung oder Ablehnung auslöst). Es ist die Verachtung des Herrn gegenüber dem Sklaven, des Hellen gegenüber dem Schwarzen, des Reichen gegenüber dem Armen.

Diese Verachtung traf auch die »Ghawazi«, ägyptische Zigeunertänzerinnen. Früher wanderten sie von Stadt zu Stadt, ihre Tracht war ein enganliegendes Oberteil, ein bauschiger Rock mit Pluderhosen und ein breiter Hüftgürtel in Form eines Schals oder einer mit Münzen behangenen Metallkette. Sie verdienten sich durch erotische Dienste ihr Leben, und ihre fließenden Tanzbewegungen entsprachen in etwa dem heutigen Bauchtanz. Eine von ihnen sagt: »Sie nennen uns Ghazija. Für sie ist das ein Schimpfwort. Aber für uns bedeutet es, daß wir mit unserem Tanz ihre Herzen erobern.« (Buonaventura, S. 50)

Welch eine sanfte, im besten Sinne harmlose Eroberung nach all den Kastrationen, Okkupationen, Entweihungen und Entzweiungen. Das Herz wird erobert ... im Tanz! Das Herz wird erobert ... im Flug! Das Herz kennt nur den Augenblick. In der Ewigkeit des Augenblicks verschwindet die Vergangenheitserinnerung, die Zukunft löst sich auf im Jetzt. Süß, bitter, qualvoll, freudig, bang, gerührt. Ich und Du verschmelzen in einer Geste, einem Blick und einem Pochen. An jedem Ort, zu jeder Zeit verleiht das Jetzt dem Herzen Freiheit ... und Flügel ... im Tanz ...

Anhang

Anmerkungen

Kapitel I: Blicke in fremde Welten

1 »Nenawah« ist »Niniveh«, die Hauptstadt des einstigen Assyrerreiches im Nordiraq.

2 In unserem Sprachgebrauch heißt diese Göttin »Ischtar«, die Kunsthistoriker etwa sprechen von dem »Ischtartor« in Babylon. Ich verwende jedoch die Aussprache des Göttinnamens, wie sie im heutigen Arabisch lautet. Der Apostroph am Anfang wird als gutturaler Preßlaut ausgesprochen, die Betonung liegt auf der zweiten Silbe. Auch Göttinnamen wie »Aschtoreth« oder »Astarte«, die im Libanon, in Syrien und Palästina auftreten, meinen dieselbe Göttin oder ihre Priesterinnen.

3 Die Erfindung der Schrift hielt man im alten Sumer der Göttin Nidaba zugute, man nannte sie die »Gelehrte der Heiligen Hallen«, in Ägypten der Schreibergöttin »Seschat«, in Indien der Göttin »Sarasvati«, im keltischen Irland der Göttin »Brigit«. Das ist recht ermutigend, wenn man bedenkt, daß weltweit die überwältigende Mehrzahl der Analphabeten heute ... Frauen sind.

4 Siehe Kapitel II., 4.

5 »apotropäisch« (griech.) = »(dämonen)abwendend«

6 Aber so dachten auch die Inquisitoren ...

7 Dieser Tenor findet sich oftmals in psychoanalytischen Theorien, aber spricht nicht mancher Psychologe in Wirklichkeit – ganz subjektiv – von seiner eigenen Mutter, die vielleicht innerlich gebrochen, gesellschaftlich und erotisch frustriert in einer bürgerlichen Ehe dahinsiechte und sich an ihrem Söhnchen schadlos hielt? Mein ist er, ganz allein, und wenn ich sonst nichts hab, so hab ich doch ihn! Und der wird dann Psychologe und stellt Theorien auf über Frauen aus allen Zeiten!

8 Dies liegt auch in dem unklaren Begriff »Matriarchat« begründet. Arché heißt auf Griechisch »Urgrund«, dann aber auch »Herrschaft«. Wie kommt es zu dieser Doppelbedeutung? In der ganzen orientalisch-hellenistischen Welt erklärten Mythen die Entstehung des Lebens aus einer UrmutterGöttin, einer Magna Mater, und vielfach galt auch die Mutter als Erzeugerin der Kinder. Sie war also »Arché«, Urgrund.

Aber dann begannen Männer um die Schöpfungsvollmacht zu konkurrieren: »Nicht die Mutter zeugt das Kind, sondern der Vater, sie ist nur Erde für den Samen!« schreibt Sophokles um –450, also vor zweieinhalb Jahrtausenden. Und mit dieser Legitimation übernahm der Vater die »Herrschaft«. Bei den Römern etwa erlaubte die »patria potestas«, daß ein Familienvater Ehefrau, Kinder oder Hausgesinde ungestraft töten durfte.

Aber wer sagt, daß der Mutter-Ursprung auch Mutter-»Herr«schaft bedeutete? Altphilologen, die im neunzehnten Jahrhundert auf die Spuren einer »männlichen Machtübernahme« stießen, haben diesen logischen Kurzschluß begangen. Der Begriff »Matriarchat« ist eigentlich ein Mißgriff. Er führt nur zu Mißverständnissen. Wir sollten ihn am besten gar nicht mehr verwenden!

Kapitel II: Die Hüterin der Schwelle: Diesseits und Jenseits, organisch-kosmische Zyklen

9 Beide Versionen – die gesichtslose und die abstrakte – entdeckte man auch am selben Fundort, in derselben Schicht. Die Abstraktion war also nicht Unfähigkeit zum Detail. Auch vor 20.000 Jahren waren Menschen imstande, naturgetreue Tierbilder mit unübertrefflicher visionärer Schärfe zu schaffen, man denke an die Höhlenbilder von Altamira und Lascaux!

10 Der »Altsteinzeit« oder dem »Paläolithikum«, dessen letzten Abschnitt man »Jungpaläolithikum« nennt.

11 Man nennt diese Periode das »Neolithikum«, wörtlich »Neusteinzeit« oder üblicherweise »Jungsteinzeit«, ein etwas irreführender Ausdruck, da es nach einer »präkeramischen« Zeit schon bald zu einem Aufschwung der Töpferei kam. Tonstatuetten und -gefäße gab es natürlich auch noch in der darauffolgenden Zeit des »Chalkolithikums«, wörtlich der »Kupfersteinzeit« oder üblicherweise »Kupferzeit«, die man regional unterschiedlich etwa zwischen 4000 bis 1500 v. u. Z. ansetzt.

12 Riane Eisler, Kelch und Schwert, Goldmann, 1989

13 Natürlich kann das Heraustreten auch eine Befreiung sein.

14 Hans Peter Duerr, Sedna oder die Liebe zum Leben, Frankfurt 1984, ein äußerst empfehlenswertes, ethnologisch ergiebiges Buch.

15 Als »Hypogäum« werden unterirdische Räume bezeichnet, von griech. »hypo« für »unter« und »gäa« oder »Gaia« für »Erde«.

16 Ich nehme an, daß dies die ursprüngliche Bedeutung dieser stehenden Redewendung gewesen ist. In der antiken wie auch in der gegenwärtigen Astrologie wurde jedoch der letzte noch mit bloßem Auge sichtbare Planet – Saturn – als »Hüter der Schwelle« bezeichnet.

17 »Lingam« ist das indische Wort für »Phallus« und »Yoni« bedeutet »Vagina«.

18 Matrilinearität bedeutet jedoch nicht notwendigerweise gesellschaftliche Macht: Eine Frau kann beispielsweise als Erzeugerin gelten, aber dennoch fern von ihren Verwandten als Fremde rechtlos in der Familie ihres Mannes wohnen, also »patrilokal«. Wie es ihr in ihren Beziehungen mit Männern und Frauen, in ihrer Erotik, in Politik, im Mythos, im gesellschaftlichen Status etc. ergeht, wird nicht automatisch durch Matrilinearität bestimmt.

19 Allerdings werden oft auch männliche Pharaonen mit dem Anch-Zeichen dargestellt. Das muß kein Gegenargument sein, es könnte auch bedeuten, daß männliche Herrscher die matrilineare Souveränität der femininen Tradition anerkennen.

20 Das kann natürlich auch benutzt werden, um eheliche Seitensprünge zu vertuschen, aus denen dann ein Kind entstand, das dem Vater so gar nicht ähnlich sieht! Ibn Hazm Al-Andalusi (er lebte im zwölften Jahrhundert) schreibt in seinem Buch »Das Halsband der Taube«, daß eine arabische Frau ein schwarzes Kind geboren hatte, der Ehemann Verdacht schöpfte, aber ein Rechtsgelehrter klärte den Fall, indem er auf das Bild eines schwarzen Afrikaners verwies, das im Gang hing, und das die Frau durch die geöffnete Tür sah, während sie mit ihrem Mann schlief.

21 Hans Helfritz, Entdeckungsreisen in Südarabien, Dumont, 1977, S. 79.

22 Junge gebildete Chinesen sind darüber informiert und nennen sie den »wirklichen Sozialismus«.

23 Die beiden Hörner entsprechen den Mondsicheln, wie im heidnischen Europa, so auch bei der ägyptischen Göttin Isis-Hat-hor.

24 Das türkische Wort »ciftetelli« heißt auf deutsch »schlängeln«.

25 Die betreffende Figur stammt aus der altbabylonischen Zeit um 2000 v. u. Z., der Äskulapkult war in der Mittelmeerwelt in den letzten Jahrhunderten vor der Zeitwende verbreitet. Äskulap galt als Heilgott und Erlöser, auch die Hagia Sophia in Istanbul ist auf den Fundamenten eines Äskulapheiligtums erbaut.

26 Kommt daher – negativ gewendet – das biblische Wort »Satan«?

27 »Ein Tag sei euch wie ein Jahr.« Diese tradierte Regel wird von Astrologen als Begründung der Sonnenprogression akzeptiert. Das heißt, man rechnet ausgehend von der Gradstellung der Geburtssonne pro Lebensjahr einen Bogengrad im Horoskop, um daraus Aussagen über das jeweilige Lebensjahr abzuleiten. Aber möglicherweise ist mit dieser Jahr/Tag-Formel nur die Entsprechung von Mond- und Saturnzyklus gemeint!

Kapitel III: Erotik der Felder und Tempel: Sakrale Erotik und Ökonomie

28 Und das geht weit über die bloße Produktion von Nachwuchs (möglichst viele Söhne als Erben, möglichst viele Arbeitskräfte, möglichst viel Kanonenfutter) hinaus.

29 Natürlich hängt dies auch von Klima, Fauna und Flora ab. Von Eskimos werden wir nicht erwarten, daß sie im Eis nach Trüffeln graben.

30 Darunter darf man sich nicht die Schädelform eines Neandertalers (Homo sapiens) vorstellen, sondern bereits die Züge des modernen Homo sapiens, der/die sich in den letzten Jahrzehntausenden gegen den Neandertalmenschen durchgesetzt hat.

31 Daß auch Alteuropa eine eigenständige bäuerliche Entwicklung hatte, ist wenig bekannt. Siehe dazu: Marija Gimbutas, The Civilization of the Goddess, The World of Old Europe, Harper, San Francisco, 1991.

32 Catal Hüyük ist eine neolithische Stadt an der Südküste der heutigen Türkei, die bereits im sechsten Jahrtausend v. u. Z. florierte.

33 In Sumer hieß sie »entu«, im vorhethitischen Anatolien »tatawania«

34 In Mesopotamien, um 2000 v. u. Z.

35 Davon abgeleitet: »Weide meine Lämmer, weide meine Schafe!« oder auch der Krummstab der christlichen Bischöfe. Offensichtlich hatten sie Vorbilder!

36 Erdgötter wie der ägyptische Fruchtbarkeitsgott Geb liegen auf dem Rükken, der Phallos steht senkrecht, wächst aus der Erde wie die Feldfrüchte.

37 Das Mädchen Hainuwele wird lebendig begraben, ihre Schreie werden mit Singen übertönt, und als sie tot ist, werden ihr die Gliedmaßen abgeschnitten und in der Erde verteilt, damit daraus neue Fruchtbarkeit entsteht.

38 Nach der Verfassung dieses Manuskripts sagte mir eine Orientalistin, daß dieser Text wie so viele andere Texte im Sumerischen schwer verständlich sei und vielleicht falsch übersetzt worden sei ... – wieder so eine Unschärfe zwischen Linguistik und Moral!

39 Griechisch für »Kranzträgerinnen«.

40 Siehe den Aufsatz »Frauen wie Omphalé?« von Johannes Nollé in Maria Dertenhofer, Reine Männersache?

41 Ich nehme an, daß diese Bezeichnungen von dem griechischen Wort »pynthanein/épython« griechisch für »fragen« kommen.

42 Während es gleichzeitig auch schon Tempel anderer – männlicher – Götter gab, wie etwa Zeus, Jupiter, Apoll, El, Malikard oder Jahwe, in denen ebenfalls Rituale und Opfer vollzogen wurden.

43 »Hiero-doulen«, von griech. »hieré« = »heilig« und »doulé« = Sklavin, Dienerin, Dirne.

44 »Geht hinter ihm her in die Stadt und schlagt zu. Euer Auge soll kein Mitleid zeigen, gewährt keine Schonung. Alt und jung, Mädchen, Kinder und Frauen sollt ihr erschlagen und umbringen ... Macht den Tempel unrein, füllt seine Höfe mit Erschlagenen! Dann geht hinaus und schlagt in der Stadt zu!« Und sie schlugen zu. (Ezechiel 9, 5 bis 8).

45 Siehe Kapitel II., Mond- und Schlangensymbolik. Auch in balinesischen Tempeln wurden Mädchen beim Zeitpunkt ihrer Frauwerdung unter Trance in rituelle Tänze eingeführt.

46 »Oh, nos os sont revetus d'un nouveau corps amoureux!« schreibt Arthur Rimbaud in »Illuminations«.

47 Abgesehen von geographischen und zeitlichen Ausnahmen, wie etwa zeitweise in Babylon. Nachwuchs wurde den (Erotik)priesterinnen verboten, damit sie als (noch immer) erbberechtigte Töchter nicht das Erbe ihrer Brüder schmälern und in Tempelbesitz verwandeln konnten.

48 Das Fest der »Jungfrau« (arab. »adhrá«) wird von den orthodoxen Christen in Jerusalem im September gefeiert. Ich nehme an, daß es aus einem Erntedankfest entstanden ist.

49 Von dem griechischen Wort »phainesthai« für »erscheinen« und »epi« für »auf«. Das Wort »Epiphanie« heißt also »Erscheinung auf (Erden)« und wird in der christlichen Tradition für die Erscheinung des Jesuskindes auf Erden verwendet und mit dem Besuch der »Heiligen Drei Könige« assoziiert. Ich nehme an, daß auch dieses Wort von den Kirchenfürsten aus dem Kontext der Tempelerotik geraubt wurde.

50 Siehe Kapitel IV, 4., Abschn. 3.
51 Was für eine Gemeinheit, dieser Ausdruck »Lagertanz« in der Einheitsbibel! Da denkt man an ein Heerlager oder ein Lagerfeuer. In Wirklichkeit ist ein duftendes, weiches Liebeslager gemeint!
52 Siehe mein Buch »Der heilige Tanz«, Simon+Leutner, S. 22, 59 und 186 ff.
53 Siehe Kapitel III., 3., Abschn. 3.
54 Ungefähr an der heutigen syrisch-türkischen Grenze.
55 Von türkisch »oda« für »Zimmer«. Diese Frauen standen in der Rangleiter unter den Konkubinen, sie hatten die Aufgabe, den Harem wohnlich zu machen. Dazu gehörte auch das Ankleiden des Sultans.
56 Siehe Kapitel III., 2
57 lat. »gremium« heißt eigentlich »Schoß«.
58 In Nigeria wurde noch in unserem Jahrhundert ein Fall bekannt, in dem mehrere Priesterinnen einen Fruchtbarkeitskönig erdrosselten, da er Anzeichen von Impotenz gezeigt hatte.
59 Von arabisch »haram« für »Heiligtum«. Heute beschreibt dieses Wort etwas Verbotenes, Tabuisiertes. Die alte Bedeutung erscheint noch in dem slawischen Lehnwort »hram« für »Tempel« (im Russischen und Polnischen).
60 »Mögen die anderen Kriege führen, du glückliches Österreich heirate!«
61 Hier orientiere ich mich an Kamal Salibis Buch »Die Bibel kam aus dem Lande Asir«, siehe Literaturverzeichnis.

Kapitel IV: Krieg, Herrschaft und Besitz – die Zeiten ändern sich

62 Die Namenlosigkeit der Frau erscheint auch in den lustvollen Katastrophendrohungen des biblischen Propheten Jesaia: »Weil die Töchter Zions hochmütig sind, ihre Hälse recken und mit verführerischen Blicken daherkommen, immerzu trippelnd daherstolzieren und mit ihren Fußspangen klirren, darum wird der Herr den Scheitel der Töchter Zions mit Schorf bedecken und ihre Schläfen kahl werden lassen ... Dann habt ihr Moder statt Balsam, Strick statt Gürtel, Glatze statt kunstvolle Locken, Trauergewand statt Festkleid, ja, Schande statt Schönheit ... An jenem Tag klammern sich sieben Frauen an einen einzigen Mann und sagen: Wir wollen unser eigenes Brot essen und uns selber kleiden, nur laß uns deinen Namen tragen, nimm die Schande von uns!« Jesaia 3, 16–4,1.
63 ... die nur bei vier Zeugenaussagen vollzogen werden darf und im Falle der Verleumdung den Verleumder treffen.
64 Ein Türke erklärte mir einmal mit siegessicherem Lächeln: »Wissen Sie, die Araber wohnen in heißen Ländern, sie sind keine guten Kämpfer. Wir dagegen, wir kommen aus den kalten Steppen Asiens, deshalb waren wir ihnen militärisch vollständig überlegen. Wir hatten ein hartes Leben, und das hat uns stark gemacht.«

65 »Kurgane« sind hügelförmige Häuptlingsgräber, die für diese Stämme typisch sind.
66 Marija Gimbutas, First Wave of Eurasian Steppe Pastoralists, S. 284.
67 Marija Gimbutas, The Civilization of the Goddess, The World of Old Europe, New York 1991
68 Ebd., S. 281
69 Christa Wolf beschreibt diesen wechselseitigen Prozeß meisterhaft in ihrem Roman »Kassandra«.
70 Die sogenannten Seevölker erreichten das Schwarze Meer (wahrscheinlich von Nordeuropa und Nordasien kommend) im Jahre 1413 v.u.Z und Ägypten im Jahre 1184 v. u. Z. Dies geht aus Staatsakten aus dem alten Ägypten hervor. Siehe Bornemann, Das Patriarchat, S. 101.
71 Daß das Stampfen ein später eingeführtes Element ist, geht daraus hervor, daß eine indische Odissi-Tänzerin vor ihrem Tanz die Erde um Verzeihung bittet, daß sie nun stampfen muß. In Orissa, wo der Odissi-Tanz praktiziert wird, haben sich die südlichen Traditionen am deutlichsten erhalten.
72 Siehe Doris Wolf, Was war vor den Pharaonen? Die Entdeckung der Urmütter Ägyptens, Kreuz-Verlag, 1994
73 Die Sahara ist erst um 2500 v. u. Z. ausgetrocknet, vorher war es ein leicht passierbares Steppengebiet, und im heutigen südlichen Algerien gab es schon 6000 v. u. Z. entwickelte Dorfkulturen.
74 In Rußland waren es warägische Bojaren, die die Bauern in die Leibeigenschaft zwangen, und das russische Wort »rabota« = »Arbeit« ist verwandt mit dem mittelhochdeutschen Wort »arebeit« = »Mühsal, Leid« und dem russischen Wort »rab« = »Knecht, Sklave«.
75 Marija Gimbutas, First Wave of Eurasian Steppe Pastoralists. S. 304 f.
76 Siehe Kapitel III., 10.
77 Wie zum Beispiel die Sklavin Tawaddud aus 1001 Nacht, die ein ganzes Gremium von Rechtsgelehrten durch ihre Gelehrsamkeit bloßstellt.
78 Wobei ich glaube, daß diese Schlängelbewegungen früher ebenso wie die Schlangensymbolik im ganzen Mittelmeerraum und Vorderasien verbreitet waren, während der islamischen Zeit scheinen sie aber von Osten her in den Mittelmeerraum zurückgeflutet zu sein. Darauf weist auch der Name »al-raqs al-scharqi« (»der östliche Tanz«) hin. Für die Araber kam er von Osten.
79 Eine qualifizierte ägyptische Tänzerin wurde von Arabern abgelehnt, weil sie ihnen zu afrikanisch aussah.
80 Es sei denn, sie ging eine romantische, heimliche Beziehung mit einem Eunuchenwächter ein.
81 Alev Lytle Croutier, Harem, Die Welt hinter dem Schleier, Heyne-Verlag, München, 1989
82 Ebd. S. 131
83 Und das führt uns auch schon zum »Possessionismus« der Viehzüchternomaden, Kapitel IV, 4.

84 Ebd., S. 135

85 Biologisch ist das nicht immer haltbar, denn es gibt Elefantenkühe und Kühe, die die Herden anführen, und wenn ein Leitbulle führt, dann kann man es auch umgekehrt sehen: Die Kühe haben sich für einen leitenden Angestellten entschieden und den anderen gekündigt.

86 Romantische, unerfüllte Sehnsucht ist auch das Thema der »udhritischen« Liebesgedichte. Dieses Genre leitet sich von einem Stamm auf der arabischen Halbinsel ab. Erstaunlicherweise gab es aber auch in Indien einen arischen Stamm desselben Namens.

87 Dies geht aus einem indischen Lied in Sanskrit hervor, in dem ein Sohn den Vater tadelt, daß er diesen Brauch noch vollzieht. Dieses Lied entstand um 800 v. u. Z.

88 Seit der indischen Unabhängigkeitsbewegung ist das Kastensystem aufgeweicht worden, in der Verfassung von 1954 offiziell abgeschafft, in der Praxis aber existiert es nach wie vor.

89 Es sei denn, ein Vaischya ist verarmt oder sozial so abgestiegen, daß er sich der Kaste der Schudras nähert.

90 Umgekehrt ist es natürlich nicht so, denn ein Witwer freit oft genug schon sehr bald eine neue, junge Frau. Aber vielleicht sind indische Männer ohnehin so edel, daß sie der spirituellen Reinigung durch den Feuertod nicht bedürfen.

91 Bharatanatyam ist heute die im Westen am besten bekannte indische Tanzform.

92 André van Lysebeth, Tantra, München, 1991

93 Streitwagen, die von weißen Rossen gezogen werden, zieren die Covers der Bhagavad-Gita, die von Prabhupada-Jüngern verteilt werden.

94 Terre des Femmes-Publikation: »Tod als Ehrensache«.

95 Einen solchen Fall beschreibt Nawal Al-Saadawi in ihrem Buch »Ich spucke auf euch«, in dem die sensible und kluge Firdaus alle möglichen Facetten patriarchaler Doppelmoral erlebt und daran zerbricht. Nawal Al-Saadawi hat als Ärztin und später als Politikerin Frauen verschiedenster Gesellschaftsschichten betreut.

96 Darauf werde ich in Kapitel V. noch näher eingehen.

Kapitel V: Funktion von Religionen: Gespaltene Welten als Schlüssel zur Macht

97 Verwandt mit dem griechischen Vater- und Himmelsgott »Zeus«, der auf einem Berg thront, wie auch mit dem lateinischen »Ju-piter«, was ursprünglich auch »Tages-Vater« bedeutet (»dies« und »pater«)

98 Der Rigveda ist der älteste erhaltene Sanskrittext.

99 Und dieser Topos wird erstaunlicherweise auch in den Dokumenten aus Qumran wieder auftauchen, die in Palästina um 100 v. u. Z. niedergeschrieben wurden. In ihnen ist die Rede von den »Söhnen des Lichts«, die gegen die Finsternis ankämpfen.

100 Überlebte der so Geprüfte, so war er unschuldig.

101 ... der im Kaukasus und im persischen Hochplateau in der ersten Hälfte des letzten Jahrtausends v. u. Z. stattfand ...

102 Zarathustras hymnischen Versen wird manchmal das mythische Alter von 6000 Jahren zugeschrieben. Sprachwissenschaftler dagegen datieren seine Verse auf die Zeit um 1000 v. u. Z. Aktualisiert und verbreitet wurde seine Lehre erst zwischen 800 und 500 v. u. Z.

103 Allerdings hoffte Zarathustra doch auch schon auf Belohnungen im Diesseits, er beklagt sich in einem Vers bei seinem Gott Ahura, daß er ihm nicht mehr Rinder und Kamele schenke, wo er doch schon so lange unter Opfern für ihn missioniert habe.

104 Diese Erlösersymbolik hat sich in den letzten vorchristlichen Jahrhunderten durch die ganze hellenistische Welt verbreitet, sowohl Alexander der Große wie auch der Heilergott Asklepios und noch viele andere wurden zu Erlösergöttern stilisiert. Auch der jüdische Messias oder die Figur Jesus Christus gehören dazu. Nachdem er gestorben war, glaubte man, daß er ein zweites Mal kommen würde, um die Welt zu erlösen, und dieser Glaube existiert bis heute in Teilen der jüdischen, christlichen und islamischen Welt.

105 Von griechisch »gnosis« für »Erkenntnis«.

106 Im frühen Christentum gab es eine weit verbreitete gnostische Sekte, die Markioniten, die sich der Fortpflanzung verweigerten, dennoch aber die Geschicke der Kirche bestimmen wollten. Es kam, wie es kommen mußte: Die gegnerischen Katholiken zeugten munter immer weiter Seelen für die Kirche und konnten dadurch den Kampf um den Heiligen Stuhl im Diesseits für sich entscheiden. Die Markioniten starben aus.

107 Allerdings muß einschränkend gesagt werden, daß es auch gnostische Systeme gab, wo die weiblich gedachte »Sophia«, die »Weisheit«, das Ziel aller Erkenntnisbemühungen war, und wo sich vergeistigte Männer *und* Frauen lilienrein geschwisterlich vereint vom Erdenschmutz distanzierten.

108 »Jehudi« (jüdisch) heißt wörtlich: »Er findet den richtigen Weg«.

109 Zu dieser Zeit gab es bereits Kontakte zwischen den beiden hebräischen Staaten und den Mederstämmen, denn sie hatten einen gemeinsamen Feind: die Assyrer. »Seht, ich stachle die Meder gegen sie auf, denen das Silber nichts gilt und das Gold nichts bedeutet. Ihre Bogen strecken die jungen Männer nieder; mit der Leibesfrucht haben sie kein Erbarmen, mit den Kindern kein Mitleid«, Jesaja, 13, 17–18.

110 Deshalb wurde wohl auch die Polemik gegen den »Pharao« in die Texte eingefügt, nehme ich an.

111 Siehe Kamal Salibi, Die Bibel kam aus dem Land Asir, Hamburg 1985.

112 Es gibt auch etymologische Hinweise auf frühe Sprachverwandtschaften. Speziell zwischen lateinischen und arabischen Wörtern habe ich Ähnlichkeiten entdeckt: »fem« (arab.) heißt »Mund«, »femina« (lat.) die »Säugende, die Mutter«, »fama« (lat.) das »Gesagte«, das »Ge-

rücht«. Möglich ist allerdings auch, daß die einwandernden Italiker auf semitische Sprachreste der autochtonen Bevölkerung stießen und sie adaptierten.

113 Dieselbe Regelung gilt heute auch in Griechenland.

114 Einen Höhepunkt fand die Zerstörung von »Götzenbildern« Jahrhunderte später in der islamischen Eroberung Indiens. Viele tantrische Bildwerke wurden zerschlagen, darunter auch ein steinerner Phallus, dessen Bruchstücke in eine Treppe eingemauert wurden, die zu einer Moschee führte: Wer sie betrat, trat auch die Reste der alten tantrischen Kultur mit Füßen!

115 Hanbali ist der Begründer einer der vier Rechtsschulen des Islam, und seine Auffassung von Islam ist heute in Saudiarabien gültig, während die Türkei sich nach der liberaleren Lehre des Hanefi richtet.

Kapitel VI: Die Liebenden

116 Von arabisch »leitani« ... »Oh, daß ich doch ...«

117 Mit dem einen Unterschied, daß die großen Landmassen und Stromtäler Asiens (von China über Indien, Mittelasien, Vorderasien bis nach Ägypten) die Entstehung großer feudalistischer Reiche begünstigte, die zwar auf technischem Gebiet beträchtliche Leistungen aufwiesen und ungeheure Macht und Pracht entfalteten, auf wirtschaftlichem Gebiet aber in sich statisch waren. Das kleine Europa mit seinen vielen konkurrierenden Staaten, zahlreichen Seehäfen und niedrigen Gebirgen konnte dagegen nach einer relativ kurzen Periode des Feudalismus eine lebendige, städtisch-bürgerliche Kultur entwickeln, die sehr bald in einen expansiven Kapitalismus überging, der schließlich zu Kolonialismus und ökonomisch-politischer Weltherrschaft führte.

Literaturverzeichnis

Alic, Margaret, Hypatias Töchter, Der verleugnete Teil der Frauen in der Naturwissenschaft, Zürich 1987

Alliata, Vittoria, Harem, Die Freiheit hinter dem Schleier, Ullstein 1981

Al Saadawi, Nawal, Ich spucke auf euch, Bericht einer Frau am Punkt Null, Frauenbuchverlag, München 1984

Al-Saadawi, Nawal, Tschador, Bremen 1980

Andro, Männer lernen lieben, Simon+Leutner, Berlin, 1989

Arki, Mustafa, Das Andere Anders sein lassen, Bikulturelle Partnerschaft, Internationales Kulturwerk, Hildesheim 1991

Azzam, Salem, Islam and Contemporary Society, 1982

Baldissera, Fabizia/Michaels, Axel, Der indische Tanz, Körpersprache in Vollendung, DuMont-Buchverlag, Köln 1988

Baran/Dietz, Türkei, Elefanten-Press, Berlin 1987

Baumgart, Marion, Wie Frauen Frauen sehen, Frankfurt 1989

Beck, Hans-Georg, Byzantinisches Erotikon, München 1984

Die Bibel, Einheitsübersetzung, Katholische Bibelanstalt, Stuttgart 1980

Biermann, Pieke, Wir sind Frauen wie andere auch, Prostituierte und ihre Kämpfe, Hamburg 1980

Bird, Christopher/Tompkins, Peter, Das geheime Leben der Pflanzen, Bern/München 1974

Bolen, Carl van, Erotik des Orients, Parkland-Verlag, München 1965

Bornemann, Ernest, Das Patriarchat, Fischer Taschenbuch, 1981

Brentjes, Burchard, Die Araber, Teil 1, Wien/München 1979

Brentjes, Burchard, Die Perser, Wien/München 1982

Buonaventura, Wendy, Bauchtanz, Die Schlange und die Sphinx, Frauenbuchverlag, München 1984

Buonaventura, Wendy, Die Schlange am Nil, Frankfurt 1991

Castiglioni, Arturo, Il serpente d'Esculapio, Rom 1935

Cerha, Birgit, Als Frau allein in Saudi-Arabien, Salzburger Nachrichten, 1987

Croutier, Alev Lytle, Harem, die Welt hinter dem Schleier, München 1989

Deschner, Karl-Heinz, Abermals krähte der Hahn, Eine kritische Kirchengeschichte, Econ 1987

Dettenhofer, Maria, Hrsg., Reine Männersache?, Frauen in Männerpositionen in der Antike, Verlag Böhlau, Weimar, Köln, Wien 1994

Douglas, Nik/Slinger, Penny, Sexuele Geheimen, De Alchemie van de Extase, Au Bout Du Monde, Amsterdam 1981

Duerr, Hans-Peter, Sedna oder die Liebe zum Leben, Frankfurt 1984

Egli, Hans, Das Schlangensymbol, Freiburg 1982

Eisler, Riane, Kelch und Schwert, München 1989

Ende, Werner/Steinbach, Udo, Der Islam in der Gegenwart, München 1989

Fester, Richard/König, Marie/Jonas, David, Weib und Macht, Fünf Millionen, Urgeschichte der Frau, Fischer Taschenbuch Verlag, Frankfurt am Main 1982

Festinger, Leon, Archäologie der Freiheit, Campus, Frankfurt 1985
Frauenmuseum Wiesbaden, Sprache der Göttin, Katalog zur Ausstellung von Marija Gimbutas 1994
Frazer, James George, Der goldene Zweig, Hamburg 1989
Gadant, Monique, (Hrsg.), Women of the Mediterranean, London 1986
Gadalla, Ulaya, Bauchtanzen, Das orientalische Schönheitsprogramm, Goldmann 1988
Gimbutas, Marija, The Civilization of the Goddess, The World of Old Europe, New York 1991
Girtler, Roland, Der Strich, Erkundungen in Wien, Wien 1985
Hazleton, Lesley, Israeli Women, The Reality behind the Myths, New York 1977
Helfritz, Hans, Entdeckungsreisen in Südarabien, Dumont 1977
Heller, Erdmute/Mosbahi, Hassouna, Hinter den Schleiern des Islam, Erotik und Sexualität in der arabischen Kultur, München 1993
Hunke, Sigrid, Allahs Sonne über dem Abendland, DVA Stuttgart 1987
Hallie, Iglehart Austen, The Heart of the Goddess, Art, Myth and Meditations of the World's Sacred Feminine, California 1990
Harish Johari, Lila, Das kosmische Spiel, Zürich 1976
Huren auf die Barrikaden, in Emma, Februar 1986
Karkutli, Dietlinde, Das Bauchtanzbuch, Rowohlt-Verlag, Hamburg 1986
Kern, Hermann, Labyrinthe, Erscheinungsform und Deutungen, München 1982
Khella, Karam, Imperialismus heute, Ökonomische Ausbeutung, politische Herrschaft und militärische Bedrohung des Globus, Theorie und Praxis-Verlag, Hamburg 1987
Klassiker der Erotik, Prisma-Verlag, Wien 1980
König, Marie, Am Anfang der Kultur, Die Zeichensprache des frühen Menschen, Ullstein 1981
Koran, Der, übers. von Max Henning, VMA-Verlag, Wiesbaden
Kramer, Samuel Noah, Mesopotamien, Frühe Staaten am Euphrat und Tigris, (TimeLife), Rowohlt 1974
Leontsini, Stavroula, Die Prostitution im frühen Byzanz, Wien 1989
Lesko, Barbara, Women of Egypt and the ancient Near East, in: Becoming Visible, ed. Renate Bridenthal, Claudia Koontz, Susan Stuard, Boston 1987
Lysebeth, André van, Tantra für Menschen von heute, Mosaik-Verlag, München 1990
Markale, Jean, Die keltische Frau, München 1984
Meyer, Thomas, Fundamentalismus, Aufstand gegen die Moderne, Hamburg 1989
Mumford, Lewis, Mythos der Maschine, Kultur, Technik und Macht, Fischer Alternativ 1978
Mernissi, Fatima, Der politische Harem, Mohammed und die Frauen, Dagyeli Verlag, Frankfurt 1989
Mernissi, Fatima, Geschlecht, Ideologie, Islam, München 1987
Mies, Maria, Indische Frauen zwischen Unterdrückung und Befreiung, Syndikat, EVA, Frankfurt am Main 1986

Minai, Naila, Schwestern unterm Halbmond, Muslimische Frauen zwischen Tradition und Emanzipation, dtv/Klett Cotta 1990
Mookerjee, Ajit/Madhu Khanna, Die Welt des Tantra, OW-Barth-Verlag 1987
Neusel, Ayla/Tekeli, Sirin/Akkent, Meral (Hrsg.), Aufstand im Haus der Frauen, Berlin 1991
Nefzaui, Der duftende Garten des Scheich Nefzaui – Die orientalische Liebeskunst, München 1991
Pheterson, Gail, Hurenstigma, Wie man aus Frauen Huren macht, Hamburg 1990
Preisendanz, Karl, (Hrsg.) Papyri Graecae Magicae – Die griechischen Zauberpapyri, Stuttgart 1974
Ranke-Graves, Robert/Patai, Raphael, Hebräische Mythologie, Hamburg 1986
Ranke-Heinemann, Uta, Eunuchen für das Himmelreich, Katholische Kirche und Sexualität, Hoffmann und Campe, Hamburg 1988
Reden, Sibylle von, Ugarit und seine Welt, Lübbe 1992
Salibi, Kamal, Die Bibel kam aus dem Lande Asir, Hamburg 1985
Sanella, Lee, Kundalinierfahrung und die neuen Wissenschaften, Synthesisverlag 1989
Schah, Idries, Die Sufis, Botschaft der Derwische, Weisheit der Magier, Diederichs Gelbe Reihe 1981
Schulze, Peter H., Frauen im alten Ägypten, Lübbe 1987
Schiller, Silke, Die Schlangenfrau, Über matriarchale Symbolik weiblicher Identität und ihre Aufhebung in Mythologie, Märchen, Sagen und Literatur, Frankfurt 1984 (Materialis-Verlag)
Seybold, Irmtraud, Schwangerschaft und Geburt in Mesopotamien, Aufsatz
Stone, Merlin, Als Gott eine Frau war, Die Geschichte der Ur-Religionen unserer Kulturen, Goldmann, München 1988
Stone, Merlin, Ancient Mirrors of Womanhood, Vol. I und II, Sybilline Books 1979
Sriram, Angelika, Lotosblüten öffnen sich, Kösel, Stuttgart 1989
Terre des Femmes (Hrsg.), Tod als Ehrensache, Frauenschicksale, Berlin 1989
Voss, Jutta, Das Schwarzmond-Tabu, Die kulturelle Bedeutung des weiblichen Zyklus, Kreuz Verlag Stuttgart 1989
Walker, Benjamin, Tantrismus, die geheimen Lehren und Praktiken des linkshändigen Pfades, Sphinx 1987
Wesel, Uwe, Der Mythos vom Matriarchat, Frankfurt 1980
Walter, Wiebke, Woman in Islam, London 1981, Leipzig 1981
Wolf, Doris, Was war vor den Pharaonen? Die Entdeckung der Urmütter Ägyptens, Kreuz-Verlag 1994

… und viele andere.

Bildnachweis

Die Illustrationen habe ich anhand von Abbildungen und Fotos nachgezeichnet, die ich aus den folgenden Büchern entnommen habe:

Amiet, Pierre, Elam, Verlag Archée, Auvers-sur-Oise 1966
Charbonneux/Villard/Martin, Das archaische Griechenland, Beck, München 1970
Charbonneux/Villard/Martin, Das klassische Griechenland, Beck, München 1971
Duerr, Hans-Peter, Sedna oder die Liebe zum Leben, Frankfurt 1984
Frauenmuseum Wiesbaden, Sprache der Göttin, Katalog zur Ausstellung von Marija Gimbutas, 1994
Gimbutas, Marija, The Civilization of the Goddess, The World of Old Europe, New York 1991
Härtel, Herbert und Auboyer, Jeannine, Indien und Südostasien, Propyläen Kunstgeschichte, Bd. 16, Berlin
Hallie Iglehart Austen, The Heart of the Goddess, Art, Myth and Meditations of the World's Sacred Feminine, California 1990
Kramer, Samuel Noah, Le Mariage Sacré, Paris 1983
Le Clant, Jean, Das archaische Ägypten, Bd. I, Beck, München 1979
Le Clant, Jean, Ägypten, das Großreich, Bd. II, Beck, München 1980
Lysebeth, André van, Tantra für Menschen von heute, Mosaik-Verlag, München 1990
Mellaart, James, Catal Hüyük
Mookerjee, Ajit/Khanna, Madhu, Die Welt des Tantra, OW-Barth-Verlag 1987
Müller-Karpe, Hermann, Das vorgeschichtliche Europa, Baden-Baden 1968
Parrot, André, Sumer, Beck, München 1960
Parrot, André, Assur, Beck, München 1961
Thirleby, Ashley, Tantra – Reigen der vollkommenen Lust, Frankfurt 1986
Van der Sleyer, Claude, Ägypten, Propyläen Kunstgeschichte, Bd. 15, Berlin 1975
Vialou, Denis, Die Frühzeit des Menschen, Beck, München 1992

Die Tempelmodelle aus der Ukraine und aus Rumänien wurden unmittelbar aus Marija Gimbutas, »The Civilization of the Goddess«, das Tempelmodell aus Catal Hüyük aus James Mellaart, »Catal Hüyük« fotokopiert.

Manche Objekte, die ich in diesem Buch zeichnerisch wiedergegeben habe, fand ich in verschiedenen Veröffentlichungen mit verschiedenen Datierungen. Ich habe jeweils die Zeitspanne angegeben, die mir konsistenter erschien.

Da es mir hier mehr darum geht, Funktionen und Archetypen verständlich zu machen, habe ich in einigen Fällen Details ohne näheren Informationswert weggelassen.